통나무

檮杌論文集

김 용 옥 · 최 영 애

통 나 무

차 례

別集

天弗違況于人

여기 실린 논문들은 "다스름" 일편을 제외하면 모두 나의 초기 저작에 속하는 것이다. 초기저작이라함은 "양심선언"이라는 사건으로 나의 존재의 사회성에 한 전환이 왔다면, 그리고 대학의 강단을 떠나 학문활동을 해야만 하는 삶의 방식에 전환이 일어났다면, 모두 그 전환이전에 내가 대학교수로서 활동하던 시절의 찬술이라는 뜻이다. 따라서 여기 실린 글들은 80년대 전반기의 나의 학문적 관심과 그 관심이 분투의 대상으로 삼았던 사회와 학계의 분위기를 잘 반영하고 있다.

자기 삶을 되돌아본다는 것은 결코 자랑스러운 것만은 아니다. 허나 지나간 날을 반추해볼 수 있는 형적이 글의 형태로나마 남아있다는 것은 퍽그나 다행스러운 일이다. 지난 글을 읽으면서 끔찍할 정도로 부끄러움을 느낄 때가 있을 지라도 그 부끄러움을 촉발시킬 수 있는 나가 저기 峙立하고 있다는 것은 역시 다행스러운 일이다. 헌데 읽을 때마다 끊임없이 와닿는 것은 그 속의 나가 구현하려고 노력했던 진리에의 경외감이다. 나는 역시 나르시스트이란 말인가? 허나 자만이 자기부정을 억누를 정도로 강열하다는 뜻은 아닐게다. 언어의 외피에 오염될 수 없는 나의 혼을 나자신 너무도 낭랑하게 투시하고 있기에, 그 혼이 요청하는 진리앞에 항상 부족할 수 밖에 없었던 나의 실존에대한 부끄러움이 나에게 경외감을 자아내고 있는 것일게다.

각기 논문에 대한 해제는 이미 각편 앞에 붙은 "묶으면서"에 상설되어 있음으로 다시 거론치 않는다. 여기 수록된 몇편의 글은 나의 학문세계를 탐색하려는 많은 사람들에 의하여 구독의 수요가 높았던 것들이다. 많은 시간이 흐르긴 했으나 이 글들을 구하지 못해 안타까워하던 많은 사람들에게 보답할 수 있게 되었다는 것만으로 안도의 한 숨을 내쉰다.

말하기 좋아하는 사람들은 내가 너무 저술을 많이 낸다는 것까지 비판하곤 한다. 그런데 나는 너무도 내가 생각하는 것을 글로 옮기지 못하고 있다는 안타까움만 가지고 산다. 나의 몸의 노동력의 한계만을 탄할 뿐이다. 그리고 일반 독자들이 생각하는 것보다는 훨씬 많은 글들이 쓰여졌고 출간을 기다리고 있으나 일일이 내손으로 교정을 보아야 하는 습벽때문에 인쇄소에 묶여있는 것들이 많다. 여기 上梓하는 이 글도 무려 햇수로 5년동안이나 금영문화사에 조판상태로 묶여있었던 것이다. 5년동안이나 비좁은 공간사정을 마다하고 기다려주었던 嚴順泰씨를 비롯한 금영의 諸賢들에게 이 자리를 빌어 심심한 사의를 표한다.

지금 우리나라의 활판업계는 도산의 위기에 직면해 있다. 이대로 방치해 둔다면 수년내로 스러져간 역사의 유물로만 남을 것이다. 정다웠던 친구들이 하나둘 이직하고 있고 지형 뜨는 기계에 매달려 평생동안 구수한 냄새를 털어내오시던 할아버지는 지금 와병하고 계시다.

活版은 문자그대로 살아있는 판이다. 살아있다 함은 인간의 氣가 몸때 그대로 묻어 살아 움직인다는 것이다. 요즈음 유행하는 사식(寫植)의 간편성과 효율성을 나는 결코 과소평가하지 않는다. 컴퓨터의 정보기능이 없이 현대생활은 이루어 질 수가 없을 것이다. 그러나 컴퓨터사식은 實植이 아닌 虛植이요, 活版이 아닌 死版이다. 그것은 참된 의미에서 "인쇄"라 할 수 없는 것이요, 그것은 이미지의 페인팅일 뿐이다. 컴퓨터 키보드를 한번 때려 될 공정이 활판의 경우는 인간의 손때가 여덟번 묻어야 한다. 따라서 어떠한 경우에도 활판은 컴퓨터사식과는 경제적 면에서나 시간적 효율성에 있어서 경쟁상대가 되지 않는다.

그렇다고 활판은 우리 출판역사에서 사라져야 하는가? 세계최초의 금속활자를 발명한 선조를 모시고 있는 우리 조선인의 긍지와 전통의 승계라는 사명감을 가지고 죽을 때까지 오로지 활판에만 전념하겠다는 의로운 장인 韓龍根 금영사장님의 고집과 고독앞에 나는 고개를 숙인다.

여태까지 나의 책은 모두 활판으로만 인쇄된 것이다. 앞으로도 특별한 사정이 없는 한 이러한 고집을 꺾지않을 것이다. 그러나 아무리 나의 고집이 존속된다 할지라도 한 중소기업의 사활은 좋은 뜻으로만 이루어지지 않는다. 정책적 배려가 없이는 한용근과 김용옥의 時潮에 역류하는 狂狷의 소위도 더 이상 지탱키 힘든 한계에 육박하고 있다. 우리는 남북유엔 동시가입기념으로 유엔본부 박물관에 세계최초의 활자본인 『月印千江之曲』의 활자판틀을 기증하였다. 우리민족이 대외적으로 자랑하는 위업이 인쇄문화의 전통이라고 한다면 문화부에서는, 연극·영화의 해를 설정하여 그 방면을 지원하는 것처럼 도산위기에 직면하고 있는 활판인쇄문화에 대해서도 정책기금을 마련하고 최소한의 규모라도 유지될 수 있는 어떤 지원방법을 모색해야 할 것이다.

나는 나의 책 뒷면에 꾸준히 활판에 대한 캠페인을 벌려왔다. 독자들도 나의 책에 숨은 사람의 손길에 좀 유념해주었으면 한다. 그리고 재정적 不利를 감수하면서 펴내는 활판의 아름다움과 정성을 되새겨주었으면 고맙겠다. (활판은 납판에 눌려찍힌 것이고 옵세트인쇄는 요철이 전혀없이 그냥 종이위에 덧발려진 것이다. 아마츄어라도 쉽게 분별할 수 있다.)

독자들은 여기 수록된 논문을 통하여 요즈음 발표되고 있는『氣哲學散調』의 사유의 단서를 발견할 수 있을 것이다. 이 논문집의 주제를 한마디로 요약하라면 "氣와 言語"라고 할 수 있다. 이 책의 출간을 틈틈이 재촉해주었던 인혜와 통나무의 벗들에게 감사하며 보다 왕성한 저술활동이 이루어질 수 있도록 주변이 좀 정리되고 건강이 회복되기만을 빈다. 寒蟬이 뜨락에서 凄愴하게 울때.

1991년 9월 5일
봉 원 재
도 올

묶으면서

氣哲學이란 무엇인가

이 논문은(원고지 239매) 고려대학교에 재직중인 중국학 관계 교수들의 모임인 高麗大學校中國學硏究會에서 매년 발간하는 『中國學論叢』(*Papers in Chinese Studies*) 제 2 집(고려대학교 개교 80주년 기념특집, 1985.6.)에 실린 글인데(55~101쪽), 내가 여태까지 쓴 글 중에서 나의 氣哲學의 체계와 관련하여 가장 중요한 학구적 업적으로 세인의 주목을 끌어왔던 논문이다. 원문에는 "漢醫學이론 형성과정과 黃老之學"이란 부제가 달려 있는데, 옛 원고가 보존되어 다시 교정을 보느라고 들쳐보니 원고가 끝나는 부분에 "1985년 4월 18일——고대학생들이 거리를 뛰는 날 奉元齋에서 탈고"라고 기입이 되어 있다. 고려대학교 연례행사인 4·18 마라톤대회(고대—수유리 4·19 탑 사이 왕복)날 학생들과 같이 뛰고 싶었지만 뛰지 못하고 봉원동서재에서 이 원고에 묶여 낑낑대고 있었던 화창한 봄날의 감회가 새롭게 느껴진다. 요즘같지 않아 방과후와 주말의 조각진 시간들을 잇대어 이 방대한 원고의 집필을 서둘러야만 했던 지난날의 추억이 새삼 가슴에 사무친다.

나는 1985년 봄학기에 고대 8관의 2층에서 『列子』를 강의하고 있었는데(한 4·50명의 학생이 들었는데 지금 기억나는 얼굴은 국문과의 정희, 철학과의 종홍이, 정근이 등등) 나는 그때 『列子』라는 문헌을 처음으로 접했고 나는 그 책을 강의하는 과정에서 나의 氣哲學적 체계의 중요한 단서들을 발굴할 수 있었다. 그때 나는 지식고고학이라는 방법론에 심취해 있었는데 "발굴"이라고 하는 것은 인간사고의 축적된 지층들의 분해적 소급이라는 의미를 갖는다. 그리고 그러한 고고학적 발굴작업에 야마구찌(山口義男)씨의 『列子硏究』(東京：風間書房, 1976)와 코바야시(小林勝人)씨의 『列子の硏究』(東京：明治書院, 1981)의 두 연구가 크게 도움을 주었다(『여자란 무엇인가』, 127쪽 주12 참조).

나의 氣哲學적 탐구는 본문에서 지적한 대로 문헌적연구와 실증적연구의 두 차원을 동시에 확보함으로써 이루어지는 것으로 이론(theoria)과 실천(praxis)의 양편의 융합으로 완성되는 것이다. 전자는 『黃帝內經』으로 시작하여 『東醫壽世保元』에까지 이르는 방대한 醫經이론체계의 탐구에서 그 주된 영역을 확보하고, 후자는 권도원박사와의 공동작업에 의하여 이룩될 "체질의학"(Constitutional Medicine)의 임상적 실험에 그 핵을 두고 있다. 그러나 이 모든 작업이 나의 삶의 기나긴 과정에서 "과정적으로" 이루어질 작업일 뿐이며 결코 완성된 체계를 의미하는 것은 아니다. 이 논문은 문헌적·이론적 탐구의 극히 협소한 단면을 보여준데 불과하지만, 그 단면이 함축하고 있는 사고의 틀은 실로 광대한 것이며 앞으로 나의 기철학이 발아되어갈 씨앗을 함장하고 있다.

나의 기철학은 이 시대를 증언하면서 이 시대를 사는 많은 사람들의 뇌리속에서 하나의 새로운 문명의 패러다임으로서 정착되어가리라는 확신을 나는 가지고 있지만, 본 논문의 출간으로, 나의 기철학이 무슨 도인을 자처하는 사람들의 말기적 장난의 체계로 오인될 수 없음이 밝혀지기를 희망한다. 나의 기철학은 엄밀한 학(Wissenschaft)으로서의 체계일 뿐이며 道人이나 哲人이 부르짖는 구원의 도가 아니다. 인간의 구원은 인간 자신의 것일 뿐이다.

나의 이 논문이 출간되면서 가장 민감한 반응을 보인 것은 漢醫學界였다. 한의학계라고 하지만 무감각한 기성세대들의 반응이라기 보다는 새롭게 자라나는 신예 한의학도들의 예리한 반응이 나에게 전달되던 것이었다. 나는 한의학이 이 땅에서 참으로 "작용하는 학적 체계"(working system)로서의 개편이 꾸준히 모색되어야 한다고 생각한다. 한의과대학생들에게 한의학적 인식론의 근원적 문제들이 실제적으로 체득될 수 있는 새로운 커리큐럼이 확보되어야 하고 보다 효율적인 텍스트와 교수방법이 고안되어야하며, 의경텍스트를 보다 자신있고 과학적으로 접근할 수 있는 한학의 기초가 강화되어야 한다.

나의 이 논문은 하루살이의 운명에 그쳤던 『대학』이라는 잡지의 창간호(1985년 12월, 한번 발행으로 그침) 357~384쪽에 전재되어 일반에게 널리 읽힌 바 있다. 그러나 『대학』에 실린 논문은 편집인들이 교정과정에서 필자의 소견과 무관하게 함부로 개작한 것임으로 일체 그 잡지에서 인용하는 일은 삼가해주었으면 한다. 원칙이 결여된 잡지편집인들의 무책임한 교정상태는 좀 반성되어야 할 점이 있지않나 생각된다. 원칙이 있는 필자의 개성은 살려주어야 할 것이다.

이 논문은 또 서강대학교 불문과의 姜莒培교수님에 의하여 불역되어 유네스코 계간지에 실렸음을 밝힌다: "La philosophie du *ch'i*——Processus de formation de la pensée médicale en Chine à l'époque des Han——," *Revue de CORÉE* (Seoul: Commission Nationale Coréenne pour l'Unesco, Hiver 1985), Vol. 17, No. 4, pp. 21~43. 그러나 이것은 나의 논문의 전역은 아니다. 나의 제자인 김현군(고대철학과 박사반)이 원고지 100매 정도로 축약한 것을 강거배교수님이 불역하고 또 그 불역된 원고를 한문과 불어의 양방면에 능통한 장원철군(고대국문과 박사반)이 다시 교정한 것이다. 강거배교수님은 이 논문을 번역하는 과정에서 생기는 모든 개념상의 문제들을 나에게 조목조목 따져 물었고 나는 그 문제들에 대하여 영역을 제시하였다. 나는 강거배교수님의 번역자로서의 치밀성과 학문적 실력에 깊은 감명을 받았다.

1985년 초겨울, 서강대학의 캠퍼스의 뒷켠 어느 연구실에서 손을 호호 불면서 강교수님과 세세한 이야기를 나누던 추억의 감회가 새롭다. 강교수님은 말한다. 번역의 보람을 강렬하게 느끼게 해 준 글이었다고——. 그리고 이 논문은 경희대 한의과대학 학생회에서 펴내는 학술지 『醫仁』(87년도, 통권 18호)에 특별논단으로(pp. 150~175) 실린 바 있다. (1987. 6. 24.)

氣哲學이란 무엇인가

— 漢醫學이론 형성과정과 黃老之學 —

氣는 개념인가?

氣哲學(The Philosophy of Ch'i, 우리 발음을 살려 The Philosophy of

본 논고는 필자가 필생의 사업으로 생각하고 있는 氣哲學(The Philosophy of Ch'i or Ki) 연구의 방대한 구상의 일환으로 계획된 것이다. 필자가 대학시절에 서양철학을 공부하고 동양철학을 전공으로 선택하게 된 所以然이 바로 이 氣論에서 주어졌다고 말해도 과언이 아니다. 氣論에 대한 이론적 인식으로 인하여 철학적 관심이 방향지워졌다고 말하기 보다는 氣에 대한 실존적 체험속에서 어쩔 수 없이 그러한 방향으로 경도되었다고 말하는 것이 보다 정직한 기술이 될 것이다. 즉 나의 철학은 나의 신체, 그리고 그곳에서 파생하는 질병이라는 현상으로 인하여 출발되었기 때문이다. 氣에 대한 나의 관심은 20년 가까이 집요하게 지속된 것이며, 나는 이 氣라는 개념으로 설명될 수 있는 세계가 인류에게 이 우주와 인간을 해석하는 새로운 안목을 제공할 수 있다는 확신을 가지게 되었다. 그러나 이 확신은 하나의 직관의 형태로 머물러 있을 뿐이며 구체적 법칙을 제시할만큼 성숙되어 있지는 못하다. 왜냐하면 氣하나로 설명될 수 있는 이 우주는 너무도 광대한 체계이며 그 광대한 영역이 서로의 법칙적 상관성을 확보할 수 없는 한 그것은 결코 신빙성있는 체계로서 인간에게 인식될 수 없기 때문이다. 본문에서 자세히 부연하겠지만 이 氣論의 연구는 반드시 방대한 문헌적 연구와 실증적 연구의 두 차원을 동시에 확보하여야 한다. 문헌적 연구란 문헌에 나타난 의미형상의 체계를 통하여 거기에 반영된 인간의 인식구조를 밝히는 작업이며 실증적 연구란 살아 움직이는 인간의 실존적 모습, 즉 감지될 수 있는 인간의 자연적 행위의 분석을 통하여 문헌적 연구에서 밝혀진 인식구조를 기능적으로(functionally) 실증해 내는 작업이다. 나는 이 양차원의 연구에 동시적인 관심을 지속시켜왔으나 지금 현단계에서는 문헌적 연구의 차원에서만 겸손하게 머물 수 밖에 없다. 본 논고는 원래 先秦時代에 있어서의 氣개념의 발전을 문헌적으로 밝히는 작업을 위하여 기획되었으나 워낙 쫓기는 삶의 스케줄의 압력으로 이 시점에서 그 목적을 달성할 수 있는 물리적 시간의 여유를 얻을 수가 없었다. 지난 겨울방학(84~85) 동안에 민족문화추진회의 간청에 못이

Ki라고도 표기된다.)이란 氣라는 개념에 의하여 세계를 해석하는 체계를 말하며 나의 용법에 있어서 氣論과 동의어이다. 이때 氣가 개념인가 아닌가 하는 문제가 선결되어야 겠지만 이 문제는 다시 개념이란 무엇인가 라는 매우 애매모호한 인식론적 문제를 제기하기 때문에 그 문제는 여기서 본격적으로 엄밀하게 검토될 수는 없다. 그러나 우리는 氣가 개념일 수도 있고 개념이 아닐 수도 있다고 생각할 수 있다. 순수히 플라톤적인 이데아로서 개념을 규정하는데 있어서는 氣는 분명 개념이 아니다. 그것은 수학적·관념적 약속의 체계는 아니며 중국고대로부터 하나의 사실적 자연의 질서(The Order of Nature)라고 생각되어졌기 때문이다. 그러나 이때 또 자연의 질서가 과연 관념의 체계가 아닌가 하는 문제를 다시 제기해 볼 수 있다. 칸트의 구성설을 운운하지 않아도 중국고대인들은 인간과 무관한 객관적 자연이 존재한다는 생각을 하지 않았으며 자연의 질서가 곧 인간의 질서라고 생각하였기 때문이다. 불란서의 천재적 사이놀로지스트(중국학학자)이며 뒤르껭의 수제자로서 사회학자의 명성을 휘날리기도 했던 그라네(Marcel Granet, 1884~1940)가 정확히 지적한대로 고대중국인이 자연을 질서지우는 최초의 행위의 근거가 칼렌다(曆)로서 표현된 것이

겨 기독교 『聖書』의 전 세계적 번역사업에서 이루어진 성과를 토대로 구성한 번역이론에 관한 탁월한 역저를 하나 번역하는 작업에 나의 정력이 다 소비되었기 때문이었다 (Eugene A. Nida and Charles R. Taber, *The Theory and Practice of Translation*, Published for the United Bible Societies by E. J. Brill, Leiden, 1974. 제 1 장과 제 2 장이 번역되어 『民族文化』, 제10집에 실렸다). 이에따라 나는 원래의 계획을 수정하여 나의 지금까지의 연구과정에서 가장 친숙하게 느끼는 체계로부터 서술하여 탐구해 들어가기로 마음먹었다. 이렇게하여 선택된 체계가 宋明儒學(Neo-Confucianism)에서 성립된 氣哲學체계이며, 그 체계의 원형은 장 짜이(張載)의 『正蒙』(*Correction of Ignorance*)에서 잘 드러나고 있다고 본다. 장 짜이는 필자의 박사학위논문과도 깊은 관련이 있는 인물이다. 나의 논문의 주제를 이루고 있는 왕 후우즈라는 인물이 바로 『正蒙』에 대하여 으뜸가는 주석을 낸 인물이기 때문이다. 그러나 본 연구는 지면의 제약으로 『正蒙』 그 자체의 체계를 포괄적으로 밝히는데 까지도 이를 수가 없었다. 氣哲學 자체의 정의(definition) 문제와 그 문제를 둘러싸고 전개되는 先秦思想의 경위와 漢代의 黃老之學의 정체규명이 선행되지 않을 수 없었기 때문이다. 黃老之學에 대한 가설은 나의 독서범위가 허용하는 한에 있어서 나의 독창적 체계이며 여태까지 철학적 연구가 무시해왔던 측면의 허를 찌른 것이다. 이 黃老之學에서 성립한 氣의 개념의 윤곽을 밝힌 후에 그것을 규명하는데 핵심적 문헌이라고 생각되는 『黃帝內經』의 철학사적 의의, 그리고 그것이 연구되기 위하여 선행되어야 할 연구방향, 그리고 그 문헌자체를 분석하는 방법론적 과제 등을 포괄적으로 언급함으로써 앞으로 전개될 氣哲學연구의 緖頭를 장식하는 소략한 차원에서 만족하려 한다.

며 그 칼렌다는 곧 자연의 질서인 동시에 칸트말대로 인간이 구성한 세계의 질서이기도 한 것이며 또한 인간의 질서이며 사회의 질서이다.[1] 雨水와 驚蟄은 봄을 나타내는 자연현상의 표증이기도 한 동시에 그것에 따라서 우리 인간의 사회적 삶이 규정되어야 하는 틀이기도 한 것이다. 이렇게 보면 氣라는 것은 중국고대사회에 있어서 칼렌다의 문제와 불가분의 관계를 맺는 것이기도 하며 또 칼렌다라는 것이 갖는 종교적 차원 또한 배제될 수 없는 것이나 이러한 세부적 문제는 차제에 검토될 것이다.

시공안에 설정된 본체 : 夷 · 希 · 微

氣는 분명 일차적으로 자연 그 자체의 질서를 나타낸다. 그러나 그것이 나타내어지는 것이 어디까지나 인간에게 나타내어지는 것이고 보면 그것은 분명 인간이 자연에 대하여 가하는 해석의 체계임이 분명하다. 그러한 의미에서 氣는 분명히 하나의 개념이다. 그러나 이 개념은 "아버지"와 같이 구체적 사물을 지시하기 위하여 성립한 개념이 아니라 인간과 인간을 둘러싸고 있는 환경전체를 설명하기 위한 가장 원초적이고 보편적인 개념이다. 즉 우주의 원질이 무엇인가에 답하기 위하여 설정된 극히 보편적이면서도 개별적인, 극히 추상적이면서도 구체적인 양면적 개념이다. 다시 말해서 이것을 뒤집어 말한다면, 우주의 원질을 묻는 보편적 물음에까지 인간의 사유가 전화되지 않은 상황에서는 발생할 수 없는 개념이다. 더 상세히 말하자면, 인간의 감관에 나타난 그대로의 현상계를 단순히 있는 그대로 소박하게 인정하고 말아버리는 감각적 사유체계내에서만은 발생할 수 없는 개념이며, 감각적 현상을 뛰어넘는 원질 즉 실상(reality)에 대한 탐구, 다시 말해서 복잡다단한 감각적 현상(나타난 모습)을 보다 원초적이고 실상적인 개념으로 묶어 설명하려는 노력이 없이는 발생할 수 없는 개념이다. 독자들은 필자가 동·서양의 사유체계를 대비하여 논하는데 있어서 서양에는 본체(noumena)와 현상(phenomena)에 대한 2원적 사유가 발달한데 반하여 동양에는 현상일원론적 사유가 발달하였다고 역설하였음으로

1) Marcel Granet, *The Religion of the Chinese People*, tr. Maurice Freedman(New York: Harper & Row, 1975), p. 47.

氣에 대한 이러한 본체론적 발언을 매우 의아하게 여길지 모른다.[2] 그러나 모든 철학체계가 소박한 실제론(naive realism)의 단계에서는 발생할 수 없는 것이다. 일단 감각적 세계에 대한 부정이 없이 高揚된 大鵬의 사유는 있을 수 없다. 즉 본체—현상의 이원론이든 현상일원론이든 實相에 대한 탐구는 공통된 것이며 문제는 결국 본체를 어떻게 규정하느냐는 것으로 귀착되는 것이다. 희랍인이나 히브리인이나 지중해 연안의 문명권에 있어서는 본체를 시공간 밖에(outside) 설정한데 반하여 동양인 특히 중국인은 본체를 시공 안에 설정하였다는 것만이 다르다. 그러므로 동양인이 말하는 본체는 엄밀히 말해서 희랍인이 말하는 "누우메나"는 아니다. "누우메나"는 아니지만 우리의 감관을 초월해 있는 세계내적 실상, 그것이 바로 우리가 말하려는 氣와 관계있는 것이다. 예를 들면 『老子道德經』 第十四章에 다음과 같은 주목할 만한 문귀가 있다.

> 그것을 보아도 보이지 않으니 그것을 이름지어 夷라 하고, 그것을 들어도 들리지 않으니 그것을 이름지어 希라 하고, 그것을 잡아도 잡히지 않으니 그것을 이름지어 微라고 한다. 이 三者는 구획된 인간의 언어적 사고로서는 따질 수 없는 것이니 그러므로 그것들을 뭉뚱그려 하나(一)로 한다.[3]

夷는 無色의 상태며 希는 無聲의 상태며 微는 無形의 상태이다. 그리고 이(夷), 희(希), 미(微)는 古代발음에 있어서 동일한 韻을 밟고 있다. 분명히 이것은 老子가 말하려는 진리의 세계가 우리의 감관(시각·청각·촉각)을 넘어서 있음을 말한 것이다. 그러나 희랍인들처럼 우리의 감관을 넘어서 있다는 것이 곧 초자연적 본체계의 존재를 주장한다고 하는 비약을 허용하지 않는다는 의미에서 철저한 일원론이다. 바로 이러한 일원론의 체계속에 氣哲學의 오묘성이 있는 것이다. 『列子』라는 매우 재미있는 說話集의 제일 첫머리에 나오고 있는 다음과 같은 구문을 다시 상고해 보자.

---

2) 金容沃, 『東洋學 어떻게 할 것인가』(서울 : 통나무, 1986), 267~287 쪽에 실린 논문 "東洋的이란 意味"의 두째 대목인 「東洋的 一元論」을 참조할 것. 그 논문에서 내가 주창한 "東洋的 一元論"의 내용과 비교하여 생각해 보면 여기서의 나의 논지가 선명히 부각될 것이다.

3) 視之不見名曰夷, 聽之不聞名曰希, 搏之不得名曰微。此三者不可致詰, 故混而爲一。

子列子가 웃으면서 대답했다. "나의 선생 壺子(후쯔)께서 무슨 말씀을 하셨겠는가? 그렇지만 선생께서 伯昏瞀人(뻬훈 우르언)에게 일찌기 말씀하시는 것을 내가 곁에서 엿들은 적이 있지. 그것을 한번 너에게 들려주마. 그 말씀이 다음과 같았어 : [이 우주에는] 생성하는 것과 생성하지 않는 것이 있다. 변화하는 것과 변화하지 않는 것이 있다. 생성하지 않는 것은 생성하는 것을 생성시키고, 변화하지 않는 것은 변화하는 것을 변화시킨다. 생성하는 것은 생성하지 않을 수 없고, 변화하는 것은 변화하지 않을 수 없다. 그러므로 항상 생성하고 항상 변화한다. 항상 생성하고 항상 변화하는 것은 생성하지 않는 때가 없고 변화하지 않는 때가 없다. 음과 양이 그러한 것이며 사계절이 그러한 것이다. 생성하지 않는 것은 만물과 짝지우기도 하고(疑) 홀로 있기도 하며(獨), 변화하지 않는 것은 가기도 하고(往) 되돌아 오기도 한다(復). 가고 오는 것은 그 순환에 끝이 없으며, 짝지우고 또 홀로 있는 것은 그 변화의 길이 막히는 법이 없다. 『黃帝書』에 말하기를 : "계곡의 신령한 작용은 죽는 법이 없으니 이를 일컬어 어두운 암컷이라고 한다. 어두운 암컷의 陰門, 그것이야말로 하늘과 땅의 생성의 뿌리이다. 새끼가 꼬여 나오듯 끊어지지 않고 계속 나온다. 그것을 아무리 써도 고갈되지 않는다." 그러므로 만물을 생성시키는 것은 생성하지 않으며 만물을 변화시키는 것은 변화하지 않는다. 스스로 생성하고 스스로 변화하고, 스스로 형체지우고 스스로 색깔지우며, 스스로 지혜롭고, 스스로 힘이 있으며, 스스로 소멸하고 스스로 번창한다. 그것을 어떠한 존재가 의도적으로 생성시키고 변화시키고 형체지우고 색깔지우고 지혜롭게 하고 힘이 있게 하고 소멸하게 하고 번창하게 한다면 그것은 그릇된 것이다."[4]

生者와 不生者의 긴장이 모두 生成속에서

매우 정연하게 압축된 윗글에서 나타나는 중요한 논리는 그것이 『老子』나 『莊子』에서 이미 나타난 것이기는 하지만 또 그것과 다른 것은

4) 子列子笑曰 : 「壺子何言哉? 雖然, 夫子嘗語伯昏瞀人, 吾側聞之, 試以告女。其言曰 : 有生不生, 有化不化。不生者能生生, 不化者能化化。生者不能不生 ; 化者不能不化。故常生常化。常生常化者, 無時不生, 無時不化。陰陽爾, 四時爾, 不生者疑獨。不化者往復。往復, 其際不可終 ; 疑獨, 其道不可窮。黃帝書曰 : 『谷神不死, 是謂玄牝。玄牝之門, 是謂天地之根。綿綿若存, 用之不勤。』故生物者不生, 化物者不化。自生自化, 自形自色, 自智自力, 自消自息。謂之生化形色智力消息者, 非也。」疑는 儗와 통하며 比(짝지운다)의 뜻이다. 獨(홀로있다)과 짝을 이루며 "往復"의 對句이다.

생성하는 것(生)과 생성하지 않는 것(不生), 변화하는 것(化)과 변화하지 않는 것(不化)을 명료히 대비시키면서 그 양자사이에 어떠한 긴장감을 나타내주고 있다는 것이다. 근대 서구라파식 교육에 의하여 그 세계관이 오염된 대부분의 지식인들은 "不生者能生生, 不化者能化化。"와 같은 구문을 해석하는데 있어서 "자기는 변화하지 않으면서 변화하는 것을 변화시키는" 아리스토텔레스의 第一原因的 不動者(Prime Mover, 혹은 Unmoved Mover)를 연상할 것이다. 그러나 위의 인용 문맥에서 自明하게 드러나고 있듯이 여기서 말하는 "不生者" "不化者"는 결코 현상의 질서에 오염되지 않은 純粹形相(Pure Form)을, 다시 말해서 에이도스적 세계를 말하는 것은 아니다. "생성하지 않는 것은 만물과 짝지우기도 하고 홀로 있기도 하며, 변화하지 않는 것은 가기도 하고 되돌아오기도 한다. 가고 오는 것은 그 순환에 끝이 없으며, 짝지우고 또 홀로 있는 것은 그 변화의 길이 막히는 법이 없다"(不生者疑獨, 不化者往復。往復, 其際不可終; 疑獨, 其道不可窮。)라는 결론적 구절에서 알 수 있듯이 不生者·不化者는 往復疑獨하는 無窮한 변화속에 있는 것임이 저절로 드러난다. 즉 生者와 不生者가, 化者와 不化者가 모두 대자연에 내재적인 것이기는 하나 그 兩者間의 명백한 구분대립이 성립했다는 것, 즉 그 양자사이의 긴장감은 우리의 氣論의 연구에 결정적 단서를 제공하는 것이다. 즉 生者와 不生者의 對立이 없이는 이 生成하는 우주를 하나의 근원적 원질로 환원시켜 설명하려는 포괄적 개념이 파생하지 않는다는 것이다. 變化 그 자체의 절대성만으로는 變化라는 개념이 파생하지 않는다. 變化라는 개념은 그것이 언표를 빌리고 있는한 不變이라는 개념에 대하여 상대적일 수 밖에 없는 것이기 때문이다. 變化라는 개념에 대하여 不變이라는 개념이 성립하는 것은 동서고금에 동일하게 나타날 수밖에 없는 인간 사유의 보편적 현상이다. 그러나 동양인의 사유속에서는 變에 대한 不變의 "不"의 개념이 결코 형식논리적 부정의 "not"이 아니다. 變에 대한 不變은 "변하지 않는 것"이며 "변함이 없는 그 무엇"은 아니다. 형식논리적 부정에 있어서는 부정된 그 무엇이 하나의 實體로 存立할 수 있지만 생성논리적 부정에 있어서는 부정자가 부정의 대상의 성격을 선명하게 드러내기 위한 종속적 위치밖에 지니지 못한다. 變에 대한 不變이 인식되었다는 것은 變 그 자체의 인식이 심화되었다는 것을 뜻하며 不變의 세계가 하나의 실체로서 새롭게 인식되었다는 뜻은 아니다. 이러한 變과 不變, 生과 不生, 化와 不化의 생성론적 인식의 심화, 그리고 그러한 인식구조에 따라 우주를 포괄적 체계로서 설명하려는 노력은 매우 일찌기 중국고대사상에 내재하고 있었으나, 그것이 쿤(Thomas S. Kuhn)의 말을 빌리면 하나의 패러다임으로서 즉 인간의 역사적 사유를 지배하는 보편적 틀로서 중국에 정착된 것은 戰國末葉에서 漢代에 걸친 것이다.

莊先生의 인간학적 시각과 列先生의 우주론적 시각

바로 위에서 인용하고 있는 『列子』라는 책의 成立年代는 상당한 긴 역사의 시간의 폭을 가지고 있으나 우리가 인용한 구문이 나오는 「天瑞篇」의 成立年代는 漢代가 확실하며 『淮南子』·『易緯』類와 同時代에 성립한 것으로 추정된다. 즉 『列子』의 "有生不生"論은 漢代(주로 前漢)에 새롭게 정착된 어떠한 우주론적 패러다임을 표방하고 있는 것으로 보인다. 이러한 『列子』「天瑞篇」의 사상의 원형은 이미 『莊子』의 內篇과 外篇에 散在하여 나타난다. 「大宗師篇」에 "옛과 지금이 없고 난 후에는 능히 죽지도 않고 살지도 않는 경지에 들어갈 수 있다. 사는 것을 죽게하는 것은 죽지 않으며 사는 것을 살게하는 것은 살지 않는다"(無古今而後能入於不死不生。 殺生者不死, 生生者不生。)라고 말한 것도 "不生者能生生, 不化者能化化。"의 논리와 동일한 구조를 지니고 있다고 한 것이다. 또 「在宥篇」(콜럼비아대학의 중국학교수로서 한문고전번역자인 왓슨[Burton Watson]은 이 편명을 "Let It Be, Leave It Alone"으로 영역했다)에 "큰 것을 가지고 있는 사람은 그것을 것으로 삼지 말아야 한다. 것이면서 것으로 삼지 않기 때문에 오히려 것을 것으로 만들 수 있다. 것을 것으로 하는 것이 것이 아님을 안다면 어찌 하늘 아래의 백성을 홀로 제 손아귀에 쥐고 주물르는 독단적 짓을 하겠는가?"(有大物者, 不可以物。物而不物, 故能物物。明乎物物者之非物也, 豈獨治天下百姓而已哉!)라고 한 것도 동일한 논리의 선상에서 이해되어야 할 것이다. 物(것)을 物답게 하는 것이 物이 아니라는 생각, 이 생각에는 이미 物과 非物의 긴장이 배태되어 있다. 이러한 긴장감은 「山木篇」(The Mountain Tree, 왓슨)의 "物을 物답게 하면서도 物에 物되지 않는다"(物物而不物於物)는 초월의 논리에도 동일한 사유구조로서 나타난다. 그러나 『莊子』와 『列子』의 논리에 차이가 있는 것은 莊선생은 物과 非物의 대립적 논리를 현상적 物욕에 사로잡혀 있는 인간의 부정, 그러한 세속적 분별적 가치에 사로잡혀 있는 인간의 초월에 치중하여 말하고 있는데 반하여 列선생은 生과 不生의 대립적 논리를 우주의 실상 그 자체를 규명하는데 적용하고 있다는 사실이다. 다시 말해서 莊선생은 인간학적 시각에서 인간의 초탈된 의식의 달성이라는데 관심을 집중시키고 있고, 列선생은 우주론적 시각에서 우주의 실상규명에 관심을 집중시키고 있다. 전자의 인간론적 관심(anthropological concern)은 戰國시대의 정치적·사회적 혼란 속에서 어떻게 나의 초탈된 의식의 행복을 확보하는가 하는 개인주의적 관심을 반영한다고 하면 후자의 우주론적 관심(cosmological concern)은 정착된 漢帝國의 정치적 안정속에서 새로운 우주의 질서를 정착시키려는 과학적 관심을 반영한다고 할 것이다. 그러므로 莊선생의 논리는, 老莊哲學을 通하여 佛敎를 수용하고 佛敎의 토착화에 힘썼던 天才的 사상가이며 鳩摩羅什(AD 344~413)의 수제자이기도한 僧肇(AD 384~414)에게로 연결되고 있는 것은 결코 우연은 아닐 것이다. 즉 莊선생의 논리에 그러한 심리학적·종교적 색채가 강했기 때문이다. 肇은 다음과 같이 말한다.

莊子의 不物於物과 肇論

> 性이란 본래 항상 전체된 하나이기 때문에, 物로서 삼을 수 없으면서도 또한 物이 아닌 것은 아니다. 物에 의하여 物될 수 있다면 그때는 이름(현상)과 실상(실재)이 따로 따로 드러난다. 物에 物되지 않는다면 그때는 物이 곧 참된 그 실상이다. (性本常一，不可而物，然非不物。可物於物，則名相異陳。不物於物，則物而即眞。)

> 그러므로 聖人은 物에 物되지 않으면서도 物에 物되지 않는 것이 아니다. 物에 物되지 않는다 라고 할때 物은 있는 것이 아니며, 物에 物되지 않는 것이 아니다 라고 할때 物은 없는 것이 아니다. (是以聖人，不物於物，不非物於物。不物於物，物非有也。不非物於物，物非無也。)

『肇論』에서 말하고 있는 긍정과 부정의 논리 그 자체의 초월이라는 명제는 어디까지나 현상과 본체의 이원적 구분을 전제로 하고 있는 인도·유러피안족의 서양적(산스크리트적) 사유를 철저히 중국적 일원론 속으로 용해시키려는 의도를 가지고 있다는 사실을 간파해야 할 것이며, 사실 이러한 일원과 이원의 역동성이 宋明儒學 특히 朱子學的 체계 속으로 숨어들어갔다는 사실 또한 간과해서는 안될 것이다. 즉 宋明儒學的 세계관의 端緖가 이미 『肇論』적 논리에서도 쉽게 발견될 수 있다는 사실은 결코 나의 私見에 그칠 것은 아니다. 즉 중국 佛敎에서 말하는 "不生不滅"論이나 朱子學의 "理" 槪念이 바로 이러한 莊선생 내지 列선생의 논리의 맥락을 타고 있다는 사실은 쉽게 지적될 수 있을 것이다.

神農黃帝之法則

그러나 우리의 관심의 핵심은 이러한 세계관의 사상사적 기술이 아니라 氣를 통하여 본 세계 그 자체의 구조를 규명하는 것이다. 이것은 분명 단순히 전통적으로 규정되었던 철학의 범위를 넘어서는 것이며 넓은 의미에서 과학의 범위를 포용한다. 그리고 앞의 서론적 언급에서 밝혔듯이 이러한 연구는 반드시 문헌적 연구와 실증적 연구의 두 차원을 동시에 확보해야 하며, 실증적 연구가 뒷받침해 줄 수 없을때는 궁극적으로 空理空論에 머무르고 말 것이다. 그럼에도 불구하고 필자의 연구는 실증적 측면을 체계화하는데까지는 이르지 못하고 있다는 것 또한 고백하였다. 그런데 앞서 인용한 『莊子』「山木篇」의 "物物而不物於物"의 다음에 다음과 같은 말이 연결되고 있다. "그러한 즉 어찌 이 物의 속세에 연루되어 조잡한 삶을 살 수 있겠는가? 이것이 바로 神農과 黃帝의 法則이다"(則胡可得而累邪？ 此神農黃帝之法則也。) 라고 한 것이 바로 그것이다. 즉 物을 物답게 하면서 物的이 아닌 그 무엇의 인식과 黃帝라는 이름이 연결되고 있고 또 그것을 黃帝의 法則이라고 까지 표명하고 있는 구절에 우리는 반드시 주의를 기울여야 한다. 여기서 말하는 "法則"이란 근대서구적 "自然의 法則"(laws of nature)을 말하는 것은 아니다. 즉 노모스적인 法則을 말하는 것은 아니다. 이때의 "法則"은 문자그대로는 "본받아야 할 준칙"이라는 뜻이지만 나는 이 말속에 어느정도 법칙의 개념이 배제되어 있다고 보지는 않는다.[5] 또한 『列子』「天瑞篇」에서 不生者·不化者의 논지를 강화하기 위하여 現存하는 『老子道德經』 第六章을 引用하고 있는데 『老子道德經』이라고 말하지 않고 『黃帝書』라고 말하고 있다. 여기서 우리는 세가지 가설을 세울 수 있다. 1) 『道德經』과 『黃帝書』를 동일한 책의 異名으로 간주한다. 2) 『道德經』과 『黃帝書』는 별개의 책이며 『黃帝書』 속에 『道德經』의 일부가 인용되어 있는 것을 또다시 「天瑞篇」의 저자가 인용한 것이다. 3) 『黃帝書』는 근본적으로 하나의 구체적 책명이 아니라 黃帝와 관련된 모든 책에 대한 일반명사이므로 그 책을 구체적으로 밝히는 것은 원칙적으로 무리가 있다.

나는 제 3의 가설이 가장 신빙성이 있다고 보는데, 그것은 『漢書』「藝文志」에 『黃帝書』라고 지목된 책명은 보이지 않으며 黃帝라는 이름이 들어간 책이 광범위한 카테고리에 걸치어 분포되고 있음을 볼 수 있다. 道家者流의 카테고리에만 『黃帝四經』, 『黃帝銘』, 『黃帝君臣』, 『雜黃帝』의 네 책이 실려 있고, 陰陽家, 小說家, 兵家, 曆譜家, 五行家, 雜占家, 醫經家, 經方家, 房中家, 神僊家의 부류에 여러 책명이 散在해 있다. 1973년 馬王堆 第三號 漢墓에서 나온 『老子』 乙本의 앞에 부속되어 있는 四篇의 古佚書가 『經法』, 『十大經』, 『稱』, 『道原』의 篇題를 가지고 있는데 이 四篇이 바로 亡佚된 『漢志』 著錄의 『黃帝四經』이라고 탕 란(唐蘭)氏는 단정짓고 있다.[6] 그리고 이 四篇중에서 『十大經』의 論述형식이 黃帝와 臣下(力黑, 閹冉 등) 사이에서 오가는 問答형식과 臣下同志들 사이에서의 대화형식을 취하고 있으며 이것은 현존하는 『黃帝內經』이 黃帝와 臣下와의 問答형식을 취하고 있는 것과 동일하다. 『十大經』이 주로 道家·法家·兵家의 사상을 따르고 있고 刑名과 陰陽과 刑德의 說을 논하고 있으므로 그것이 醫經

5) 니이담은 중국의 法개념에서 노모스적 法의 개념을 제거한다. 그러나 이러한 주장은 결코 서구적 틀을 전제로 하고 있기 때문에 쉽게 받아들일 수 만은 없다. 그의 『중국의 과학과 문명』(*Science & Civilization in China*) 제 2 권의 마지막 장인 "Human Law and the Laws of Nature in China and the West"(中國과 西洋에 있어서 法律과 自然의 法則)를 참고할 것.

6) 馬王堆漢墓帛書整理小組編, 『經法, 馬王堆漢墓帛書』(北京 : 文物出版社, 1976), 149~158쪽. 그리고 이 『黃帝四經』이 BC 4세기初의 작품이라고 연대를 추정하고 있다.

은 아니지만 동일한 사상적 지반 위에 서 있음은 쉽게 간파할 수 있다.

현상일원론의 틀에서 태동한 뉴사이언스

여기서 너무 고증적 작업에 휘말리지 말고 우리의 논지를 일단 정리하여 보면, 첫째, 동양적 일원론이라는 中國古代思想의 틀을 근원적으로 벗어나지 않는 범위내에서, 즉 존재(Being)의 세계보다는 생성(Becoming)의 세계의 일원성의 자연주의적 입장을 고수하면서 生者와 不生者의 二元的 인식이 심화되는 방향에서 중국고대문명이 발전하였다.

둘째, 따라서 生者를 生하는 不生者의 법칙을 탐구하는 대규모의 학파가 戰國末葉부터 구체적으로 형성되기 시작하였고 이들은 老子의 형이상학과 인식론에 이론적 근거를 두면서도 자기들의 새로운 패러다임을 黃帝라는 역사적이고도 신화적인 인물에 가탁하여 새로운 사상운동을 표방하였다. 그리고 이 새로운 사상운동은 前漢時代에 중국사회에 완전히 뿌리를 내린 것으로 보인다. 그러면 이 새로운 사상운동 즉 뉴사이언스는 무엇인가?

우리는 傳統的으로 漢代에 "黃老思想"이라는 막연한 이름으로 규정되는 어떠한 절충주의적 사상조류가 존재했던 것을 알고 있다. 그리고 이 조류는 막연하게 老莊사상의 정치철학적 측면, 즉 農業社會의 자유방임적 無爲사상의 로맨티시즘으로 인상지워져 왔다.[7] 그러나 이러한 생각은 매우 천박한 것이다. 즉 思想 그 자체만을 고립시켜 논한데서 오는 오류에 불과하며, 한 사상을 논하는데 있어서 그 思想이 가지고 있는 下部構造的 전체성을 총체적으로 조감하지 않은 데서 발생한 오류에 불과하다.

道可道非常道의 두 통로

老子의 思想은 그 經의 제일 첫 구절의 분석에서 확연히 드러난다:

---

7) 전통적 黃老사상관에 대해서 잘 정리해 놓은 책은: 韓逋仙, 『中國中古哲學史要』, 臺灣: 正中書局, 1960.

"道를 道라고 말하면 그것은 常道가 아니다." 이것은 분명히 인식론적 명제이며 이 명제가 현상적 일원론의 범위를 벗어나지 않는 중국문명의 틀 속에서 발전되어질 수 있는 통로는 다음의 두 가능성으로 요약될 수 있다.

첫째, 可道之道는 인간의 언표를 빌린 개념적 세계이며, 常道는 항상 그러한 존재의 실상을 말하는 것이라 할때, 可道之道가 常道를 나타내지 못한다는 판단은 곧 언어와 논리의 세계의 불신을 뜻한다. 그러므로 플라톤적 예지계(cosmos noetos)나 근대서구라파적 양적 이성과 수학적 논리의 세계가 부정됨으로써 비이성적 즉 직관적 신비주의로 흐를 수 있다. 이것은 인간이 인간자신의 언어적 속박으로부터 해방된다는 해탈의 논리로서 逍遙·養生·滅執·不立文字 등의 전통으로 연결된다.

둘째, 그러나 우리는 "道可道非常道"라는 인식론의 負面이 아닌 正面을 꿰뚫고 들어가 볼 필요가 있다. 현상을 주어진 언어의 틀 속에서 소박하게 있는 그대로 받아들이는 인식론의 단계에서는 과학이 발생하기 힘들다. 기껏해야 기술이 있을 뿐이다. 기술(테크네, *techne*)이란 원래 환경과의 관계속에서 본능적으로 생물체에 장치된 생존기술(survival technique)에서 유래하는 것이다. 높은 나무가지에 대롱대롱 매달려서 바람이 불어도 떨어질줄 모르는 새의 둥우리를 쳐다볼 때, 아름다운 벌집의 완벽에 가까운 기하학적 형태를 볼 때, 우리는 현대과학으로써도 설명될 수 없는 고도의 기술을 발견할 수 있다. 그러나 과학(사이언스)은 스키엔티아(*scientia*)라는 어원이 말하고 있듯이 이 우주에 대한 "체계적 앎"이다. 그것은 하나의 "포괄적 해석"이며 특수적 개별적 사건을 연결지울 수 있는 전체적 법칙이 없이는 성립할 수 없다. 과학이 성립하기 위하여서는 개별적 事象들 사이의 상관성(correspondence)에 대한 인식이 있어야 하며 그 상관성을 묶어 설명하는 일반법칙(general law)이 있어야 한다. 그리고 이러한 법칙적 인식은 감각에 나타난 것을 즉각적으로 있는 그대로 받아들이는 사유속에서만은 성립할 수 없다. 다시 말해서, "道를 道라고 말하면 그것은 常道가 아니다"라는 명제는 매우 과학적 명제이다. 즉 인간의 주관적 편견을 배제하고 있는 그대로의 자연을 직시하자는 객관주의적 태도가 깔려있다. 그리고 너무 "道可道非常道"를 이성과 언어의 배제라는 관점에서만 분석하는 것도 잘못된 것이다. 우리가 馬王堆에서 나온 老子의 책이 『道德經』이 아니라 『德道經』이었다는 점을 감안할 때 "道可道非常道"는 "上德不德是以有德"이란 명제와 파라렐리즘을 견지하면서 해석되어야 하기 때문이다. "지극한 德은 德스럽지 않기 때문에 오히려 德이 있는 것이다"라는 명제는 우주론적이라기 보다는 인생론적이고, 인식론적 언어에 관한 언명이라고 보기보다는 인간의 개별적 덕성에 관한 것이기 때문이다. 즉 可道之道를 관념적 세계로 보기 보다는 감각에 나타난 세계로 볼 수 있는 가능성도 있다. 다음에 "그러므로 항상 欲이 없음으로써 그 妙한 세계를 보고, 항상 欲이 있음으로써 그 구별되어진 세계를 본다"(故常無欲以觀其妙, 常有欲以觀其徼。)라는 명제가 이어지고 있는 것을 보아도 "道可道非常道"는 有欲의 세계로부터 無欲의 세계로의 進入(초월이 아니다)을 의미함을 알 수가 있다. 그것은 즉 감각적으로 나타난 그 세계를 넘어서서 있는 그 자체의 세계를 투시하려는 노력, 즉 앞서 말한 第十四章의 夷·希·微의 混一의 妙有의 세계를 직관하려는 노력이 바로 老子의 인식론에서 배태되었다고 말할 수 있다. 있는 그 자체의 세계가 老子에게 있어서는 플라톤의 이데아세계처럼 天上에 떠있는 것은 아니었다. 老子에게 있어서는 리알리티는 문자그대로 리알한 것인 동시에 감관으로만은 포착될 수 없는 것이었다. 죠세프 니이담박사는 老子哲學에 있어서 제 1 의 가능성을 너무 강조한 나머지 제 2 의 가능성을 철저하게 추궁하는데는 성공하지 못했다고 우리는 비판을 제시할 수 있을 것이다. 有欲的 인식에서 無欲的 인식으로 진입(ingression, 화이트헤드적 의미로서)하는 탐구는 우주의 실상을 투시하려는 태도이며 보다 원초적인 개념에 의하여 이 세계를 설명하려는 과학적작업이 될 수 있다.

有欲的 인식에서 無欲的 인식으로 진입하는데서 氣는 태동되었다

이러한 작업은 『莊子』의 物과 非物의 긴장으로 나타나고 또 『列子』의 生과 不生의 긴장으로 나타나는데, 이러한 긴장속에서 배태된 과학적 개념이 곧 "氣"라고 나는 생각한다. 氣라고 말할 수 있는 개념은 『春秋左氏傳』과 같은 문헌에서부터 이미 여러 의미로 나타나고 있고,

그것은 先秦諸子의 문헌에 매우 주요한 개념으로 수없이 등장하기 때문에 氣가 곧 漢代에 성립된 개념이라는 말은 할 수 없다. 위에서 "긴장속에서 배태된"이란 말 자체가 나는 戰國末葉 혹은 秦漢之際의 역사적 상황을 구체적으로 염두에 두고 한 말이기는 하지만 그러한 긴장자체의 역사가 문헌적으로 추적할 수 있는 것보다는 훨씬 더 소급해 올라갈지 모른다. 예를 들면 陰陽이란 개념은 戰國時代때 성립한 개념이며 그 이상을 절대로 소급하지 않는다. 많은 사람이 陰陽을『易經』의 사상으로 오해하고 있으나『易經』과 陰陽은 무관하다. 陰陽은『易經』에 대한 해설서인『十翼』중의「繫辭」(Appended Judgements)의 주류를 이루는 개념이며「繫辭」라는 문헌은 분명히 戰國時代 이후에 성립한 작품이다. 그러면 중국문명의 근간의 모두를 이루고 있다고 할 陰陽사상이 겨우 戰國시대때 형성된 것인가? 내가 여기서 말하는 것은 陰陽이라는 아이디어가 아니라 陰陽이라는 말이다. 즉 陰陽이라는 아이디어는 다른 말로 얼마든지 존속할 수 있다.『十翼』중에서도 비교적 上基層에 속한다고 하는「小象」이나「彖傳」에는 剛과 柔로 나오고 있고 더 오래된 문헌이라고 추정되는「大象傳」에는 剛柔의 말조차 하나도 나오지 않는다. 하여튼『周易』에서 말하는 剛柔의 사상은 陰陽과 동일한 아이디어를 표방한다고 해도 무방할 것이다. 더 古代로 올라가면 天地라는 말 자체가 동일한 생각을 표현한다고 할 것이며(허나 "天地"개념의 성립도 생각하는 것처럼 上古로 잡을 수 없다),『禮記』에 준거하여 古代祭式적 측면을 살펴볼 때는 魂魄이라든가 鬼神이라든가 하는 말이 바로 그러한 것이다.

魂魄과 鬼神과 靈肉

『禮記』「郊特牲」에 나오는 "魂氣歸于天, 形魄歸於地"라는 말에 비추어도 알 수 있듯이 古代人들은 인간이라는 유기체는 하늘적인 부분과 땅적인 부분의 결합으로 이루어진 것이며 죽은 다음에는 그것이 다시 散하는데 하늘적 부분 즉 陽적인 부분인 魂은 하늘로 올라가고, 땅적 부분 즉 陰적인 부분인 魄은 땅으로 내려간다고 생각하였다. 이 魄과 魂에 상응하여 성립하는 개념이 바로 鬼와 神이다. 사람이 죽어서 땅(土)으로 돌아가는 것이 鬼(歸)며, 그 氣가 위로 발양하여 萬物의

精을 이루는 것이 神(伸)이다.[8] 魂魄과 鬼神은 음양이라는 아이디어의 고대원초종교의 제식적 표현임을 알 수 있으며, 이것은 朱子의 宇宙觀에까지 면면히 이어지고 있음을 간과해서는 안될 것이다. 『朱子語類』와 같은 방대한 논술집의 편찬에 있어서 卷之一이 理氣上(太極天地上), 卷之二가 理氣下(天地下), 卷之三이 鬼神으로 되어 있는 것만 보아도 鬼神이라는 主題가 理氣와 함께 書頭를 차지하고 있는 사실, 그리고 鬼神이라는 주제가 얼마나 중요한 의미를 朱子에게 지니고 있었는가 하는 것을 잘 알 수 있다.

인간이 하늘의 부분과 땅의 부분으로 형성되어 있다는 생각은 고대원시종교에 있어서 동일한 것이며 그것이 제아무리 고등종교라고 뽐내든지 또 저등종교라고 얕보든지 간에 오늘 20세기까지 모든 교리의 근간을 이루는 것이다. 그러나 또다시 魂과 魄의 사상은 魂氣·形魄이라는 복합어가 서술해 주고 있듯이 전자가 정신적인 느낌이 강하고 후자가 물질적인 느낌이 강함으로 희랍인의 토착종교인 올페우스종교나 메소포타미아 사막문명권에서 성립한 靈과 肉의 개념과 동일시하기 쉬우나 그것은 천만의 말씀이다. 사막문명권에서 성립한 靈의 개념은 天上的인 것이며 超時間的인 것이다. 그리고 플라톤이 말하는 이데아는 바로 이러한 올페우스종교의 신화에서 성립하고 있는 영혼의 개념에서 성립한 것이다. 바카스의 還生 신화에서 상징적으로 나타나고 있는 영혼의 개념도 바로 이런 면을 단적으로 나타내 준다.[9] 그리고 플라톤의 유명한 동굴의 비유도 올페우스신화의 변형에 불과하다.

모든 영육이원론은 종교적 명제일 뿐

그러나 중국고대사상에서 말하는 魂魄의 개념은 하늘적인 것과 땅적인 것이라는 면에서는 동일하지만 그 모두가 하늘과 땅내의 순환과정

8) 宰我曰:「吾聞鬼神之名, 不知其所謂。」子曰:「氣也者, 神之盛也。魄也者, 鬼之盛也。合鬼與神, 敎之至也。衆生必死, 死必歸土, 此之謂鬼。骨肉斃于下, 陰爲野土, 其氣發揚于上, 爲昭明焄蒿悽愴, 此百物之精也, 神之著也。因物之精, 制爲之極, 明命鬼神, 以爲黔首則。百衆以畏, 萬民以服。」

『禮記』第二十四「祭義」에 있다. 번역은 생략. 斃는 부패한다, 썩는다의 뜻. 陰은 蔭과 同字이며, 땅밑의 뜻. 昭明은 시각적으로 볼 수 있는 상태, 焄蒿는 후각으로 냄새 맡을 수 있는 상태, 悽愴은 마음으로 느낄 수 있는 상태를 말함.

9) Bertrand Russell, *A History of Western Philosophy* (N.Y.: Simon & Schuster

에서 성립하는 兩面에 불과한 것이며, 純粹靈과 純粹肉으로 범주화될 수는 없는 것이다. 다시 말해서 魂과 魄, 神과 鬼가 모두 한 氣의 작용, 즉 一氣의 두 局面(the two phases of holistic *Ch'i*)에 불과한 것이다. 이렇게 본다면 『新約聖書』가 표방하고 있는 靈과 肉의 개념은 우리 동양인의 관점에서는 수용되기 어려운 것임에도 불구하고 그것이 20세기에 와서 우리에게까지 수용되었던 가장 큰 이유는 그러한 이원적 세계가 자연과학(natural science)이라는 강력하고도 독단적인 설명체계를 근세유럽문명에서 등에 업었기 때문이다. 데카르트의 정신(Mind)과 물체(Body)라는 이원적 실체구분이 매우 과학적인 것 같이 보이고 또 실제적으로 근세과학이 그러한 靈肉觀 위에서 성립한 것이라는 것을 생각할 때, 그것의 실상이 곧 메소포타미아 사막문명권에서 성립한 원시종교적 해석에 기초하고 있다는 명백한 사실을 은폐해서는 안될 것이며, 또 靈肉의 이원성이 사실의 체계가 아니라 궁극적으로 해석의 체계이며 편견(prejudice, 하이데가의 해석학적 용어)의 체계이며 믿음의 체계라고 생각할 때, 그 믿음의 체계를 바꿀 때 새롭게 파생할 수 있는 "세계"의 가능성을 배제할 수는 없을 것이다. 다시 말해서, 근세서구라파 자연과학이 근거한 세계관은 서구적 샤마니즘의 틀을 벗어나지 못하는 것이며 나는 이런 의미에서 카르테시아니즘(Cartesianism, 데카르트주의)도 샤마니즘의 한 변형으로 볼 뿐이다. 여기서 또한 氣哲學의 새로운 가능성이 발견된다는 사실만 귀띔해 두고 넘어간다.

流만 밝히고 源을 밝히지 못했다

우리의 본론으로 되돌아가서, 陰陽이라는 아이디어는 이미 甲骨文시대때부터 존속했으리라고 보나 그 아이디어는 天地→魂魄→鬼神→剛柔→陰陽의 순서로 말을 바꾸면서 표현되어 왔다고 우리는 쉽게 가정할 수있다.[10] 여기서 이러한 아이디어는 구체적이고 종교적인 차원에서 점점 더 추상적이고 객관적이고 우주론적인 차원으로 진화되어 왔음을 볼 수 있다. 鬼神보다는 剛柔라는 추상적 성질이 더 많은 것을 설명

1945), p. 17.

10) 魂魄과 鬼神, 陰陽의 문제를 고대 조상숭배(The cult of the Ancestors) 종교의 측

할 수 있을 것이다. 剛柔라는 현상적 성질의 기술보다는 陰陽이라는 기호적 약속에 더 많은 것을 설명할 수 있을 것이다. 陰과 陽이 모두 阜변을 가지고 있는 것을 보더라도 재방에 있어서 해가 비취는 부분과 비취지 않는 부분을 말한 것 같은데 양지와 그늘이 강함과 유함보다는 더 추상적인 개념이다. 陰陽이 지시하는 양지와 그늘은 순수한 상징적 개념이기 때문이다. (校. 시라카와씨는 『字統』에서 陰과 陽의 字形的 古義를 고대샤마니즘 〔원시종교〕의 주술적 儀禮와 관련시켜 보고 있다. 즉 阜변(阝)을 신탁의 제단에 올라가는 언덕의 층대 및 사다리 같은 것으로 보고 그 나머지 부분은 그 앞에서 靈氣를 부르거나 보내는 혹은 가두거나 발양시키는 의식에 쓰이는 기구나 그 제식적 형상의 형용으로 해석한다. 시라카와의 이러한 해석은 매우 재미는 있지만 우리가 다루고 있는 戰國시대상황에는 적합하지 않으며 또 시라카와의 해석은 너무 샤마니즘의 획일적 틀에 집착되어 있는 혐의가 짙다.) 즉 陰陽이라는 개념이 戰國時代에 언어개념으로서 성립했다고 하는것은 陰陽이라는 상징성으로써 보다 포괄적으로 이 우주를 설명하려는 구체적 시도가 진척되었다는 것을 의미하며, 이러한 시도는 단순히 관념적 발전이 아니라 그 문명을 이루고 있는 모든 요소, 사회, 경제, 정치, 예술, 문학 등등 그리고 의식주와 관련된 모든 과학문명, 건축업, 의류제조업, 機器제조업, 수학·기하학, 음식제조업, 측량, 도량형, 교통기관, 의학등의 종합적 협력관계에 의하여 발전된 것임은 매우 명백한 사실이다. 그러므로 우리의 철학적 탐색이 여태까지 관념과 관념을 잇는 "조류"라는 생각 속에서 규정되어왔던 오류는 분명히 시정되어야 한다. 여태까지의 哲學史는 모두 이러한 오류를 범하여 왔다고 할 것이다. "조류" 그 자체의 분석은 결국 우리의 "오늘"의 관념세계 속에서 이루어지는 투영에 불과하며 그러한 분석방식은 나의 좁은 관념을 벗어날 수 없을 뿐 아니라 그것은 현세의 통념을 답습하는데 불과하는 결과를 쉽게 유발한다. 르언 지위(任繼愈)교수가 여태까지의 哲學史는"流"만 밝혔지 "源"을 밝히지 못했다고 비판한 것은 정확한 명언이다.[11]

면에서 분석한 글이 그라네의 『中國人의 宗敎』 속에 있다. Marcel Granet, *The Religion of the Chinese People*, pp. 80～82. 그리고 동일한 주제에 대한 朱子學的 문제가 J. Needham and Wang Ling, *SCC*, Ⅱ/490-493에 실려 있다.

11) 任繼愈, 『中國哲學史簡編』(北京 : 人民出版社, 1974), p. 17.

氣哲學은 陰陽개념성립이후의 것

우리가 말하려는 "氣"라는 개념은 陰陽에 비해 말 그 자체로서는 더 긴 역사를 가지고 있으며 매우 다양한 복합어 속에서 다각적 의미를 지니고 있다. 예를 들면 앞에서 인용한 『禮記』의 「祭義」의 구문(註 8) 속에서는 氣는 魄과 짝지우는 개념이며, 魄이 鬼에 해당된다고 하면 氣는 神에 해당되는 개념이다. (氣也者, 神之盛也。魄也者, 鬼之盛也。) 여기서 氣는 魂의 다른 이름이며 魄에 대한 상대적 개념일 뿐 魂魄·鬼神을 다 포괄하는 元質的 개념으로 까지는 진화되어 있질 못하다. 내가 말하는 氣哲學은 이러한 국부적이고 상대적인 개념으로 성립하는 氣를 주제로 하지는 않는다. 그러한 氣는 포괄적 氣의 형성과정을 설명하는 지식고고학적 가치를 지닐 뿐이다. 즉 先秦文獻을 우리가 치밀하게 분석하여 본다면 氣에 대한 의미부여가 변천하는 과정을 알 수 있을 것이다. 내가 말하는 우주에 대한 포괄적 해석체계로서의 氣哲學은 陰陽개념성립 이후의 것이며 그것은 주로 광의에서의 道家계열의 사상발전이라고 보는 것이다. 儒家의 정체가 과연 무엇인가에 대하여서는 새로운 논란이 많이 일어나고 있지만, 시라카와 시즈카(白川靜)씨처럼 儒家의 發興을 고대 샤마니즘의 제사장 무리에 두더라도 (그의 力著, 『孔子傳』, 東京 : 中央公論社, 1972를 참조할 것), 그 학파는 어디까지나 고대종교의 제식적이고 의례적 측면, 그리고 거기서 파생하는 사회제도와 사회윤리적 측면에 주안점을 두고 발전해 나왔기 때문에 그들의 우주론적 관심, 그리고 자연과학적 관심은 미소한 레벨에 머물렀다고 말할 수 있다. 반면에 『老子』나 『莊子』의 문헌 속에는 자연현상에 대한 궁금증이 심하게 노출되어 있다. 「天運篇」의 다음과 같은 구절을 음미해 보라!

하늘은 어떻게 저처럼 움직이고 있는가? 땅은 어떻게 이처럼 가만히 있는가? 해와 달은 그 위치를 지키려고 싸우고 있지 아니한가? 누가 과연 이런 현상을 주관하고 펴고 있는가? 누가 과연 이런 현상을 질서지우고 있는가? 누가 아무 탈없이 앉아서 이것들을 빌어 움직이는가? 혹시 무슨 거대한 기계장치가 되어 있어서 멈출 수 없이 스스로 움직이고 있는가? 혹시 일단 움직이어 굴러가기 시작한 후에는 자력으로 스스로 멈출 수 없게 되어있는 것은 아닌가? 구름은 비가 되는구나! 비는 구름이 되는구나! 도대체 누가 구름을 뭉게뭉게 지우고 비를 내리는가? 누가 아무 탈없이 앉아서 음탕하게 즐기면서 이런 현상이 일어나도록 권고하고 있는가? 바람은 北方에서 일어나서 한번 西로 부는가 하면 한번은 東으로 불고 어떤 바람은 위로 올라가서 방향없이 방황하기도 한다. 누가 과연 내뿜었다 빨아 들였다 하여 이런 바람을 불러 일으키는가? 과연 누가 아무 탈없이 앉아서 이 세계를 흔들어 놓고 있는가? 감히 이 우주가 어떤 까닭에서 그러한지를 묻고 싶다.[12]

敢問何故

이러한 물음속에는 그것이 원시신앙적 색채를 풍기든 안튼간에, 우주에 나타난 현상의 움직임(運行)의 배후에 장치되어 있는 어떠한 매카니즘(機緘)에 대한 물음이 있다. 하늘의 운행, 바람, 구름, 비 등의 자연현상을 작동하고 있는 어떤 것이 무엇인가? 그 "어떤 것"을 어떻게 해석하느냐에 따라 이 질문의 성격이 구체화 될 것이다. 위의 문장에서 "孰"字를 인격적으로 해석해야 하는가 비인격적으로 해석해야하는가는 문제가 있다. 그러나 실상 양면이 다 포괄된다고 해도 일원론적 구조에서는 동일한 결론에 이른다. 비가 내리는 현상을 "누가 편히 앉아서 음탕하게 즐기고 있는가?"라고 표현한 것은 비를 하늘과 땅의 성교(교접)로 보아 비를 인간의 성교시의 사정행위로 유추한 것이며 이런 면만 보아도 고대의 아니미즘적 세계관을 탈피하고 있지 못하다고 하겠지만, 결국 일련의 질문은 "敢問何故"란 결어로 종결되고 있다고 볼 때 우주현상의 까닭(何故)을 묻는 인과론적 사유가 배태되어 있다는 사실을 부정할 수는 없다. 다시 말해서, 비라는 현상을 대기의 습도와 기류의 현상으로 설명하든, 하늘과 땅이라는 유기체의 교접현상으로 설명하든 간에 그것이 인과론적 설명임에는 동일하며 또 그것이 인간에게 지니는 의미는 그 인간이 세계를 바라보는 눈에 의하여 결정될 것이지 어떠한 절대불변의 객관적 기준이 있을 수는 없

---

12) 天其運乎! 地其處乎! 日月其爭於所乎! 孰主張是? 孰維綱是? 孰居無事, 推而行是? 意者其有機緘而不得已邪? 意者其運轉而不能自止邪? 雲者爲雨乎! 雨者爲雲乎! 孰隆施是? 孰居無事, 淫樂而勸是? 風起北方, 一西一東, 有上彷徨。孰噓吸是? 孰居無事而披拂是。敢問何故。「天運篇」 제일 첫머리에 나온다. 機緘은 요즈음 우리가 쓰는 말로 "매카니즘"이란 말로 정확히 번역된다.

다. 이러한 自然現象의 탐구는 道家계열의 형이상학적 논리에 의하여 뒷받침되었으며 그것은 上記의 우리가 논의한 바 物과 非物, 生과 不生의 긴장으로 표출된 것이다. 즉 生의 현상을 넘어서 不生의 법칙을, 즉 일상적 감각에 나타난 세계를 넘어서 希微(老子용어)한 세계를 탐구하는 데로 중국문명은 발전하지 않을 수 없었으며, 이러한 법칙탐구의 발전은 특히 칼렌다체계의 완성이라는 天子(Son of Heaven)의 지상명령적 과업의 성숙과 일치하는 것이다.

고대사회에 있어서 칼렌다(曆)의 총체적 의미

칼렌다는 인간이 자연의 변화의 혼돈된 현상속에서 추출한 최초의 질서이기도 하지만, 역으로 인간이 자연에 부여한 질서이기도 한 것이다. 칼렌다는 자연의 변화의 규율을 인간이 정리해 놓은 것인 동시에 고대인들은 逆으로 칼렌다에 의하여 이 우주가 운행된다고 믿었다. 그러기 때문에 우주의 비정상적인 현상(anomalies), 즉 災害와 같은 것은 칼렌다의 반포자인 天子의 책임이라고 생각하였다. 그들은 인간뿐만 아니라 山川草木이나 금수도 칼렌다에 의하여 생활한다고 생각하였던 것이다. 그러기 때문에 칼렌다의 정립이라는 것은 古代군주에게 있어서는 治世의 제1의 과업이었던 것이다. 그리고 칼렌다라는 것을 우리는 책상머리에 걸어 놓는 日·月·年志라고 생각하기 쉽다. 종이도 없었고 전파통신도 없었던 고대사회에서는 칼렌다라는 것은 주기적인 祭式이었으며, 칼렌다가 곧 고대종교의식을 말하는 것이며, 칼렌다의 주관이 곧 고대 종교제도의 담당관의 주임무였다. 의·식·주, 사회정치제도, 관직이 모두 이 칼렌다에 의하여 결정되는 것이며, 칼렌다의 이해가 없이 중국고대문명을 이해한다는 것은 一管之見이라 아니할 수 없다. 민간 농촌사회에 있어서는 민요가 칼렌다 역할을 한다는 사실 또한 잊어서는 안될 것이며, 古代민요집인 『詩經』의 분석도 결국 이 칼렌다시스템의 연구가 뒷받침되어야 충분한 해독이 가능할 것이다. 중국의 모든 正史에 律曆志가 있는 것을 보아도, 이 律曆에 대한 이해가 없이 禮樂, 刑法, 食貨, 郊祀, 天文, 五行, 地理, 溝洫 등 諸志의 성격을 완전히 이해할 수 없을 것이다. 칼렌다는 하늘을 기준으로 하기 때문에 그것이 더 보편적이고 通貫的 성격이 강하다. 그라네는 농촌사회(rural life)에서는 땅의 숭배(Earth cult)가 발달하고 도시사회(urban life)에서는 하늘의 숭배(Heaven cult)가 발달한다는 매우 재미있는 문화인류학적 가설을 세우고 있는데, 이러한 가설을 받아들이면 칼렌다의 정비는 필연적으로 고대도시국가의 성립과 그 정치권력의 정당화와도 깊은 상관관계를 맺게 된다. 나는 요즈음 광의에서의 天文學의 연구가 古代문화와 철학을 이해하는데 결정적 관건을 제시한다고 생각하게 되었으나 우리가 받아온 교육이 구획된 틀 속에서 잘못된 것이었기 때문에 아직 구체적인 천문학적 연구에 착수할 만큼 나자신 학문적 여력을 가지고 있지 못하다. 서구문명뿐만 아니라 이 지구상의 모든 문명을 바빌로니아의 천문학에 의하여 설명하려는 팬바빌로니아니즘(pan-Babylonianism)과 같은 사상운동도 있으나 바빌로니아천문학과 중국고대천문학에 상통성이 있다면 그것은 직접적 영향관계라기 보다는 동일한 인간의 인식구조에서의 그 자체적 인과적 설명을 구하는 것이 보다 정직한 방향이 될 것이다. 그리고 秦漢之際 정도로만 내려와도 당시 중국문명이 도달한 천문학의 수준은 당시 세계 어느 문명권에서도 그 유례를 볼 수 없을 정도의 고도의 수준을 과시하고 있다는 점은 사계의 학자들에 의하여 충분히 지적된 것이다.

나의 몸의 현상과 天文

중국의 醫經들을 접할 때 우리가 경탄을 금치 못하는 것은 그것이 사람의 인체에 관한 醫書인지 天文學 책인지를 모를 정도로 天文·律曆에 관한 언급이 많다. 즉 인체의 변화를 天地의 변화와의 상관속에서 설명하기 때문에 그러한 결론이 발생하는 것이다. 쉽게 설명하자면 인간의 인체는 자연의 일부인 자연물이며 나무하나가 사계절의 순환에 따라 싹을 내고 무성하고 시들고 잠자듯이 인간의 몸도 똑같은 과정을 거친다는 것이다. 여름에는 밤이 짧음으로 잠을 적게 잘 수밖에 없으며 겨울에는 밤이 길므로 잠을 많이 잘 수밖에 없다. 식사의 내용도 계절에 따라 달라질 수밖에 없고 땀을 내는 양도 달라진다. 겨울에는 피부가 까칠까칠하고 여름에는 피부가 윤기가 넘친다(반대일 수도 있다). 뿐만 아니라 하루 밤낮의 음양의 변화에 따라서도 우리 몸은 변화하게 되어 있다. 이러한 자기자신의 몸의 변화를 자기자신이 민감하게 체험할 수 없도록 도시문명은 인간존재를 외계로부터 차단하고 있는 것 같아 그를 무시하고 획일적으로 생활하고 있지만 분명 아직도 사계절의 변화가 있고 그 변화된 대기속에서 나의 몸이 숨쉬고 생활하고 있다는 엄연한 사실을 인지할 때 나에게서 발생하는 대부분의 질병이 이 순환구조와 배치되는 생활을 함으로써 일어나는 현상이라는 것은 확연한 것이다. 소위 중국고대로부터 발달한 養生法이라는 것은 오늘말로 표현하자면 예방의학적 지혜라고 하겠지만 그것 역시 칼렌다의 발전과 불가분의 관계에 있는 것이다.

黃老之學의 정체를 보지못했던 이유

여기서 우리는 우리연구의 초점을 漢代에 성립한 뉴사이언스의 패러다임의 정체에 맞추어 설명할 필요를 느끼게 된다. 단도직입적으로 결론부터 꺼내자면 나는 그 패러다임의 정체를 黃老之學(黃老之術, 黃老思想 등으로 불리움)이라고 규정한다. 黃老之學은 전통적으로 이해되었던 것보다는 훨씬 더 광범위하고 절충주의적(eclectic) 사상체계이며 漢代의 중국인들이 세계(인간)를 바라보았던 틀이다. 전통적으로 黃老之學이 방임주의적 治術이나 무슨 미신적 雜學으로 오해되었던 이유는 다음과 같은 몇가지 사실로 분류되어 정리될 수 있을 것이다.

과학과 미신의 이원화 오류

첫째, 黃老之學을 하나의 독립된 사상체계로서 인식하고 철학조류속에서 개념화하기 시작한 것은 모두 20세기의 일이고 보면, 20세기를 지배한 뉴사이언스의 패러다임은 서구라파문명권의 독특한 문화현상이었던 자연과학(natural science)이라는 것이었다는 비교문화론적 시각이 반드시 상기되고 거론되어야 할 것이다. 다시말해서 서구라파문명에서 잉태되어 인류를 그 막강한 힘으로 지배하기 시작한 자연과학의 충격적 세뇌속에서는 자연과학 이외의 모든 사이언스의 체계는 하루아침에 그 정당한 평가를 받을 기회를 상실한 채 미신으로 전락해 버렸다. 이러한 전락은 우리가 과거역사를 해석하는 눈에서 그 해석의 대상을 총체적으로 바라볼 수 있는 시력을 빼앗아 가버렸다. 그것이 미신이든 황당무계한 것이든 간에, 그것이 바로 자연과학이 우리의 삶의 공간속으로 들어오기 이전에 우리의 삶을 규정하고 그 삶이 영위되는 바탕인 우주를 규정한 엄연한 체계라는 매우 소박한 사실을 못보도록 만들었다. 따라서 黃老之學을 규정하는 데 있어서도 그것이 그 당대의 과학의 총체였다는 엄연한 사실, 그리고 그것 위에 漢帝國이라는 막강한 엠파이어의 문명이 성립했다는 소박한 사실을 볼 수가 없었다. 마치 漢代의 사람들이 요새 우리가 생각하고 있는 과학문화에 해당되는 삶의 공간에 있어서는 그것에 상응하는 어떤 유치한 문화를 보지하고 있었고 그것은 黃老之學과 같은 것은 무슨 잡스러운 미신의 체계로서 漢人들에게 동떨어지게 존재했던 그 무엇인 것처럼 착각하게 만드는 오해를 불러 일으켰다. 다시 말해서 과학과 미신이라는 오늘날의 二分的 사유의 구획화(fallacy of bifurcate compartmentalization)를 그렇게 구획화될 수 없는 고대문명에 그대로 적용시키는 오류를 무의식적으로 저질렀다. 그러므로 黃老之學을 종합적 문화현상으로 성실하게 관찰하는 눈이 20세기의 중국사상가들에게 결여되어 있었다.

哲學은 반드시 과학적 인식론의 바탕위에서 료해되어야 한다

둘째, 20세기에 들어와서 中國哲學史를 쓴 거개의 사상가들이 서구문명의 강력한 도전에 대한 아폴로지의 중국철학사를 생각하였고, 이러한 자기변명적 태도 속에서는 중국철학의 일면만 부각하지 않을 수 없었다. 즉 서구의 과학문명에 대하여 우리는 우월한 정신문명을 가지고 있다는 아폴로지적 편협한 생각때문에 중국철학의 정신사적 흐름의 측면만을 고립시켜 강조하는 편견적 태도로 치우치지 않을 수 없었다. 따라서 철학을 철학으로서만 생각했지, 그 철학이 당시의 과학적 세계관의 반영이든가 또는 새로운 과학적 세계관의 기초를 구성하는 작업이라는 너무도 당연한 생각을 하지 못했다. 데카르트의 心身二元論은 뉴톤적 세계관의 정당화라는 문맥을 떠나서는 이해할 수 없다. 흄의 인과성부정은 하이젠베르그의 불확정성원리의 세계관의 기초를 이루는 先河的 역할을 했다는 과학사적 맥락에서 고려해 볼 수도 있다. 경험과학의 등장과 근세경험주의의 관계가 그렇고, 실증주의와 금세기 초엽의 과학적 세계관의 관계가 그렇고, 구조주의와 새로운 물리학적 세계관의 패러다임의 관계가 그러하다. 그렇다면 중국의 모든 철학사상체계가 철학을 위한 철학으로서 사대부들의 순수의식속에서 사유의 희롱으로 존속했다는 생각 또한 터무니 없는 것이나 유감스럽게도 많은 사람이 그렇게 철학을 생각해 왔다는 것 또한 사실이다. 그러한 생각의 뒤에는 "중국에는 과학이 없다"는 충격파에서 온 자기최면적 망상이 깔려 있었다. 과학이 그 문명에는 결여되어 있기 때문에 철학을 논하는데 있어서도 그 철학을 잉태시키고 또 그 철학이 태동시킬려고 하는 과학과의 연결이 결여될 수밖에 없는 것이다. 이것은 분명히 망상이다. 이것은 분명히 그릇된 것이다. 주 시(朱熹, 1130~1200)의 理氣를 논하는데 있어서 그것을 지탱하고 있었던 당시의 과학적 세계관의 이해가 없이 운운하는 것은 매우 어리석은 일이다. 孟子의 浩然之氣를 논하는데 있어서도 孟子가 가지고 있었던 자연에 대한 인식방법이나 그의 인체에 대한 해부학적 지식에 대한 이해가 없이 운운한다는 것 또한 가소로운 일이다. 마찬가지로 黃老之學을 논하는데 있어서도 그것이 지향하고자 했던 과학적 세계관의 "성실한" 탐구가 없이 그것을 운운할 수는 없는 것이다. 여기서 "성실한"이란 "서구적 나의 인식방법의 편견을 괄호에 집어넣고"란 뜻이다. 철학과 과학의 대화, 이것은 오늘날 우리가 중국철학사를 기술하는데 있어서 빼어놓을 수 없는 새로운 과제인 것이다.

道敎라는 종교현상에 대한 종합적 연구의 부재

셋째, 黃老之學의 硏究의 수준을 제고시킬 수 없었던, 黃老之學과 특수한 관련을 갖는 哲學史內的 주요이유는 道敎에 대한 종합적 연구의 부재였다. 中國文明의 3대지주로서 흔히 儒·佛·道를 들면서도 그때 道라는 것은 老莊哲學을 말한 것일 뿐, 道敎라는 中國生活宗敎현상의 총체적 개념이 아니었다. 中國文明을 얼핏보기에 基督敎와 같은 보편적(catholic) 敎會組織이 없음으로 中國에는 종교가 없다고 착각하고 中國宗敎로서는 기껏해야 外來的(exogenous)인 佛敎의 연구에 종교현상의 초점을 맞추어 왔을 뿐이었다. 그러나 20세기 후반에 들어서면서부터는 기독교적 종교정의의 편협한 틀을 벗어나 보다 포괄적이고 개방적인 종교개념으로서 인간의 종교현상을 연구할 수 있는 길이 열림으로써 중국문명에 내재하는 종교현상의 총체적 연구가 다시 요구되기 시작하였고 이에 부응하여 부상한 것이 "道敎"(Religious Taoism)의 연구다. 즉 중국철학사를 논하는데 있어서 道敎의 종합적 연구가 결여된 상황에서 기술되었고 道敎연구 자체가 금세기 7·80년대에나 와서 어느정도 윤곽을 드러내기 시작했다는 것, 그리고 그것도 중국인 자신들에 의한 노력에서가 아니라 일본인과 불란서인들의 노력에 힘입은바 크다는 것 등등의 사실이 지적되어야 마땅하다. "日本道敎學會"는 이차대전후 결성되어 "中國文化의 이해는 먼저 道敎의 이해로부터"라는 캐치프레이즈를 내걸었던 것이다.[13] 『중국인의 종교』(*The Religion of the Chinese People*)를 쓴 그라네에게도 당시(1922) 도교의 중요성에 대한 인식은 있었으나 그에게 가능한 정보는 너무도 제한된 것이었다. 그라네는 다음과 같이 쓰고 있다: "만약 그러한 견해가 옳다면 道敎는 이 책의 상당부분을 점령해야만 한다. 그러나 나의 변명은 다음과 같다. 내가 지금 도교에 대해서 생각하고 있는 것이 옳다는 것을 보장할 수가 없다. 道敎는 우리에게 알려져 있지 않기 때문이다."[14] 그러나 그라네는 자신이 내면적으로 심오한 무신론자이며 정치적으로는 의회민주주의적 사회주의(democratic socialism)의 신봉자임에도 불구하고 중국인의 종교현상에 깊은 통찰력을 발휘했다.[15] 그의 관심은 "성직자 없는 종교이며, 도그마(교의)가 진정한 중요성을 갖지 못하는 종교, 단순히 도덕적 실증주의의 근거 위에서 사회의 생활방식의 일치에 의하여 유지되는 종교"였던 것이다.[16] 우리가 종교를 이러한 각도에서 규정하고 들어온다면 중국문명의 종교학적 자료는 산더미같은 것이다. 도대체 인간의 삶의 집단에 종교가 부재한다는 생각 또한 망상이었던 것이다. 기독교인들은 기독교라는

---

13) 道敎연구의 역사에 관하여는 『道敎——道敎とは何か』, 第一卷, (東京: 平河出版社, 1983)의 酒井忠夫의 "序言"과, 같은 시리이즈의 第三卷의 福井文雅, "海外の道敎研究," 野口鐵郎, "日本の道敎研究"를 참조할 것.

14) Marcel Granet, *The Religion of the Chinese People*, p.35.

15) And fully to understand what he read into China we should need to take into account not only his Durkheimian sociological heritage but also his deep-lying atheism and his unswerving adherence to democratic socialism. *Ibid.*, p.28 영역자인 프리드만(Maurice Freedman)의 그라네에 대한 평가이다.

16) It is odd that we can justify the somewhat large place devoted in this account to a religion without a clergy, a religion whose dogma has no real importance, a religion based simply upon social conformity and founded upon moral positivism. *Ibid.*, p.34.

종교를 이식시키기 위하여 그것이 이식되는 토양에는 종교가 본래적으로 없다는 착각을 하기가 일쑤였다. 그 착각이 없으면 복음주의적 전도라는 개념이 성립하지 않는다. 그리고 그 토양에 종교가 발견된다면 파괴밖에는 없다. 그러한 파괴를 싫어하는 지성인들은 파괴할 아무것도 없다고 자기최면을 걸어버리게 마련이다. 그러한 자기최면이 곧 동양에는 종교가 없다는 생각의 정체요 뿌리다. 기독교가 말하는 하나님이 몇년 몇월 몇일에 선교사 뒤꽁무니를 졸졸 따라 같이 중국이나 한국에 入國했다고 한다면 그것은 분명히 하나님이 아니다. "종교"가 몇년 몇월 몇일에 같은 모습으로 패스포트에 비자발부 받어 동양으로 入國하였다면 그것은 분명 "종교"는 아닌 것이다.

自然의 法則은 신학적 단계를 거친다

黃老之學은 분명히 道敎라는 종교현상과의 관련에서 규명되어야 하며 또 黃老之學이 제시하고자 하는 뉴사이언스의 패러다임은 바로 道敎라는 종교현상과의 역동적 긴장감 속에서 이해되지 않으면 안된다. 과학과 종교는 인류역사에 있어서 불가분의 관계에 있으며 과학적 세계관은 종교적 세계관이 제시하고 지향하는 어떠한 형상을 구현하는 역동적 관계에서 형성되는 경우가 허다하다. 죠세프 니이담은 박학으로 유명한 그의 "중국과 서양에 있어서 인간의 法(法律)과 自然의 法則"(Human Law and the Laws of Nature in China and the West)이란 일문에서 근대 서구라파 자연과학에서 말하는 "自然의 法則"이 과연 中世紀의 신학적 단계(theological stage)를 거치지 않고 가능할 수 있었겠는가 라는 매우 재미있는 질문을 던지고 있다.[17] 다시 말해서 "法則"이란 개념자체가 天上의 立法者로서의 인격적 존재(celestial lawgiver) 즉 하나님의 존재를 전제로 하지 않고서는 불가능하다는 것이며 서양에서의 "실정법"(positive law)의 발전과 자연과학의 法則의 발전은 맥을 같이 한다는 것이다. 즉 케프러, 데카르트, 보일, 뉴톤에 있어서의 자연의 법칙은 인간의 마음에 계시된(revealing) 것이며 그것은 超인간적, 超이성적 존재에 의하여 반포된 칙령이었다는 것이다(Ⅱ/564). 신과 인간사이에 존재하는 긴장에 의하여 성립된 개념이 곧 "法則"이며 이 법칙은 (수)량적 방법론에 의하여 뉴톤적 자연법칙으로 표현된 것이라는 것이다. 그런데 반하여 동양에서는 실정법 대신에 禮라는 자연법(natural law)이 발전되었을 뿐만 아니라, 신성한 칙령(divine edicts)이나 그것을 반포할 신성한 조물주(divine creator)가 없었기 때문에 뉴톤적 자연과학이 중국에서는 발달할 수 없었다는 것이 그의 결론이다. 그에 반하여 중국적 자연은 자족적이며 자발적이며 그 질서를 자체내에 포함하고 있다는 것이다.

니이담의 한계

이 모든 니이담의 주장은 동서문화의 중요한 측면을 정확히 지적하고 있고 많은 오류를 시정하고 있는 획기적 연구업적으로 평가되지만, 니이담의 과학사상연구의 전체적 윤곽을 세밀히 검토해 본 한사람으로서의 느낌은 그가 뉴톤물리학적 세계관이 어떻게 서양에서 나왔으며 왜 그러한 세계관이 동양(중국)에서는 발전하지 않았는가 라는 부정적 질문에 대한 엄밀하고 치밀한 대답은 주고 있지만, 그렇다면 서구적 과학이 아닌 중국적 과학은 어떻게 해서 발생되었는가? 어떠한 사상이 과연 중국적 과학을 잉태시켰는가 라는 긍정적 질문에 대한 대답에 있어서는 크게 성공하고 있지 못하다는 것이다. 이런 의미에서 니이담의 연구는 사상사적으로는 막스 베버(Max Weber, 1864~1920)의 비판적 망언을 본질적으로 탈피하고 있지는 못하다. 물론 니이담이 베버와는 달리 중국문명을 서구문명보다 더 높게 평가하고 있는 점, 즉 중국문명의 장점을 최대한 긍정적으로 평가하려는 적극적 태도를 취하고 있다는 점에서 베버보다는 훨씬 더 솔직히 서구라파 문명의 우월성과 편협성을 탈피해 보려는 노력이 여실히 보이지만, 그것은 어디까지나 궁극적으로 감정적이며 동양의 과학문명을 잉태시킨 사상의 내면적 논리구조를 집요하게 파헤쳐 들어간 흔적은 보이지 않는다. 그는 중국의 氣哲學的 세계관을 **뉴톤적 세계관의 반성을 거치지 않은 화이트헤드적 유기체관**이라고 규정짓고 있지만 나는 그러한 규정이 매우 타당하다고 생각하면서도 그 내면의 어떠한 조직적 논리가 좀더 엄밀하게 검토되어야 하지 않을까 라는 생각을 가지게 되

17) *SCC*, Ⅱ/582.

었다. 그러나 지금 현시점에서의 나의 연구는 니이담의 연구를 초월할 수 있는 어떠한 체계를 제시할만큼 성숙되어 있지는 못하다. 그렇지만 니이담의 과학개념이 또다시 서구라파 근대과학의 개념 속으로 함몰되고 있지 않은가 라는 질문은 던져볼 수 있다고 생각한다. 즉 그의 명문 "중국과 서양에 있어서 인간의 法과 自然의 法則"에 한정해서 생각해 보더라도 너무 그는 자연과학이라는 개념을 초자연적 신적 존재와 자연적 이성적 존재사이에 성립하는 긴장이라는 측면에서만 규정하고 그 관점을 떠나서 성립할 수 있는 루트를 밝히고 있지는 않다.

氣哲學과 黃老之學, 그리고 『黃帝內經』

본 논문은 인간과 신의 긴장을 生者와 不生者의 긴장으로, 化者와 不化者의 긴장으로, 物과 非物의 긴장으로 대치해서 과학을 설명해 보려는 시도이다. 이러한 시도자체가 서구적이라는 또하나의 비판도 성립할 수 있다는 염두를 나자신 버릴 수 없지만, 분명 이러한 시도는 앞으로 많은 것을 설명할 수 있다고 나는 믿고 있다. 그리고 이러한 시도는 서구자연과학이 깔고 왔던 세계관의 매우 본질적 회전을 의미하며 상대론과 양자론 이후(post)에 발전된 현대물리학적 생성적 세계관에 더 접근한다. 이것은 칸트의 제 1 비판과 제 2 비판의 홍구(鴻溝)를 근원적으로 융합하는 것이며 서구문명이 제시하지 못했던 새로운 패러다임이다. 여기서 대두되는 문제의 핵심은 生者와 不生者의 긴장 사이에서 성립한 氣라는 포괄적 개념인데 과연 이 氣의 法則(Laws of Ch'i)을 어떻게 발견할 수 있는가에 있다. 氣의 法則에 의하여 이 우주를 체계적으로 설명한 사상을 나는 氣哲學이라고 부른다. 그리고 그 氣哲學의 원형을 나는 黃老之學에 둔다. 이 黃老之學은 당시의 과학이며 철학인 동시에 중국의 토착적 종교 즉 신앙체계와의 역동적 관계속에서 형성된 것이다. 중국인의 신앙체계(belief system)의 자연법칙적 구현이 곧 氣哲學이며 黃老之學이다. 그렇다면 黃老之學은 김용옥이 漢代의 사상계를 규정하기 위한 허구적 가상체인가? 그렇지 않다! 그렇지 않다면 黃老之學의 패러다임을 구체적으로 살펴볼 수 있는 文獻이 존재하는가? 존재한다! 그것이 바로 여태까지 哲學界에서 무시해왔던 『黃帝內經』이라는 醫經이다. 우리는 漢代哲學하면 董

仲舒의 『春秋繁露』나 『淮南子』나 讖緯류를 연상하기 쉽다. 이것은 기실 馮友蘭의 『中國哲學史』의 餘毒에 불과하다. 哲學史가 일단 그렇게 정리가 되어버리면 그 다음의 哲學史는 그러한 문헌의 연구로만 일관되어야만 하는 것 같은 착각에 빠지게 된다. 나는 漢代의 어떠한 서적도 『黃帝內經』만큼 포괄적인 우주론과 인생론, 그리고 철학과 과학과 종교를 하나로 융해시킨 체계를 제시한 책은 없다고 생각한다. 그리고 이책이 醫家들에 의하여 傳해내려오고 오늘날까지도 그들에 의하여만 연구되고 있기 때문에 그 철학사적 중요성이 아직도 철저히 인식되어 있질 못하다. 醫家들은 대부분 임상적 관심에만 급급하여 그 문자를 해석할 수 있는 철학적이고 문화사적인 포괄적 배경적 지식을 가지고 있질 못하기 때문이다. 『黃帝內經』은 결코 침술사나 건재약상의 손아귀에서 주물러질 수 있는 문헌이 아니다. 그것은 先秦科學文明의 총집결이다. 나는 이 문헌을 中共의 새로운 唯物史觀에 의하여 편찬된 철학사 자료집인 『中國學術名著今釋語譯』(兩漢編)에서 처음(1972년) 접하였는데 그곳에는 다음과 같이 쓰여 있었다.

> 『內經』은 『黃帝內經』이라고도 불리우며 黃帝라는 이름에 가탁하여 이방면의 科學의 건립을 표시하였다. 이 책명에는 장기에 걸친 발전과정이 포함되어 있음을 알 수 있다. 동시에 당시 같이 전해졌던 『扁鵲內經』과 『白氏內經』과 구분된다. …『內經』은 醫和, 扁鵲, 倉公과 같은 醫學家의 의료경험을 총결하고 또한 先秦各家의 학설을 흡수하였다. 특히 陰陽術數家의 학설중에서 적극적 성분을 흡수하였고, 五行의 상생상극의 변화원리를 씀으로써 生理와 病理의 각 방면의 문제를 분석하고 설명하였으며 保健醫療 각방면의 기본이론을 천명하였다. 그중 과학적 방법론사상이 적지 않으며, 辯駁키 힘든 명백한 사실의 예증으로써 "信巫不信醫"(巫를 믿고 醫를 믿지 않는다)의 종교미신을 분쇄하였으며, 사람의 삶과 죽음에는 명백한 길이 있다(死生有道)는 과학논증을 가지고 숙명론자들이 흔히 말하는 사람의 삶과 죽음은 命에 달렸다(死生有命)는 신비적 관점을 부정하였다. 그리함으로써 사람들로 하여금 부단히 自然의 規律을 추구하고 장악하여 人類의 命運을 콘트롤할 수 있도록 하였다.[18]

이러한 언급은 『內經』의 중요성을 일면적으로 파악하였을 뿐 그것

18) 『中國學術名著今釋語譯—兩漢編』(臺北 : 西南書局影印本, 1972), p. 1.

의 철학사적 총체적 중요성의 본질을 꿰뚫고 있지 못하다. 그리고 과학의 개념을 너무 유물론적 관점에서만 정의하고 있다. 그러나『內經』의 체계는 종교의 부정 위에서만 성립한 것이 아니라 그것과의 융화 위에서 성립한 것이라는 측면도 또한 아울러 강조되어야 할 것이다.

유기체론적 우주와 과학

당시의 그 많은 黃帝書들이 現存하는 것이 거의 없는데 왜 하필 유독 醫經인『內經』만 남았는가? 이에대한 해답을 얻기란 결코 어렵지 않다. 이것은 氣라는 개념에 의하여 설명되는 우주의 모습을 밝히면 그 해답이 저절로 드러난다. 앞서 말했듯이 중국인의 우주는 태초로부터 하늘과 땅의 교섭으로 이루어진 것이므로 자족적인 것이다. "자족적"이란 말은 "생성에 있어서 그 자체의 힘 밖의 어떠한 힘을 필요로 하지 않는다"는 뜻이다. 그리고 칼렌다의 예를 들어서 설명했지만 이러한 우주에 있어서는 자연의 질서와 인간의 질서가 분리될 수 없다. 자연의 질서가 만물중의 하나인 인간 "밖의" 어떤 존재에 의하여 "부자연하게" 즉 노모스적으로 주어지는 것이 아니기 때문이다. 자연의 질서와 인간의 질서의 합일은 곧 철학적으로는 사실의 세계(the world of fact)와 가치의 세계(the world of value)의 합일이라는 특성을 드러낸다. 모든 사실은 인간에게 가치를 지닌 것으로 드러나게 마련이며, 모든 가치는 궁극적으로 그 가치를 성립시킨 사실과 분리될 수 없다. 임마누엘 칸트는 서구라파 자연과학을 성립시킨 세계관의 철학적 특질을 사실과 가치의 분리로 보고 그러한 二分위에서 순수이성과 실천이성을 분리시켰지만, 그것은 그 자체대로는 타당할 수 있는 논리를 성립시킬 수도 있지만 궁극적으로 오늘날의 자연과학이 제시하는 새로운 세계관에 비추어 볼 때도 그것 자체가 하나의 상대적 문화의 패러다임일 뿐이며 반드시 그러한 이원 위에서만 우주와 인간이 설명되는 것은 아니다. 이와같이 가치와 사실이 분리되지 않는 세계관에서는 생물과 비생물, 유기체와 무기체의 구분이 근원적으로 성립하지 않는다. 그리고 또 天氣와 地氣, 魂과 魄, 鬼와 神이 聚散(모였다 흩어짐)으로 설명되는 人間에 있어서 靈과 肉이 二元的으로 구분되지 않는다. 따라서 인간의 인식작용에 있어서도 靈과 肉이 근원적으로 구분된 기능으로 나타나지는 않는다. 이러한 우주를 나는 유기체론적 우주(organismic cosmos)라고 부른다. 이러한 유기체론적 우주관 속에서 발달할 수 있는 과학은 무엇인가? 그 대답은 명약관화하다.

물리학과 생물학

우리가 흔히 근세 서구라파 자연과학(natural science)이라고 할 때, 그 자연과학의 개념은 통상 20세기 후반기의 자연과학을 지칭하는 것이 아니고 16세기로부터 20세기 초에 걸치는 뉴토니안 패러다임을 말하며 데카르트나 칸트의 자연과학관이 정확히 이러한 패러다임을 모델로 하고 있다. 이것의 특징은 이 세계를 量化(quantification)하여 설명하는 것이며, 따라서 이러한 패러다임의 主流는, 근대 자연과학을 크게 생물학, 화학, 물리학으로 三分할 때, 자연히 물리학이 될 수밖에 없었다. 그것은 희랍철학의 원자론으로부터 시작하여 중세기의 신학적 세계관을 거쳐 근대 르네상스인문주의로 흘러 나오기까지 하나의 필연적 흐름이 되지 않을 수 없었다. 그러나 유기체론적 우주의 패러다임에서 발생하는 과학의 주류는 자연히 생물학이 되지 않을 수 없다. 전 우주가 하나의 생명체이기 때문이다. 만약 근대서구의 자연과학의 발전이 생물학이 그 본원적 주류를 이루었다면 오늘의 과학문명은 매우 다른 양상을 띠고 있을 것이라는 것은 상상키 어렵지 않다. 그리고 또 인간적 우주(humane cosmos)에 있어서는 생물학에 있어서도 자연생물에 관한 탐구보다는 곧 "내몸"에 관한 탐구가 주류를 이룰 수 밖에 없다. (校. "몸"이라는 나의 용법은 데카르트의 보디[Body]와 마인드[Mind]의 이원론에서 규정되고 있는 보디가 아닌 "몸"으로 나의 기철학적 체계의 주요개념이다. 나의 『중고생을 위한 철학강의』[통나무, 1986], 83-92쪽을 참고할 것.) 그리고 우리가 주목해야 할 중요한 사실은 모든 과학적 탐구는 우리의 일상적이고 범상적인 상궤의 인식구조 속에서는 발생하지 않는다는 것이다. 즉 "범상"의 인식자체가 "비범"이 인식될 때 파생한다는 역동적 논리에 주목해야 한다. 그러므로 모든 사물의 관찰(observation)은 고대로부터 비범하고 비상한 사례(anomaly)에 대한 관심으로부터 이루어졌다. 그러기 때문에 고대인들은 천체의 관측에 있어서 일식과 월식이라는 현상을 중하게 여겼으며, 지진, 천

둥과 벼락이라든가, 또한 이례적 사물의 출현, 즉 돌연변이와 같은 현상에 깊은 관심을 가지게 된다. 중국의 고문헌에 이러한 현상이 자주 기록되는 것은 바로 이 때문이다.

常과 非常

그러므로 "나"라는 생체(몸)의 탐구는 나라는 생체(몸)에서 이례적으로 일어나는 현상, 즉 평상적 기능을 일탈한 현상의 탐구로부터 이루어지게 마련인 것이니 그것이 곧 "인간의 질병의 탐구"이며 그것이 곧 "의학의 성립"이다. 원래 고대사회에 있어서는 의학의 발생은 무속신앙의 발생과 때를 같이 하는 것이다. 인간의 질병을 고치는 것은 巫人들의 일이었다. 인간이 없는 우주는 없다. 인간이 없으면 인간이 보았던 우주는 사라진다. 나가 없는 세계는 나에게 있어서 무의미하다. 이런 의미에서 巫人들의 治病은 이 우주를 장악하는 힘으로 여겨졌으며 그것은 곧 祭政一致사회에 있어서 정치적 권력을 의미하는 것이다. 醫와 巫와 古字에 있어서 통한다는 것은 이미 밝힌 바 있다.[19] 그러나 이러한 신앙체계와 未分된 巫治(faith healing)를 우리는 "의학"이라고 부르지는 않는다. 서양에서 학(—logy)이라는 것은 로고스적 언어의 체계를 말하며, 이것은 곧 우주의 객관적 규율에 대한 체계적 인식이 있어야 한다는 것이다. 우리가 동양에서의 의학의 성립을 운운할 때에도 반드시 우리는 "반복가능한" 법칙(repeatability)에 대한 인식의 유무를 가려야 하며, 그러한 인식에 대한 실증성의 여부를 가려야 한다. 범상한 인간의 특수능력에 의한 치료라든가, 반복불가능한 일회적 사건을 우리는 "학"이라고 부를 수는 없다. 氣를 타고 공중에 떠다닌다는 丹류의 기행꾼들의 장난이 설사 사실이라 하더라도 그것을 "학"이라고 부를 수는 없는 것이다. 그러면 중국인에게는 그러한 태도가 있었는가? 물론 『內經』學의 체계는 그러한 질문에 긍정적 대답을 던진다. 『內經』에는 의사에게 찾아가지 않고 무당에게 찾아가는 인간의 우매함을 비판하는 대목이 자주 발견되며 객관적 자연

19) 金容沃, "절차탁마대기만성(제이편)," 『世界의 文學』(서울 : 민음사, 1983 겨울) 통권 30, p. 180. (校) 이 논문은 단행본으로 통나무에서 출간되었다. 『절차탁마대기만성』(통나무, 1987), 147~148 쪽.

의 규율에 대한 확연한 인식이 있다. 「五常政大論篇」(우주의 다섯 원리로 그 큰 것을 다스림) 第七十의 마지막 부분에 다음과 같은 치 뻐(岐伯)의 언급이 있다 : "우주의 변화는 인위적으로 대신할 수 없는 것이며 그 변화의 時는 거역할 수 없는 것이다."(化不可代, 時不可違。) 이에 대하여 왕 삥(王冰)은 다음과 같은 註를 달고 있다 :

여기서 변화라는 것은 우주의 변화(造化)를 말하는 것이다. 목수를 대신하여 끌질을 하면 그 손을 다치게 된다. 하물며 이 우주변화의 氣를 사람이 인위적으로 대신할 수 있겠는가? 대저 태어나고 자라나고 수렴하고 저장하는 것은 각기 봄, 여름, 가을, 겨울의 변화에 상응하는 것이며, 아무리 정교롭고 지혜로운 사람이라 할지라도 자연의 때를 마음대로 움직이어 이르게 할 수는 없는 것이다. 이것은 명백히 사람의 능력이 미치는 바가 아니다. 이러한 원리에 비추어 본다면, 사물의 태어나고 자라나고 수렴하고 저장하는 변화는 반드시 그 때를 기다리게 되는 것이며, 사물의 이루고 패하고 다스려지고 어지러워지는 것 또한 그 때를 기다리는 것이다. 사물이 그러할진대 인간 또한 마땅히 그러한 것이다.[20]

天과 人, 古와 今, 氣와 物

이것은 인간과 자연의 조화라는 순응적 자연관의 입장에서도 분석할 수 있지만, 명백히 인간의 힘으로 대치할 수 없는, 인간이 따를 수밖에 없는 객관적 자연의 규율에 대한 그들의 인식을 반영하고 있다. 물론 이러한 자연법칙은 서양이 말하는 연역적이고 수학적인 체계와는 다르다. 그러나 이것은 어디까지나 법칙적이며 인간의 자연에 대한 객관적 인식이다. 「氣交變大論篇」(氣가 교접하여 우주를 변화시키는 논의) 第六十九의 마지막 부분에 후앙띠(黃帝)는 다음과 같이 말하고 있다 :

내가 듣건대, 하늘을 잘 말하는 사람은 반드시 그것을 인간에게 적용시키고, 옛을 잘 말하는 사람은 반드시 그것을 오늘에 증명한다. 氣를 잘 말하

20) 化，謂造化也。代大匠斲，猶傷其手，況造化之氣，人能以力代之乎。夫生長收藏，各應四時之化，雖巧智者亦无能先時而致之，明非人力所及。由是觀之，則物之生長收藏化，必待其時也。物之成敗理亂，亦待其時也。物旣有之，人亦宜然。

는 사람은 반드시 그것을 구체적 사물에서 볼 수 있게 드러내고, 氣의 적용(상응)을 잘 말하는 사람은 하늘과 땅의 변화에 동화되는 체험을 한다. 그리고 이 우주의 화학적 변화와 물리적 변화를 잘 말하는 사람은 신묘하고 밝은 이치에 통하는 체험을 한다.[21]

마지막 구절의 "신묘하고 밝은 이치"(神明之理)의 정체가 무엇인가 하는 것은 궁극적으로 더 깊은 연구에 의하여 밝혀질 문제이지만, 위의 논술은 명백히 현실적이고 경험적이고 실증적이며 객관적인 태도를 나타내고 있다. 「寶命全形論篇」(보배로운 命으로 인간의 몸을 온전케 함) 第二十五에는 "자연의 법칙(길)에는 鬼神이 없으며 그것은 독자적으로 오고 가는 것이다"라고 명쾌히 못박아 이야기하고 있다.[22] 그리고 「擧痛論篇」(갑작스러운 통증에 관한 논의) 第三十九에는 黃帝는 岐伯에게 다음과 같은 질문으로 말미를 열고 있다.[23]

내가 듣건대 하늘(우주)을 잘 말하는 사람은 반드시 그것이 사람에게서 증명되는 일이 있게하고, 옛을 잘 말하는 사람은 반드시 그것이 지금의 상황에 들어맞는 일이 있게 한다. 사람을 잘 말하는 사람은 반드시 그것이 자기몸에서 반응이 일어나는 일이 있게 한다. 이와같이 하면 자연의 길이 의혹스럽지 않게되며 그 긴요한 법칙이 다 드러난다. 이것이 이른바 밝음(明)이라고 하는 것이다. 지금 내가 그대에게 묻건대, 만약 〔진리가〕 말해서 알아들을 수 있고 보아서 구체적으로 볼 수 있고 만져서 잡아낼 수 있는 것이라면, 또한 자기몸에 증험해 봄으로써 무지를 틔우고 의혹을 풀 수 있는 것이라면 한번 묻고 싶다. 내가 그대로부터 물어 들을 수 있겠는가?[24]

네 몸은 네가 소유하고 있는 것이 아니다

이러한 黃帝의 질문은 분명히 객관적 자연의 규율을 말하고 있는 동

---

21) 余聞之, 善言天者, 必應于人；善言古者, 必驗于今； 善言氣者, 必彰于物； 善言應者, 同天地之化； 善言化言變者, 通神明之理。

22) 道无鬼神, 獨來獨往。여기서의 鬼神은 미신적이고 인격적인 것이며 오늘날 우리가 상식적으로 쓰고 있는 용법과 비슷한 뉴앙스가 있다.

23) 擧痛의 擧는 卒의 의미이며 "갑작스러운"의 뜻이다. 이 篇은 「五藏擧痛」이라고도 한다.

24) 黃帝問曰： 余聞善言天者, 必有驗于人；善言古者, 必有合于今； 善言人者, 必有厭于己。如此, 則道不惑而要數極, 所謂明也。今余問于夫子, 令言而可知, 視而可見, 捫而可得, 令驗于己而發蒙解惑, 可得而聞乎？

시에 "우주→인간→나(의 몸)"라는 패러다임을 명백히 표시하고 있다. 나의 몸에 일어나는 구체적 현상을 증험(to experiment)함으로써 그것에 유추하여 우주를 증험하고자 하는 매우 인간중심주의적이고 유기체론적인 사유가 깔려 있다. 이러한 사유는 매우 구체적이며 또 동시에 우주적(cosmic)이다. 나의 몸에서 갑자기 얼어나는 통증의 현상(卒然而痛)을 어떠한 신비적 힘의 작용에 의하여 설명하는 것이 아니라 그러한 현상이 발생할 수밖에 없었던 필연적 이치를 매우 조직적으로 설명하려고 하고 있다. 그러한 설명은 血氣와 經絡의 변화관계를 틀로하여 이루어지며 동시에 우주의 氣의 운행과의 관계라는 맥락을 떠나지 않는다. 『莊子』의 「知北遊篇」(Knowledge Wandered North, 왓슨역)과 『列子』의 「天瑞篇」(하늘의 상서로움)에 동시에 나오고 있는 고사 하나를 여기 소개한다.

> 舜임금이 자기 스승인 烝에게 질문을 했다: "길(道)을 얻어서 소유할 수 있읍니까?" 烝이 대답했다: "너의 몸은 네가 소유하고 있는 것이 아니다. 하물며 너는 어찌 길을 얻어 소유할 수 있겠는가?" 舜임금이 말했다: "내 몸이 내가 소유한 것이 아니라면 누가 그것을 소유한 것입니까?" 대답하여 말했다: "그것은 하늘과 땅이 너에게 잠시 맡겨 놓은 형체이다. 너의 생명은 네가 소유한 것이 아니다. 그것은 하늘과 땅이 너에게 위탁하여 이루어 놓은 조화이다. 너의 性과 命은 네가 소유한 것이 아니다. 그것은 하늘과 땅이 너에게 위탁하여 이루어 놓은 따름(順, 질서)이다."[25]

이 구절을 분석하는데 있어서 우리는 이 구절에 나타나고 있는 사상이 명백히 老子의 "生而不有"(production without possession, 버트란드 럿셀이 그의 저서, *The Problem of China*, 194쪽에서 이와같이 번역하고 있다)의 정신의 발전이라고 볼 수 있겠지만 그보다 더 우리의 관심을 끄는 사실은 나의 몸을 내가 소유하고 있는 것이 아니라는 생각 속에는 나의 몸이 나의 의지의 인위적 조작에 의해서가 아니라 어떠한 대자연의 자연적 법칙에 의하여 스스로 그러하게 움직이고 있다는 매

25) 舜問乎烝曰:「道可得而有乎?」曰:「汝身非汝有也, 汝何得有夫道?」舜曰:「吾身非吾有, 孰有之哉?」曰:「是天地之委形也。生非汝有, 是天地之委和也。性命非汝有, 是天地之委順也。(下略).」

우 객관적 태도가 잉태되어 있고 또 그러한 이데올로기의 구조 속에서 중국의학이 성립했다는 명명백백한 사실이다. 나의 몸은 天地가 나라는 어떠한 추상적 존재에서 잠시 위탁하여 놓은 것(天地之委形) 임으로 그 몸은 위탁자에 의하여 관리될 뿐이다. 물론 이때의 위탁자는 중동문명권에서 처럼 인격적 존재자가 아니다. 그것은 곧바로 天地며 氣다. 그래서 이 단은 다음과 같은 간략한 언사로 끝나고 있다. "하늘과 땅의 살아 움직이는 힘은 氣다. 또한 어찌 그 형체도 없는 氣를 잡아내어 소유하겠다는 것인가?"[26]

나의 몸의 소유자는 곧 氣

나의 몸은 나의 소유가 아니므로 나의 몸이라는 유기체가 작용하는 법칙은 하늘과 땅의 氣의 운동변화에 의하여 설명되어야 마땅하다. 이러한 氣의 인체내에 있어서의 법칙적 설명이 곧 『黃帝內經』의 체계이며 곧 중국의학의 성립이다.

앞서 인용한 「擧痛論篇」의 언급에서 우리가 간과할 수 없는 철학적 명제는 "말해서 알아들을 수 있고 보아서 구체적으로 볼 수 있고 만져서 잡아낼 수 있다"(言而可知, 視而可見, 捫而可得。)라는 구절이다. 이것은 라오쯔(14장)가 말한 "보아도 보이지 않고, 들어도 들리지 않고, 잡아도 잡히지 않는다."(視之不見, 聽之不聞, 搏之不得。)라는 말과 정 상반되는 대조를 이루고 있다. 라오쯔(老子)에게서 부정적이었던 명제가 후앙띠(黃帝)에게서는 긍정적으로 나타나고 있다. 전자는 시각·청각·촉각을 넘어선 우주의 실상을 말한데 반하여 후자는 그러한 인간의 감관에 드러난 구체적 현상을 실증하려는 태도가 여실하다. 즉 라오쯔의 형이상학은 『內經』에 내려오면 매우 실증적이고 경험적이며 구체적인 현상론으로 바뀌고 있다.

의학과 전쟁, 휴매니즘의 이면

醫學의 발달은 대체로 戰爭과 관련이 있다. 나는 독일 뮌헨의 다

---

26) 天地强陽, 氣也。又胡可得而有邪? 여기서 强陽이란 "强한 陽"의 뜻이 아니다. 强陽은 徜徉, 襄羊으로도 쓰이며 단순히 발음상의 疊韻連緜字이다. 운동의 뜻을 나타낸다(郭象說). 나는 "살아움직이는 힘"으로 번역하였다.

하우포로수용소의 유적지를 돌아보면서 나치군의관과 그들에게 협조한 의사들이 전쟁포로들을 상대로 차마 눈뜨고 볼 수 없는 생체실험을 자행하고 있는 장면들을 진열관 유리창 속에서 목격했다. 이차대전후에 독일의학이 발달했던 것도 분명 이러한 실험의 숨은 공로가 무시될 수 없을 것이다. 생명의 값이 흔할때 얻을 수 있는 절호의 실험의 기회가 인류역사에 있어서 나치포로수용소에만 주어졌다고 생각하는 것은 상상의 빈곤에 불과하다. 중국의 春秋戰國 시대는 諸子百家의 사상이 百花怒放한 매우 낭만적인 휴매니즘의 시대로 부상되기 일쑤지만, 그 휴매니즘의 이면에 깔린 그 수 없는 영웅호걸들의 장난에 의한 전쟁, 그 전쟁에서 목숨을 잃어간 민중들의 아우성, 그리고 재해와 기아에 허덕여야만 했던 인간들의 불안한 삶의 모습을 상상키란 어렵지 않다. 어느 역사에 있어서든지 아름다움의 이면에는 추함이 있는 것이고, 휴매니즘의 이면에는 가공할 비인간적 행위가 숨어있는 아이러니를 외면할 수 없다. 그것은 동서의 휴매니즘에 공통된 현상이다. 『詩經』의 「秦風」의 黃鳥三章 三十六句에 나오는 억울한 죽음, 즉 秦穆公의 망언에 나라의 동량감이었던 훌륭한 청년 3인(子車奄息, 子車仲行, 子車鍼虎)이 아무 죄없이 순장을 당한 사건에 대한 사람들의 분노가 민요로 표출되고 있는 사실은 그 극적인 예의 하나지만, 그때만 해도 그 3인과 함께 177명이 같이 생매장을 당했던 것이다(『史記』에 의거). 先秦時代에 이러한 일이 비일비재했을 것이라는 생각과 더불어 중국의 의학의 발달을 뒷받침한 생체실험이 수없이 자행되었으리라는 나의 생각을 나는 단순히 하나의 가설로서만 남겨둘 수는 없다. 그리고 『黃帝內經』과 직접 관련하여 볼 때 秦의 六國統一과정에서 있었던 대규모의 전쟁과 秦帝國의 멸망과정에서 있어서 수많은 民亂과 劉邦과 項羽의 전쟁의 폐허에서 발생한 질병을 어떻게 퇴치하느냐하는 매우 구체적인 문제를 안고 부심한 당시의 과학자그룹의 존재를 우리는 쉽게 상정할 수 있다. 그들에게는 "보아도 보이지 않고 들어도 들리지 않고 잡아도 잡히지 않는" 오묘한 세계의 실상의 관념적 탐구보다는 "보아서 볼 수 있고 들어서 들을 수 있고 잡아서 잡을 수 있는" 세계의 실증적 연구가 더 시급한 것으로 여겨졌을 것이다. 그러나 물론 여기서 말하는 "실증성"(驗)은 근대 서구유럽의 감각주의(sensationalism)적 실증성을 말하는 것은 아니다.

보이지 않는 세계가 보이는 세계를 통해 드러난다

『內經』의 저자들이 추구하는 것은 어디까지나 보아도 보이지 않고 들어도 들리지 않고 잡아도 잡히지 않는 세계의 탐구이며, 그것은 生과 不生, 物과 非物의 긴장의 구조를 벗어나지는 않는다. 그러나 『內經』의 저자들은 보아도 보이지 않고 들어도 들리지 않고 잡아도 잡히지 않는 세계는 보아서 보이고 들어서 들리고 잡아서 잡히는 세계를 통해서 드러난다는 새로운 인식에 도달한 것이다. 視之不見의 希微한 세계가 視而可見의 세계를 통해 드러난다고 할 때, 視之不見의 가설은 視而可見의 실험을 통해 증명되는 것이며 이것은 인류에게 공통된 과학정신인 것이다. 그러나 이때 우리가 주의해야 할 점은 視而可見의 세계에 의해서만 視之不見의 세계가 전적으로 규정되는 것은 아니라는 점이다. 오히려 視而可見의 세계가 視之不見의 세계에 의하여 연역적으로 규정될 수도 있으며 또 후자는 전자의 영원한 영감의 원천이 되기도 한다. 그리고 양자의 관계는 궁극적으로 기능적(functionalistic)이다. 다시 말해서 視而可見의 세계의 기능(用, function)에 의하여만 視之不見의 세계의 존재성이 확보될 뿐이며, 視之不見의 세계 그 자체는 감각적으로 실증될 수 없다. 그것이 실증될 수 있다면 그것은 視之不見이 아니다.

경락과 실증

현재까지 漢醫學 특히 針學(acupunctural science)의 기초를 이루고 있는 經絡(meridian system)이 감각적으로 실증될 수 없는 이유는 바로 이러한 논리에 있는 것이다. 그리고 그것 자체를 감각적으로 실증하려는 노력이 모두 실패로 돌아갈 것은 뻔한 이치이다.[27] 그러나 經絡체계를 감각적으로 실증될 수 없다고 하여 미신이나 고대인의 허구로 간주해 버리는 태도는 근대 서구과학의 본질을 깨닫지 못한 이들

27) 북한에서 한때 김봉환이라는 인물이 經絡을 실증했다고 하여 日本을 비롯한 東洋醫學界를 떠들썩케 한 적도 있으나 그것이 결국 구체적 근거와 효용성이 없는 연구에 불과했음이 드러난 것 같은 사건은 좋은 실례가 될 것이다.

의 미신에 불과하다. 하이젠베르그가 그의 자서전 『부분과 전체』(*Physics and Beyond*)에서 말하고 있듯이 사물의 분자구조를 화학책에 그려져 있는 그대로 영원히 육안으로 쳐다볼 수는 없다.[28] 그것은 사물을 화학적으로 규정하기 위한 하나의 架構에 불과하다. 『內經』에 그려진 十二經脈의 구조가 우리 육안으로 쳐다볼 수 있는 체계는 아니지만 그것은 우리 몸을 규정하는 하나의 架構이며, 또 그것은 그것이 규정하는 현상의 기능을 통해서 만이 실증될 수 있는 것이다. 그러나 이러한 논의는 매우 구체적 법칙적 근거위에서 이루어져야 함으로 여기서 더 이상 논지를 확대하지는 않겠다.

우리는 이제까지 중국제국의 과학문명의 성립과정, 특히 의학의 성립과정을 둘러싼 철학적 사색의 단서를 추적하면서 그 우주론적 근거를 밝히는데 주된 관심을 모았다. 나는 우선 내가 말하는 氣哲學을 "東洋的一元論"이라는 우주론적 구조 속에서 정의하였고 그것이 서구적 전통내에 있어서의 과학성과 다른 근거위에서 성립할 수 있는 가능성을 밝혔다. 그리고 그 氣哲學적 세계관의 정립을 漢代(주로 前漢)에 두고 그것을 黃老之學의 성립과 일치시켰다. **黃老之學의 일반적 인상은 『列子』「黃帝」第二의 첫머리에 나오는 유토피아론적 고사에 의거하고 있으나 이것은 漢帝國文明의 매우 片面的인 이해에 불과하며 黃老之學은 결코 자유방임의 治術論적 사회현상에 그치는 것이 아니라 매우 포괄적인 우주·인생론적 사유체계이며, 그것은 종래에 생각해 왔던 것처럼 구획화될 수 없는 전반적 문화현상으로 이해되어야 마땅하다는 것을 밝혔다. 그리고 그 黃老之學의 성립을 곧 차이나제국의 과학문명의 성립으로 보고 그 핵심은 漢醫學의 성립이라고 본 것이다. 그리고 이것은 先秦文明에서 싹튼 유기체론적 우주관의 오랜 결집에서 이루어진 인류의 가장 위대한 창업중의 하나로 본 것이다.** 그리고 이러한 결집의 역사와 성과를 밝힐 수 있는 방대한 문헌이 현존하는 『黃帝內經』 속에 수록되어 있으며 이 『黃帝內經』의 분석으로부터 중국고대문명을 풀어나가는 실마리를 얻을 수 있다고 판단한 것이다. 그리고 종래의 연구처럼 黃老之學과 『黃帝內經』의 黃帝學派의 학설을 따로따로 분리시켜 다른 조류로 보고 비교하는 것이 아니라 黃

28) Werner Heisenberg, *Physics and Beyond* (New York: Harper, 1972)의 제 1 장, "First Encounter with the Atomic Concept(1919~1920)"에 나오는 대화들에서 나는 많은 감명을 받았다.

老之學의 원형이 곧 『內經』의 黃帝學派의 체계라고 본 것이다. 이러한 동일성을 불가능하게 만들었던 요소는 단지 『黃帝內經』이 얼마나 포괄적이고 복잡다단한 복합성을 가지고 있는가에 대한 단순한 인식부족과 그것의 철학적(우주론적) 의의를 고찰하는 능력의 부족에서 기인한 것이다. 그러면 이제부터 우리의 관심의 초점은 매우 명백하게 『黃帝內經』이라는 一書에 모아진다. 『黃帝內經』은 과연 어떤 책인가? 무엇을 우리에게 말해주고 있는가? 이에대한 대답은 결코 쉽지 않다. 현재 나에게 주어진 지면과 시간의 제약은 이러한 대답을 할 수 있는 여유를 허용하지 않는다. 새로이 독립된 논술의 자리를 마련하여 체계적으로 하나 둘씩 考究해 나가고자 한다. 단 이 논문을 끝맺기 전에 앞으로 연구되어야 할 방향과 문제들을 제시하고자 한다.

黃老之學의 원형이 곧 『內經』, 그 연구방법서설

첫째로, 氣라는 글자와 그 글자와 관련된 글자들의 문자학적 그리고 성운학적 연구, 즉 역사적 관점을 포용한 소학적 연구가 반드시 선행되어야 한다. 물론 이러한 연구는 최근까지 발전되어 나온 甲骨文學의 성과와 『說文解字』 및 타 문헌의 엄밀한 분석의 성과를 빌려 이루어질 것이다.

둘째로, 氣라는 글자 및 그와 관련된 개념들의 문헌학적 연구가 선행되어야 한다. 여기서 말하는 문헌학적 연구는 주로 의미론적 맥락을 말하며, 先秦 내지 漢代에 걸친 문헌에서 이 氣의 用例가 어떠한 의미의 맥락에서 쓰여지고 있는지를 밝혀야 한다. 이를 위하여 先秦의 방대한 문헌이 철저히 조사되어야 하며 그 문헌의 철학적 意義의 개념적 분류가 없이는 의미없는 일이다. 그러므로 이러한 문헌학적 연구는 동시에 철학사적 개념의 分化 혹은 전개의 탐구가 될 것이다.

세째로, 黃帝라는 가상적 인물과 관련된 모든 神話의 연구가 이루어져야 한다. 黃帝神話의 발생과 그 동기, 그리고 그것의 역사적 전개, 또 그것과 관련된 인간들의 의미부여의 변천 등등이 소상히 밝혀져야 할 것이다. 이러한 연구는 黃老之學의 정체를 밝히고 또 所謂 넓은 의미에서의 道敎의 구조를 밝히는 데도 큰 도움을 줄 것이다. 그리고 老莊哲學과 道敎, 그리고 中國科學文明이라는 이 三者의 관계를 규명하는데 보다 포괄적 인식의 실마리를 제공할 것이다.

네째로, 黃老之學 내지 『內經』學의 정체를 밝히기 위하여 中國古代天文學(律曆)에 대한 독자적이고 포괄적인 이해가 있어야 할 것이다. 中國古代天文學에서 말하는 질서(order)의 개념에 대한 구체적 탐구가 없이 醫經의 실제적 분석은 불가능하다는 것이 현금 나의 생각이며 주장이다.

이상의 네가지는 『黃帝內經』을 연구하기 위하여 선행되어야 할 서설적 연구에 불과하다. 그렇다면 『黃帝內經』 그 자체는 어떠한 시각과 방법으로 접근되어야 하는가? 이에 대하여 지금 내머리에 떠오르는 몇몇의 단상을 소개하면 다음과 같다.

『內經』이라는 문헌에 대한 단상들

첫째, 『黃帝內經』이란 書名의 의미를 정확히 밝혀야 한다. 內經의 內는 과연 정확히 무엇을 말하는 것인가? 이 문제는 반드시 『漢書』「藝文志」에서 말하는 方技略 三十六家 四種중의 一種인 醫經七家 二百一十六卷에 대한 엄밀한 분석의 기초위에서 이루어져야 한다. 그리고 전통적으로 書名에 쓰이는 內와 外의 용법의 전면적 조사와 四庫全書 내의 醫經類의 분석과 동시에 이루어져야 할 것이다.

둘째, 「漢志」에 수록되어 있는 『黃帝內經』과 지금의 현존하는 『黃帝內經』의 同異문제가 거론되어야 할 것이다. 지금의 현존하는 『黃帝內經素問』은 唐나라 때 王冰이 자기 멋대로 개편한 『次註本』을 底本으로 하여 北宋의 仁宗皇帝의 勅을 받아 林億 등이 校定한 『宋本』 텍스트를 또다시 明나라의 顧從德이가 模刊한 『顧本』인 것이다. 그러므로 현존하는 텍스트를 漢代의 『黃帝內經』이라고 볼 수는 없다. 그러나 현존하는 텍스트를 통하여 고대의 모습을 볼 수 있다면 그 異同을 어떻게 보아야 할지를 반성해 봐야 할 것이다.

세째, 그리고 『黃帝內經』이란 책을 구성하고 있는 『素問』과 『靈樞』의 관계가 밝혀져야 한다. 卷數의 문제와 깊게 관련된다.

네째, 『黃帝內經』의 古本의 원형에 더 가깝다고 여겨지는 현존의 『太素』의 연구가 이루어져야 한다. 『太素』는 王冰本에 앞서 성립한 텍스트이며 隋에서 唐初의 사람이라고 여겨지는 楊上善이 편집한 것이나 현존하는 모습은 결질이다. 그러나 이 『太素』의 연구는 『內經』의 연구에 많은 도움을 줄 것이다.

다섯째, 최근 馬王堆漢墓의 第三號墓로부터 六篇의 醫書가 발견되었는데, 그중 四篇이 『黃帝內經』에 수록되어 있는 三篇의 논문과 직접적 관련이 있으며 『內經』의 그것보다 시대적으로 앞서는 祖型으로 여겨지고 있어 『內經』의 성립과정에 많은 새로운 실마리를 제공하고 있다. 이러한 새로운 자료의 분석 또한 소개되어야 마땅하다.

여섯째, 『黃帝內經』은 단연코 一人의 저작이 아니며, 그것은 방대한 학파의 多人의 논문집이며, 따라서 各篇 사이에 동일한 주제에 대해서만도 많은 異同이 존재한다. 그리고 이러한 문헌의 성립연대는 장시간에 걸친 것으로 볼 수밖에 없다. 여기서 우리는 이 문헌들의 절대적 연대는 고증할 수 없더라도 各篇사이의 상대적 연대를 규정하는 것은 어느정도 가능하다. 그러면 우리는 어떠한 근거위에서 그 상대적 연대를 결정할 수 있겠는가 하는 문제에 봉착하게 된다. 이때 우리는 어떠한 근거위에서 『黃帝內經』의 상한선과 하한선을 결정할 수 있겠는가 라는 문제가 토론되어야 함과 동시에 어떠한 근거위에서 그 시간영역속에 들어오는 문헌을 배열할 수 있는가 하는 문제를 토론해야 한다.

일곱째, 우선 「漢志」에 저록되어 있는 七家의 문헌중 『外經』과 『旁經』을 제외한 3개의 『內經』, 즉 『黃帝內經』(18卷), 『扁鵲內經』(9卷), 『白氏內經』(38卷)의 三經의 의미를 중국고대의학 성립과정에 드러난 三大學派로 보고 그것을 黃帝學派, 扁鵲學派, 白氏學派로 규정하는 야마다 케이지(山田慶兒)氏의 주장이 어디까지 타당할 수 있는가 하는 것이 검토되어야 한다. 이 설을 받아들인다면 『黃帝內經』은 三派中 一派인 黃帝學派의 경전이 된다.

여덟째, 현존하는 『黃帝內經』을 분석하는데 있어서 가장 눈에 띄는 것은 問答양식이다. 즉 이 問答양식(dialogue forms)은 다음과 같이 분석된다. 1) 한 篇이 問答양식을 취하고 있는가 있지 아니한가? 2) 問答양식이 단순한 두 사람의 주장의 나열인가? 정말 질문과 대답의 논리적 오감인가? 3) 問答에 어떤 사람들이 연루되어 있는가? 4) 問答양식에 있어서 누가 묻고 누가 대답하는가? 이러한 각도에서 분석된 결과로 도출되는 문답자의 組合은 雷公—黃帝, 黃帝—岐伯, 黃帝

—伯高, 黃帝—少兪, 黃帝—少師가 된다. 이에 따라 야마다 케이지氏
는『黃帝內經』내의 학파를 黃帝派, 岐伯派, 伯高派, 少兪派, 少師派
의 五派로 나누고 그것의 총집결을 黃帝學派라고 부르고 있는데, 이
러한 學派의 分派관계의 史的고찰이 어디까지 타당할 수 있는가? 다
시 말해서, 이러한 문답양식의 기준에 의한 분류가 곧 사상적 형태의
분류에까지 연결될 수 있는가 하는 문제가 各篇의 내용의 분석에 의
하여 검토되어야 할 것이다. 陰陽五行이론의 차이, 經脈觀의 차이, 脈
診法의 차이등에 의한 이론적 분류와 그러한 문답양식의 분류가 과연
어디까지 조화될 수 있는지는 나로서는 궁금한 문제이며 아직 확답을
내릴 수 없다.

철학은 문제의 발견

물론 이외로도『黃帝內經』의 철학적 분석을 둘러싼 무궁무진한 문
제들이 산적해 있다. 이 모든 문제를 다 해결할 수는 없다. 철학의 위
대함은 **문제의 해결**에 있는 것이 아니라 **문제의 발견**에 있는 것이다.
단지 많은 사람들이 문제의 발견 그 자체를 두려워하고 기피한다. 발
견은 곧 규명의 실천이 전제되지 않는 한 불가능할 뿐만 아니라 무의
미하기 때문이다. 이것이 바로 오늘날 현대지성의 나약함이다. 진리
를 과감히 발견하려고 하는 용기 그 자체의 결여때문에 진리의 발견을
부담스럽게 느끼고 회피한다. 나는 철학을 하는 사람이며 의사는 아
니다. 그러나 오늘날 의사라고 자처하는 사람이라면 철학하는 내가 의
학에 대하여 관심을 갖는 만큼의 관심을 철학에 대하여 가져야 마땅
하다고 생각한다. 漢醫科大學에서 漢醫學의 기초를 이루고 있는 최고
의 최대의 경전인『黃帝內經』을 운운하는데 있어서 내가 제기하는 문
제정도의 인식조차도 없이『黃帝內經』을 운운한다면 그것은 후학을
기르는 자의 자세는 아닐 것이다. 漢醫學의 공부는 최소한 漢醫學의
기초를 이루고 있는 세계관과 인성관에 대한 확연한 인식이 없이 가능
할 수 없다. 漢醫學에 대한 본질적 이해가 준서양의사(pseudo-doctor)
만드는 교육에 선행되어야 한다. 이것은 나의 지식의 과시도 아니요
특정한 자에 대한 비판도 아니다. 지금 우리나라에는 진지하게 한의학
을 연구하려고 하는 정예로운 후학들이 속출하고 있기 때문에 나는 그

들에게 이땅의 철학을 하는 한사람으로서 새로운 인식(new awareness)의 실마리를 제공하는데 일조를 하는 것으로써 만족할 뿐이다. 후학들은 지금부터라도 구습의 폐해를 탓하지말고 올바른 방향에서 새로운 역사를 창도해 나가야 할 것이다. 지성은 힘이다. 그 힘은 새로운 인식의 실천과정에서 개발되는 것이다. 우리는 우리의 힘의 부족을 탄하고 앉어 있을 수만은 없다. 진리는 그 자신의 역동성에 의하여 자신을 드러내고야 말 것이다. 漢醫學이 말하고자 하는 진리는 결코 어느 특정그룹의 전유물이 될 수는 없다. 이 땅의 지성의 참여와 연구와 비판의 대상이 되도록 자신을 개방할 줄 알아야 한다. 허준과 이제마의 본향인 조선 땅에서 너무도 인간적인 인류의 새로운 의학문화가 꽃피어나리라는 것을 믿어 의심치 않는다.

哲學의 社會性

이 글은 『世界의 文學』, 통권 36, 1985년 여름호, 113～153쪽에 실렸던 것이다. 이 글 이후로는 나는 『세계의 문학』에 나타나지 않았다. 이 글로써 총 5회(통권 27, 29, 30, 31, 36)의 인연이 한 마무리를 지은 셈이다. 사실 그해 가을호(통권 37)에 상기의 논문, "氣哲學이란 무엇인가"를 보다 많은 독자들에게 읽히게 하기 위한 사명감에서 『중국학논총』에 실릴 계획마저 취소하면서까지, "漢醫學이론형성과정의 한 단면"이라는 부제와 함께 실을 예정이었으나, 당시의 편집주간이었던 황지우씨가 편집사정상 실을 수 없다는 통고를 나에게 해옴에 따라 나는 잡지활동에 관한 모든 계획을 취소하고 그를 새로운 삶의 전기를 마련하는 계기로 삼았다.

이 글이 쓰여진 동기와 목적에 관하여는 본문의 제일 머릿말 각주에 상세히 서술되어 있음으로 부연할 필요가 없지만, 이 글은 한국의 철학인들의 모임인 哲學硏究會라는 학회의 정기학술발표회에서 어디까지나 철학인들을 대상으로 발표된 문장이라는 것은 확실히 해둘 필요가 있다.

『東洋學 어떻게 할 것인가』라는 나의 최초의 단행본 저술이 民

音社를 통하여 1985년 정초, 선을 보였을 때 세간엔 여러가지 말이 많았다. 나오자마자 비소설류 베스트셀러 1위의 자리를 계속 지키면서 "長安의 紙價를 높였다"는 등의 찬사가 있는가 하면 또 그에 상응하는 비판과 저주의 신음소리도 거센 바람을 타고 들려왔다. "도대체 김용옥이란 작자가 어떤 놈이냐?"

나는 오늘날 여기까지 오기까지만해도 모든 사상가들이 거쳐야만 하는 간고의 과정을 다 거친 사람이다. 이 사회와의 관계에서 주어지는 모든 반응과 비판을 거친 사람이며 홀로 독주해온 외톨이가 아니다. 내가 몸담고 있는 철학계에서만 해도 나의 최초저작에 대한 교수동료들의 공개적 비평(서평)이 3편이나 된다. 이것 역시 그리 흔한 일은 아니다. 그 최초의 것은 서울대학교 철학과 심재룡교수의 "東洋學의 學問的 理解를 위하여,"(『예술과 비평』[1985년 봄호, 통권 5], 152~157쪽)이며, 두번째 것은 성균관대학교 동양철학과 양재혁교수의 "동양학은 민주화되어야 한다,"(『이대학보』[1985년 3월 25일 제4면 전면]), 세번째 것은 연세대학교 철학과 유인희교수의 "東洋哲學 그 설 자리를 위한 반성,"(『오늘의 책』[한길사, 1985년 여름호, 통권 6], 375~387쪽)이 그것이다. 뿐만 아니라 이 책과 이 책에 실린 논문들을 중심으로 한국의 주요신문이 모두 이례적인 전면기사를 싣고 있다. 『중앙일보』의 李根成기자가 쓴 "漢籍의 바른번역 시급하다——번역 輕視가 東洋學의 停滯가져와, 방대한 古典 제대로 전승안돼 死藏"(83.4.4. 제6면)을 필두로, 『서울신문』의 丁日聲기자가 쓴 "번역은 意味의 옮김이라야——古典國譯엔 版本고려하고 꼭 註解달도록, 文字만 옮기면 活語가 死語되"(84.2.16. 제6면), 『조선일보』의 金德亨기자가 쓴 "學界는 權威의식서 해방돼야——文化교류에 번역作業 先行강조, 方法論으론 漢文解釋學제시"(84. 12. 12. 제 7면), 『동아일보』의 李龍雨기자가 쓴 "漢文 바른번역이 東洋學 기본——우리文化 뿌리 아닌 外國文化로 인식, 漢字는 中國語로 表記하는 것이 마땅"(85. 1. 10. 제 6면), 『경향신문』의 朴正鎭기자가 쓴 "성실한 飜譯이 學問발전의 디딤돌——漢文文化에 대한 완전理解부터, 意味전달 쉽게 보편적 언어써야(85. 2. 21), 『대구매일신문』의 呂源淵기자가 쓴 "東洋人 人生觀 쉽게 설명——國譯사업學界서의 본질적 평가계기, 漢文공부는 현대 中國語부터 출발을"(85. 4. 26) 등의 기사가 실렸고, 이외로도 내가 알지 못하거나 또 관계된 작은 기사나 언급이 수없이 있다.

책 한권을 놓고 이와같이 큰 돌개바람이 일었다는 것은 우리사회가 살아있다는 것의 명증이기도 하지만, 어찌 되었든 내가 이 사회에서 터친 최초의 폭죽은 고등문화와 대중문화의 접합, 그리고 학문의 이론과 실제의 격리감의 융해, 그리고 지식대중의 계급적 사회변동의 계기를 만드는 다리를 놓아 주는데 적지 않은 역할을 했다고 볼 수도 있을 것이다. 그리고 이러한 역할은 "양심선언" 후의 나의 집중적 저술활동으로 지속되어 그 운동량을 가속화시켰다.

"철학의 사회성"이란 논문은 나의 『동양학 어떻게 할 것인가』가 이 사회에 거대한 파문을 던지고 난 후에 그 파문의 실체를 정확히 다지기 위한 작업으로 그 책의 배경에 깔린 나의 언어관(이론적)과 문장론(실제적)을, "철학의 사회성"이란 학회발표회의 주제와 관련지어 서술한 것이다. 그리고 이 논문에서 내가 주장한 언어관은 바로 『여자란 무엇인가』의 맨 앞머리에 있는 "일러두기 : 언어에 대한 새로운 인식"(25~32쪽)에 다시 요약되고 있으며 또 『여자란 무엇인가』란 책 자체야말로 그러한 언어관의 현실적 구현이었던 것이다. 따라서 『여자란 무엇인가』란 책이 하루아침에 하늘에서 뚝 떨어진 것이 아니라 내가 『절차탁마대기만성』이라는 한문해석학의 작업과 "철학의 사회성"이라는 언어관의 꾸준하면서도 공개적인 작업을 통하여 이룩한 지속적 과정의 결정이라는 사실에 다시 한번 주목을 해줘야 할 것이다.

이날(85년 5월 18일) 인하대학교 강당에서 있었던 발표회에는 300여명의 철학인이 모였는데, 그날 나의 발표에 대한 논평자는 『東洋學 어떻게 할 것인가』의 서평을 쓴 바 있는 성대의 양재혁 교수였다.

일반적으로 비판이라는 것은 최소한 다음의 두가지 조건을 만족시켜야만 비판으로서의 설득력을 가질 수 있다고 생각한다. 첫째는 비판의 대상에 대한 애정이 있어야 할 것이다. 애정이 없더라도 최소한 그 비판의 대상이 가지고 있는 진지함에 상응되는 진지함은 가지고 있어야 할 것이다. 두째는 비판자 자신이 자기가 하고 있는 말이 무엇인지, 즉 자기가 무슨 말을 하고 있는지, 다시 말해서 그 비판을 구성하고 있는 말들이 비판의 대상과 그 비판이 이루어지고 있는 환경에 대하여 어떠한(논리적) 맥락을 가지고 있는지는 알어야 할 것이다. 나는 양재혁교수의 논평이 이 두가지 조건을 어기고 있다는 뜻에서 이러한 말을 꺼내는 것은 아니다. 그 분은 나에게 순수한 호감과 또 이 땅에서의 東洋學의 발흥에 대한 순수한 열정을 가지고 계신 분이며, 또 그러한 뜻은 인간적인 면에서나 여러면으로 나에게 충분히 전달되었다. 그러나 그날의 논평에 한정해서 말한다면 그 논평(문서화된)은 나의 논문의 주제의 맥락을 타면서 이루어진 것이 아니라 그 맥락외적 요소, 즉 나의 논문과 무관한 어떤 이론적 틀이나 또는 인신공격으로밖에는 간주될 수 없는(의도적인 것이 아닐지라도) 언급으로 점철되어 있었다는 것이 나뿐만 아니라 거기 모여있던 상당수의 철학인들의 생각이었다. 그리고 양교수의 논평이 끝나고 거기에 대한 나의 강변이 있자마자 그자리에서 우후죽순처럼 일어난 논평들의 모두가 한날 인신공격에 불과했다. 당시 벼라별 "못난 어린 아이들"까지 벼라별 지저분한 발언을 했다. 두시간 가량의 공방전에서 내가 존경할 수 있는 철학적 발언이라고는 성대철학과의 이한구선생의 질문하나밖엔 없었다. 그들의 대부분의 목소리는 단 하나의 톤을 가지고 있었다 : "야 이놈아! 너무 잘난체 하지마!" 그래서 나는 참다 참다 못해, "그래 나는 잘난척만 하고 산다. 그래 나는 양주동선생이 말씀하시는 국보아닌 우주보다!"라고 외칠 수밖에 없었던 것이다(『東洋學 어떻게 할 것인가』[통나무, 1986], 26쪽을 참조할 것). 어느 서울대학 철학과 학생은 강단에서 공격을 받고 있는 나에게 "선생님 후학들을 위해서 끝까지 버티십시요, 힘내세요"라는 쪽지까지 써 올려 보냈다. 당시의 격앙되고 살벌했던 분위기를 쉽게 그려볼 수 있을 것이다. 이것은 아직 우리가 합리적 기반 위에서 대화를 하는 기술을 터득하지 못했다는 것을 말해 주는 것이며, 철학계의 수준, 특히 동양철학계의 수준의 미숙함, 그리고 철학을 한다고 하는 사람들이 아직도 개방적 마음의 여유를 가지고 있지 못하다는 사실을 방증하는 것이다. 나 자신부터 반성해야 할 문제라고 생각할 뿐이다.

이날 저녁 교수들은 월미도 생선횟집에가서 저녁을 먹으며 모든 응어리를 풀었고, 김용옥 때문에 오랫만에 속 후련하게 한번 떠들어 볼 수 있었다고 술잔을 주거니 받거니 했다. 그리고 몇몇 사람들은 서울 신촌로타리에서 다시 회동하여 2차를 벌렸다. 2차술집에서 철학연구회의 교수님 몇분은 나의 논문을 꼭 『哲學研究』에 실어야 한다고 주장을 했다. 그러나 나는 생각이 달랐다. 첫째, 264매나 되는 이 논문을 『哲學研究』에 맞게 한 50매 정도의 분량으로 줄여달라는 요구에 부응할 수가 없었다. 짧은 글을 안쓰기로 작정한 나의 공개된 신념은 이미 『文學思想』(1985년 6월호의 "老子「自然」哲學의 새로운 이해의 앞글"을 참조 할 것)에 상술하였음으로 재론의 여지가 없다. 둘째, 나의 논문의 논리적 맥락과 무관하다고 생각되는 논평과 함께 나의 글이 실리는 것이 나로서는 기분이 좋질 않았다. 그리고 이것이 어디까지나 나의 주체적 결단의 소관내에 있는 일인 이상 내 글을 내어줄 필요는 없는 것이다. 나는 나의 글을 『哲學研究』에 실을 수 없다는 것을 명백히 했다. 그날 외국어대학교 철학과의 강교수는 술김이었는지 나의 논문이 학회지에 실려야만 한다는 욕심때문인지 나에게 심한 언설을 아끼지 않았다. 나역시 나의 주장을 굽힐 수는 없었다. 점점 험악한 분위기가 고조되어 가고 있을 때 이명현교수가 일어나 찬물을 끼얹었다: "아니 뚱딴지가 뚱딴지처럼 살겠다는데 좀 내버려 두라우! 철학이라는게 뚱딴지를 뚱딴지처럼 살게 둘줄도 알아야 하는 게 아니겠오?" 술집을 나올 때 서울대학 출신의 어느 노교수님은 내손을 꼭 붙잡고 눈물을 글썽이며 다음과 같이 말씀하시는 것이였다: "김교수! 그 패기가 좋소. 그 패기를 끝까지 잃지 마시요. 나도 젊었을 때 철학을 하겠다고 했을 때는 그런 패기가 있었오. 그러나 우리가 산 시대는 그런 패기만으로 버티기에는 너무도 눈치를 봐야 할 것이 많았오. 그래서 평생 깡한번 부려본다 본다고 벼르다가 이렇게 늙어버리고 말았오. 이제 그 패기를 쳐다보면서 어찌 눈치를 다시 보라 말하겠오. 굽히지 말고 살아가시오. 제발 그 패기대로 살아가시오."

이렇게 어려운 우회곡절을 거쳐 이 "철학의 사회성"이란 논문은 『世界의 文學』에 실리기에 이른 것이다. 비판이란 반드시 비판의 대상이 되고 있는 인간이나 사상의 "생성론적 자리"를 정확히 파악하는 것으로부터 출발해야 마땅하다. 생성론적 자리란 바로 즉각적으로 드러난 것(immediate appearence)을 전체로 간주하는 것이 아니라 그 드러난 것에 내재하는 과거와 미래의 가능성을 간파하는 데서 이루어지는 자리다. 나에 대하여 비판의 칼을 갈고 있는 많은 선·후배들에게 가르쳐 주고 싶은 것은 바로 이러한 생성론적 자리의 인식의 철저성이며, 이러한 인식이 부족할 때는 항상 역습당하거나 비판자체가 대상성을 잃고마는 허무한 결론에 빠져버리게 되어 있다.

내가 지금 확실히 말할 수 있는 것은 "철학의 사회성"의 내용은 비판의 대상이 되기에는 너무도 기초적이며 너무도 당위적인 즉 너무도 당연한 가갸거겨에 불과하다는 것이다. 이런 정도의 논문에 대하여 반발의식을 느낀다면 우리학계가 얼마나 썩어있느냐? 그 썩은 냄새를 풍기는 수치스러운 꿈틀거림에 지나지 않는다. 유네스코에서 『코리아 저널』(*Korea Journal*)의 편집실무자들이 "철학의 사회성"을 이 시대의 철학의 문제점에 대한 가장 명확하고 포괄적인 비판적 지적이라고 판단하고 영역하여 실으려고 하였으나, "김용옥 글은 손 못대겠다"고 다 나자빠지는 바람에 결국 역자를 구하지 못하고 싣지 못했다는 일화도 있다.

엊그제 高麗大學校 哲學會에서 발간하는 철학학술지 『哲學硏究』(제11집)가 날라왔길래 거들떠 보니 내가 말하는 오류투성이로 뒤범벅이 되어 있다. 내 손으로 가르친 제자들의 논문도 수두룩하니까 내 할말 없지마는 예를들면 "Sohn-Rethel이 Marx의 상품분석에서 교환추상화를 착안해 내는 과정에서……Arnaud Berthoud가 제시한 상품분석에 대한 Kant적 독해를 보자"(115~116쪽)의 한 구절만 들어보자. 도대체 알아들을 수 없는 어구의 나열도 나열이려니와 사회철학·비판철학·네오맑시즘철학을 전공하여 가장 강렬한 사회의식을 가지고 있다는 학도가 바로 그러한 사회성을 어기고 있다는 아이러니를 우리는 학구적이란 거짓명분을 떠나 한번 깊게 반성해봐야 할 것이다. "김용옥이 그 논문에서 주장하고 있는 것은 타당치 않다"를 영역한다면 과연 "What 김용옥 asserts in that treatise is invalid"라고 어느 누가 번역할 수 있을 것인가? 어떻게 한국말이 한국어의 알파벧으로 연결되지 않고 "Marx" "Kant"로 연결될 수 있다는 말인가? 어떻게 사회철학을 하는 사람이 "대중혁명"을 운운하면서 바로 그 대중과 일원화될 수 있는 언어체계를 사용하지 않는가? 과연 이러한 불일치는 그들의 학문적 정직성을 나타내는 것인가? 기초소양의 빵꾸를 의미하는 것인가? 석학님들여! 같이 반성하자! 기초적 약속부터 다시해 나가자! 그대들도 미국에서 논문을 썼고 나도 미국에서 논문을 썼다. 그러면 거기서 지켰던 학문적(용어적) 엄밀성은 한국에 와서도 지킬 줄 알아야 할 것이다. 어제까지 한국에서는 노교수 앞에서 담배를 안피고 삼가던 인격을 가진 사람이 미국에 왔다고 하루아침에 미국노교수 앞에서 다리를 책상 위에 올려 놓고 담배 연기를 뿜어내는 그런 파렴치한 짓은 하지말자! 어제까지 미국에선 자유주의를 외쳤던 석학님이 오늘 한국에 와선 경직된 쾌쾌묵은 도덕주의자로 변신하는 그런 낮짝일랑 보이지 말자! 원칙없이 이문화 저문화 넘나다니며 알먹고 꿩먹는 석학들에 의하여 우리의 미래학문이 농간당하는 그러한 불행은 오로지 젊은 학도들의 자각에 의하여만 불식가능할 것이다. 어찌 그대들마저 "Kant" "Marx"라고 한단 말이냐! (1987. 7. 6.)

哲學의 社會性*

참다운 논쟁을 위한 전제

지금부터 내가 쓰려고 하는 글은 다음의 몇가지 명백한 전제를 가지고 있다. 이 전제가 전제로서 전제되지 않는 한 이 논문은 논문으

* 이 논문은 『世界의 文學』의 일반 독자들을 위하여 기획된 것이 아니라 철학전공자들의 자체내 정규모임의 주제발표논문으로서 씌어진 것이다. 춘계哲學硏究발표회는 1985년 5월 18일 인하대학교에서 있었다. 따라서 "哲學의 社會性"이라는 제목과 주제는 哲學硏究會로부터 나에게 주어진 것이며 내가 자발적으로 선택하여 쓴 것은 아니다. 『世界의 文學』의 독자들에게 "절차탁마대기만성"이라는 나의 漢文解釋學(Classical Chinese Hermeneutics) 논문의 장장의 속편을 빚지고 있는 이 마당에 또 나의 전문적 經書연구에 여념이 없는 이 상황에서 이러한 일반주제를 다룰 의사는 없었다. 그러나 그동안 한번도 哲學會에서 발표할 기회와 여유를 얻지 못하였고 또 哲學硏究會가 어느 모임보다도 자유로운 토론이 가능하고 격조 높은 이해의 場이 마련되는 곳이라는 것은 숙지되어 있고, 뿐만 아니라 그동안 『東洋學 어떻게 할 것인가』라는 책이 세인의 많은 호응과 기대와 비판 내지 호기심을 불러 일으킨데 대한 나 나름대로의 철학계에 대한 인사를 치러야 겠다는 생각에서 이왕 쓰는 김에 하고 자유로운 붓을 휘둘러 보았나. 본 논문의 제목은 철학의 사회성이지만 기실 그 내용은 나의 언어관과 문장론의 요약이다. 그동안 내가 십여년 생각해 왔던 상념의 자유로운 발로이며 『東洋學 어떻게 할 것인가』의 언어관과 문장론에 대한 나의 디펜스라고 할 수 있다. 그러므로 『世界의 文學』에 실리는 것은 의미가 있다. 독자들에게 보다 근원적인 나의 언어관을 소개함으로써 평소의 나의 문장에 대한 궁금증을 많이 해소할 수 있기 때문이다. 그리고 여기에서 제기된 많은 한국철학계의 문제점이 비단 철학계 자체내의 문제에 국한되지 않는 이 사회의 문제점이라는 것을 생각하여 독자들이 같이 공감하고 적극적 관심을 가져주기 바란다. 본논문은 원래 철학연구회 학회지인 『哲學硏究』에 실릴 예정이었으나 이 많은 매수의 논문을 소화시킬 수 없다는 당회의 사정에 따라 『世界의 文學』에 싣기로 양해가 되었다. 그리고 5월 18일의 발표회에서는 솔직하고 열띤 논변의 공방전이 있었다.

로서 성립하지 않는다.

첫째, 이 논문은 제한된 매수의 범위를 가지고 있다. 따라서 나의 사고와 이 논문의 구성은 이 제한된 매수의 범위에 의하여 틀지어질 수밖에 없다. 이것은 곧 철학의 사회성이라는 방대한 주제를 놓고 나의 생각과 주장의 모든 논거를 다 밝힐 수 없다는 한계를 처음부터 안고 들어간다는 뜻이다.[1]

둘째, 이 논문은 처음부터 나에게 청탁되고 규정된 성격이 어떠한 일관된 나의 주장과 그에 대한 체계적 논거를 밝히는 것이 아니라 哲學의 社會性이라는 주제를 철학연구회에 소속된 철학인들이 토로하기 위한 촉매적 역할을 담당할 수 있는 자료로서의 성격이었다는 점이 반드시 전제로서 인지되어야 한다.

세째, 다음부터 쓰고자 하는 모든 내용은 오로지 나의 것이며 오로지 나의 "대가리"에서 나온 것이라는 것이다. 따라서 이에 대한 모든 비판은 오로지 나의 "대가리"에 대한 비판으로서만 일관되어야 할 것이다. 이것은 곧 다음과 같은 중요한 사실을 유발시킨다. 모든 비판은 오로지 나의 "대가리"에 대한 비판으로서 일관되어야 하는 이상 그 모든 비판은 비판자의 "대가리"에서만 오로지 나와야 할 것이다. 이 약속이 지켜지지 않는다면 우리는 철학적 논쟁을 할 수가 없다.

나는 한국의 철학자이다. 이 언명은 곧 나는 한국의 철학자라는 통속적으로 통용되는 타이틀을 붙이기에 필요한 최소한의 자격의 획득을 위하여 거쳐야 할 모든 과정을 거친 사람이라는 뜻이다. 그리고 내가 말하는 모든 것은 한국의 철학자인 나의 것이다. 이때 "나의 것"이라는 의미가 "모든 것이 나의 창조"라는 뜻은 아니다. "나의 것"이라고 할 때의 "나"는 매우 시공적으로 錯綜(복합)되어 있는 "나"이며, 나의 것 속에는 남의 것이 무한히 발견될 수 있을 것이다. 그러나 "나의 것"이라는 나의 주장에는, 나의 생각의 족보가 어찌되었든지간에,

---

1) 이 전제는 원고가 완성된 후에 회고해 볼 때 별로 중요한 전제가 되질 못한다. 애당초 이 논문이 계획될 때는 40매 정도의 분량이었는데 쓰고 나서 보니 264매의 분량으로 늘어나 버렸다. 한번 문자화되는 아이디어를 그 나름대로의 안정한 틀을 갖추지 못하고 세간에 내어놓는다는 것이 나로서는 용납할 수 없었기 때문에 그렇게 된 것이다. 이러한 완벽주의자의 벽을 독자들은 용서하기를 바란다. 그리고 원문은 아직도 타당하다고 생각되어 수정을 가하지 않았다.

나의 모든 발언은 나의 체험의 반성을 거친 것이며 오늘 여기에 살아 있는 나라는 주체로서의 의식의 반영이라는 점이 숨어 있다. 그런 의미에서 나의 말은 나의 것이며, 한 한국철학자의 것이다. 그러므로 이 한 한국철학자의 말이 보잘것 없는 것이라면, 다시 말해서 그 철학자의 "대가리"에서 나온 발상이 매우 형편 없는 것이라면, 그 말에 대한 비판은 일차적으로 그 철학자에게 돌려져야 함은 물론이지만 동시에 한국철학에게도 돌려져야 마땅하다. 한국철학 자체가 그 보잘것 없고 형편없는 말에 대하여 최소한 부분적으로는 책임이 있다. 왜냐하면 나는 분명히 한국의 철학자이기 때문이다. 여기서 말하는 두가지 전제, 즉 나는 한국의 철학자이고 그 나의 말은 나의 것이라는 전제가 받아들여지지 않는한 우리는 철학의 사회성이라는 주제의 논쟁을 할 수가 없다. 우리는 모든 철학적 주제에 대해서 참으로 내 "대가리"에서 무슨 말이 나올 수 있는가 하는 것을 먼저 생각할 줄 알아야 하고 그러한 말들과 말들의 만남으로써만이 사회성이라는 주제가 논의될 수 있을 것이다. 그렇지 않으면 사회성에 대한 모든 논의가 오늘 여기에서의 나의 존재를 규정하고 있는 사회성을 떠나서 매우 비사회적인 공리공론으로 흐를 수 있는 위험성이 있기 때문이다. 물론 이러한 나의 주장의 배경에는 오늘 여기에서의 나의 존재성이 곧 인간의 보편적 존재성이라는 연기론적이고 화엄론적인 생각이 깔려 있음을 밝혀 둔다.

"사회"라는 어원에 관한 고찰

社會란 무엇인가? 社란 원래 "사직공원"의 명칭이 나타내 주고 있듯이 稷과 짝지어지는 글자로 土神 즉 땅의 신(地主)을 의미한다.[2] 고대농경문화에 있어서 만물을 생육하는 어머니로서의 땅의 의미는 공통된 것이며 그것은 중국문화나 고대희랍의 토착적 문화에 동일하게 나타나고 있다. 山川叢林이 모두 神이 살고 있는 곳이며 특히 巨木은 땅의 신의 현현으로 생각했기 때문에, 그 나무의 명칭에 따라 槐社, 櫟社, 枌榆社 등으로 땅의 신을 부르는 표현이 고문헌에 자주 나타난다.

2) 社, 地主也, 从示土。春秋傳曰, 共工之子句龍爲社神。周禮二十五家爲社神, 各植其土所宜木。『說文』.

『周禮』「大司徒」에는 社가 땅의 면적단위적 의미를 지니고 있고 요샛말로는 행정구역이 된다. 그리고 그 땅에 합당한 나무를 심어 경계를 나타낸다. 그리고 때로는 社는 땅에 술을 부어 땅의 신령(土示)을 興起시키는 儀禮(제식)를 의미한다. 그러다가 이 社는 후대로 내려오면서 地緣的 集團의 의미에서 발전하여 특정한 목적을 위하여 뜻을 같이하는 사람들의 단체의 의미를 지니게 된다. 『宋史』「蘇軾傳」에는 외세(契丹)의 침입에 항거하여 人民들이 스스로를 自衛하는 단체조직의 의미로 社(戰社)라는 말이 쓰이고 있다. 그리고 우리의 현대어법에도 結社(社를 맺는다)라는 말이 살아 있는데, 이 結社는 매우 오래된 용법으로서 佛敎가 중국에 들어오면서 法師들이 諸賢들과 뜻을 같이하기 위하여 맺는 조직을 의미했다. 그리고 또 민간신앙을 중심으로 하여 맺는 결사조직 또한 社라고 불렀다. 白蓮社는 白蓮敎의 결사조직이다(元나라 때). 중국역사에 있어서 社의 조직이 가장 왕성했던 시기는 明末이며 國運이 쇠락함을 우려하는 많은 젊은 지식인들이 국가와 학문의 부흥을 꾀하여 社를 맺는 현상이 매우 보편적이었다. 그중 대표적인 것이 1628~1629년 사이에 江蘇에서 장 푸(張溥)와 저우 종(周鍾)에 의하여 설립된 復社(Restoration Society)인데 이들은 "興復古學, 務爲有用"의 캐치프레이즈를 내걸고 東林黨의 명분을 지지했다.[3] 이외에도 匡社, 應社, 端社, 幾社, 超社 등 수없는 社가 있었으며 필자의 박사학위논문의 주인공인 왕 후우즈(王夫之)도 젊은 시절(21歲)에 匡社(Reform Society)를 조직했던 인물이었다.[4]

社會의 會라는 글자는 뚜껑이 달린 그릇이 다시 큰 물그릇 위에 얹혀져 있는 모습인데 찜요리를 만드는 요리기구이다. 재미있게도, "뚜껑을 그릇과 잘 맞춘다"는 의미에서 "맞춘다" "모인다"의 뜻이 파생하고 會合, 集會의 뜻을 가지게 되었다.

우리가 쓰고 있는 社會란 현대어에는 서양어의 "society"를 日人이 번역한 데서 생겨난 말이지만 社會란 말 자체는 매우 오래된 말이며 그 유명한 주 시(朱熹)의 『近思錄』(가까운 것에 대한 생각의 기록)

3) 이 방면으로 자료수집이 잘 되어 있는 명저로 다음의 책을 꼽는다.
謝國楨, 『明清之際黨社運動考』, 上海：商務印書館, 1934.

4) Kim, Young-Oak, *The Philosophy of Wang Fu-chih*(1619~1692), (Harvard University Ph. D. thesis, 1982), p. 34.

"治法"(다스림의 방법)에도 나오고 있다. 이때의 "社會"란 "社의 모임"이며 "향촌주민들의 회합"이란 뜻이다.[5]

社會란 무엇인가 라는 질문에 대한 이러한 어원적 탐구(etymological investigation)가 그 어원과 직접적 관계를 갖지 않는 말의 철학의 논의를 위하여는 차원을 달리한다는 비판도 가능할 것이다. 나는 지금 이러한 비판에 대답할 겨를이 없다. 단지 내가 말하고자 하는 것은, "社會"라는 漢語의 역사적 용법과 "society"라는 서양어의 역사적 용법은 매우 유사한 의미의 전통을 가지고 있다는 것을 지적하고자 할 뿐이다. "society"는 중세불어와 라틴어의 어원에서 발전한 것이며 "사귐" "동료" "집합" "회합" "결사" "학회" "단체"등의 뜻이다. 장황할 수 있는 어원적 설명을 생략하고 우리가 사회란 말의 동서양의 역사적 내포에서 얻어낼 수 있는 가장 단순한 철학적 정의는 이것이다. 사회란 "사람들의 모임"이다. 그러므로 "철학의 사회성"이란 우리의 정의에 의하여 말을 바꾼다면 철학과 사람들의 모임과의 관계에 관한 논의가 될 것이며 철학의 사람들의 모임에서 파생되는 성격에 관한 논의가 될 것이다.

의존성과 독자성

한 사람이 한 사람으로서만 존재할 수 없다는 것은 만고불변의 생물학적 사실이다. 나라는 존재는 반드시 타의 존재의 기능(用, function)을 필요로 한다. 나라는 존재가 태어나기 위하여 나의 부모의 생식과정이 필연적으로 전제되지 않을 수 없고 나라는 유기체의 유지를 위하여서는 모든 자연물(天地萬物)과의 교섭을 필요로 한다. 나라는 유기체는 자립성과 의존성을 반드시 동시에 具有하며 한 측면만 강조될 수는 없다. 그러나 서양의 전통에서는 그 의존성을 너무 논리적으로 철저히 심화시킨 나머지 초기 플라톤의 이데아론이나 기독교의 초자연적 신관과 같은 유형의 인간-우주이해에 도달한 것 같다. 그러나 중국적 우주관의 대체적 흐름은, 나의 존재기능은 반드시 타의 존재

5) 明道行狀云, ……鄕民爲社會, 爲立科條, 旌別善惡, 使有勸有恥。이 글의 좋은 번역으로는 : Wing-tsit Chan tr., *Reflections on Things at Hand*(N.Y. : Columbia University Press, 1967), p. 225.

기능에 의존하지만 이러한 존재기능이 어떤 시공적 직선형태로 연결되어 있는 것이 아니라 이러한 존재기능의 역동적 의존성의 그물적 연계의 전체가 우주이며, 그 전체의 우주(holistic universe)는 自足的이라고 본 것이다. 그러므로 인간의 이해에 있어서는 의존성·상보성이 강조되고 우주의 이해에 있어서는 독자성·자족성이 강조되었다. 전자의 성격은 유교철학이 倫理(동아리 즉 모임의 이치)를 강조하는 것으로 잘 대변되고 후자의 성격은 도가철학이 天地自然(이 우주는 스스로 그러하다 즉 자족적이다)이란 명제를 강조하는 것으로 잘 대변된다. 그러나 인간이해의 의존성과 우주이해의 독자성은 이원적으로 구분될 수는 없다. 궁극적으로 인간이해에 있어서도 의존성과 독자성이 동시에 고려되어야 하며 우주이해에 있어서도 의존성과 독자성이 동시에 고려될 수밖에 없기 때문이다. 인간과 우주는 분리될 수 없는 하나이며 이 우주는 인간적 우주(humane cosmos)일 뿐이라고 최소한 동양인은 생각했기 때문이다.[6] 이러한 인간-우주이해의 구조 속에서는 우선적으로 이론(theoria)과 실제(praxis)가 이원적으로 구분될 수 없다. 최근 프랑크푸르트학파의 이론과 실제에 관한 논의는 전통적 서양철학의 이원성에서 주어진 문제의 극복이라는 차원에서만 일차적 의미를 가질 뿐이며 그것이 곧 동양철학에 적용될 수 있는 문제의식은 되지 못한다. 즉 이론과 실제의 이원성은 인간존재의 이해에 있어서 독자성의 측면만이 독자적으로 확보될 수 있을 때만 가능한 것이며, 인간존재의 이해가 근원적으로 의존의 그물에서 융해될 때는 이론(theory)이라는 성격이 독자적으로 부상될 수가 없다. 이론과 실제의 논의와 동일한 논의가 宋明유학의 知-行 문제에도 나타나고 있지 않느냐는 반문을 던질지도 모르지만 그것은 매우 피상적 인상주의적 발언에 지나지 않는다. 宋明유자들이 운운하는 知-行(knowledge and action)은 서구사상과 대비시켜 논구한다면 知가 되었든 行이 되었든 모두 실제(practice)의 차원에 속하는 것이며, "知 : 行=theoria: praxis"의 공식은 성립하지 않는다. "아는 것은 곧 행동해야 한다"라는 인간의 행위규정에 관한 도덕적 당위성 논쟁일 뿐이며, 이때의 知가 순수이론이성의 독자성을 전제로 하고 있는 어떠한 인식론적 근거

6)현대물리학적 세계관(상대성이론, 양자역학 등)을 연상하면 이해가 쉬워질 것이다.

를 가지고 있는 것은 아니다. 동양의 知行合一的 세계관에서 본다면, 프랑크푸르트학파의 이론과 실제의 이원성을 극복하려는 노력 자체가 이론과 실제에 관한 이론에 지나지 않는다는 혐의를 벗어나기 힘들 것이다.[7]

철학이 사회적이기 위해서는?

여기에 논리적 비약을 감행하면서,[8] 나는 나의 존재의 이해의 기반 위에서 다음과 같은 주장을 하고자 한다. 철학은 어떠한 정황에 있어서도 사회성을 거부할 수 없다. 철학의 주체가 인간이라는 것을 시인하고 인간 즉 한 개체가 단독적으로 존립할 수 없다는 생물학적 사실을 시인한다면, 그리고 이 우주가 인간과 무관한 우주가 아니라는 것을 시인한다면.

이러한 나의 주장의 근거 위에서 내가 제시할 수 있는 논의의 방향은 선택의 범위가 좁아진다. "철학의 사회성"에 관한 나의 논의는 "철학의 사회성"에 대한 이론적 규명이 될 수 없다. "철학의 사회성"은 하나의 당위인 동시에 사실이다. 그렇기 때문에 "철학의 사회성"이란 논의는 "철학이 사회적이기 위해서는 우리는 무엇을 해야 하는가?" "사회적일 수밖에 없는 철학을 우리는 어떻게 해야 하는가?"라는 질문으로 재구성될 뿐이다.

중국적 세계관(Chinese *Weltanschauung* in general)의 전제로부터는 나의 존재의 모든 것은 時·空의 제약 속에 있다는 매우 명백한 사실이 도출된다. 이 우주 또한 그러하며 따라서 인간들의 모임인 사회도 나의 존재성의 연속체일 뿐이며 또한 시공의 제약 속에 있다. 나의 존재의 모든 것은 시공의 제약 속에 있으므로 나의 존재의 모든 것은 철저히 역사적이며 상황적일 수밖에 없다. 그러므로 나의 존재에 관한 모든 논의는 "오늘 여기"(here and now)라는 나의 존재상황을 절대로 떠날 수 없다. "우리는 무엇을 어떻게 해야 하는가"라는 질문의 주체는 나이며 우리(intersubjectivity)이며 나의 사회이다. 우리에 내재

7) Jürgen Habermas, *Theory and Practice;* Max Horkheimer, *Critical Theory;* Max Horkheimer, *Eclipse of Reason*을 참조하였음. 세부적인 언급은 피함.
8) 어떠한 논의에 있어서도 논리적 비약은 궁극적으로 남는다.

하는 진리와 또 다른 우리에 내재하는 진리의 소통 가능성 내지는 연대성만이 철학에서 쓰는 "보편성"(universality)이란 개념의 구체적 함의가 될 것이다. 이러한 몇가지 전제 위에서 나는 나의 한국의 철학인으로서의 체험, 즉 최근의 3년간 한국에서 철학을 가르치면서 또 철학인으로서 이 사회와 만나면서 느꼈던 것을 중심으로 "철학이 사회적이기 위해서는 우리는 무엇을 해야 하는가"라는 질문에 간략히(without detailed justification) 대답하려고 한다.

언어와 사고의 관계, 코페르니쿠스적 전환

"철학이 사회적이어야 한다"라는 말은 "한국사회에 있어서 철학의 사회성을 높여야 한다"라는 말이다. "철학의 사회성을 높인다"라는 애매한 표현의 참뜻은 무엇인가? 많은 사람들이 자기의 말의 오묘함을 심화시키기 위해 될 수 있으면 복합적이고 추상적 말을 써서 자기 생각을 은폐시키는 결과를 빚고 있는 것을 나는 그리 좋아하지 않는다. "철학의 사회성을 높인다"라는 명제는 매우 단순하게 풀어질 수 있다. 그것은 "더 많은 사람들에 의하여 철학이 이해될 수 있도록 철학이 설명된다"는 뜻이다.[9] 여기서 "더 많은"(incessantly more)이라는 말은 이 명제 자체가 영원히 역동적이며 과정적이라는 것을 시사한다.

나는 인간의 사고가 언어를 빌어 자기를 표현한다는 생각보다는 **언어가 인간의 사고를 빌어 자기를 표현한다**는 생각이 보다 더 많은 인간의 행위를 정확히 설명할 수 있다고 믿는다. 이러한 주장은 우리의 상식적 통념에 대한 코페르니쿠스적 전환을 의미하지만 어떻게 생각하면 언어가 인간의 사고를 빌어 자기를 표현한다는 생각은 매우 상식적 우리의 사고현상의 다른 기술에 지나지 않는다. 왜냐하면 인간이 어차피 언어의 노예라는 관점을 거부할 수는 없기 때문이다. 내가 부모로부터 말을 배우기 시작할 때부터 이미 그 말은 내가 창조한 것이 아님이 확실하며, 내가 배우기 전에도 또 내가 배우지 않았더라도 그 말은 객관적으로 존재하여 왔고 또 존재하고 있음에 틀림이 없다. 이때 말 즉 언어는 물론 공간을 점유하는 실체는 아니다. 그것은 인

9) 이 명제에 있어서 철학은 어떠한 고정된 실체를 지칭하는 것이 아니다.

간의 사고와 사고 사이에서 성립하는 하나의 약속의 체계이며 그 인간들의 세계를 보는 틀이다. 그리고 그 틀은 내가 만든 것이라기 보다는 나에게 주어진 것이다. 이러한 생각에서 우리는 우선 다음의 세가지 문제를 쉽게 지적할 수 있다.

선험과 후험

첫째, 언어에 대한 모든 선험(*a priori*)과 후험(*a posteriori*)의 논쟁에 있어서 언어를 구성하는 개념들의 내용(content)과 그 개념을 구성할 수 있는 인간의 능력자체(faculty)는 반드시 구분되어야 한다는 것이다. 언어를 구성하는 개념들의 내용이 후험적이라는 것에는 의심의 여지가 없다. 이를 의심한다는 것은 "아버지"라는 말을 오스트랄리아의 원주민에게 가서 그들의 머리속에서부터 그 말이 아버지에 해당되는 의미로서 그대로 표현되어 나오기를 기대하는 어리석음에 지나지 않는다. 아무리 구조주의적 음성학이 발달하여도 그들이 말하는 구조가 절대로 영원히 이러한 내용의 동일성을 의미할 수는 없다. 이러한 후험성을 거부하는 선천론자가 계시다면 그는 바로 19세기 후반까지 사셨던 우리의 선배 할아버지 惠岡(崔漢綺) 선생의 다음과 같은 명쾌한 논지를 이해 못하시는 분이다.

> 心(mind)이란 事物을 推(직접추리)하고 測(간접추리)하는 거울이다. 그 본래의 모습을 말한다면 그것은 순수하고 담박하고 비어 있고 맑아서 한 物도 그 속에 없는 것이다.(……) 멍쯔는 "온갖 사물이 나에게(내 마음에) 다 구비되어 있다"라고 말했다. 주쯔도"(내 마음이) 모든 이치를 다 구비하여 萬事에 대응할 수 있다"라고 말했다. 이것은 모두 推測(reasoning faculty in general)의 큰 작용 즉 능력을 찬미하는 것이지 결코 온갖 사물이 내 마음 속에 통째로 옹그란히 다 들어 있다는 것은 아니다. 후세의 바보같은 녀석들이 그것을 괴상하게 꼬아 해석하여 말하기를 先天의 理가 모든 사물에 구비되지 않은 것이 없다 라고 하였다. 그리고 단지 그러하지 못한 책임을 氣質之性의 가림(폐단)에 돌렸다. 이것은 또한 선현들의 글을 해석하는 데 있어서 그릇된 추리를 한데서 기인하는 것이며 이렇게 되면 그 해석의 방향성이 완전히 딴 데로 흘러가 버린다.[10]

---

10) 心者, 推測事物之鏡也。語其本體, 純澹虛明, 無一物在中。(……)孟子曰:「萬物皆備

이것은 孟子의 "萬物皆備於我矣"(온갖 사물이 나에게 다 구비되어 있다)라는 心學적 가설, 즉 당시 중국陽明學의 先天主義的 인식론에 대한 한 조선 지성인의 가차 없는 비판이다. 惠岡의 이러한 언명이 성립하고 있는 의미의 역사적 맥락은 매우 복합적인 것이며 전문적인 사이놀로지의 영역에 속하기 때문에 생략하기로 하고 우리의 관심을 孟學의 명료화(the clarification of Mencian philosophy)에 둔다면 "萬物이 나에게 다 구유되어 있다"는 명제는 萬物을 인지할 수 있는 능력(mental faculty)이 具有되어 있음을 말한 것에 지나지 않으며 그것이 결코 萬物의 지식내용이 나에게 선천적으로 다 있다 라는 말은 아니다 라는 의미로 집약된다. 惠岡은 분명히 지식내용과 인지능력을 나누어 이야기하고 있다.

선험과 후험의 논쟁의 대상이 될 수 있는 것은 단지 인간의 인지능력에 한정되는 것이다. 많은 사람들이 죤 록크를 순수경험론자로 대상적으로 규정하지만 그의 타부라 라사論은 결코 悟性(understanding)의 인지능력 내지 힘(power)의 선험성을 거부하는 이론이 아니다. 그의 철학체계에 있어서 오성의 선험적 측면을 철저하게 밀고 들어가면 데카르트의 『방법서설』의 제일 첫머리에 나오는 "인간은 누구든지 골고루 良知(good sense)를 타고 났다"라는 가설과 다를 바가 없게 된다. 록크의 본구관념(innate idea)의 부정은 순수 인식론적 논쟁의 역사 속에서 이해되기 보다는 그것이 지향하고 있던 정치사적 측면, 즉 神의 관념의 본구성을 바탕으로 성립한 신학적 권위체계에의 도전이라는 측면에서 더 명쾌하게 분석될 수 있지 않을까 생각된다. 그렇다고 본다면 근대서구라파 사상을 경험주의와 합리주의로 二分하여 이원적으로 규정하여 설명하는 철학사적 분류방법 자체가 매우 짧은 역사밖에 지니지 못한 방편성에 지나지 않은 것이고 보면 그러한 이원성(bifurcation)에 대한 도전은 얼마든지 가능하다는 것이 최근 사계의 경향 중에 하나임은 주지의 사실이다. 따라서 朴鍾鴻교수가 崔漢綺의 철학을 經驗主義(empiricism)로 규정한 것은 경험주의란 말 자체를 근대 서구라파적 사조의 정의에 기초하고 있는 한 매우 편협하고 피상

於我矣。」朱子曰:「具衆理應萬事。」此皆贊美推測之大用也, 決非萬理之理素具於心也。後人或隱僻解之, 以爲先天之理, 無物不具。惟責究於氣質之蔽, 此亦出於推文誤測, 而門路判異。『推測錄』, 1/20-21.

적인 발언에 지나지 않는다. 崔氏의 철학은 결코 경험주의가 아니다. 그의 主著 중의 하나인 『推測錄』이란 걸작이 대변해 주고 있듯이 崔氏의 인식론은 타부라 라사적 측면의 강조에 있는 것이 아니라 인간의 推測능력이다. 서양으로 말하면 그것은 추리(reasoning)일반을 말하는 것이며 라티오(ratio) 즉 理性의 문제이다. 惠岡의 推測이란 말 자체가 오늘날 현대어의 "reasoning"의 번역어로서의 "추측"과는 거리가 있는 복합어이기 때문에, 따라서 "推測"이란 말 자체의 엄밀한 분석이 별도로 전문적으로 요구되는 문제이기 때문에 여기서 또 惠岡의 인식론을 합리론으로 규정하는 어리석음도 또한 경계되어야 할 것이다.

내가 지금 말하려는 논지의 요점은 선험과 후험 자체의 규정문제가 아니라 단지 언어가 사고를 빌어 자기를 표현한다고 할 때에 인간의 사고능력의 선험성을 전제한다 할지라도 우리 일상언어의 대부분은 후천적 습득에 의존할 수밖에 없다는 결론에 이르게 된다는 것을 재확인하기 위한 것이다. 그렇다면 그러한 습득과정에서 우리의 사고 자체가 나의 몸뚱아리라는 유기체의 생물학적 조건 속에서 우러나오는 것이 아니라 어떤 외래적(exogenous) 틀에 의하여 규정되어 버리는 결과가 된다. "나"의 사고는 나를 둘러싼 기존의 언어체계의 틀에 꿰맞추어진 것이다.

패러다임의 지속성과 변화의 주기성

둘째, 나의 사고가 기존의 언어체계에 의하여 틀지어진 것이라고 할 때, 소위 "기존의 언어체계"는 무엇인가? 나는 이 "기존의 언어체계"는 그 시대를 지배하는 의식형태(ideology)의 전체라고 본다. 그리고 이 의식형태는 패러다임적이지 않을 수 없다고 생각한다. 동양적 우주관에 있어서는 시·공을 벗어난 어떠한 존재도 상정할 수 없기 때문에 언어도 시공의 제약성을 벗어나지 않는다. 여기서 말하는 언어는 언어의 순수형식성(pure formality)만을 말하지 않는다. 도대체 순수형식성이라는 기하학적 관념이 동양인의 언어이론에는 없다. 따라서 순수논리학이 발달하지 않았다. 많은 사람들이 名家學派(公孫龍이나 惠施로 대표됨)나 後期墨家(『墨子』내의 두편 「經」과 「經說」의 저자들로 대표됨)들을 순수논리학파로 보고 있으나 이것은 그들의 논쟁의 엄밀한 문헌적 고증을 거치지 않은 인상론에 불과하다. 그들의 문헌을 분석하는 가장 중요한 첫째 관점은 그들에게 순수형상론(eidetic thinking)이 있느냐 하는 것이고 둘째로는 그들의 논란이 과연 어떠한 역사적 맥락에서 이해되는 것이 타당한가 하는 그 맥락성(contextuality)을 밝히는 작업이다. 나의 수년에 걸친 면밀한 연구작업의 결론은 그들의 논란의 목적이나 방법이 결코 언어의 순수형식성을 확보하려는 데 있지 않았다는 것이다. 만약 그러한 그들의 논의가 확보되었더라면 莊子나 荀子의 비판이 말하고 있는 정도의 비난에 역사의 그라운드에서 그렇게 케이오영패 당하고 사라지는 일은 없었을 것이다.[11] 언어의 순수형식성이 독자적으로 확보되지 않는다면 그 "언어체계"는 시공 속에서 변화하지 않을 수 없고 따라서 인간의 인식체계도 시공 속에서 변하지 않을 수 없다. 삐아제(Jean Piaget, 1896~1980)가 비판하고 있듯이 서양의 근대 인식론 그 자체가 인간 존재에 있어서 시간의 축을 빼놓은 것이다. 그의 생성론적 인식론(genetic epistemology)이 말하고 있듯이 인간의 인식행위 자체가 끊임없는 변형과 지속적인 재구성의 결과이다.[12] 여태까지의 서양철학자들의 인식론 논쟁은 그들의 머리 속에서만의 반추(reflection)에서 맴맴 돈 것이며, 인간의 인식의 심리적 차원이나 행동의 차원을 도외시한 것이다. 인간 사고의 논리적이고 수학적인 구조의 형성과정도 절대로 언어 그 자체로서만 이해될 수 없으며 그 언어와 관련된 인간의 행위의 전반적 상관성의 고찰에도 뿌리를 두어야 한다고 나는 본다. 退溪와 高峰의 四端七情論爭 또한 이러한 측면에서 분석되어야 마땅하다고 본다.

---

11) 이 문제도 역시 앞으로 좀더 신중히 연구되어야 할 과제에 속한다. 한국철학회 논리분과연구회에서 이 주제에 관하여 나는 "『墨經』은 논리학적 측면에서 분석가능한가?"라는 제목의 논문을 발표하였다. 85년 6월 5일(수) 오후 6시부터 8시까지 이화여대 강사휴게실(대학원관)에서 있었다. 그리고 丁若鏞의 『樂書孤存』의 樂論중에도 이러한 문제와 관련되어 인식과 논리의 문제를 파고 들어간 매우 중요한 언급이 있음을 밝혀 둔다. 마테오 리치를 통하여 소개된 유크리트 기하학(『幾何原本』)에 대한 丁若鏞의 반응으로 보여진다.

12) Scientific thought, then, is not momentary; it is not a static instance; it is a process. More specifically, it is a process of continual construction and reorganization. Jean Piaget, *Genetic Epistemology*, tr. Duckworth(New York: Columbia University Press, 1970), p. 2.

언어로 표현되고 있는 의식형태(인간행위의 전반적 상관성이 포함됨)가 패러다임적(paradigmatic)이라면 그 패러다임의 지속성과 변화의 주기성은 어떻게 결정되는가? 나는 이 질문에 다음과 같이 대답한다. 내 아둔한 머리로는 알 수가 없다. 그리고 누가 그 법칙을 아시는 분이 계시다면 무릎을 꿇고 배우고 싶으나 그런 분이 영원히 내 인생에는 나타나지 않을 것 같다. 그러나 내가 확실히 강조하고 싶은 것은 그 패러다임은 어느 정도 지속되는 것으로 나타나며 또 반드시 변화한다는 것이다. 그러나 이 변화의 주기성의 법칙은 예측을 불허하는 것이며 나는 불란서의 생화학 노벨상 수상자 자크 모노(Jacques Monod)의 말을 빌어 역시 필연보다는 우연 쪽으로 그것을 보고 싶다. 그러나 패러다임의 지속성이 불연속적으로 획시대적인 것은 아니며 그 지속성은 그 지속성 내부에서 끊임없는 변화를 계속한다는 것이다. 이러한 논의는『列子』「天瑞篇」의 12번째 고사에서 위 시웅(粥熊)이 하는 말,"대저 一氣는 갑자기 나아가는 것이 아니며 一形은 갑자기 없어지는 것이 아니다. 인간이 그 이루어짐을 지각하지 못할 뿐이며 또한 그 없어짐을 지각하지 못할 뿐이다"라는 말에서 나는 근거를 찾고 있다.[13] 그리고 패러다임과 패러다임 사이의 변화의 순간은 인지되기 어려운 것이며 그것은 지내놓고 본 다음에나 알아차리게 된다(間不可覺, 俟至後知)라는 시웅의 언급은 매우 중요한 의미를 지니는 발언이다. 이러한『列子』의 사상은 왕 후우즈(王夫之, 1619~1692)의 形質論(The Theory of Dynamic Equilibrium)으로 발전하게 되는데, 이를 간단히 소개하면 모든 形의 지속은 그 形을 이루고 있는 質의 끊임없는 변화로써만 가능하다는 것이다.[14] 이러한 質(stuff)의 변화의 연속성만 강조하면 필연쪽으로 가지 않겠냐고 반문할지 모르지만, 質의 변화의 연속성이 시공적 직선성으로 이해될 수 없다는 점과, 形 자체도 時空의 제약성을 받는 이상 변화하지 않을 수 없다는 점을 고려할 때 그 形의 변화는 결국 우연적 요소를 배제할 수 없다는 것이 나의 주장이다. 形을 質이 구성하고 質은 끊임없이 변화한다고 볼때 形의 지속성도 역시 변화하지 않을 수 없는 지속성이다. 그러나 그 形의 변

13) 凡一氣不頓進, 一形不頓虧 ; 亦不覺其成, 亦不覺其虧。亦如人自世至老, 貌色智態, 亡日不異 ; 皮膚爪髮, 隨世隨落, 非嬰孩時有停而不易也。間不可覺, 俟至後知。

14) 나의 하바드대학 박사학위 논문 pp.315~8을 볼 것.

화는 결코 개연성 이상의 예측성을 가질 수 없다. 이러한 나의 形質論 해석은 최근 하바드대학의 고생물학자 굴드(Stephen Jay Gould)를 비롯한 反다윈 진화론자(Contra-Darwin evolutionist)들의 진화론과 보조를 같이하는데, 굴드의 이론은 "구두점 찍히는 평형"(punctuated equilibria)으로 알려지고 있다. 이것은 形의 지속성(stasis)의 급작스러운 변화를 의미하는 것이다.

결국 나의 "언어의 패러다임론"은 의식형태의 지속성을 인정하지만 그 지속성은 끊임없는 변화로만 유지되는 것이며 그 변화는 상호관련된 전체이며 유기적 연속성을 가지고 있지만 인간에게 인지되는 것은 단지 방편적으로 획시대적으로 나타난다는 것이다. 그렇다면 우리에게 결론으로 확실하게 남는 것은 『周易』적인 易의 논리일 뿐이다. 「繫辭」 上傳 제 5 장에,

> 다양하게 존재하는 것 그것을 일컬어 큰 業이라 하고 날로 새로와지는 것 그것을 일컬어 왕성한 德이라 하고 끊임없이 창조하고 또 창조하는 것 그것을 일컬어 易이라 한다.

라고 한 것이 바로 그것이다.[15]

끊임없이 창조하고 또 창조하는 행위는 언어의 質의 끊임없는 변화를 의미하며 그것은 결국 패러다임적 언어의 形의 파괴로 나타나기 마련이다. 『大學』(큰 배움)에서 "진실로 날마다 새로와진다. 날로 날로 새로와진다. 또 날로 새로와진다"라고 말한 것은 이러한 易(the Changes)의 세계관의 재강조가 아니고 무엇이겠는가?[16] 주 시(朱熹)는 이에 注를 달아 다음과 같이 말한다.

> 진실로 능히 하루라도 그 물들은 옛 더러움을 씻어내고 스스로 새로와질 수 있다면 그 이미 새로와진 것으로 인하여 또 날로 날로 새로와질 수 있다는 것을 말한 것이다. 그 위에 또 날로 새로와진다고 했으니 새로와짐에는 잠시라도 사이의 단절이 있을 수 없는 것이다.[17]

---

15) 富有之謂大業, 日新之謂盛德, 生生之謂易。

16) 湯之盤銘曰:「茍日新, 日日新, 又日新。」

17) 言誠能一日有以滌其舊染之汙而自新, 則當因其已新者, 而日日新之, 又日新之, 不可畧有間斷也。

『周易』적인 세계관에 기초한 나의 언어관의 두번째 결론은 이것이다. **우리의 언어의 패러다임은 끊임없이 파괴되어야 한다.**

男女七歲不同席, 배타구조의 파괴

세째, 언어가 인간의 사고를 빌어 자기를 표현한다고 할 때 그 언어체계는 그 시대의 도덕체계(value system)이며 문화(culture)이며 권위구조(authority structure)이며, 이는 모두 궁극적으로 정치적(political)이다. 『小學』(작은 배움)에 보면 한 인간의 교육과정을 설명하는데 다음과 같은 기술이 있다.

> 6살 때 숫자와 방위의 개념을 가르친다. 7살 때는 남자와 여자가 자리를 같이 못하게 하고 밥을 같이 못먹게 한다. 8살이 되면 門戶를 들락날락할 때와 자리에 앉을 때 그리고 마시고 먹을 때에 있어서 더 나이 먹은 사람보다 먼저 하지 않게 한다. 즉 8살이 되어서야 비로소 양보의 미덕을 가르치는 것이다. 9살이 되면 干支를 가르치어 날을 세는 카렌다감각이 있게 한다. 10살이 되면 나아가서 밖의 스승을 모실 수 있게 하고 밖에서 잠자며 살 수 있다.[18]

이것은 『小學』에서 朱熹가 『禮記』(禮의 기록)의 「內則」(가정교육의 법칙)에 나오는 말을 인용한 것인데 그 유명한 "男女七歲不同席"이란 말도 여기서 나온 것이다. 내가 이 『小學』의 말을 인용한 이유는 약 30년전까지만 해도 우리의 성장과정이 바로 이 『小學』의 원칙에 의하여 틀지어져 왔다는 엄연한 역사적 사실을 상기시키기 위함이며 또 이러한 사실에 비추어 우리의 논의에 매우 유익한 결론을 끄집어 낼 수 있다는 것이다. 『小學』에 의하면 인간이 6세(만 5세)부터 15세(만 14세)까지[19] 어휘가 집약적으로 증가하며 또 프로이드의 용어를 빌자면 슈퍼이고(Superego)가 형성되는 과정이다.[20] 즉 언어의 습득

---

18) 六年, 敎之數與方名。七年, 男女不同席, 不共食。八年, 出入門戶, 及即席飮食, 必後長者, 始敎之讓。九年, 敎之數日。十年, 出就外傳, 居宿於外。

19) 15歲를 成童이라 했다. 즉 아이로서의 성장은 완료된다는 뜻이다.

20) 『小學』의 나이규정은 현대심리학이론에서처럼 실험적 근거 위에 있는 것은 아닐지라도 동양인의 교육과정의 대체적 단계를 규정하는 기준은 된다고 본다. 삐아제는 인간의 인지능력의 반전단계를 (1) 0~2세 : 감각경험단계 (sensorimotor stage, non-verbal), (2) 2~7세 : 前논리조작단계(pre-operational level), (3) 7~12세 : 논리

은 도덕적 자아의 형성과정이며 도덕적 자아의 형성은 사회가치규범의 내면화(internalization of social values)를 뜻한다. 나는 어린아이들이 어머니를 통하여 받는 슈퍼이고의 도덕성의 전달과정의 연대성이 곧 그 시대의 문화의 핵심적 구조라고 생각한다.

앞의『小學』의 언급에서 보았듯이 언어의 형성과 관련된 도덕적 체계의 형성은 반드시 배타(exclusion)의 구조를 가지고 있다. "男女七歲不同席"이란 말이 잘 함축하고 있듯이 모든 倫理는 타부(taboo)에서부터 시작한다. 즉 倫理的 판단의 특성은 그 부정성(negativity)에 있다. "무엇무엇을 하라"는 것이 아니라 "무엇무엇을 하지 말라"는 것이 윤리요 도덕이다. 죠지 산타야나(George Santayana, 1863~1952)는 윤리적 가치와 심미적 가치를 부정성과 긍정성의 기준으로 나누었다.[21] 윤리는 "피함"(avoidance)이요 "막음"(prevention)이다. 그리고 孔子는 "君子는 義에 밝고 小人은 利에 밝다"라고 하여 義와 利를 대립적으로 파악하였고,[22] 孟子 또한 梁나라의 惠王을 쳐다보자마자 "왜 하필이면 利를 말하는가? 역시 또한 仁義가 있을 뿐이다"라고 하여 孔子의 설을 옹호하는 강한 아폴로지를 펴고 있지만,[23] 기실 墨子가 단호히 비판한 대로 義는 궁극적으로 利의 기반 위에 서 있는 것이다. 즉 모든 윤리적 판단은 결코 이익의 의식(the consciousness of benefits)을 떠나지 않는다. 피함과 막음은 궁극적으로 利를 얻기 위함이다. 모든 윤리가 궁극적으로 利를 떠날 수 없다는 의미에서 그것은 정치적이다. 나는 모든 윤리는 그 궁극에 있어서 그 시대를 지배하는 정치적 권위구조와 분리될 수 없으며 그런 의미에서 철저히 역사적이요 상황적이다. 그래서 老子는 "모든 윤리적 판단은 상대적일 수밖에 없다"라고 못박았다.[24] 다시 말해서 언어의 배타구조는 타부

적 조작단계 즉 분별적 단계(logical operations), (4) 12세 이후 : 형식논리적 단계(formal logical operations)로 구분하였다. 그리고 프로이드는 슈퍼이고의 형성과정을 생후 5년 안에 이루어지는 것으로 보았다. 우리의 관심은 생물학적 사실이 아니므로 나이 규정은 어떠해도 상관없다.

21) George Santayana, *The Sense of Beauty*(New York: Dover, 1955), pp. 16~20

22) 子曰 :「君子喩於義, 小人喩於利。」『論語』「里仁」16.

23)『孟子』라는 책의 제일 첫머리에 나오는 유명한 고사. "王何必曰利? 亦有仁義而已矣。"

24)『道德經』제 2 장은 바로 이러한 문제를 다룬 장이다. "天下皆知美之爲美, 斯惡已。皆知善之爲善, 斯不善已。"

적 윤리의식이며 그것은 그 시대를 지배하는 광의에서의 정치권위(political authority)이다. 우리의 언어관의 두번째 결론이 언어의 패러다임이 끊임없이 파괴되어야 한다는 것이었다면 우리의 세번째 결론은 이것이다. **정치적 권위구조는 끊임없이 파괴되어야 하며**(이것이 『大學』의 日日新의 참뜻일 것이다), 그러한 파괴를 위하여서는 **언어의 배타구조가 파괴되어야 한다**는 것이다. 이러한 언어의 배타구조의 파괴가 없이는 새로운 윤리와 문화가 발생할 수 없다.

철학을 담는 언어의 모습은 어떠해야 하는가?

여태까지의 우리의 언어에 대한 세가지 논점은 그 자체가 목적이었다기 보다는 철학의 사회성의 提高, 다시 말해서 "철학이 더 많은 사람들에 의하여 이해될 수 있도록"하기 위한 방법으로서의 이론적 제시에 그 所以가 있었다. 왜냐하면 우리의 철학, 한국인으로서의 한국어로써의 철학은 곧 그 철학을 표현하는 언어에 대한 새로운 이해가 없이는 불가능하기 때문이다. 상기의 언어에 대한 우리의 새로운 이해를 바탕으로 우리는 이제 "철학이 사회적이기 위해서는 우리는 무엇을 해야 하는가"라는 질문에 구체적으로 대답하지 않으면 안된다. 즉 철학을 더 많은 사람들에게 이해시키기 위하여 우리는 어떻게 철학의 언어를 사용하여야 하는가라는 질문으로 구체화하지 않으면 안된다는 말이다. 이러한 질문에 대하여 내가 그동안 느꼈던 단상들을 두서없이 나열하는 것으로써 본 논문을 끝맺으려 한다.

논문이라는 양식의 자유

첫째, 현금 한국철학의 언어를 지배하고 있는 배타의 구조가 철저히 붕괴되어야 한다. 처절하도록 철저히 파괴되어야 한다. 배타의 구조의 붕괴라는 것은 배타의 완전제거를 의미할 수는 영원히 없다. 어떠한 언어든지 결국 그 배타의 구조를 벗어날 수 없다는 것이 우리 언어 자체의 비극이며 인간 존재의 한계이기 때문이다. 배타의 붕괴는 제거가 아니라 구조의 자유로운 **변화**를 의미한다. 즉 파괴는 "없애는 것"이 아니라 "깨는 것"이다. "깸"(破)이 곧 "세움"(立)이라는 불교적(三論的) 논리에 우리는 철저해야 할 것이다. 나는 최근에 『東洋學

어떻게 할 것인가』라는 책을 세간에 내어놓아 출판된 지 3개월도 못 되어 판매부수 만부를 돌파하는, 순 학술서적으로서는 보기드문 기록을 세웠다. 나의 저작에 대한 독자들의 제일의 반응은 내용도 내용이지만 나의 문체의 특수성에 집중되었다. 나는 분명히 말하지만 책임있는 한국의 철학교수다. 얄팍한 언변으로 문학소년소녀의 감상이나 건드릴려는 문장가는 아니다. 그렇다면 나의 문장론은 어떠한 철학적 근거 위에서 구성된 것인가?

나는 모든 언어의 배타구조는 일정한 언어의 양식(*Form*)을 가지고 나타난다고 본다. 그리고 그 양식의 고정성이 그 언어사용자의 권위체계를 나타낸다고 본다. 일례를 들면, 한국의 철학자들 사이에서 철학논문은 반드시 어떠어떠한 양식의 언어와 체제로써 구성되어야 한다는 특수한 배타적 일치성을 가지고 있다. 그러나 소위 이 논문이라는 형식 자체가 근대서구 대학교육에서 성립한 모종의 특수형식을 지칭하는 것이지 철학논문 일반의 절대적 기준이 될 수가 없음은 명백하다. 좀더 자세히 그 일치된 관념을 분석해 보면 그것이 너무도 막연하고 근거없는 허구임이 드러난다. 그들의 관념은 이런 것이다. 일인칭을 쓰지 않는 서술문으로 감정의 표현이 없이 메마르게 쓸 것, 엄숙하고 고상한 말들만 골라 나열할 것, 철학사의 기존개념의 조합 속에서만 맴돌 것, 그리고 설명 없는(저자, 책명 등만 나열하는) 주석을 붙일 것 등등이다. 論文이란 도대체 무엇인가? 그것은 문자 그대로 논(論)하는 글(文)이다. "論한다"라는 論은 명사적 용법에 있어서나 동사적 용법에 있어서 "어떠한 주제를 체계를 세워 진술한다"라는 뜻인데 中國古典에서 매우 오래된 용법이며 고문헌에서부터 우리가 현재 사용하고 있는 것과 동일한 내포를 지닌 것으로서 나타난다. 『論語』라는 유명한 콩 치우(孔丘)의 어록의 제명의 "論"도 그러한 의미를 지니고 있다. 그리고 『論語』「憲問」篇에는 "討論"이란 말이 나오는데 이때 討는 검토한다는 뜻이며 "討論"은 토론하여 是와 非를 정하고 適과 否를 가리는 것을 뜻한다. 그리고 『莊子』에도 "嘗試論之"(내가 시험 삼아 그것을 論하여 보겠다)라는 식의 표현이 자주 나온다.

그러므로 "論文"이란 "자기의 주장을 펴서 是非適否를 가리는 글"

이며 여기에 어떠한 일정한 양식이 주문되어 있는 것은 아니다. 자기의 주장을 펴기 위해서, 또 자기 나름대로의 체계를 의식하면서, 동원될 수 있는 모든 양식이 자유롭게 동원될 수 있다고 생각한다. 이렇지 못한 양식의 고정성은 그 文의 죽음을 의미할 뿐이다. 서양의 위대한 철학자들이 그들의 철학을 하는데 어찌 요새 한국의 위대한 철학자님들이 말씀하시는 논문으로만 철학을 했겠는가? 서양철학의 제일인자라고 불리는 플라톤선생도 "대화"의 유려한 문장으로 철학을 했고 아리스토텔레스는 저술에 있어서 플라톤보다는 일정한 논술형식을 취하긴 했지만 여러 양식을 복합시키고 있다. 데카르트도 사담인지 편지인지 수필인지 논술인지 잘 구분 안가는 양식으로 철학을 했고 스피노자도 기하학의 양식과 윤리학의 논술양식을 뒤섞어 철학을 했다.

혹자는 나의 논문이나 저술에 대하여 다음과 같은 비판을 한다: 김용옥은 철학논문을 쓰는 것인지 소설을 쓰고 있는 것인지 상말로 점철된 사담을 하고 있는 것인지 수필을 쓰고 있는 것인지 편지를 쓰고 있는 것인지 도무지 구분이 가질 않는다. 이러한 비판은 철학의 대상이 되고 있는 서적들에 대한 일차적 독서가 없었다는 그들의 무지를 폭로할 뿐이다. 朱子의 철학은 무엇인가? 어떠한 문헌적 양식으로 표현되고 있는가? 『朱子大全』의 목차를 훑어 보자. 詞, 賦, 琴操, 詩, 樂府, 封事, 奏箚, 奏狀, 申請, 辭免, 書(편지의 뜻이며 이에는 時事出處, 問答, 辯答, 問答論事의 네 분류가 있다), 雜著, 序, 記, 跋, 銘, 箴, 贊, 表, 疏, 啓, 婚書, 上梁文, 祝文, 祭文, 碑, 墓表, 墓誌銘, 行狀, 公移로 되어 있는데 물론 『大全』(*Grand Collection*)은 그의 저작활동의 대체를 포괄하는 것이기 때문에 이것이 모두 철학논문이라는 뜻은 아니지만 이러한 작품이 모두 朱子哲學의 대상이 되고 있다는 엄연한 사실이 인지되어야 한다. 이외로도 『朱子語類』가 있는데 이것을 영역하면 "Classified Dialogues of Chu Hsi"가 되는데, "語類"란 주제별로 분류된 그의 대화집이다. 그리고 이외로도 그의 기존 철학서에 대한 注釋書들이 있다. 이 모든 것이 그의 철학작품이다. 요새 말하는 소위 "논문"이란 이 방대한 분류에서 "雜著"라는 한 형식에 근접할 뿐이다. 어찌 왜소하고 가소롭지 아니하다고 말할 수 있겠는가? 그리고 우리 전통적 철학저술에 있어서 著나 論, 序, 注 등의 한 체계 내에 있어서도 여러 양식이 자유롭게 복합되어 있다는 사실이 지적되어야 할 것이다. 최근 라이프니츠 철학의 연구도 라이프니츠의 새로 발굴된 편지자료의 연구에 집중되고 있다는 사실, 退溪哲學의 주요 골격이 대부분 편지 속에 있다는 사실도 아울러 기억해야 할 것이다. 나는 나의 논문을 세인들이 시라 불러도 좋고 소설이라 불러도 좋고 수필이라 불러도 좋다. 그러나 나의 논문은 명백히 나의 철학체계의 성실한 논술이라는 사실만은 양보할 수 없다. "論"에 대한 다음과 같은 莊선생의 말씀을 들어 보자. 그는 「胠篋篇」(Rifling Trunks, 왓슨역) 第十에서 老선생의 "聖人다움을 끊어 버리고 지식·지혜를 내동댕이쳐라! 그러면 큰 도둑놈들이 없어질 것이다"(絕聖棄知, 大盜乃止)[25]라는 말을 풀이하면서 인간의 "論議"에 대하여 다음과 같이 말한다.

> 하늘 아래(天下)의 모든 성스러운 법칙 즉 논술의 형식을 부숴버려라. 그리하면 비로소 민중들이 더불어 서로 論議를 할 수 있게 될 것이다.[26]

莊子는 분명 요새 우리나라 철학자보다 더 깬 사람이다. 성스러운 형식(聖法)의 속박이 없어져야만 백성들이 자유롭게 논의할 수 있다는 해방의 논리를 이미 BC 4세기(梁惠王, 齊宣王과 동시대. 아리스토텔레스와 동시대)에 터득한 사람이다. 그리고 聖法을 "철저히 분쇄해 버려라"(殫殘)라는 식의 강한 동사형을 쓰고 있다. 殫殘은 모두 병신 만들라는 이야기다. 문자 그대로 욕설이다. 나의 첫주장의 결론은 이것이다. 한국에서 철학을 하는 논술에 있어서 여러가지 양식이 뒤섞여야 한다는 것이다. 양식이 뒤섞인다는 것은 양식이 자유롭다는 뜻이다. 자유롭다는 것은 다양하다는 뜻이다. 양식이 다양하다는 것은 다양한 독자의 반응을 얻을 수 있다는 뜻이다. 다양한 독자의 반응을 얻을 수 있다는 것은 보다 더 많은 사람에게 철학이 이해될 수 있다는 것을 뜻한다(여기서 다양함과 지리멸렬함은 전혀 별개의 문제이다).

아스피린철학? ASA철학?

둘째, 모든 언어는 그 언어가 가지고 있는 자체 내의 타당성이 존

25) 정확하게는 "絕聖棄知"까지만 老子의 말이고 "大盜乃止"는 莊子말임.
26) 殫殘天下之聖法, 而民始可與論議.

중되어야 하지만 "철학의 사회성을 제고한다"라는 특정한 목적하에서 이루어진 언어활동에는 어떠한 체계의 우선성(priority)을 정하지 않을 수 없다. 따라서 "일반적으로" 전문철학언어에 대해서 일상언어가, 의미의 면적이 넓은 언어보다 좁은 언어가, 의미의 농도가 짙은 언어보다 엹은 언어가, 또 복합적 개념보다는 단순한 개념이 우위를 지닌다는 원칙이 지켜져야 한다. "일반적으로"라는 단서를 붙인 이유는 "상황에 따라 예외적인 경우가 얼마든지 성립할 수 있다"라는 유연성을 존중한다는 뜻이다.

우리나라 역사에서 요새 우리가 정의하고 있는 "철학"이란 좁은 의미에서의 철학은 해방후 불과 30년 정도의 역사밖에는 가지고 있지 못하다. 그 전의 철학은 일본사람들의 교육체제에서 성립한 일본철학의 한 부분에 불과하다. 사립대학이 되었든 공립대학이 되었든 그것은 주권이 없는(나라가 없어진) 문화의 틀 속에서 이루어진 행위이므로 그때 철학공부 한 사람들이 아무리 해방후에 영향을 끼쳤다고 해도 그 부분은 우리철학 자체의 역사로 간주할 수는 없다. 그리고 일본 식민지 이전에는 기본적으로 사이놀로지(Sinology)의 틀 속에서 이루어진 우리식 한학(漢學)이 있었을 뿐이다. 한학이란 中國哲學의 한국인의 답습 내지는 "창조적" 재해석이다. 그러나 요새 우리가 말하는 철학은 漢文(Classical Chinese)으로 이루어진 것도 아니고 일본어로 이루어진 것도 아니다. 기본적으로는 서양사조의 수입을 내용으로 하여 그것을 소위 현대한국어라는 언어매체로 표현한 철학이다. 이러한 철학의 역사는 정확히 30년 정도밖에는 되지 않는다. 그러나 영국인의 철학은 동질적 언어매체의 연속성 속에서 성립한 것이며 그 연속성은 수백년에 걸치고 있다. 오늘의 영국의 일상언어의 깊은 지식을 가진 사람이면 약간의 공부만 한다면 베이컨, 홉스, 록크의 문장을 부담없이 읽을 수 있다. 그러나 우리는 오늘 우리말의 이해로써만은 일제시대의 논문도 정약용의 논문도 전혀 읽을 수 없다. 그러므로 우리는 우리 철학계의 철학의 역사가 30년밖에 되지 않는다는 명백한 사실로부터 우리의 철학을 다시 생각하지 않으면 안된다. 다시말해서 우리는 철학을 할 수 있는 철학의 언어의 자생적 축적이 거의 전무하다는 사실을 솔직히 시인하지 않으면 안 된다. 철학을 하는 사람들이 복합개념을 쓸 수 있는 이유는, 그 복합개념이 많은 사람에게 동일한 의미로서 공유되어 있을 뿐만 아니라(공간적으로), 동시에 기억을 통해서 역사적으로(시간적으로) 공유되었을 때만 그것이 가능한 것이다. 이러한 상황에서는 오히려 복합개념은 언어의 경제성이라는 중요한 기능을 달성할 수 있다. 그러나 우리의 경우는 이렇지 못하다. 우리나라의 선남선녀에게는 "실체" "오성"이란 의미가 전혀 의미를 지니지 못하지만 영국의 선남선녀에게는 "substance" "understanding"이란 의미가 어느 정도 정확한 의미를 지닌다고 본다.

그러므로 우리의 철학을 우리의 사회에 인식시키기 위하여서는 일반대중의 일상언어와 동질감을 확보할 수 있는 언어를 써야 마땅하다. 왜냐하면 **한 언어에서 표현될 수 있는 모든 것은 다른 언어로도 모두 표현될 수 있다**는 것은 원칙이며 또 고수될 수 있는 것이다. 또 동시에 모든 언어는 제 나름대로의 특질을 가지고 있는 것이며 그 언어에 고유한 특질이 항상 존중되어야 하기 때문이다. 좋은 예가 이런 것이다. 존 록크(John Locke, 1632~1704)의 『언 에쎄이 콘서닝 휴맨 언더스탠딩』(*An Essay Concerning Human Understanding*)이란 위대한 철학서가 있다. 이 책이 미국의 독립전쟁의 이데올로기적 역할을 수행했다는 사실까지도 우리는 잘 알고 있다. 그런데 이 책의 우리말 번역은 이런 것이다 : 『人間悟性論』. 우리나라의 선남선녀는 고사하고 최고 지성의 상아탑임을 자랑하는 서울대학생들에게 이 책의 제명을 물어본다 하더라도 대부분이 그 뜻을 정확히 모른다. 그러나 록크가 살았던 17세기 영국인에게 "An Essay Concerning Human Understanding" 이란 말은 분명히 이해된 말이었다. 그렇기 때문에 그 책이 그렇게 포퓰러할 수 있었고 미국사람들에게까지 영향을 줄 수 있었다. 즉 그 책의 제목과 그 당시의 영국 사람들의 일상언어적 의미사이에는 동질성이 확보되어 있었던 것이다. "언더스텐드"(to understand)라는 말은 "이해한다"라는 일상어이다. 그리고 "언더스텐딩"(understanding)이란 말은 그 일상어의 어미변화 형태일 뿐이다. 『옥스포드영어사전』(*OED*)에 의하면 "to understand"라는 동사형은 "to comprehend; to apprehend the meaning or import of; to grasp the idea of"의 뜻으로 그 용례가 AD 888년에서부터 나오고 있고 "understanding"은 "power or ability to understand"의 뜻으로 그 용례가 AD 1050년에서부터 나오고 있다. "to understand"에 해당되는 우리 일상언어는 분명히

"이해한다"이다. 그리고 "power to understand"의 뜻을 가지는 "understanding"에 해당되는 우리말은 분명히 "이해력"이다. 그렇다면 "언 에쎄이 콘서닝 휴맨 언더스탠딩"(An Essay Concerning Human Understanding)은 우리말로 "사람의 이해력에 관한 한 수필"로 번역되어야 마땅하다. 록크의 문장은 문자 그대로 "따라가는 대로 쓴" "수필"이다. "사람의 이해력에 관한 한 수필"이라는 책명과 "인간오성론"이라는 책명 사이에 존재하는 의미의 괴리는 소양지차라서 이루 말로 다 형언할 수 없으며 거기에 얽힌 문화와 권위의 구조의 차이는 너무도 엄청난 것이다. "人間悟性論"은 확실히 그릇된 번역이다. 이것은 한국말이 아니다. 언더스탠드(to understand)를 이해한다라고 하지, 悟性한다라고 우리는 말하지 않는다. 그러면 왜 이런 엉터리 말이 우리말 속에 들어왔는가? 그것은 물론 우리의 자생어가 아닌 번역어이며, 그 번역어조차도 일본사람들에게서부터 무비판적으로 수입된 것이다. 바로 이것이 우리나라 철학에 남아 있는 일제의 독소이다. 그러면 왜 일본사람들은 "리카이료쿠"(理解力)라는 해당어가 있는데도 불구하고 "고세이"(悟性)라는 말을 썼는가? 이는 좀 엄밀한 분석을 필요로 하는 것이다.

悟性은 悟와 性의 합성어인데, 悟는 "깨닫다"의 뜻으로 매우 불교적 용어이며 性은 "본성"의 뜻으로 매우 유교적 용어이다. 『中庸』의 "天命之謂性"의 性字가 바로 유교적 전통을 잘 대변하는 것이다. 悟라는 글자도 불교가 들어오기 이전부터 『書經』「顧命」에부터 "깨닫는다"라는 의미로 나오고 『黃帝內經』이란 漢代의 醫書에도 어떤 秘方을 깨닫는다는 의미로 자주 나온다. 『一切經音義』나 『史記』에 의하면 悟는 悟와 忤의 假借字이며 따라서 "거슬린다"(逆)의 뜻을 갖는다. 즉 깨닫는 행위는 상식적 인식에 거슬리는 행위다. 그러므로 悟性의 悟는 "理解한다"라는 말보다 의미의 면적이 좁다. 理解에 있어서 특수한 현상을 지칭한다. 그러므로 이 悟의 의미는 佛教 특히 禪宗에서 특수한 해탈적 앎의 체험의 의미로 쓰였으며 "이해한다"는 일반적 의미로 쓰지는 않았다. 즉 "깨닫는다"의 뜻이다. "理解한다"라는 어원이야말로 "이치적으로 푼다"의 의미로 "언더스탠드"(to understand)에는 더 가깝게 오는 말이다. 그럼 왜 明治 초기(19세기 후반)의 일본인들은 理

解 대신에 悟性의 의미를 취했는가? 그 이유는 간단하다. 그 당시의 계몽적 사상가들은 서양철학은 반드시 당시의 일본 지성인들에게 이해되어야 국력이 신장되고 서구의 문명의 도전에 응전할 수 있다는 신념에 불타 있었으나 당시의 일본 지성인들은 서구의 철학을 전통학문(漢學)에 비해 열등한 것으로 생각하였고, 따라서 저열한 것을 배우려고 하지 않는, 즉 본질적으로 의도가 없는 지성인들에게 서양철학을 이해시키는 길은 서양철학이 어마어마한 것이라는 것을 과장하고 겁을 주는 길밖에는 방도가 없었다. 그래서 譯語에 있어서 될 수 있는 대로 특수하고 어려운 고전적 의미를 갖는 말을 선택해야만 하는 고심의 과정을 겪어야만 했다. 따라서 그들은 口語的 표현보다는 文語的 표현을, 자국의 訓보다는 中國의 古典의 개념을 선택했다. 될 수 있는 대로 심오한 한문투를 씀으로써 서양의 사상체계가 결코 전통적인 것에 열등한 것이 아니라는 것을 과시해야만 하는 입장에 처해 있었다. 물론 당시 지성인들이나 또 번역자 자신들이 한문에 익숙한 사람들이라는 문화적 배경을 전제로 한다 하더라도 그들의 노력은 의도적이었음을 문헌적 연구를 통해 알 수 있다. 예를 들면 土佐藩 출신의 사상가·정치가이며 1870년대에 불란서에 유학하여 루소의 民權사상에 심취하고 또 그것의 유포에 일생을 걸고 정치적으로도 專制政府의 공격에 붓을 휘두른 동양의 루소, 나카에 쵸오민(中江兆民, 1847～1901)은 루소의 민권사상의 대표작인 『더 소시알 컨트랙트』(*The Social Contract*)를 번역하는데 당시의 민중에게는 가장 비민권적이라고 할 수 있는 외래적 매체인 순한문으로 번역하였다. 그것이 그의 『民約論』이며, 또 그 序에서 전술한 그의 고충을 밝히고 있다. 이러한 예는 일본뿐만 아니라 중국의 경우도 동일하다. 서양 고전을 중국에 번역소개하는데 가장 큰 역사적 사명을 다한 옌 후우(嚴復, 1854～1921)의 경우도 동일하다. 그가 淸나라 정부의 장학금으로 영국 유학을 가서 그리니치 해군대학(Greenwich Naval College)에서 배우고 귀국한 것이 1879년의 일이다. 그후 그가 번역작품으로 전국적 명성을 얻는 것은 1895년부터 번역하여 1897년에 끝내었고 1898년에 단행본으로 출판한 『天演論』인데 이것은 바로 토마스 헉슬리의 "*Evolution and Ethics and Other Essays*"의 번역이다. 헉슬리의 영어 원문은 난해하지 않은 글이다. 그러나 『天演論』이라는 책은 중국역사상 유례를 보기 힘들도

록 난해한 글이다. 그는 번역과정에 될 수 있는 대로 중국 고전의 의미(예를 들면, 진화론을 설명키 위하여 『周易』의 用語를 쓰는 것 등)를 쓰려고 하였고, 또 그의 선생 우 르우룬(吳汝綸, 1840~1903)의 영향을 받아 桐城학파의 문장론을 이어받았으며 또 八股文(과거시험문장), 古文 등에 익숙하였다. 그리고 그 번역은 단순한 원문의 옮김이 아니라 번역과정에서 많은 포폄이 들어가고 진화론을 중국적 요구에 적용시켰으며 스펜서를 옹호하고 오히려 헉슬리에 대하여는 비판적이었다. 그리고 "復案"(내가 생각하건대)이라는 형태의 자기 자신의 각주를 매단마다 따로 붙이고 있다.[27] 이것은 丁若鏞의 작품형식과도 유사하다(정약용은 반드시 前代의 학설을 소개하고 그 뒤에 鏞案이라고 하여 자기의 설을 내세운다).

그 쉬운 헉슬리의 책을 번역하는데 그렇게도 어렵고 복잡한 온갖 양식을 동원하여야만 했던 옌 후우의 고충에는 바로 중국인들에게 서양사상의 우수성을 입증하기 위한 의도가 도사리고 있었던 것이다.

결론적으로 "*An Essay Concerning Human Understanding*"이 『人間悟性論』으로 번역된 것은 하나의 특수한 역사적 맥락에서 이해되어야 하며, 그리고 그것은 그 당시 사람들에게 일차적으로(쉽게) **이해되기 위한 것**이었다는 것이다. 그러나 오늘날 『人間悟性論』은 **이해되지 않기 위한 것**이다. 그런데도 불구하고 그 역사적 맥락을 무시하고 『人間悟性論』을 고집하는 행위는 중층적 왜곡이며 기만이며 어쩌다 토끼가 나무에 부딪쳐 죽은 것을 보고 그 나무만 지키면서 토끼가 또 와서 죽어 주기를 바라는 守株待兎의 宋人의 어리석음이다(『韓非子』에 의거). 여기서 또 모든 철학작품은 영구히 개역되어야 한다는 나의 "영구번역론"을 상기해 주기 바란다. (校. 『東洋學 어떻게 할 것인가』에 실린 논문, "번역에 있어서의 공간과 시간"의 주요주제.)

그런데 왜 이러한 어리석음을 되풀이만 하고 있는가? 그것은 『人間悟性論』이란 말을 버리고 『사람의 이해력에 관한 한 수필』을 택함으로써 "쉽게 이해되는 것"을 두려워 하고 또 "자기의 아무것도 아님"이 폭로되는 것을 두려워하는 (무)의식적인 공포증환자들의 망상 때

---

27) 나는 일본 동경대학 유학시절(1975)에 이 『天演論』이란 작품을 한 학기 동안 마루야마(丸山松幸)교수 밑에서 세밀하게 원문과 대조하면서 분석해 볼 수 있는 기회를 가졌다. 언제 기회가 닿으면 다시 소개하기로 하고 세부적 언급은 피한다.

문이다.[28] 즉 "人間悟性論"이라는 언어구조에 역사적으로 얽힌 권위구조, 그리고 그 권위구조에 의하여 밥을 먹고 사는 사람들이 그 권위구조를 포기할 수 없다는 몸부림이며 타성의 연속일 뿐이다. 이것은 명백한 非理다! 『人間悟性論』 대신에 『사람의 이해력에 관한 한 수필』로 되어 있다면 산수의 이해력을 부둥켜안고 싸움을 벌이고 있는 나의 중학생 딸년도 한번쯤 내 서가에 꽂힌 록크의 책에 관심을 표명할 것이다. 서양근세의 언더스텐딩이라는 개념이 모두 "이해력"으로 일관되게 번역된다면 우리나라의 선남선녀들이, 철학을 배우는 대학생들이 서양근세철학을 그렇게 생소한 것으로 느끼지는 않을 것이다. 과연 우리는 무슨 철학을 하고 있는가?

병원엘 가면 의사들이 처방전에 아스피린을 아스피린이라고 쓰지 않고 아세틸 사리실릭 액시드(Acetyl Salicylic Acid)라는 화학명을 써서 "ASA"라고 보통 쓴다. 그 이유는 간단하다. 아스피린이라고 쓰면 사람들이 쉽게 알아보고 "ASA"라고 쓰면 못 알아보기 때문이다. 그러함으로써 나의 진단과 치료가 결코 아스피린 한 알 먹어서 해결될 정도의 시시한 것이 아니라는 것을 위장할 수 있고, 그래야 돈을 받아먹고 살 수 있고, 또 그래야 그들의 의사로서의 권위가 보장되기 때문이다. 물론 의사의 존엄의 유지와 환자를 격리치료하는 효과의 선의의 의도를 위하여 아스피린보다 "ASA"가 선택될 수도 있다. 그러나 의사의 권위는 아스피린을 "ASA"로 암호화하는 데서 보장되는 것은 아니다. "ASA"를 아무리 아스피린으로 풀어써도 인간의 질병에 대한 의사의 침범될 수 없는 특수영역은 남는다. 의사들이 단지 너무 부당한 정치 사회적 권위까지 점령하고 고수하려는 병폐를 나는 지적하고 싶은 것이다. 나는 묻겠다. **현재 우리나라의 철학은 아스피린 철학인가? "ASA" 철학인가?** 이것이 나의 두번째 결론이다.

소통가능성이 가장 중요한 기준

세째, 『東洋學 어떻게 할 것인가』를 세상에 내놓으면서 내가 독자의 반응으로부터 얻은 결론은 모든 언어는 사용에 있어서 소통가능성(communicability)이 제일의 기준이 되어야 하며 그 외의 어떤 기준

28) 물론 이것이 그 이유의 전부라는 뜻은 아니다.

도 절대적 우위를 가질 수 없다는 것이었다. 독자들이 나의 언어사용에 있어서 속어성, 비표준성, 외래성 등등을 자주 지적해 왔다. 그러나 철학인의 언어생활에 있어서 그것이 자거에게 의식적인 한 그리고 타에게 설명되어질 수 있는(accountable) 한, 그리고 내가 속한 사회의 일반표준인에 의하여 이해될 수 있는 한, 그 언어는 어떠한 특정한 권위체계에 의하여도 제압될 수 없다. 한국어사전의 저자의 지식이 나보다 어떤 특정한 말의 지식에 있어서 열등할 경우는 얼마든지 있다. 그리고 우리에게 일상적으로 통용되고 있는 말인데도 사전에 없는 경우도 허다하다. 상말과 고상한 말, 표준말과 사투리, 고어와 현대어, 외래어와 순수 자기나라말, 표준 표기법과 비표준 표기법 등의 문제에 있어서 그것이 의식적 의도를 가지고 있고, 또 이 사회에서 의미가 소통될 수 있는한 용인될 수 있고 되어야 한다. 물론 이것은 표준어의 일관성을 부정하는 것은 아니다. 이것은 일관성과 관계없는 표현의 다양성의 문제이며, 표준어라고 우리가 막연히 생각하고 있는 것 자체가 변하는 것이며, 언어는 어떠한 경우에도 고정적인 것이 아니다. 문교부의 오락가락하는 정책의 고층을 보아도 잘 알 수 있는 것이다. 사전이란 일차적으로 살아 움직이는 우리말의 자취이며 결과이다. 그것이 우리말을 전적으로 규정할 수는 없다. 사전이 우리말을 규정하는 기능도 있지만 **우리의 살아있는 말이 사전을 규정한다**는 역방향도 항상 동시에 고려되어야 마땅하다.

한국어라는 문자형상으로 일관되어야 한다는 원칙조차 물러서야!

네째, 모든 언어는 기본적으로 일개국어 사용자(the monolingual)를 대상으로 한다. 이 전제가 없는 한 "번역"이라는 개념은 성립하지 않는다. 번역자는 반드시 이개국어 사용자(the bilingual) 혹은 그 이상이다. 그러나 번역자의 번역어는 또다시 일개국어 사용자를 대상으로 함을 원칙으로 한다. 우리집 꼬마들이 즐겨 보는 계몽사의 『어린이 세계의 명작』이라는 시리이즈의 경우를 보자. 이것은 번역작품인데 그 속에 들어 있는 글은 완전히 한국말이다. 고유명사나 희한한 개념도 모두 의역되지 않으면 音譯되어 있다. 즉 그 시리이즈의 번역에 참여한 사람들은 그들의 번역작품의 독자대상이 일개국어 사용자라는 원칙이 철저히 인식되어 있다. 그러나 이 너무도 당연한 원칙이 우리나라 철학도들에게는 전혀 인식되어 있지 않은 듯하다. 한국의 철학도들은 한국의 동화작가 보다도 더 철학적 언어인식이 부족한 사람들이다. 내 서가에 꽂힌 두개의 논문의 제목을 예를 들어 보자.[29] 하나는 연세대학교 철학과에서 나온 석사논문인데 제목이 『Aristoteles에 있어서의 *χίνησις* 와 *ἐνέργεια*의 問題』이다. 이 짧은 제목에 자그만치 4개 국어가 들어가 있다. 영어, 한국어, 희랍어, 한문. 우리나라에서 철학을 하는 어느 학동이 "아리스토텔레스"를 모르고 "키네시스"를 모르고 "에네르게이아"를 모르겠는가? 그리고 그 논문에 나오는 아리스토텔레스, 키네시스, 에네르게이아에 해당되는 모든 단어부분이 영어와 희랍어로 표기되어 있다. 또 고려대학교 철학과에서 나온 석사논문의 한 제목이 『Hegel의 實體觀』이며 그 안에 소제목이 "Hegel과 Platon의 Idealism"으로 시작하고 모든 고유명사가 영어로 직접 들어와 있다. 나는 도대체 이따위 무질서한 언어전통이 어디서 그 족보를 찾아야 할지 알 수가 없다. 서양철학을 하시는 분들은 동양철학을 하는 사람보고 한문을 풀어쓰지 않을 뿐 아니라 고루하다고 투덜댄다. 그러면서 그들은 플라톤이나 칸트, 헤겔 정도의 보편화된 우리말을 버리고 알파벳을 쓰시며 위대한 철학을 하고 계시다.

나는 국어순화주의자가 아니다. 나는 언어생활의 다양성을 위하여 어떠한 말도 용인할 수 있다. 그러나 최소한 **한국철학이 한국어라는 통용가능한 문자형상으로 연결되어야 한다는 원칙**조차도 지켜지지 않는 철학이라면 그것이 과연 이 땅의 철학인가? 의역이 안될 때는 음역을 하면 그뿐이다. 음역어가 애매하면 괄호에 원어를 표기해 주면 그만이다. 그것이 구차할 때는 뒤에 글로사리를 만들어 주면 그뿐이다. 우리말은 音譯을 할 수 있는 音域이 넓은 훌륭한 언어이다. 일본사람들은 그렇게도 音域이 좁은 카나로 이 세상의 모든 고유명사를 음역해 놓고 있다. 그러면서도 혼선없는 고등한 학문활동을 하고 있다. 왜 그다지도 우리는 우리말에 자신이 없는가? 한국 대학가에서 쏟아져 나오는 논문이 순수한국어 논문인 경우는 극소하다. 어찌 통탄스

---

29) 이것은 매우 우연한 선택이며 전혀 특정한 인물을 비판하려는 의도가 없음을 밝힌다. 그리고 이것은 우리 철학계 전반의 문제이다.

럽지 아니한가? 나는 우리나라 철학계를 지배하고 계신 석학님들이 대부분 구라파나 미국에서 학위를 해오신 분들인데 왜 그 나라의 그러한 원칙 하나를 제대로 못배웠는지 알 수가 없다. 미국에서는 영어로 중국철학을 할 때에도 반드시 완전히 영어로 모든 문장을 연결해야 한다. 앞에 든 우리나라의 예에 따른다면 다음과 같이 될 것이다. 周策縱(Chow Tse-tsung)이 중국의 五四運動(1919년 5월 4일에서 생겨난 말)에 관한 책을 하바드대학 출판부에서 내었는데, 그 책명은 "*The May Fourth Movement*"이다. 그러면 이것은 우리나라 논문식으로 하면 "*The* 五四 *Movement*"가 될 것이다. 이것은 정말 가소로운 짓이다. 그 음을 살린다 해도 "*The Wu-ssu Movement*"가 될 수 밖에 없다. 우리나라 인구의 몇 퍼센트가 "*ἐνέργεια*"를 읽는다고, 우리나라의 몇 사람이나 "Hegel"을 읽는다고 그렇게도 다국어를 혼용하시는가? 우리나라의 철학논문의 거개가 이러한 기본적 원칙조차 지키고 있지 않다는 사실이야말로 우리 철학계의 초보성, 원시성, 유치성, 기만성을 잘 드러내는 것이다.

번역의 제일원리는 무엇인가?

다섯째, 한국인의 철학활동은 대부분 "번역"이라는 활동을 도외시할 수 없다. 이것은 우리나라 철학의 역사가 자생적 축적이 거의 없다는 특수한 상황에도 기인하지만 인간의 문화는 항상 교류되는 데서 이루어지게 마련이며 우리는 우리 존재의 규명을 위하여 타문화의 제반 양상을 검토하지 않을 수 없다. 그 모두가 인간 존재 즉 나의 가능성의 투영이기 때문이다. 그러므로 이러한 존재의 탐구는 번역이라는 행위를 떠나지 않는 것이며, 또 번역은 문화교류의 기본형식이다. 그리고 번역은 공간적으로만 적용되는 것이 아니라 동일한 공간 내에 있어서도 시간적으로 적용된다. 물론 정약용의 작품은 동일한 공간내의 사건이지만 시간적으로 타자화해 버린 것이며 언어의 매체를 달리하고 있기 때문에 번역되지 않을 수 없다. 그러면 번역의 제일원리(the first principle of translating)는 무엇인가? 이 원리는 철학의 사회성의 제고라는 주제와 결부되어 어떻게 규정될 수 있는가?

원래의 발신자에 의하여 원래의 수신자에게 어떤 메세지가 발하여진 것을 우리가 번역할 때, 나 번역자는 번역자 자신이 원래의 수신자인 것처럼 가장하여 자신에게 이해된 것을 토대로 새로운 번역어로서 번역어의 대상인 수신자에게 새로운 메세지를 발한다. 이때 종래의 번역개념은 원래의 메세지와 번역자의 메세지 사이에 존재하는 양식적 일치성에 의하여 그 기준을 결정한 것이었으나 새로운 번역개념은 원래의 메세지에 대한 수신자의 반응과 번역된 메세지에 대한 제2의 수신자의 반응 사이에 존재하는 역동적 상응성이 새로운 기준이 된다. 그러할 때만이 번역된 메세지의 사회성이 증가되는 것이다. 그러하므로 이러한 새로운 번역개념에 의하면 맥락적 일치성(contextual consistency)이 축어적 일치성(verbal consistency)에 우선하고, 역동적 상응성(dynamic equivalence)이 양식적 상응성(formal correspondence)에 우선하고, 청각적 형태(aural form)가 문어적 형태(written form)에 우선하고, 번역이 의도하고 있는 대상에 의하여 받아들여지고 쓰여지는 양식이 전통적으로 더 권위있는 양식에 우선한다.[30] 한마디로 동일성(identity) 보다는 상응성(equivalence)이 추구되어야 하며, **내용의 보존을 위하여서는 양식의 자유로운 변화를 감수해야만 한다.** 이러한 번역의 원리가 지켜질 때 우리 철학언어는 보다 더 많은 사람에게 "자연스럽게" 그리고 "가깝게" 느껴질 수 있을 것이다. 궁극적으로 가장 좋은 번역은 번역같이 느껴지지 않는 번역이기 때문이다.

내가 칸트다, 내가 헤겔이다

여섯째, 특정한 저자에 대한 권위주의적 존경을 버려야 한다. 이것은 너무도 당연한 것이면서도 현재 우리나라 철학도들에게서 나타나는 가장 보편적 병폐의 하나이기 때문에 이를 새삼 지적하지 아니할 수 없다. 이것은 철학하는(*philosophieren*) 자세에 대한 새로운 이해의 요청이다. 우리나라에서 헤겔이나 훗설을 연구하는 철학자들은 처음부터 자기 자신이 헤겔이나 훗설이 될 수 있으며 바로 자기 자신의 존

30) 이 번역원리에 관한 논리는 나이다와 타버에게서 빌린 것이다. 자세한 것은 『민족문화』(民族文化推進會) 제10집(1984)에 실린 나의 역서, 『翻譯의 理論과 實際』(*The Theory and Practice of Translation*)를 참조해 주기 바란다. (校) 이 역서는 본서에 실려 있다.

재성이 곧 그들에게서 투영된다는, 이것을 陽明學的으로 좀 래디칼하게 표현한다면, 내가 곧 헤겔이요 훗설이요 칸트며 플라톤이라는 생각을 가지고 출발하지 않는다. 이러한 생각을 애초부터 가지고 철학을 시작하는 사람과 가지지 않고 철학을 시작하는 사람의 괴리는 2·30년 후면 자연히 엄청난 것으로 드러날 것이다. 朱子學에 항거하여 明代에 발발한 陽明學의 가설은 다음과 같은 것이다. "길거리에 깔려 있는 것이 모두 성인이다(滿街都是聖人). 너 자신을 곧바로 쳐다봐라. 너 그 너가 바로 聖人이다(良知說)." 이러한 陽明學적 운동은 16·7세기 양자강 하류의 蘇州지방의 商業資本의 축적으로 이루어진 富와 개인주의를 배경으로 왕 껀(王艮, 1483?∼1540) 등이 리드하는 泰州學派에 의하여 크게 대중운동으로 보급되었다. 이러한 사조는 朱熹와 논쟁을 벌이며 그에 대립하여 "우주가 곧 내 마음이며, 내 마음이 곧 우주다"(宇宙便是吾心, 吾心便是宇宙), "배움에 있어서 만약 그 근본을 안다면 이 세상의 모든 위대한 경전이 모두 다 내 마음의 후트노우트임을 알게 될 것이다"(學苟知本, 六經皆我註脚)라고 주장한 루 지우위앤(陸九淵, 1139∼1192) 사상의 부활·계승이라는 측면에서도 이해될 수 있지만, 그보다는 더 본질적인 중국인의 근대정신의 발로였다. 그리고 그 밑바닥에는 사회경제사적 상황의 변화, 즉 하부구조적 변화가 깔려 있다. 어찌 본다면 "곧 바로 너의 마음을 가르켜라! 너의 본성을 찾는 즉시 너는 곧 불타가 된다"(直指人心, 見性成佛)라는 中國禪宗사상과 일맥상통한다고도 보겠으나 陽明學은 어디까지나 유교적 맥락(Confucian context)을 끝까지 포기하지 않는다는 의미에서 불교와 또 다르다. 그들은 개인과 사회를 대립적인 것으로 파악하지 않으며(淮南格物이라는 특수개념이 이런 것이다), 따라서 출가에 반대하고, 聖人이 되는 良知의 실현이 修身齊家治國平天下라는 사회적 맥락에서 이루어진다. 修身이 곧 平天下이며 그것이 곧 인간의 해탈·해방을 의미한다고 본다. 이런 의미에서는 陽明學을 **불교의 유교적 세속화**(Confucian secularization of Buddhism)라고 불러도 무방하리라고 본다.

나는 곧 예수며 공자다. 나는 곧 싣달타이며 소크라테스이다. 이 전제를 가지고 우리가 종교와 철학과 예술을 바라보지 않는 한 그는 양명학적 근대정신을 이해하지 못하는 사람이다. 많은 사람이 동양철학을 고리타분한 도덕주의(rigoristic moralism)로 생각하며 우리의 선조 할아버지들이 상투나 틀고 앉아서 담뱃대나 휘둘고 있었던 사람으로만 알고 있다. 조선조의 지성인들에게는 이 양명학이 꽤 널리 보급되어 있었으며 그들은 길거리에 깔린 것이 성인이냐 아니냐 하는 문제를 놓고 매우 격렬한 논쟁을 벌인 사람들이었다. 그들은 최소한 길거리에 깔린 것이 聖人이라는 생각에 노출되었던 사람들이다. 그런데 요즘의 한국 철학인들은 자기들이 고리타분하다고 생각하는 몇백년전의 바로 자기 할아버지들보다 더 고리타분하고 권위굴종적인 생각을 하고 있다는 염두조차도 없다. 이것은 분명히 한국지성계의 타락이며 자비의 극화이며 자기기만이다.

우리나라에서 칸트나 헤겔을 공부하는 사람에게는 칸트와 헤겔은 우상이며 신이며, 그들의 예찬에 그들의 평생을 보낸다. 학문은 예찬하기 위하여만 하는 것이 아니라 비판하기 위하여도 해야 하는 것이며, 우러러보기 위하여만 하는 것이 아니라 깔볼 수 있기도 위하여 하는 것이다. 그런데 우리나라 학자들에게는 너무도 이러한 양면적 역동성이 결여되어 있다. 철학은 칸트와 헤겔에게 다 맡겨놓고 자기 자신은 철학을 하지 않는다. 그리고 이런 사람들에게는 칸트와 헤겔은 "돈보따리"이다. 평생 칸트와 헤겔을 팔아서 밥먹고 살며, 칸트와 헤겔이 없으면 그들의 밥줄은 끊어진다.

이 세상의 모든 위대한 철학서는 나의 존재의 레훠런스 시스템일 뿐이다. 그 이상도 그 이하도 아니다. 럿셀은 그의 유명한『西洋哲學史』에서 플라톤철학을 기술하면서 다음과 같이 말하고 있다.

> 여태까지의 철학인들에게 플라톤은 항상 예찬의 대상일 뿐이었다. 그러나 아무도 그를 진정으로 이해하려고 하지는 않았다. 이것은 모든 역사적으로 위대한 인물들에게 공통된 비극적 운명이다. 내가 플라톤을 말하려고 하는 목적은 그 정반대의 것이다. 나는 그를 진정으로 이해하고 싶다. 그러면서도 나는 우리동네 사는 어느(영국인이나 미국인) 독재전체주의의 옹호자를 경멸하는 그러한 태도로 동일하게 그를 취급할 것이다.[31]

많은 사람이 럿셀의 플라톤 기술에 플라톤 사상의 왜곡이 심하다고 비판한다. 그러나 럿셀의 플라톤 이해는 텍스트에 기본한 것이며 매우 성실한 그 자신의 해석이다. 그리고 그의 해석은 많은 사람에게 하나의 중요한 레훠런스 시스템을 제공하는데 성공했다. 나는 럿셀이 플라톤을 왜곡했다고 해도 좋다. 그러나 "왜곡했다"라고 말하는 사람은 그 자신이 "왜곡했다"라는 판단 이면의 자기 레훠런스 시스템이 또 하나의 "왜곡"이라는 명백한 사실을 망각하고 있다. 하이데가의 해석학이 말해 주듯이 모든 해석은 하나의 왜곡(prejudice)일 뿐이다. 단언하지만, 왜곡이 없이 문화의 창조는 있을 수 없다. 바로 이것이 슈펭글러(Oswald Spengler, 1880~1936)가 모든 문화교류는 熟考된 왜곡의 技術(the art of deliberate misunderstanding)이라고 말한 것이며 또 이것은 그의 유기체적 문화사관의 정직한 결론이다.

우리나라 지성인들은 너무도 왜곡을 할 줄 모른다. 이 사회에는 너무도 "정직한" 왜곡이 없다. 그리고 "겁"이라는 유령만 맴돌고 있다. 사방에서 겁만 먹고 사방에다 겁만 주고 있다. "우리 학계는 가위에 눌려 있다. 뛸 수 있는 능력이 있으면서도 뛰지 못하고 제자리 걸음으로 발악만 하고 있다"라는 이명현교수의 스치는 말은 언제나 우리의 가슴을 뛰게 만드는 명언인 것이다.[32]

전공이란게 도대체 뭐냐?

마지막으로 "전공"이라는 이 애매모호한 말에 대하여 토론의 기회가 주어졌으면 한다. 그리고 이 토론은 상황성과 특수성이 고려되어야 하므로 나의 생각으로 일률적으로 규정될 수는 없다는 것을 전제로 하겠다. 나는 하바드대학에서 『王夫之哲學』(*The Philosophy of Wang Fu-Chih*)이라는 논문으로 박사학위를 받았다. 그런데 요즘 많은 사람들로부터 괴이한 질책을 받았다. 왜 자네는 자네 전공인 王夫之에 관해서나 글을 쓸 것이지 왜 딴짓을 그렇게 많이 하나? 이런 석

31) It has always been correct to praise Plato, but not to understand him. This is the common fate of great men. My object is the opposite. I wish to understand him, but to treat him with as little reverence as if he were a contemporary English or American advocate of totalitarianism. Bertrand Russell, *A History of Western Philosophy* (N.Y.: Simon and Schuster, 1945), p. 105.

32) 서울대학교 이명현교수가 나와의 술좌석에서 한 이야기를 옮긴 것임.

학님들의 말씀은 최소한 "나에 관한 한" 정말로 가소로운 질책이다.

분명히 말해 두지만 나는 王夫之의 전문가가 아니다. 나는 이 세상 누구보다도 王夫之에 대하여 확실한 典據的 지식을 가지고 있다고 자부하지만 나의 전공은 王夫之가 아니다. 나는 이 세상이 규정해 놓은 "박사학위"를 따기 위하여 王夫之를 공부했고 그에 관하여 썼을 뿐이다. 나는 王夫之를 좋아할 수도 있고 싫어할 수도 있다. 나는 그가 아니며, 그는 내가 아니다. 어떻게 나의 전공이 곧 나의 박사학위 테마로써 전부 규정될 수 있으며, 어떻게 내가 이 시점에서 王夫之에 관하여 쓰는 것은 쓸데 있는 짓이고 王夫之 외로 쓰는 것은 쓸데없는 짓인가? 나는 박사학위를 받은 후로도 학위논문 보다 훨씬 더 중요한 논문들을 벌써 수편 썼다. 이 중요한 논문들을 보지 못하고 王夫之만 내노라고 하니 참 딱한 노릇이다. 내 논문은 누구든지 읽기 쉬운 영어로 되어 있으며 누구든지 사서 볼 수 있다. 사서 보고 읽어라! 나에게 王夫之를 요구하지 말라!

나는 王夫之를 전공하는 사람이 아니다. 나는 또 하나의 王夫之가 되려고 하는 사람이다. 나의 역사 속에서……. 고려자기를 흉내만 내는 사람은 영원히 고려자기를 만들지 못할 것이다. 그것은 제논의 파라독스가 잘 말해 준다. 영원히 근접(近似)할 따름이다. 나의 전공은 王夫之가 아니다. **나의 전공은 영원히 살아 움직이는 나의 삶이다.** 너무 편협한 "전공" 개념으로 한 학자의 생명력을 말살시키고 그에게 비현실적 지성의 멍에를 씌우는 그러한 범죄를 최소한 우리 철학계는 저지르지 말아야 할 것이다. 그리고 우리 철학인들은 "문제의식"을 수입해서는 안된다. 문제의식은 영원히 나의 존재 속에서 우러나와야 한다. 훗설이나 비트겐슈타인의 문제의식은 그 나름대로의 시공성을 가지고 있는 것이며 그것이 곧 나의 문제의식은 될 수 없다. 나의 문제의식의 레퍼런스로서만의 자격을 유지할 뿐이다. 우리 철학인들은 과감하게 "나의 이야기"를 할 줄 알아야 한다.

비철학인의 언어의 우위

일곱째, 우리가 철학을 하는 언어는 비철학인의 언어가 철학인의 언어에 대해서 우위를 갖는다는 "원칙"이 고수되어야 한다. 이것은 우리의 언어의 사회성에 대한 논의와 맥을 같이하므로 부연설명을 약한다.

언어의 기능의 다면성

여덟째, 많은 철학도들이 언어의 기능을 너무 좁게 규정하고 있다. 모든 언어는 어떠한 상황에서도 **이해되기 위한 것**이며, 또 그 언어에 대하여 반응하는 독자는 매우 복합적 유기체라는 현실이 반드시 고려되어야 한다. 따라서 언어는 정보제공적(informative)일 뿐만 아니라(외연에 관계됨), 정서표현적(expressive) 기능(내포에 관계됨)도 가지고 있고, 또 동시에 행동지침적(imperative) 윤리적 기능도 가지고 있다. 물론 그 외로도 수없는 기능이 지적될 수 있을 것이다. 이러한 문제는 비트겐슈타인의 전기 이론과 후기 이론의 차이에서도 이미 지적이 되는 문제이지만 그의 전기적 언어개념이 너무 협의의 사실언어(물리학 언어 같은 것)에 집착하고 있었다는 오류는 이미 판정이 난 것이다. 우리나라 철학도들의 일반 언어성향이 너무 비트겐슈타인의 전기적 언어개념에 집착하고 있지 않나 라는 점이 우려된다. 즉 너무 정보제공적 언어의 기능이라는 일면에 치우쳐 논의를 구사하고 있다는 점이다. 즉 정서표현적 기능이나 행동지침적 기능이나 타기능을 전혀 도외시한 언어를 구사하려고 애쓰기만 하는데 그 결과는 빤한 것이다 : **철학은 재미가 없다.** 철학이 반드시 재미가 있어야만 하는 것은 아니지만 재미가 없으면 자연히 철학을 하게 되지 않고 아무리 논문을 써 봐야 읽히지 않는다. (校. 여기에서 내가 말하고 있는 "재미"에 관한 논의는 나의 최근 저서 『아름다움과 추함』의 재미의 예술론으로 연결되고 있다.) 그것은 저 혼자 출마하고 저 혼자 표찍는 우스운 꼴밖에 되지 않는다. 여기에 陽明좌파 泰州學派의 리더 왕 껀의 다음과 같은 유명한 「樂學歌」(Paean of the Enjoyment of Learning)를 소개한다.

> 사람의 마음은 본시 스스로 즐거운 것이다. 그런데도 인간은 스스로 私欲으로 그것을 묶으려고 한다. 그러나 私欲이 싹트려 할 때도 인간의 良知(Innate Knowledge)는 아직도 스스로를 깨우치려고 노력을 한다. 한번 깨달으면 그 묶였던 것이 다 풀어지고 사람의 마음은 원래의 즐거움으로 되돌아간다. 즐거움이란 이러한 배움의 즐거움이요, 배움이란 이러한 즐거움의 배움이다. 즐겁지 않으면 배움이 아니요 배움이 아니면 즐겁지 아니한 것이다.

즐겁고 난 후에야 배울 수 있는 것이요, 배운 연후에야 즐거울 수 있는 것이다. 즐거움은 배움이며, 배움은 즐거움이다. 아～어찌 천하의 즐거움을 이 배움에 비할 수 있으며, 어찌 천하의 배움을 이 즐거움에 비할 수 있으랴![33]

철학은 즐거워야 한다. 재미없는 철학을 써 놓고 아무리 재미있다고 외쳐도 그 철학은 팔리지 않는다. 진리는 재미있는 것이다. 비트겐슈타인의 문장이 너무도 드라이하고 재미없게 오늘 우리에게 느껴질지 모르지만 분명히 비트겐슈타인의 철학과 그의 문장은 유럽의 많은 지성인들에게 즐거움과 재미를 주었기 때문에 그 보편성의 기반을 획득했을 것이다. 럿셀의 문장이 많이 읽힌 이유도 그 내용도 내용이지만 그의 탁월한 위트와 유모아에도 있다는 사실을 잊어서는 안된다. 배움은 즐거움이고 즐거움은 배움이라는 왕 간의 주장을 실현하려면 오늘의 우리 철학도들은 그들의 독자들을 즐겁게 해주는 성의를 아끼지 말아야 할 것이다. **즐거움의 양과 질**의 세부적 문제는 독자의 판단에 맡긴다.

명사적 구성법에 치우치지 말라

아홉째, 언어의 명사적 구성법(nominal construction)에 너무 치우치는 것은 바람직하지 못하다. 예를 들면, 「마가복음」 1:4 에 "회개의 세례"라는 명사적 구성법을 쓰고 있다. 그러나 그것은 기실 내용에 있어서 「사도행전」 2:38 에 나오는 동사양식, 즉 "회개하고 세례를 받으라"라는 표현의 명사화 내지는 변용에 지나지 않는다.[34] 종래적 영어성경인 개역표준판(Revised Standard Version, 1952)은 "a baptism of repentance"라고 번역하였으나 1966년에 나온 오늘영어판

33) 人心本自樂, 自將私欲縛。私欲一萌時, 良知還自覺。一覺便消除, 人心依舊樂。樂是樂此學, 學是學此樂。不樂不是學, 不學不是樂。樂便然後學, 學便然後樂。樂是學, 學是樂。嗚乎！天下之樂, 何如此學；天下之學, 何如此樂。『明儒學案』「泰州學案, 處士王心齋先生艮, 心齋語錄」。Wm. Theodore de Bary, "Individualism and Humanitarianism in Late Ming Thought," *Self and Society in Ming Thought*, ed. by Wm. Theodore de Bary (N.Y.: Columbia University Press, 1970), p.167에 이 王艮말의 영역이 실려 있음). 학(學)과 낙(樂)의 운을 살려 쓴 아름다운 문장임.

34) "翻譯의 理論과 實際," 『민족문화』(民族文化推進會, 1984), 제10집 90쪽. (校) 본서의 185쪽을 볼 것.

(Today's English Version)에는 그것이 동사형으로 바뀌고 있다. 우리나라 성서는 전통적 한글개역판이나 공동번역(1977) 모두 동일한 명사구조를 쓰고 있다. "회개의 세례" 보다는 "회개하고 세례를 받으라"라는 표현이 훨씬 더 생동감있고 역동적이며 단순하고 함축적이라는 것은 말할 필요도 없을 것이다. 그리고 무엇보다도 의미의 전달이 용이하다고 말할 수 있을 것이다. 예를 들면, 「로마인서」 1:17의 "하나님의 의"(the righteousness of God)라는 표현은 독자들로 하여금 義가 하나님 자신의 개인의 義인 것처럼 오해하게 된다. 그러나 그것은 하나님 자신의 義가 아니며 하나님이 인간을 자기 자신과 올바른 관계에 놓는 과정을 의미한다. 그것은 "정의롭게 하심"의 행위이며 義의 성격을 규정하는 말은 아니다. 우리나라 한글개역판이나 영어의 개역표준판(RSV)은 이런 오류를 범하고 있으나 공동번역은 "복음은 하나님께서 인간을 당신과 올바른 관계에 놓아 주시는 길을 보여주십니다"로 시정하였고, 영어의 오늘영어판(TEV)도 "For the gospel reveals how God puts men right with himself: ……"로 시정하였다. 전자보다 후자가 더 나은 번역임에는 의심의 여지가 없다. 우리 현대말에 있어서도 명사적 구문을 나열하는 것보다는 동사적 표현으로 끊어 바꿀 때가 훨씬 더 생동감있고 자연스럽게 의사가 표현된다.

인간은 언어의 노예다. 언어의 구조는 곧 우리의 사유의 구조이다. 우리가 철학언어에 있어서 명사적 구성에 치우치는 것은 일제시대의 독일관념론 철학의 표현법을 이어받은 것이지 절대로 우리 전통적 철학이나 어법의 영향이 아니다. 한문은 支那語(Sinic language)의 체계이며 주어-술어의 구조가 인도유러피안어군에 가깝다. 『老子道德經』 제80장에 다음과 같은 표현이 있다: "小國寡民。" 많은 사람이 이 생동적 표현을 우리의 현재의 명사적 구성법의 영향 때문에 이것을 "작은 나라 적은 백성"으로 이해한다. 이것은 정말 유치하기 짝이 없는 번역이며 이해다. 다음에 연이어 나오는 "使有什伯之器而不用"이란 구문이 말해 주듯이, 우리가 문장의 패러랠리즘을 이해할 때, 이 두 병렬된 문장은 모두 완전한 구문이며 명령형이다. 후자는 "여러가지 수많은 兵器가 있다고 하더라도 쓰여짐이 없게 하라"는 뜻이다. 그렇다면 "小國寡民"도 반드시 명령형 문장으로 이해하여야 하며 동사가 들어간 문장이다. 國은 小라는 타동사의 목적어이며 民은 寡라는 타동사의 목적이이다. 그러면 번역은 당연히 "나라를 작게 하고 백성을 적게 하라"가 되어야 한다. 이것은 나라의 면적과 인구를 "될 수 있는대로" 줄이라는 老子의 명령이다. 즉 당시의 富國强兵의 팽창주의(military expansionism)의 무단정치에 반대하는 老선생의 평화주의자(pacifist)로서의 피맺힌 발언이다. "작은 나라 적은 백성"과 같은 명사적 구문 속에서는 나라와 백성이 실체화되어 이미지화하기 쉽고 "작은"과 "적은"은 그 실체를 고정적으로 규정하는 개념이 되어버릴 위험성이 크다. 그렇게 되면 老선생의 발언은 보편적 적용가능성을 잃어버리고 어느 역사의 특정한 면적과 인구의 나라에 대한 정치이론으로 전락하기 쉽다. 그러나 老선생의 말씀은 분명 그런 사상도 아니며 그런 언어구조를 가지고 있지 않다. "나라를 작게 하라! 그리고 또 백성을 적게 하라!"는 그의 명령은 시대상황에 따라 역동적이며 영원한 해석의 지평을 열고 있다. 오늘의 평화주의자들의 모토가 되기에 충분한 발언이다.

독자의 언어가 기준이 되어야 한다

열째, 모든 언어는 반드시 그 언어가 지향하고 있는 대상이 있게 마련이며 그 대상은 "일반적으로" 그 언어의 주체가 소속하고 있는 사회인의 25세부터 30세 사이의 독자의 언어를 기준으로 하지 않을 수 없다. 즉 25세부터 30세 사이의 독자의 언어의 채택이 나이 많이 먹은 어른이나 어린아이의 언어에 대하여 우선권을 가진다. 이것은 매우 단순하고 상식적인 이야기이면서도 많은 저자들에게 인식되어 있지 않은 원칙이다. "일반적으로"라고 내가 특칭한 것은 "예외는 얼마든지 있을 수 있다"는 뜻이다. 그러나 **우리나라 철학도들은 너무 늙은이 문장을 쓰고 있다**. 그리고 나이 많이 잡수신 분들도 그들의 언어가 이해되기 위하여서는 반드시 이 원칙을 고수해야 한다. 일본에서 나오는 책들은 아무리 노석학의 문장이라 할지라도 이러한 괴리감을 별로 느끼지 않는다. 그러나 우리나라는 겉늙었다. 젊은이 문장을 쓰는 철학도의 수가 너무도 부족하다. 나 자신 늙은이가 되었을 때도 젊은 언어를 쓸 수 있는 수련을 게을리 하지 않을 생각이다.

주어가 숨는 것이 꼭 우리언어의 특수성은 아니다

열한째, 우리나라 사람들의 언어습관에 두드러진 현상인데 문장에 있어서 주어를 밝혀야 할 상황에 있어서도 주어를 밝히지 않는 경우가 너무 많다. 나는 "단수 일인칭" 그리고 "단수 이인칭" 또 "단수 삼인칭"을 정확하고 과감하게 사용하여야 할 필요를 역설하고 싶다. 많은 사람들이 우리말이 주어가 있는 것보다 없는 것을, 그리고 "나" 보다는 "우리"를 선택하는 경향이 강한데 반하여 영어는 정반대라고 설법하여 그들의 특이한 비교문화론 내지 게젤샤프트-게마인샤프트의 논거로 써 왔다. 타당할 수도 있는 관점이지만 이것은 인간의 언어현상과 문화현상의 이해에 있어서 그들의 천박성 그리고 인상성을 드러내는 것밖에는 되지 않는다.

인간의 모든 언어에 있어서 "나"와 "우리"의 문제는 동일한 의식구조로서 나타나는 문제이다. 영어에서도 전화말을 시작할 때 혹은 편지문장을 처음 시작할 때 "This is"로 시작하지 "I am"이라고 하지 않는다. 그리고 "I"와 "We"의 문제는 우리 언어가 가지고 있는 "나"와 "우리"의 문제와 동일하다. 예를 들면, 불과 14년 차이밖에 보이지 않는 번역판들이지만 영어성경의 개역표준판(RSV)과 오늘영어판(TEV)을 비교해 보면 그 특징이 매우 두드러지게 나타난다. 개역표준판에서는 "I"라고 지칭해야 할 많은 주어들을 "We"로 얼버무리거나 생략해 버렸다. 오늘영어판에나 와야 "I"라는 주어가 명확히 나타난다. 주어가 있고 없는 문제도 동일한 문제다. 모든 언어에 있어서 고어로 올라갈수록 주어가 생략되는 성향이 강한 것이 언어의 일반적 특징이다. 그러므로 **주어가 생략되는 것이 우리 언어의 특수성·고유성으로 생각하는 것은 망상**이다. 왜냐하면 내가 느낀 한에 있어서 조선왕조의 지성인들은 "나"라는 주어와 "너"라는 주어를 철저히 밝히는 언어생활을 한 사람들이다. 退溪와 高峰의 편지를 요즈음 상세히 강독하면서 나는 그러한 그들의 성향에 감복하였다. 자기 주장에 대하여서는 분명히 일인칭 주어를 확실히 밝히고 있다. 주어를 밝히지 않음으로써 유발되는 오해는 때때로 극심한 것이다. 예를 들면, 「마가복음」 7:1 에 "비판을 받지 아니하려거든 비판하지 말라"(한글

개역판)라는 구절이 있는데 이는 독자로 하여금 "네가 깨지고 싶지 않거들랑 남도 깨지 말라"라는 속말과 하나도 다를 것이 없는 오해를 불러 일으킨다. 이것은 명백히 주어가 생략됨으로써 파생되는 오류며 우리말 성서번역의 유치함을 드러내는 것이다. 이것의 참뜻은 이런 것이다. "남을 심판하지 말라. 그러면 하나님도 너희를 심판하지 않을 것이다"(오늘영어판을 따름).[35] 서양언어이지만 희랍어에서 주어가 생략되는 상황은 우리말보다 심하면 심하지 못하지 않다. 주어가 없는 우리말이 아름답다는 발상은 언어의 보편성과 역동성을 이해하지 못하는 데서 온 것이다. 이승만이 귀국하면서 한 첫연설 "나 이승만이요"는 과연 한국말이 아니고 영어란 말인가?

"나"라는 주어를 쓰지 않는 것은 "나"라는 주체에 대한 불확신의 반영에 지나지 않는 문화현상이라고 보는 것이 더 타당하다. 우리가 근대화를 겪으면서 너무 자신없는 삶을 살아왔기 때문에 그리고 주체를 숨겨야만 하는 현실에 적응해야만 했기 때문에 생긴 폐습에 지나지 않는다. 우리는 너무 자신을 속이며 숨기며 살고 있다. 무엇이 그렇게 부끄러운가?

주어를 밝히지 않는 데서 생겨나는 일반적 성향은 능동태의 결여다. 수동형을 쓰면 주어가 생략되어도 상관없기 때문에 모두 수동형을 선택한다. 따라서 대부분의 문장이 "누가……한다"가 아니라 그냥 "……된다"의 형태를 취한다. 이런 양식이 요즈음 소위 학술논문이라는 양식의 주류를 이루고 있음을 아무도 부인할 수 없을 것이다. 나는 이러한 수동형의 문장이, 그리고 주어가 없는 문장이 때때로 나타내고자 하는 의미를 더 포괄적이고 간결하며 아름답게 만들 수도 있지만 너무 그러한 방향으로만 치우치는 성향은 경계되어야 마땅하다고 본다. 즉 우리 민족의식의 "능동성"의 결여라는 측면과 결부되어 이해되어야지 단순히 문체의 차원에서만 해결되는 문제는 아니라고 본다. **주체적이고 능동적인 인간은 시공을 초월하여 주체적이고 능동적인 언어양식으로 자기를 표현하게 마련이다.** 우리는 좀더 능동적이고 주체적일 수는 없는가?

---

35) 같은 논문, p. 118.

강제의 폐해

이외로도 문장론에 관한 논의는 수없이 이어질 수 있을 것이다. 그러나 우리는 그 모든 것을 말할 수는 없다. 그리고 언어의 양식은 다양해야 하므로 나의 논의는 어떠한 경우에도 강제성을 지닐 수 없다. 독자들의 취사선택을 바랄 뿐이다. 마지막으로 요즈음 철학계에서 문제되고 있는 "동양철학"과 "서양철학"에 관해 나의 주장을 간략히 피력함으로써 지루하게 느껴질지도 모르는 이 논문의 막을 내리려 한다.

철학 그 자체를 하자!

우리는 철학을 해야 한다. 철학 그 자체를 해야 한다. 즉 나(우리)라는 인간의 모습을 밝혀야 한다. 다시 말해서 우리는 서양철학을 해서도 안되고 동양철학을 해서도 안된다. 중국근대의 저명한 논리학자 진 위에린(金岳霖)선생은 횡 여우란(馮友蘭)의 『中國哲學史』(*A History of Chinese Philosophy*)를 리뷰하는 글에서 다음과 같은 재미있는 질문을 던지고 있다: "중국철학사는 중국철학의 역사인가? 중국에 있어서의 철학사인가?"[36] 전자를 영역하면 "Chinese Philosophy"가 되고 후자는 "Philosophy in China"가 된다. 후자의 경우 두가지 해석의 결과가 초래된다. 첫째는 중국철학이 중국철학으로 이해될 때는 철학의 외연이 중국이라는 실체에만 한정될 뿐이며 철학이라는 의미 자체가 중국적인 것에 의하여만 전적으로 규정되는 결과를 초래한다. 둘째는 중국철학은 중국의 국학 즉 중국학의 한 분야(subfield)로만 의미를 가질 뿐이다. 중국문학, 중국사학, 중국예술과 병렬되는…. 그러나 이러한 이해는 명백히 그 한계를 드러낼 뿐 아니라 기실 성립 불가능한 개념설정임이 드러난다. 우리는 영국물리학(British physics)이라는 개념 자체가 불가능한 것임을 너무도 잘 알고 있다. 영국물리학은 영국에 있어서의 물리학(Physics in Britain)을 의미할 뿐이다.

---

36) 所謂中國哲學史是中國哲學的史呢? 還是中國的哲學史呢? 如果一個人寫一本英國物理學史, 他所寫的實在是在英國的物理學史, 而不是英國物理學的史; 因爲嚴格的說起來, 沒有英國物理學。哲學沒有進步到物理學的地步, 所以這個問題比較複雜。寫中國哲學史就有根本態度的問題。這根本的態度至少有兩個: 一個態度是把中國哲學當作中國國學中之一種特別學問, 與普遍哲學不必發生異同的程度問題; 另一態度是把中國哲學當作發現於中國的哲學。『中國哲學史』,「審査報告二」。

중국철학이라는 개념은 보편적 철학의 중국적 전개를 의미할 뿐이며 철학 그 자체를 중국이 소유하는 것은 아니다. 물론 한국철학이라는 것도 마찬가지다. 한국철학은 분명히 이퇴계철학도 아니며 정약용철학도 아니다. 그것은 한국이라는 시공에서 전개되는 모든 철학을 의미한다. 궁극적으로 철학은 인간존재라는 보편성을 떠나지 않는다. 그리고 인간의 진리는 인간이라는 생물학적 조건의 총체 속에 실현되어 있다고 나는 본다. (校. 이 글을 쓰고 있었을 때 이미 나의 기철학의 제 1원리에 대한 구상이 완성되어 있었음을 증명한다. 나의 『중고생을 위한 철학강의』, 85~94쪽을 참고할 것.) 머리가 발바닥에 달렸다든가 심장이 궁둥이에 박혀 있다든가 하는 다른 생물학적 구조를 가지는 "人種"이 있다면 그 인종과 "나"의 진리체계는 분명히 다를 것이다. 그러나 우리가 인간의 보편성을 운운하는 것은 이러한 생물학적 구조의 동질성의 범위를 벗어나지 않는다. 우리는 인간의 보편성을 神과 같은 추상관념이나 본구관념, 혹은 이데아 같은 것으로써 확보할 수는 없다고 생각한다. 이것은 나의 신념인 동시에 한자문화권에서 성립한 인간관의 대전제이다.

인간이라는 보편성 속에서 철학의 의미를 확보하고 중국철학이나 한국철학과 같은 지엽적(parochial)이고 국수주의적 성향이 타파되어야 한다는 나의 주장에 많은 서양철학 전공인은 박수를 보낼 것이다. 그러나 기분 좋아서 박수를 치는 그들은 그와 동시에 그들 자신이 나의 논리의 트랩(trap)에 걸려들었다는 생각은 하지 못할 것이다. 중국철학이 중국철학이 아니며 중국의 철학이라면, 곧 서양철학은 서양철학이 아니며 서양의 철학이다. 즉 서양철학은 철학의 서양에 있어서의 전개일 따름이며 철학은 서양이 독점하거나 소유할 수 없다. 분명히 말해 두지만 철학은 서양의 전유물이 아니다. 철학은 서양이 하나님께 신청해 받아 놓은 전매특허품이 아니다. 철학이라는 개념은 그 정의 자체가 쌍방적이며 다방적이 아닐 수 없다. 철학은 필로소피아도 아니며 훗설의 노에마—노에시스도 아니다. 즉 쌍방적이고 다방적이란 말은 역동적이란 말이다. 역동적이란 말은 정의불가능(indefinable)하다는 말이다. 철학은 영원한 과정이며 끊임없이 생성하는 易(in the making)이다. 철학을 일방적으로 규정한다는 것은 인간을 일방적으로 규정한다는 뜻이다. 데카르트도 인간이다. 이퇴계도 인간이다. 그런데 많은 서양철학 전공자들이 무의식적으로 데카르트는 사람이고 이퇴계는 벌레라고 생각한다. 그들은 감히 이퇴계철학은 철학의 자격이 없다고 생각하는 것이다. 무슨 베부스트자인(Bewußtsein)인가 기호논리학인가 하는 것을 떠들지 않으면 철학이 아니라는 것이다. 왜 이런 끔찍하도록 명백한 오류가 발생하고 반복되고 있는가? 그 대답은 간단하다. 그들은 무지해서 그렇다. 알지 못해서 그렇다. 왜 그렇게 박식하고 냉철한 석학님들께서 모르시는가? 그 이유는 간단하다. 독일어나 영어로 된 책은 잘 읽을 수 있는데 한문이나 중국어로 된 책은 읽을 수가 없기 때문이다. 그리고 말한다 : "동양철학은 고루하다. 읽어도 이해할 수가 없다."

어학의 차원과 철학의 차원이 혼동될 수 없다

인간의 존재는 언어에 가리어 있다. 그 언어를 파괴하고 그 존재의 모습 자체를 만난다는 것은 매우 성실하고 지루한 노력의 과정이 필요하다. 그런데 서양철학하는 사람들은 다음과 같은 병에 걸려 있다. 자기들은 자기들의 언어를 파괴하지 않으면서 자기 외의 모든 것은 가만히 앉아서 받아 잡수시겠다는 것이다. 한국의 젊은 동양철학도들은 최소한 서양언어를 마스타하는 노력을 한다. 그러나 서양철학도들은 한문을 마스타하려는 經學수련의 지루한 노력을 조금도 하지 않는다. 이대로 나아가면 누구에게로 게임의 승패가 갈릴지는 두고 볼 일이다. 알게 해달라고 앉아서 요구하기 전에 자기가 알려는 성실한 노력을 해야 할 것이다. 그러나 나는 서양철학 전공인들이 동양철학을 마스타해야 한다고 주장하는 것은 아니다. 역사적 문화축적의 효율성을 위하여 분업적 전문성은 장려되고 심화되어야 한다. 단지 어학적 차원의 문제를 철학적 차원 즉 인간존재적 차원의 문제와 혼동하는 오류를 범해서는 안된다는 것을 지적할 뿐이며 자기 전공의 탐구에 있어서 타의 해석의 지평의 가능성, 그리고 그 탐구방법의 다양성을 열어놓아야 한다는 것을 주장하는 것 뿐이다. 서양철학이 서양의 철학인 이상 서양철학 이외에도 철학을 하는 문제의식(*Problematik*)과 방법, 그리고 우주관의 전제 그 자체가 다르다는 소박한 사실을 인정해야 한다는 것이다. 럿셀이 자기의 책을 『철학사』라 하지 않고 『서양철학사』라 하고, 『지혜』라 하지 않고 『서양의 지혜』라 한 것이 바로 서양 이외로도 철학이 있고 지혜가 있다는 서양의 한계를 분명히 하려는 그의 냉철함과 정직함에서 기인한 것이라는 것을 우리는 잘 알고 있다.

분과경향에 대한 우려

이상의 나의 논의가 또 다시 동양철학의 아폴로지로 흘러 동·서양을 이분하는 위험성을 내포한다고 비판할지도 모르겠다. 그러나 나의 주장은 단 하나, 우리는 철학을 해야 한다. 동양철학을 해서도 안되고 서양철학을 해서도 안된다. 나의 존재의 레훠런스의 동양적 전개와 서양의 전개를 들여다볼 뿐이다. 그런 의미에서 나는 한국 대학에 있어서 철학과가 서양철학, 동양철학 등 혹은 더 세분화되어 분과되는 현상이 나타나고 있음에 심한 우려를 표명한다. 이러한 분과는 대학원 레벨에서는 혹 바람직할 수도 있으나 대학학부 레벨에서 분화된다는 것은 절대적으로 바람직하지 못하다. 최근 학문의 새로운 동향이 모든 분과가 통합되고 소통되는 방향으로 흘러가고 있다는 것은 누구나 잘 알고 있다. 그리고 대학교에서 인문학 교육이 通才적 교육의 이상을 지녀왔다는 사실을 우리는 너무도 잘 알고 있다. 인문학에 대한 전반적인 교양을 쌓기도 전에 극히 세분화된 커리큐럼 속에서 교육을 받는다는 것은 한 대학의 문제가 아니라 우리 민족사의 문화축적에 있어서 매우 암담한 결과를 초래한다는 것은 자명한 이치다. 예를 들면, 재작년 고려대학교 당국이 철학개론을 필수과목에서 제거시키는 매우 졸렬한 커리큐럼 개혁을 감행하였는데, 지금 고등학교에서도 철학을 가르치고자 하는 이 마당에, 그 후유증은 고려대학교 자체의 문제가 아니라 한국문화전반의 문제로서 축적되어 나타날 것임이 자명하다. 대학에서 철학을 필수로 가르치지 않는다면 대학교육의 대학교육다움은 어디서 찾겠는가? 최근 나의 주변에서도 외재적 요인에 의하여 분과에 대한 스쳐가는 논의가 있었다. 그리고 우연히 이러한 논의까지도 있었다. 서양철학은 철학과로 그냥 남고 동양철학(중국철학·일본철학·한국철학·인도철학의 범위)은 동양철학과로 분과

하라는 것이다.[37] 그렇다면 물론 그 역방향도 동일하게 성립할 수 있다는 것은 누구든지 부정할 수 없을 것이다. 동양철학과는 철학과로 남고 서양철학은 서양철학과로 분과되는 것이 민족사적으로 볼때 더 바람직하고 당연하다는 주장을 어찌 막을 것인가? 우리나라 주요대학 철학과에 서양철학과 동양철학이 혼재해 있다는 사실, 그리고 우리나라 철학도들이 학부부터 양쪽 커리큐럼의 훈도를 받으면서 성장한다는 사실은 우리민족의 세계사적 힘이요 자랑이다. 서양에서는 철학과 속에 동양철학은 끼어 있지도 않으며 그것은 동양학(East Asian Studies)이란 애매한 카테고리 속에 처리되어 있다. 그리고 그 동양철학이라는 것의 주류는 사학, 문학, 정치학이며 철학은 그 주류에 들어가 있지 않을 뿐 아니라 순수한 동양철학인은 극소수에 불과하다. 따라서 서양의 동양사상 학자들은 철학적 사고의 일반적 훈련이 결여되어 있는 사람들이다. 심재룡교수가 다니신 하와이대학의 철학과가 서방세계에 있어서는 동양철학을 철학으로 다루는 유일한 경우이다. 그리고 동경대학의 경우는 철학과가 중국철학과, 인도철학과, (서양)철학과, 윤리학과, 종교학종교사학과, 미학예술학과로 분리되어 있다. 내가 다닌 중국철학과는 그 나름대로의 장점도 지니고 있지만 그곳에서 공부하는 중국철학은 철학이 아니라 漢學이다. 즉 사이놀로지의 전

37) 어떤 특정인에 대한 비방이 아님을 독자는 이해해 주기 바란다. 이 말의 발설자는 과의 확장이라는 긍정적 문맥에서 단지 "건의"하였을 뿐이며 그것을 강하게 주장한 것도 아니고 심각하게 생각한 것도 아니다. 그리고 여기서 "외재적 요인에 의한 논의"라는 것은 구체적으로 밝히자면 최근 고려대학교 문과대학 사학과가 서양사학과, 동양사학과, 한국사학과로 분과하기로 과교수회의에서 결정했다는 통보가 있음으로써 야기되었다는 것이다. 최종 분과에 이르기까지 아직 미확정함수가 많은 상황임으로 확정적으로 이야기 할 수는 없다. 그러나 『周禮』라는 經書가 잘 말해 주듯이 인간사회의 제도는 인간의 존재양식을 결정하는 중요한 함수이며 또 이러한 결정은 분명히 사적이 아닌 공적인 것이며 이미 어떠한 상황에 있어서도 사회적이라는 것이다. 그러한 결정은 결국 우리나라 대학 역사학의 커리큐럼의 방향을 그러한 분과적 방향에서 규정해 나갈 것이다. 그렇기 때문에 이 사회의 公議를 거쳐서 신중하게 결정되어야 마땅할 것이다. 하나의 公人으로서의 나의 의견을 개진해 볼 때 사학과나 철학과가 동서고금의 구분없이 통합되어 있음으로써 생기는 장점을 살려나가면서 커리큐럼조정이나 교수증원 등의 보충방안이 검토되는 것이 더 바람직할 것이며 통재의 교육이나 사회통합의 당위성이 증대되고 있는 이 시점에 분과하는 것은 바람직하지 않다고 판단한다. 그렇다면 영문과도 영어학과와 영문학과로 분과되어야 할 것이며 이런 식으로 쪼개나가다가는 "의미론과" "통어론과"등 벼라별 해괴한 과가 다 탄생할 것이다. 미국이나 유럽의 학부교육도 대부분 이러한 통합의 커리큐럼을 지향하고 있다는 것을 부기해 둔다. 그리고 이러한 논의는 그 특수성과 상황성이 항상 고려되어야 함을 나는 인정한다.

문가 양성기구이다. 그리고 기타 과와 학문적 인적 교류는 전무에 가깝다. 나는 그 병폐를 통렬히 체험한 사람이며 우리나라 철학의 제도적 장점과 우수성을 깊게 체험한 사람이다. 동양철학이 철학과 속에서 철학으로 연구되고 있는 사실은 중국과 한국에만 특유한 현상으로서 세계사적 자랑이며, 우리 민족문화의 세계사적 미래를 창출할 수 있는 에너지의 연원이며, 서구·미국·일본의 학자들이 볼 수 없는 많은 새로운 안목(perspectives)을 가져다 주는 제도적 장점이다. 우리나라 철학과가 서양철학과 동양철학으로 분리된다면 서양철학은 이 역사 속에서 토착화될 수 있는 실마리를 잃을 것이며 동양철학은 한학적 분위기로서 특수화되어 갈 것이다. 갈라진 것도 통합해야 하는 이 민족사적 시점에서 왜 통합된 것까지 갈라놓으려고 하는가? 다음과 같은 주앙쯔의 「天下篇」의 경고적 예언에 한번 우리는 심각히 귀를 기울여야 할 때다.

> 인간의 사회(天下)가 크게 어지러워지고 역사의 흐름과 함께 현인과 성인의 가르침이 어두워지고, 인간과 우주의 길과 힘이 그 통일성을 잃어버렸다. 천하사람들이 모두 제각기 한가지 본 것을 가지고 스스로 잘난 체 좋아할 뿐이니, 이것은 비유하면 우리의 감각기관인 귀와 눈과 코와 입이 제각기 고유한 기능에서 성립한 얻음은 있으되 그 얻음이 서로 교섭하지 않으면 인식이 성립하지 않는 것과 같다. 이것은 또한 온갖 학파(百家)가 여러 갈래로 분기하여 모두 제각기 나름대로 장점도 있고 또 때에 따라 적절히 쓰여지는 상황도 있지마는 서로 교섭하지 못하고 보편성이 없기 때문에 한가닥만 아는 선비(一曲之士)들의 집단이 되고 마는 불행한 상황과 같다. 이들은 하늘과 땅(天地)의 아름다움을 나누어 버리고 온갖 사물(事物)의 이치를 쪼개버리고 옛사람의 전일(全一)함을 흩어 버릴 뿐이다. 실로 하늘과 땅의 아름다움을 온전히 보존하고 그 신령스러운 밝음을 통합하는 자는 너무도 적다. 그러므로 인간의 내면적 도덕성과 외면적 제도성의 길이 어두워져서 확연히 인식되지 못하고 답답하게 억눌려지기만 하여 활달하게 발산하지 못한다. 하늘 아래의 사람들이 제각기 자기가 좋아하는 것만 가지고 스스로 역사의 처방만 내리고 있다. 아~슬프도다! 온갖 학파들이 가기만하고 되돌아올 줄을 모르니 어찌 다시 합하여질 수가 있겠는가? 이것이 우리 학계의 현실이다. 후세의 배우는 사람들(學者)은 불행히도 하늘과 땅의 순수한 모습과 옛사람들의 큰 전체의 모습을 보지 못하게 될 것이다. 道術(테크니칼한 학문)

이 장차 천하를 갈기갈기 찢어 놓을 것이다.[38)]

38) 天下大亂，賢聖不明，道德不一。天下多得一察焉以自好。譬如耳目鼻口，皆有所明，不能相通。猶百家衆技也，皆有所長，時有所用。雖然不該不徧，一曲之士也。判天地之美，析萬物之理，察古人之全，寡能備於天地之美，稱神明之容。是故內聖外王之道，闇而不明，鬱而不發。天下之人，各爲其所欲焉以自爲方。悲夫！百家往而不反，必不合矣。後世之學者，不幸不見天地之純，古人之大體。道術將爲天下裂。

氣哲學散調 다스름

『新東亞』 1991년 7월호에 새 연재 기획으로 실렸던 이 논문은 (350~369쪽) 원래 그 형식상 『氣哲學散調』라는 나의 기철학대계를 밝히는 작업에 종속된 것임으로 당연히 『散調』를 묶어 발간할 때 같이 나가야할 것이지만, 그 문장의 성격이 『散調』에는 贅論처럼 느껴지고, 원치 않았던 아폴로지 성격이 강한데다가, 때마침 "哲學의 社會性"이라는 일문의 중요성을 통절하게 언급하는 내용을 담고 있음으로 논문집을 발간하는 계기에 "哲學의 社會性"과 병열하는 것이 훨씬 더 역사적 의의가 부각될 것이라고 판단되어 여기에 묶어 싣는다.

요즈음 세인들의 나의 문장세계에 대한 비판이 다시 머리를 들고 있으나 일별컨대 그것은 나의 학문에 대한 비판이라기 보다는, 나의 문장이 던져 주었던 사회적 충격에 대한 반추 과정이라고 생각되고, 그러한 반추과정에서 뒤늦게 고개를 쳐드는 옹졸한 인간들의 치졸한 언어조차 나는 나의 업보로서 自負할 따름이다. 되돌아 보건대, 물론 지금도 나에게서 그러한 自意識이 완전히 퇴조했다고는 볼 수 없지만, 나의 언어속에는 확실히 자기현시적이고 과대망상적인 요소가 숨어있음이 반성되지 않을 수는 없다.

그러나 그러한 自大狂적인 제스츄어가 결코 나자신의 위대성의 과시라든가, 그러한 허세를 통하여 어떤 기득권을 확보하려는 음모였다기 보다는, 역사적으로 너무 억눌려 있었던 "동양학"의 대변자로서의 소명의식이라든가, 또는 너무도 비굴한 모습을 지니고 있었던 몰주체적 학계나 학문 성향에 대한 비판의식·자성의식에 지배되어 있었던 것 같다. 그것은 나 개인을 위대하게 만들려는 노력이 아니었고, 그것은 우리사회 전체의 일깨어냄을 위하여 개인의 삶을 희생하고 또 창조적 공포를 감수해야만 하는 한 나약한 학인의 항변일 뿐이었다. 그런데 그러한 역사적 상황성의 진실을 무시하고 이제와서 나를 침으로써 개인의 공명을 높이고자하는 어리석은 타산에 현혹되어 그 이름을 더럽히고 있는 자들이 속출하고 있음에 참으로 가련한 마음을 금치 않을 수 없다.

김용옥의 사상이나 학문은 얼마든지 비판될 수 있고 또 비판되어야 한다. 나의 사상의 비판은 내가 원하는 것이며, 나를 비판하여 나를 누를 수 있는 자가 우리역사의 미래를 창도하여 나가기를 나는 숙원하는 사람이다. 그런데 잡지나 일간지등에서 "김용옥의 사상을 비판한다" 하지 않고, "김용옥의 허구를 폭로한다"라는 언설로 타이틀을 달고 있음에 실로 고소를 금치않을 수 없다. 언제 김용옥이 허구를 말했던가? 내 전공은 영원히 살아있는 나의 삶일 뿐이라 말하지 않았던가? 허구는 오로지 나를 바라보는 자들의 마음속에 있었던 것이다. 김용옥의 허구를 말하는 자는 모두 그 자신의 허구를 말하고 있을 뿐이다. 철학교수라는 작자가 내 철학논문은 한줄도 읽지 않고 나의 시사 잡문의 단편에 현혹되어 나의 철학전체의 허구를 말한다 뇌까리고 있으니 얼마나 부끄러운 일인가? 좌를 위장한 극우분자들의 난동을 경계치 않을 수 없다.

그러한 류의 비판은 그들의 계산과는 달리 결국 나를 더 사회적으로 위대하게 만들뿐이다. 그리고 마치 나를 현세의 곤욕을 치루는 선지자라도 되는 것처럼 만들뿐이니, 제발 그러한 愚行은 삼가는 것이 좋겠다. 나를 치는 자들의 제일의 이유는 물론 나를 치면 돈이 벌리기 때문이다. 그런데 그것도 결국 나의 업보다. 그럴수록 내마음속에 다짐하는 것은 나의 진실이 이해될 때까지 기다릴 수 밖에 없다는 것이요, 그 기다림속에서 더욱더 진지하게 나의 학문에 정진하는 길만 남아있다는 것이다. 나의 못남을 비난하는 그대들에게 나는 말하노라 : 나는 그대들의 잘남을 기원하노라.

지난 삶을 회고컨대 하늘과 땅에 부끄러움이 없는 것은 나의 사상의 일관성이다. 나는 60년대를 통해 나의 학문의 씨앗을 틔웠고, 또 사상의 틀을 성숙시켰다. 그리고 30년이 지난 90년대에 이르기까지 나의 사상체계는 일관되어 있다. 우리사회에서, 현금 소련의 사회주의붕괴라는 대사건까지 체험하게 되는 격동의 시대를 지나오면서, 60년대 표방한 사상체계를 그 모습대로 90년대에까지 지속시킬 수 있었던 사람은 거의 없다. 그것은 나의 학문체계의 출발자체가 기존의 학문이라는 어떤 개념적 체계를 벗어난 매우 새롭고도 미래적인 인식론에 기초하고 있었기 때문이었고, 그 구상의 스케일이 워낙 광막한 것이었기때문에, 一曲의 진보성이나 보수성에 의하여 포착될 수 없었음을 말해주는 것이다. 이것은 결코 나의 자만이 아니요, 있는 사실의 술회에 불과한 것이다. (1991. 9. 5.)

『氣哲學散調』의 새연재를 시작하는 "다스름"의 첫머리에는 다음과 같은 新東亞의 편집자주가 붙어 있었다.

本誌에 1년동안(89. 11~90. 10) 연재됐던 『도올세설』로 독자들 사이에 끊임없는 "충격과 물의"를 일으켰던 金容沃씨가 이번에는 그의 본격적인 철학: 저 『氣哲學散調』를 본지에 연재하기로 마음먹었다. "도대체 니가 말하는 氣哲學이라는게 뭐냐"는 市中의 비판에 "정당성"이 있다고 인정하는 도올은, 이 야심적인 연재에서 그의 치열한 삶의 경험에서 도출되는 특유의 氣哲學체계를 어쩌면 勿忘記 혹은 箴言 형식으로 털어놓을 것으로 기대된다. 이번 호의 첫번째 글(初載)은 "散調에 들어가기 전에 손을 푸는 다스름에 해당한다"는 그의 말대로, 그가 왜 이 연재를 시작하게 됐는가를 기왕의 그의 글에서는 발견하기 어려운 새로운 느낌으로 풀어나가고 있다. 2회(第二載) 3회(第三載)를 기다린다.

氣哲學散調 다스름

성인은 살아계시오니이까?

『莊子』라는 서물의 제13편인 「天道」의 끝머리에 다음과 같은 고사가 하나 실려있다. 齊나라의 桓公이라하면, 그 이름만 들어도 천하가 벌벌 떨 春秋당대의 覇者다(在位 685~643 BC). 소위 『管子』라는 서물의 주인공이라고 전하는 管仲(실제는 管仲을 『管子』의 저자로 볼 수 없다)을 등용하여 春秋五覇의 제일인자가 된 사람이다. 孔子의 桓公에 대한 평가도 부정적이지만은 않다. 이러한 위세등등한 桓公이 자신의 대저택 堂上에서 책을 읽고 있었다. 그런데 그 堂下 정원마당에는 輪人(輪工이라고도 함, 수레바퀴를 만드는 匠人)이 때마침 수레바퀴를 깎아 새로 껴맞추고 있었다. 지금이야 타이어나 베아링같은 정교한 기성품이 있기 때문에 가라지 수리공의 기술이 그리 크게 문제될 것 없지만 당대의 윤공이란 장인으로서 상당히 고집과 프라이드를 가지고 있을 수 있는 위치에 있었다. 당대의 지위의 高下는 이 수레의 격의 高下로 가늠질되었고, 우수한 수레일수록 우수한 윤공의 손길이 절대적으로 필요했기 때문이었다. 바퀴의 성능이야말로 수레의 모든 가치나 현시를 결정하는 것이었다. 그러나 윤공은 어디까지나 비천한 윤공일 뿐이요, 감히 桓公의 상대가 될 수 있는 그런 인물은 아니다.

그런데 나이가 일흔이나 된 扁氏성을 가진 이 베테랑 輪人은 자기가 만지작 거리고 있던 망치와 끌을 내려놓더니 뜨락의 계단을 성큼 성큼 올라가 당상앞에 우뚝서서 감히 桓公에게 말을 건네는 것이었다. (桓公讀書於堂上。輪扁斲輪於堂下，釋椎鑿而上，問桓公曰：)

"감히 아뢰옵나이다. 公께서 읽고 계신 것은 무슨 말을 적어놓은 것이오니이까? (「敢問公之所讀者何言邪?」)

참 불의에 닥친일이라 어이가 없는 일이었지만(輪人이 堂上으로 올라온다는 것 자체가 당대로서는 있을 수 없는 일이다) 윤공을 멍하니 쳐다보던 후안公은 얼떨결에 다음과 같이 대답하였다.

"이것은 성인의 말씀이니라." (公曰：「聖人之言也。」)

그랬더니 윤공 삐엔씨는 겁도 없이 다음과 같이 되쳐 묻는 것이었다.

"그 성인이란 사람들은 살아계시옵니까?" (曰：「聖人在乎?」)

후안공은 다음과같이 대답하였다.

"물론 성인들은 돌아가신지 오래다."(公曰：「已死矣。」)

그랬더니 윤공 삐엔씨는 다음과 같은 입에 담지도 못할 불경스러운 말을 내뱉는 것이었다.

"그렇다하오면, 당신께서 읽고 계시온 것은 옛사람들의 똥찌꺼기일 뿐이오니이다." (曰：「然則君之所讀者，古人之糟魄已夫!」)

아니, 성인의 경전을, 일개의 천공이, 아니, 그것도 당대의 최고의 패자 후안公앞에서, "똥찌꺼기"라고 혹평해버리다니, 과연 있을 수가 있는 이야긴가? 當場 후안公의 분노가 어떠했겠는가? 만약 후안公이 요즈음과 같은 졸부 정치인들이었다면 그 輪扁(윤공 삐엔씨)은 그 자리에서 아무런 변론의 기회도 얻지 못하고 장살당했을 것이다. 후안公은 치밀어 오르는 분노를 억제하고 다음과 같이 점잖게 말을 되치는 것이었다.

"과인이 책을 읽는데 일개 윤인으로서 그 책에 대하여 왈가왈부 한다는 것이 어찌 있을 수 있는 일이냐? 만약 네가 너의 말에 대하여 내가 납득할 수 있는 설명을 한다면 너는 살것이고, 그렇지 못하면 너는 죽을 것이다."(桓公曰：「寡人讀書，輪人安得議乎! 有說則可,

無說則死。」)

똥찌꺼기일 뿐이지 않겠나이까?

자아! 이에 풍전등화와도 같은, 윤공의 목아지를 건 변론의 스릴 있는 장이 펼쳐지게 되는 것이다. 윤인 삐엔氏는 이에 삶과 죽음의 기로에 선 자리에서도 너무도 태연하게 자기의 삶의 소박한 체험을 고백하게 되는 것이다.

"제가 사리를 깨닫는 것이래야 겨우 제 작은 체험의 소견으로 말할 수밖에 더 있겠읍니까? 수레를 깎는다하는 것은 그 비결이 바퀴살이나 외륜에 있는 것이 아니고, 그 축과 끼어 맞춰지는 핵심의 내륜에 있읍니다. 그런데 그 내륜은 너무 많이 깎으면 헐거워서 단단치 못하고 덜거덩거리게되고, 또 너무 바트게 좁게 깎으면 빡빡해서 축이 들어가지도 않고 바퀴가 굴러가지도 않습니다. 헐겁지도 않고 빡빡하지도 않게 깎아야만 하는데 그 기술은 오로지 손에 붙을 뿐이며 그 손의 움직임이 나의 마음과 저절로 상응케 되는 것이래서 도저히 말로는 표현할 수가 없읍니다. 바로 바퀴깎는 비결이란 손과 마음사이에 存하는 것이며 말에 있지 않습니다. 臣은 늙어가면서 이 기술이 사라지는 것이 안타까워 臣의 자식에게 그것을 전수할려고 아무리 말로 표현해 보았지만 표현이 될 수가 없었고, 臣의 자식도 또 臣으로부터 배울려고 노력했지만 결국 배울 수가 없었읍니다. 그래서 나이가 일흔이 되도록 이짓을 계속할 수 밖에 없었고 늙어도 결국 바퀴를 깎다죽을 수 밖에 없는 팔자이옵니다. 그렇다고 한다면, 옛 성인도 정말 전하고 싶었던 것은 전하지 못하고, 전하고자 했던 것과 더불어 무덤으로 들어갔을 것이옵니다. 그러니 당신께서 읽고 계신 옛성현의 말이란 것은 결국 옛성현의 똥찌꺼기일 뿐이지 않겠나이까?"(輪扁曰:「臣也以臣之事觀之。斲輪, 徐則甘而不固, 疾則苦而不入。不徐不疾, 得之於手而應於心, 口不能言, 有數存焉於其閒。臣不能以喩臣之子, 臣之子亦不能受之於臣, 是以行年七十而老斲輪。古之人與其不可傳也死矣, 然則君之所讀者, 古人之糟魄已夫!」)

책과 말과 뜻과 뜻의 지시체

이 고사는 인간의 언어의 한계를 지적한 언사로서 내가 접한 가장 명쾌한 것이다. 20세기 언어분석철학자들의 천만언보다도 나에게 계발시켜주는 바가 더 컸다. 주앙쯔는 말한다 :

세상사람들이 길(道)을 얻기 위해서 귀하게 여기는 것은 책이다. 그런데 책이란 것은 말을 늘어놓은 것에 불과하다. 그렇지만 말이란 귀하게 여겨지는 데가 있다. 말이 귀하게 여겨지는 것은 뜻 때문이다. 뜻이란 반드시 지시하는 바가 있다. 그런데 뜻이 지시하고자 하는 것은 말로써 전할 수가 없다. 그럼에도 불구하고 세상사람들은 말을 귀하게 여기는 까닭에 책을 소중하게 전하고 있다. 허나 세상이 제아무리 그것을 귀하게 여겨도 그것은 귀하게 여길 바가 되지 못한다. 세상사람들의 귀함이란 결코 귀함이 아니기 때문이다. (世之所貴道者書也, 書不過語, 語有貴也。語之所貴者, 意也, 意有所隨。意之所隨者, 不可以言傳也, 而世因貴言傳書。世雖貴之哉, 猶不足貴也。爲其貴非其貴也。)

그러나 나는 지금 여기서 인간의 언어의 한계를 말하기 위하여 주앙쯔의 언어를 인용하고 있지는 않다. "책—말—뜻—뜻의 지시체"의 관계에 있어서, 물론 가장 근원적인 것은 "뜻의 지시체"이며 이 뜻의 지시체는 논리의 그물을 빠져나가는, 논리를 초월하는, 다시 말해서 논리로써 다 표현될 수 없는 것이라는 주앙쯔의 주장은 만고불변의 진리일 것이다. 비트겐슈타인의 언어철학도 초기에는 뜻과 지시체의 등식을 고집했으나 나이가 들고 철이 들어갈수록(그의 후기철학), 주앙쯔의 지혜와 상부되는 방향으로 그의 생각을 진행시키지 않을 수 없었으니 그것은 결국 주앙쯔의 생각이 너무도 근원적인 언어의 측면을 잘 지적하고 있기 때문이다. 언어의 정확성으로도 바퀴를 깎는 것 하나를 내 자식에게 평생 가르칠 수가 없었으니, 모든 언어적 표현은 결국 그 언어가 표현하고자 하는 세계의 핵심을 표현할 수가 없고 따라서 모든 언어는 그것이 제아무리 성현의 말씀이라 할지라도 결국 성현이 표현할려고 했던 것이 아닌 그 찌꺼기일 수밖에 없다는 수레바퀴장인의 소박한 언급은 桓公의 기세를 누르고도 남을 진리의 위력을 가지고 있었다. 명제의 적합한 표현으로서의 언어에 대한 신뢰때문에 서양철학전통은 다양한 적합성을 상실해버리고 말았다고 갈파한 화이트헤드의 혜안을 상기하게 된다.

언어의 그물이 담을 수 있는 것과 담을 수 없는 것

이러한 수레바퀴공인의 논리를 정직하게 따른다면, 桓公이 堂上위에 펴놓고 있었던 세계, 즉 인간의 언어를 통한 문명의 축적이라는 모든 인위적 성취는 하루아침에 무너져버리고 마는, 그 성취가 하룻밤사이에 위선으로 전락하고 마는 위기를 맞지 않을 수 없다. 그렇다면 언어를 통한 인간활동이 모두 무의미하고, 모두 불필요하게 된단 말인가? 그렇다면 주앙쯔는 왜 이러한 고사를 언어의 그릇에 담아 다시 책으로 남겼어야만 했는가?

말과, 말의 뜻, 그리고 뜻의 지시체의 관계는 영원히 등식이 성립되는 일치의 관계일 수는 없다. 그러나 그 지시체라는 무엇, 그것을 칸트가 말하는 "물자체"(Ding-an-sich)라고 해도 좋다, 그 지시체라는 무엇은 주앙쯔의 말대로 언어의 그물에 걸리지 않는 측면이 분명히 있는가 하면, 또 동시에 언어의 그물에 걸리는 측면이 있다는 것을 인정하지 않으면 안된다. 어찌 본다면 인간의 언어의 역사는 언어의 그물에 걸리는 것과 언어의 그물에 걸리지 않는 것과의 사이에 존하는 긴장, 그 긴장은 때로는 이승과 저승, 이 세계와 하늘나라, 그리고 감각계와 형상계(이데아계)의 완연한 이원적 분리로 나타나기도 하고, 때로는 헤겔에 있어서처럼 변증법적 얽힘(dialectical enmeshment)으로 나타나기도 하는, 그러한 긴장의 역사였다. 그리고 인간은 가능한한 실재(지시체)의 세계를 언어의 그물에 다 담으려는 피눈물나는 노력을 기울여왔다. 그래서 어휘도 늘여보고, 그래서 언어의 그물코를 좁히는 정교한 작업도 게을리하지 않았다. 서양의 과학이란 기본적으로 언어의 그물의 세망화(細網化) 작업과정에서 태어난 것이나. 헤겔철학도 결국은 칸트가 안티노미로서 放棄한 세계, 즉 언어의 그물에 담기지 않는 세계를 언어화할때 생기는 이율배반성을 언어의 그물에 다시 다 담아보려는 논리의 세망화작업에서 태어난 것이다.

그러나 언어의 세망화작업은 궁극적으로 그 한계를 露呈시킬뿐만 아니라 주앙쯔의 말대로 아무리 논리의 세망이 정교해진다 할지라도 세망에 걸릴 수 없는 세계는 실재의 그 모습대로 남는다. 라오쯔(老子)의 말에 "天網恢恢, 疏而不失"(七十三章)이라는 말이 있듯이 오히려 논리는 그 망이 촘촘하기 보다는 성글수록 오히려 잃지않는 것이 더 많을 수도 있기 때문이다. 어찌본다면 라오쯔는 20세기 언어철학의 신념의 낭패과정을 정확히 내다보고 있었을지도 모른다. 언어의 망이 성글수록 오히려 잃는 것이 없다고 역설적으로 생각한 이 라오쯔의 사상은 동양문명전체의 언어관에 매우 심오한 영향을 끼쳤다.

언어는 죽음을 보존하기 위한 것이 아니다

언어의 존재이유는 주앙쯔의 생각처럼 언어가 지시하는 실재의 세계, 즉 언어의 그물로서 담을 수 없는 세계 그 자체를 위해서만 있는 것은 아니다. 언어는 물론 그 걸리지 않는 실재세계를 끊임없이 지향하지만, 언어의 존재이유는 바로 언어로서 담을 수 있는 세계, 즉 언어의 그물에 걸리는 세계 그 자체를 위해서도, 있는 것이다.

언어에 담긴 세계는 분명 라오쯔의 "道可道非常道"라는 주장대로, 실재의 세계 그자체는 아니다. 그러나 언어가 인간세에 존재하는 이유는, 언어는 바로 자기의 그물에 걸리는 것으로써 그물에 걸리지 않는 것을 촉발시키는 어떤 통찰의 세계, 즉 質적인 그 무엇을 내포하고 있기 때문이다. 그럼으로 輪扁의 주장도 그것이 언어 그자체의 不用性을 말한 것이 아니라, 그 언어가 촉발시키는 세계의 빈곤성, 그리고 그 언어의 촉발을 수용하는 주체, 즉 몸(Mom)의 빈곤성(자기아들의 경우)을 지적한 것이다.

다시 말해서 우리가 「天道篇」의 고사를 분석하는데 있어서 주목해야할 것은 언어의 망에 걸리는 것과 걸리지 않는 것의 이원적 대비, 즉 걸리지 않는 것이 진짜고 걸리는 것은 가짜라는 대비적 이원성이 아니라 바로, 삶과 죽음이라는 매우 실존적 문제의 이해방식이다.

堂上의 후안공에게 감히 그가 던진 첫 반문은 바로 그 언어의 주체인 성인이 살아있느냐(聖人在乎?)는 것이었다. 살아있느냐? 즉 몸의 가능성이 다 발현되고 있느냐? 이에 대한 후안공의 대답은 "이미 죽은지 오래다"(已死矣。)였다. 이에 대해 삐엔씨는 "그렇다면"(然則) 하고, 그 이하의 논리를 전개한 것이었다. 다시 말해서 삐엔씨의 모든 아규먼트(論說)는 "성인이 죽었다"라는 명제를 전제로 해서 이루어진 것이다. 죽었다라는 것은 살고 있지 않다는 것이다. 그렇다면 언어의 가능성은 삐엔씨에게 있어서도, "성인이 살아있다"면 반드시 부정적인 것으로만 나타나지는 않는다. 즉 언어라는 그물의 존재이유는 궁극적으로 언어의 망에 걸리지 않는 실재대상세계에 있는 것이 아니라 보다 적극적으로, 보다 긍정적으로는, 살아있는 "삶"에 있는 것이다. 즉 언어는 삶의 소산이다. 그리고 언어는 죽음을 보존하거나 죽음을 일깨우기 위해서 필요한 것이 아니다. 그것은 어디까지나 삶을 윤택하게 하기위해서, 삶의 체험(느낌)을 소통시키기 위해서, 있는 것이다. 그런데 오늘날 대부분의 사람들이 언어를 삶의 소산으로 생각치를 않는다. 그들에게 있어선 언어는 죽음의 소산인 것이다. 왜냐? 그들의 언어가 죽어버렸기 때문이다. 즉 언어의 그물에 걸리는 것이 걸리지 않는 것을 촉발하는 통찰의 세계를 상실해버렸기 때문이다. 왜냐? 그것은 그들에게서 언어가 권위화되었기 때문이다. 그들에게 있어선 언어가 해방이 아니라 권력의 속박이기 때문이다. 언어는 권력이다. 언어는 폭력이다. 언어는 죽음이다.

왜 나의 언어를 살해하려는가?

이 세상은 나 도올 김용옥에게 끊임없이 오해와 비방 그리고 저주를 던져왔다. 세인의 오해는, 그것이 그릇이 용열한 자의 질투나 무기력감에서 비롯된 절망적 시샘이나 이유없는 저주는 도외시한다하더라도, 그 오해가 매우 긍정적이고 계도적인 성격을 지니고 있을때에도, 그 오해가 오해일 수밖에 없는 것은, 그들의 언어 자체가 죽어있기 때문이다. 그들은 사망한 언어만을 언어라고 생각하고 있기 때문이다. 다시 말해서, 언어의 그물에 걸리는 세계가 걸리지 않는 세계를 촉발시키는 언어의 생명력이 상실되었기 때문이다. 그들의 오해 즉 나에 대한 비판을 가장 슬프게 만드는 것은, "斷章取意"라는 맥락의 국부성의 오류까지는 좁은 소견으로 너그럽게 용서한다 할지라도, 정말 용서할 수 없는 것은, 그들 자신이 사상이나 철학 그자체를 삶의 소산으로 보는 것이 아니라 죽음의 소산으로 보고 있다는 사실이다.

김용옥은 지금 현재 내가 글로 쓰고 있는 한에 있어서는 분명히 살아있다. 김용옥은 살아 있다. 그래서 이 글을 쓸 수 있다. 다시 말해서 김용옥이 살아 있는 한에 있어서는 김용옥의 언어는 살아 있을 수밖에 없는 것이다. 그런데 나의 비판자들은, 즉 나에게 사상을 요구하는 자들은, 나의 언어를 그들의 언어화하려 한다. 즉 나의 언어를 그들의 언어의 모습대로 살해할려고 한다. 그들이 나의 언어를 살해하는 한에 있어서는 나는 그들을 용서할 수가 있다. 그러나 그들은 나의 언어를 죽이려할 뿐만 아니라, 나 김용옥을 죽이려한다. 나 도올 김용옥의 살해는 우리가 살고 있는 시대의 영감을 위해 결코 아름답지 못한 것이다.

철학은 존재의 작전

철학이란 존재의 작전이다. 철학이란 결코 선한 것만은 아니다. 철학은 결코 좋은 것일 수만은 없다는 것이다. 철학은 때로는 악한 것이며, 때로는 위장된 것이며, 때로는 아양거리며, 때로는 비양거리며, 때로는 비굴하며, 때로는 조롱거린다. 철학은 철저히 언어라는 집에서 생활한다. 단 무전제로 생활한다는 것만이 여타의 몸의 활동과 다르다. 언어가 철학의 집인 한에 있어서는 철학이 존재의 작전일 수밖에 없는 것은, 철학의 집인 언어에 바로 앞서 지적한, 그물에 걸리는 것과 걸리지 않는 것 사이의 변증법적 긴장(dialectical tension)이 항존하기 때문이다. 그 긴장은 결국 양자의 불일치에서 오는 것이며, 따라서 이러한 불일치를 전제로 할때 언어는 교묘한 전략을 사용하지 않을 수 없다. 인류를 지배한 모든 위대한 사상은 알고보면 이러한 교묘한 전략의 상황적·단계적 소산일 뿐이다. 전략이란 항상 승리를 전제로 하는 것이며, 승리의 결과가 항상 선이라는 보장은 아무곳에도 없다. 그러므로 철학이 전략인 한에 있어서는 그것은 선을 지향한다는 명분은 항상 내세우지만 때로는 약할 수도 있는 것이다. 이 시대의 많은 악도 기실 알고 보면 철학(이데올로기)의 속박속에서 자행되는 것이다.

전략을 말하지는 않는다

따라서 모든 사상가의 사상을 이해할려고 할때, 이해의 가장 현명한 방법은 그 사상가의 존재의 전략을 파악하는 것이다. 전략없는 철학은 없다. 전략이 없을 땐 그것은 제아무리 영명한 통찰을 지니고 있다할지라도 철학이 될 수가 없다. 철학은 언어로 구성된 체계며, 체계는 전략이 없이는 생겨날 수가 없다.

김용옥의 사상(철학)은 김용옥이라는 존재의 전략이다. 전략은 물론 시간상에 있다. 즉 역사성을 가지고 있다. 따라서 김용옥의 사상을 파악하는 첩경은 김용옥의 시간적 전략을 이해하는 것이다. 그럼 김용옥의 전략은 무엇이냐? 그런데 김용옥은 죽을때까지 그 전략을 말하지 아니한다. 왜냐? 전략은 원래 말하지 않는 것이다. 전략이란 음흉한 계략이며, 그것은 말해버리면 전략이 아니다. 다시 말해서 모든 사상가의 전략은 그 사상가자신이 말하는 것이 아니라 그 사상가의 역사성을 전체적으로 조감하는 능력을 지닌자의 몸속에서 파악되는 것이다. 자기의 전략을 말한 사상가는 없다. 그것은 오로지 말하여질 뿐이다. 그러나 그렇게 모르는체 입따셔 버리면 너무도 얍체스럽지 아니한가? 그래도 좀 전략의 맛이래도 뵈주어야할 것이 아닌가? 전술은 말할 수 있으되 전략은 말하기 어렵다. 전략은 기나긴 시간성을 가지고 있는데 반하여, 말로 밝힌다(elucidation)는 행위는 시간의 긴박한 시점에 고정화되고 화석화되어버리기 쉽기 때문이다. 전략은 관념적 구성의 완결체가 아니라 현실적 구성의 역동적 체계이기 때문에 그것은 한 시점에서 다 밝혀질 수 있는 것은 아니기 때문이다.

나의 언어전략에 관한 가장 흔한 비판 두가지

나에 대한 이제까지의 비판을 검토해보건대, 그것은 구십구프로가 감정적 혐오감이요, 나머지 일프로조차도 대부분이 나의 저술세계를 通觀하거나 全觀하지 않은데서 기인한 단순한 무지에서 오는 것이다. 그리고 대부분이 나의 언어전략에 집중되어 있다.

나의 언어전략에 관한 비판중에서 가장 흔하고 또 가치있는 것은 다음의 두종류로 압축된다. 하나는 나의 언어를 담는 틀이 너무 경솔하거나 너무 상스럽다는 것이요, 또 하나는 너무 "나"라는 주어가 강하게 노출되어 있다는 것이다. 이 두가지 비판은 분명히 나의 문장세계에 관하여 의미있는 비판이며 또 누구든지 느낄 수 있는 평범한 것이다. 그리고 누구든지 느낄 수 있는 평범한 것이라면 그것은 누구보다도 먼저 나 자신이 느끼는 문제일 것이다. 나는 여태까지 나의 존재전략의 전모를 밝힌 적은 없으나 언어전략에 관하여는 이미 소상히 밝힌 바가 있다. 다시 말해서 나는 내가 쓰고자 하는 언어의 양식에 관하여서는, 설사 그것이 무리는 있었다 할지라도, 그것이 의도하는 바에 대하여 그 역사성의 정확한 의미를 당초부터 밝히고 나의 언어활동을 시작했다는 것이다. 그것은 여기저기 산재되어 있지만 나의 언어의 역사적 양식, 즉 그 사회성을 압축시켜 놓은 것은『世界의 文學』통권 36호에 실린 "哲學의 社會性"이라는 매우 학구적인 논문이다. 그것은 한국의 철학자들이 모인 哲學硏究會의 정규모임(1985년 5월 18일)에서 주제발표논문으로 제출되었던 것이며 일반계간지인『세계의 문학』1985년 여름호에 게재되어 제한된(당시의 나는 지금만큼은 전혀 유명한 사람이 아니었으니깐) 지식대중에게 공개되었던 것이다. 그것은 1986년 4월의 소위 "良心宣言" 보다 약 1년을 앞선 사건이었으며, 나의 대중적 지명도가 양심선언이라는 돌발적 사건을 통해 큰 전환을 일으켰다면, 나는 철학의 대중화작업, 아니 대중의 철학화작업의 전초에 서기에 앞서서 일개 무명의 학인으로서 나의 언어의 틀을 정연하게 정리해놓고 있었다는 것이다. "哲學의 社會性"이라는 논문이 기타 학술논문과 묶여서 단행본으로 선을 보였다면 비교적 오해가 없었을 것이지만 나는 끊임없이 밀려닥치는 창조적 저술의 스케쥴 때문에, 그리고 내글을 반드시 내손으로 주달고 교정보는 완벽주의의 습벽때문에 미쳐 기회를 얻지못했다. (지금도 물론 시간만 있으면 묶어 펴낼 생각을 가지고 있다. 校. 이책에 같이 펴내게 됨을 다행스럽게 생각한다.)

"래디칼"의 두 의미

지금 "哲學의 社會性"의 내용을 새삼 반복해야할 하등의 이유를 느끼지 않지만(지금도 관심있는 독자들은 얼마든지 도서관에서 카피해볼 수 있으니깐), 80년대를 회고해 보건대, 우리사회는 분명 거대한 변혁의 과정을 거치고 있었다. 혁명을 긴급한 변화의 시간성으로만 규정치 않고, 좀 느긋한 변화의 시간성을 포괄시켜 규정한다면, 80년대 우리사회가 경험한 "혁명성"은 단군이래 여태까지의 어떠한 역사적 변화의 템포보다도 더 압축된 내용을 담고 있었으며, 그것은 신분의 변화나 계층의 변화, 혹은 계급의 이동이라는 사회유동성(social mobility) 즉 가시적인 물리적 변화, 즉 물질적 토대에 기초한 양적 구조의 가시적 변화뿐만 아니라, 눈에 보이지 않는 의식구조의 변화, 즉 사회적 의식을 구조지우고 있는 가치나 윤리의 변화마저 수반하고 있었던 것이다. 하부와 상부는 항상 동시적인 것이며, 동시적이지 않으면 그 어느것의 혁명도 실패한다. 나의 철학의 역사적 의미, 즉 80년대의 역사성은 바로 이러한 가치나 윤리의 변화라는 측면과 깊게 연관되고 있다. 우리가 역사의 진보를 꾀하는 소위 "진보세력" 혹은 "혁명세력"을 보통 "래디칼"하다고 말한다면, 그 래디칼리티(radicality)는 다음의 두가지 측면의 함의를 다 보지하고 있다. 영어로 "래디칼하다"하는 형용사는 보통 두가지 의미를 지닌다. 하나는 "과격하다"는 의미며, 또 하나는 "본질적이다" "근원적이다"라는 의미다. 우리 사회에서는 "래디칼"이라는 의미를 보통 전자의 의미로만 사용하고 있는데, "래디칼"의 본뜻은 본질적이다, 근원적이다라는 후자의 의미로 이해되어야 마땅하다. 래디칼의 라틴어어원은 "뿌리"라는 뜻이며, "보다 뿌리에 가깝다"라는 뜻이 래디칼의 원의다. 후자는 전자를 통합한다. 한 단어가 지니고 있는 여러 의미는 원래 하나의 의미의 역사적 분화로 이해되어야 한다. 다시 말해서, 보다 뿌리적인 것, 보다 근원적인 것, 보다 본질적인 것이야말로 과격한 것이며, 진보적인 것이며, 혁명적인 것이다. 해방후 우리사회를 지배한 진보나 혁명의 의미는 단지 외견상의 정치세력의 변화나 계층갈등구조의 디자인의 변화에 그치었을 뿐, 다시 말해서 통시적(diachronic) 흐름의 변화에 치중했을 뿐, 공시적 존재의 본질적 심화(Deepening of synchronic existence)에 무관심한 편이었다.

나의 상스러움은 아름답지 못한 것이지만 해방의 작업

모든 가치나 윤리의 변화는 반드시 언어에 반영된다. 그리고 언어는 반드시 그 시대를 지배하는 에피스팀(Episteme)이나 디스코스(Discourse)의 그물속에 있다. 그리고 그 디스코스는 권력의 체계다. 모든 권력은 물론 정치적이다. 따라서 모든 언어는 정치적이다. 이것은 어떤 의미에서 철학은 존재의 전략이라고 말한 상기의 언급과도 상통하는 것이다.

내 언어의 틀이 "상스럽다" 혹은 "경솔하다" "구어체의 욕지거리를 많이 쓴다"라고 할때, 나는 이 사회에 없는 언어를 새로 창조해 낸 적은 없으며, 단지 기존의 언어의 계급성과 상황성을 상식이 허용하지 않는 틀속에서 이동시켰을 뿐이다. 응당 이런 자리에서(공간성)

이런 때에(시간성) 해서는 아니되는 말을 하는 혼란이 나의 언어의 외관이나 느낌, 그리고 틀까지 지배하고 있다는 것이다.

사실 이러한 언어의 혼란은 매우 아름답지 못한 것이다. 특히 유교적 가치관이 지배하는 사회에서는 점잖치 못한 것이다. 나의 학식이나 문벌, 그리고 내가 소속한 그룹의 상식이나 가치관, 그리고 그 세계 사람들이 기대하는 언어의 버릇을 생각할 때 그것은 심히 위태롭고 위화적인 것이며 때로는 구역질나는 것이다. 그러나 역사의 진보는 아름다움만으로는 이루어지지 않는다. 사르트르의 실존주의 명제대로 모든 변화는 구역질, 즉 구토감(nausea)을 동반하는 것이다.

나의 래디칼리즘, 즉 나의 혁명적이고 본질적인 의식은, 억눌린 계급, 소외된 계층의 억압이나 소외로부터의 해방이라는 물리적 투쟁에 있었다기 보다는, 그들을 억압하고 소외시키고 있는 계층(계급)의 언어를 바로 억압과 소외를 창출하고 있는 권력으로부터 해방시키는 언어적 작업에 있었다. 나는 학자다. 이 "학자"라는 타이틀이 제아무리 비겁한 것이라도 나는 이 타이틀에서 벗어날 생각이 추호도 없다. 나는 정직하게 말해서 나약한 선비다. 아무런 세속적 권력이 없이 단독자로서 사는, 아무런 제도의 보호를 받고 있지 않은, 쉽게 말하면 그냥 걸어가는 사람이 발길질하면 걷어채일 수밖에 없는 매우 평범한 낭인이다. 그리고 나는 돈없는 사람들을 부유하게 만들어줄 수 있는 그런 물리적 파우어가 있는 사람은 아니었다. 조선민족의 "가난으로부터의 탈출"은 어찌되었든 군인들과 장삿꾼들이 리드해서 이루어 놓은 것이다. 그리고 해방후 우리사회의 모든 진보세력의 사회정의는 가난한 사람들에게 부를 가져다 주는 정의가 아니라, 그 부를 가져다 주는 과정에서(즉 부를 창출하는 과정에서) 그 부의 주체를 확실히 밝히자는 것과 또 공평한 분배가 이룩되어야한다는 감시적 기능의 사회정의였다. 나는 이러한 분배의 측면에 있어서 직접 현장에서 투쟁한 사람은 아니다.

평등을 말하는 모든 이들이 불평등을 원한다

철학은 무전제의 학문이다. 예를 들자면, 인간세는 평등해야 한다라는 말은 누구든지 의심없이 받아들이는 것이다. 다시 말해서 "평등한 것이 좋은 것이다"라는 명제를 절대로 생각하는 오류를 누구든지 범하기 쉬운 것이다. 그런데 사실 평등한 것은 나쁜 것일 수도 있다. 모든 생명의 에너지, 모든 시간을 창조하는 에너지는 사실 불평등관계에서 생겨난다. 완전한 평등은 죽음이며, 무시간이다. 인간세의 평등이란 끊임없이 지향되어야 할 그 무엇이지만, 현실적 불평등이란 모두 제거되어야만 하는 대상은 아니다. 불평등이란 창조의 도약을 위하여 어떠한 형태로든지 보존되어야 한다. 모든 평등을 외치는 사람들의 주장을 잘 검토해보면 모두 불평등을 원하고 있다. 선거공약에서 정치적 평등을 주장하는 입후보자는 기실 알고 보면, 불평등한 정치적 권력의 자리에 자기가 앉기위해서 그것을 외친다. 모든 평등을 외치는 사상가들도 평등사상을 통해서 자기 자신은 불평등한 자리, 즉 남보다 불공평하게 영향력이 큰 자리에 앉기를 원한다. 프로레타리아 독재를 외치는 모든 혁명투사들은 프로레타리아가 불평등하게 권력을 독점하는 사회를 만들려고 애쓴다. 평등은 지향되어야할 명사이기는 하지만, 그것의 술어는 모두 불평등한 현실태를 지니고 있다. 나는 아예 평등한 사회를 원하지 않는다. 내가 원하는 사회는 평등한 사회가 아니라 불평등이 조화된 사회이다. 불평등이 남의 기를 해치지(희생시키지) 않는 모습으로 조절된 사회다.

우리사회의 래디칼리즘은 여태까지 평등의 개념과 인간의 기본권의 확보라는 문제를 혼동하여 왔다. 해방후 여태까지 남북한의 양심적 지식인들이 투쟁해온 것은, 인간생존의 기본권의 확보였으며 막연한 평등이 아니었다. 사실 평등이란 성원 개인의 사회적 기회균등의 약속체계 이상의 그 아무것도 아니다. 인간생존의 기본권에 관한한 모든 휴매니스트의 관심은 일치하는 것이다. 좌던 우던, 상이던 하이던, 진보건 보수건.

심미적 가치를 띠는 욕의 예술은 양보할 수 없다

그러기 때문에 나 선비로서 할 수 있는 최대의, 그리고 최선의, 그리고 현실적으로 가능한, 그래서 현명한 작업은 평등론을 지향하는 사회주의진영에 직접 가담하여 몸싸움을 벌리기 보다는 우리사회의 언어를 사용하고 있는 사람들의(영향력있는 언어를 사용하고 있는 계층은 실로 좁게 제한된다) 의식구조에 매우 파괴적인 성찰의 계기를 던지는 작업이었다. 즉 사회적 계급의 변동은 언어적 계급의 변동이 없이는 불가능한 것이라고 나는 판단했기 때문에 나의 작업이 한국사회의 재편과정(reshuffling process)에 결정적 도움을 주리라고 나는 확신했다. 나는 분명 래디칼이었다. 그리고 나의 래디칼리즘은 좌익투사들이 생각하는 것보다는 더 물리적 위험과 정신적 공포를 수반하는 것이었음을 고백한다.

나의 작전은 눈에 보이지 않지만 기대 이상의 성과를 거두었다고 확신한다. 우리나라의 언어가 많이 구어화(colloquialization)되었으며, 젊은이들의 언어가 권위의 틀을 깰려는 노력이 학문세계에 있어서도 여실하며, 또 기존의 세력들도 낯선 언어방식을 무조건 백안시하지 않게되었다. 그리고 고등한 지식을 생활인에게 일상화시키고 보편화시키려는 노력이 뚜렷하다. (물론 이런 현상이 모두 나의 영향이라고 자만하는 오만을 나는 가지고 있지 않다. 시대적 흐름을 나는 도왔을 뿐이다.)

모든 작전은 역사적이다. 나는 이상의 아폴로지로서 나의 행위를 정당화할 생각이 없다. 나의 문장에는 불필요한 자극, 불필요한 감정의 노출, 없었으면 더 좋았을 부분들이 많을 것이며, 또 나의 실수로 인정되어야 하는 부분들도 적지 않을 것이다. 그러나 그 모든 것이 의도적이었으며, 이제 그 의도적 기능의 역사성이 사라지는 한에 있어서는 물론 그러한 표현은 사라질 것이다. 불필요한 자극으로 독자들을 구역질나게 만드는 짓은 하지말아야 할 것이다. 될 수 있는대로 욕지거리는 지양되어야 할 것이다. 그러나 단 하나! 나는 나의 언어의 구어성(colloquialism)은 양보할 수 없으며, 분층화된 언어의 혼용도 양보할 수 없으며, 또 심미적 가치를 띠는 욕의 예술(罵的藝術)도 양보할 수 없다.

나는 고전학자

나는 전공으로 말하면 일차적으로 고전학자(classicist)다. 그리고 내가 82년 귀국하여 사회활동을 시작하면서부터 외친 것은 "번역"의 문제였다. 그리고 나는 이 "번역"의 문제를 단순한 종족언어간의 번역의 문제가 아니라 문명(문화)의 번역의 문제도 확대시켰고 또 인간

존재의 해석의 문제로 심화시켰다. 이 모든 것을 합쳐 나는 "한문해석학"(Classical Chinese Hermeneutics)이라고 불렀다. 나의 학문의 출발이 한문해석학이었다는 사실을 연상할 때 나의 언어에 대한 관심이 얼마나 집요한 것이며, 얼마나 의도적인 것이었나는 쉽게 상상이 갈 것이다.

"나"를 숨기지 말라

두째로, 주어의 문제에 관하여서도 나의 입장은 "철학의 사회성"에 매우 소상히 밝혀놓았다. 따라서 여기서 되풀이하지 않는다. 그런데 "나"의 강조가 나라는 개인의 과시나 현시, 과대망상증적 독선이나 오만으로 오해되는 것은 지극히 유감스러운 일이다. 그리고 그것은 지극히 편협한 소수의 감정상의 왜곡일뿐 대다수의 순수한 독자들은 그러한 문제를 그리 불쾌하게 생각치는 않으리라고 확신한다.

나는 우선 인간의 언어를 표면의 구조에서 보질 않는다. 다시 말해서 표면에는 주어가 죽어있더라도 그 심층구조에는 주어가 항상 살아있다고 생각한다. 영어에는 항상 주어가 살아있는데, 우리말에는 주어가 없어도 된다는 그러한 막연한 언어유형론을 나는 믿지 않는다. 우리말에도, 한문에도 "나"라는 주체의식은 확연히 살아있다고 생각한다. 단지 우리말에 주어가 죽어있다고 한다면, 그것은 주체가 없이살아온 우리민족의 20세기의 역사성을 반영할 뿐이다. 우리말과 통사구조(syntactic structure)가 가장 가깝다고 하는 일본말도 "나"(와타쿠시)는 명료하게 살아있다. 그들은 우리보다 보다 자신있는 현대와 현대어를 살았고 구성했기 때문이다. 그리고 이퇴계의 문장에도 요즈음 사람들의 언어보다는 훨씬 더 명료하게 "나"가 살아있음을 나는 말하고 싶다. 모든 "우리"는 "나"의 집합일 뿐이다. 나가 없는 우리는 픽션이요 거짓이다. 왜 도올, 너는 항상 "나의 기철학" "나의 생각"만을 말하는가? 나의 나는 모든 타의 나를 일깨우기 위함이다. 그들의 나에게 경각심을 주고 대적감을 일으키며 그들의 나를 파괴시키고 또 그들의 나에게 확신과 자신을 주기위함이다. 그들의 나에게 김용옥의 나를 초극할 수 있게 하기 위함이다. 어찌 내가 화엄의 연기론을 모르겠는가? 어찌 나는 "우리"라는 공동체의식을 결여하고 있겠는가? 이 "나" 또한 역사성이라면 역사성이겠으나 이 역사성은 내가 죽을 때까지는 포기할 수 없는 역사성이 될 것 같다. 우리는 너무도 정직한 "나"를 기만하고 살아왔기 때문에 "우리"의 질서를 찾지못하는 것이다.

내글속에 살아있는 "나"들이 우글거리는 이유

내가 한학의 세계에 눈을 뜨면서, 한학을 한 우리선조들의 학문세계에 접하면서, 즉 모던한 서양철학학문의 세뇌를 받은 자로서 그들의 학문의 본령에 편입되었을 때 느낀 콘트라스트의 강렬함은 너무도 충격적인 것이었다. 그들의 학문전체가 소박한 일상적 나와 나의 부딪힘으로 이루어진 것들이라는 것이다. 그들의 소위 文集이라는 것이 대부분 일상적 주제를 놓고 교환한 편지나 비문 그리고 바이오크래필칼 콤멘트(인물평)가 주종을 이루는 것이다. 주어가 빠진 추상적 주제를 그 자체로서 논구하는 소위 "논문"이라는 것이 거의 부재하다는 사실에 나는 깊은 충격을 받았다. 다시 말해서, 학문이라는 것의 양식에 대한 본질적 회의나 성찰을 거치지 않은채 나는 근세 유럽에서 발생한 학문의 양식만을 유일한 양식으로 받아들이고 있었다는 오류를 인식하게된 것이다. 오늘날 우리나 경험하는 학문이란, 즉 암암리 도달의 표준으로 삼고 있는 학문이란, 철저히 "나"가 빠진 추상적 주제에 추상적 논리의 첨가내지는 조합방식의 변형, 그리고 타인의 정보체계를 인용하는 주석이나 주해에 의한 정당화방식을 기준으로 삼고 있다. 모든 학문의 출발이 나가 빠진 남의 논리의 추상적 주제의 연장일 뿐인 것이다.

내 글속에는 수없는 살아있는 주변의 "나"들이 등장한다. 여태까지, 최소한 20세기 우리학문에는 전후무후했던 방식이었다. 이것는 서로가 서로를 학자로서 대접할 줄 모르고, 우리가 살고 있는 모습이 곧 사상이라는 것을 모르는 자들에게는 당혹스러운 것이었을 줄 모르지만, 남의 생각을 마구 표절하고, 주변의 살아있는 사람들의 사상성을 불인하고 외국학자들의 비맥락적 정보체계만 베껴먹는 현실을 개탄하던 많은 학인들에게는 매우 신선한 충격을 주었으며, 구체적 비판과 논쟁의 실마리를, 그리고 학문방법의 재인식에 결정적 계기를 마련한 것이다. 이퇴계의 문집에는 동시대의 인물의 이름이 수백명은 등장할 것이다. 현재 우리가 철학교수의 평생논문속에 당대의 한국학인의 이름이 몇명이나 나오겠는가? 도올! 너는 왜 그렇게 글 속에서 주변의 살아있는 사람들의 이야기를 많이 하는가? 그리고 왜 그렇게도 사람평을 많이 하는가? 그것이 제가 배운 학문의 모습이외다. 나는 그것외엔 학문이라는 것을 알지못하옵나이다.

바둑에 단수가 있듯이 학문에도 단수가 있다

학문에는 절대적 추상적 기준이란 없다. 학문도 역시 인간사이에서 성립하는 구체적 느낌의 체계일 뿐이다. 그렇다면 모든 학문의 제공자는 포폄의 대상이 되어야하는 것이다. 바둑 두는 자들에게도 분명 단수가 확연히 구분된다면 학문에도 분명 포폄의 그레이딩은 가능해야 하는 것이다. 그래야 서로 인정하고, 서로 치고, 박고 싸우는 것이다. 그것이 곧 논쟁이다. 조선조의 학문의 특징은 "四七論爭"으로 대변되는 논쟁의 역사였다. 나의 학문은 앞으로 구체적 사회의 현실에 대한 긴박한 관심을 지양하고 보다 추상적 보편성을 지향하는 측면이 분명 강화될 것이다. 그러나 어떠한 경우에도 "나"의 주체성은 포기될 수 없다. 나의 기철학은 영원히 나의 기철학일 뿐이다. 그리고 "기철학"이라는 명사는 분명 나 도올 김용옥 개체의 발명(發明)이다.

너는 허깨비다!

그러나 상기의 애정어린 비판, 너무 상스러운 말 쓰지말고, 좀 "나"를 죽여서 남을 포용하는 것이 좋겠다는 매우 사랑스러운 충고는 일백프로 받아들인다 하더래도 또 다시 남는 가장 결정적 비판의 빤찌는 이런 것이다. 도올! 도대체 니가 말하는 "기철학"이라는게 뭐냐? 너는 너의 저술을 통하여 항상 궁색할 때는 "나의 기철학의 체계에서는 이렇게 생각하지만 자세한 것은 후에 밝히겠다"라는 식으로 살짝 땜질해놓고 넘어가기 일쑤지만, 한번도 그 기철학이라는 핵의 정체를 밝힌 바가 없지 않은가? 단편아닌 전모를 밝히지 않은 이상, 너는 너의 생각에 대하여 "기철학"을 운운할 자격이 없지 않은가? 정녕 그것을 밝히지 않는다면 너는 사기꾼이다. 알맹이는 쥐뿔개뿔도 없으면서 살살 주변만 긁어대며 둘러치는 야바위꾼이다. 너는 정말 알맹이 없고 자신도 없으면서 남을 겁주면서 다니기만 하는 허깨비다! 너같은 허깨비는 이 역사에서 사라지는 것이 이 사회의 오염을 정화시키는데 도움이 된다. 이제 그만 사기쳐라! 꼬리만 살살치지 말고 이제 그 늑대의 모습을 드러내라!

나를 오판하는 두 이유

나는 이러한 비판이 어떠한 동기에서 이루어졌든지간에 그 비판의 정당성을 전적으로 동감한다. 당연히 밝혔어야 할 기철학의 전모를 밝히지 않은 것은 거짓없는 사실이다. 그러나 이러한 비판자가 반문해야 할 두가지 과제가 있다. 그 첫째는 과연 그가 내 기존의 저술이라도 그 전모를 이해했는가? 만약 그가 내 저술을 다 읽고 그 저술의 행간을 따라온 자라면, 그럼에도 나의 기철학체계를 파악치 못했다면 그는 천치(ideot)나 정신박약자에 불과하다. 그리고 나는 수없는 강연을 통하여 나의 저술이 아직 따라오지 못하고 있는 나의 기철학의 체계를 구비구비 매우 체계적으로 밝혀왔다. 내가 이 역사에 쏟아놓은 정보만으로도 이미 나의 기철학은 구성되고도 남는다. 그러나 이러한 모든 것을 한 책으로 모아놓지 않은데서 생기는 불편함만은 시인한다.

두째는, 그러한 비판자들의 대부분이 사상이라는 것의 참모습을 경험한 적이 없다는 것이다. 다시 말해서 사상을 삶의 소산으로 생각하는 것이 아니라 죽음의 소산으로 생각하고 있다는 것이다. 윤인 뻬엔씨가 후안공에게 던진 최초의 질문은 그 사상의 주인공인 성인이 살아있느냐는 것이었다. 지금 나의 비판자들이 모델로 삼고 있는 사상가(철학자)들은 모두 죽은 사람들이다. 그들은 오로지 죽은 칸트, 죽은 헤겔, 죽은 비트겐슈타인만을 배워왔으며, 살아있는 칸트, 살아있는 헤겔, 살아있는 비트겐슈타인을 옆에서 지켜 본 경험이 없다. 다시 말해서 그들의 삶의 시간적 과정이 무시된 대표적 결과물, 즉 그들 사상의 시체만을 손에 들고 있을 뿐, 그들의 사상이 형성되어간 삶의 문제에 동참해본 경험이 없다. 나이가 모든 것을 말하는 것은 아니다. 허나 임마누엘 칸트도 그의 대표적 저술인 『순수이성비판』을 환갑이 가까운 쉰여덟(우리나이)에 펴냈다. 헤겔에게 있어서도 우리에게 기억되고 있는 『정신현상학』과 같은 저술은 수없는 잡다한 주제의 다작중에서 그 하나가 선택된 것이다.

이 사회에서 "김용옥의 신화"가 있다면 그것은 불식되어 마땅하다. 어떠한 경우에도 김용옥은 신화적 컬트의 대상이 될 수는 없다. 김용옥은 도올이라는 호가 말해주는 대로 "돌대가리"일 뿐이다. 헤겔이 서른여덟에 『정신현상학』을 펴냈다면, 왕 후우즈가 서른일곱에 『周易外傳』을 펴냈다면, 왕 삐가 불과 열여섯에 만고불휴의 역작인 『老子道德經注』나 『易注』를 펴냈다면, 그에 비하면 사십대초반에 머물러 있는 도올 김용옥의 성취라는 것은 초라하기 그지없다. 그러나 그러한 성취의 모습, 그자체가 우리가 살고 있는 시대의 사상의 모습 그자체라는 나의 역설을 좀 심각하게 이해할 필요가 있다.

나는 비판에 답하지 않는다

도올 김용옥의 기철학은 살아있는 김용옥에게 있어서 연역적 전제가 아니다. 즉 김용옥의 사상이 기철학이라는 논리체계로부터 연역되어나오는 것이 아니다. 김용옥의 기철학은 어디까지나 김용옥의 삶의 체험의 역사적 결과물일 뿐이다. 나의 기철학체계에서는 연역과 귀납은 이원적으로 분리될 수 없지만 기철학은 역시 나의 다양한 저술로서 표현되고 있는 삶의 경험(experimentation)의 변증법적 과정에서 귀납적으로 도출되어가는 일종의 건조물이다. 살아있는 나에게, 끊임없이 꿈틀거리는 나에게 기철학이라는 무엇의 연역적 형해를 강요하는 것은 나의 "기철학"이라는 언사의 의미자체를 곡해한 것이다.

思想은 어떠한 경우에도 한시점에 고착될 수 없는 역동체이다. 思는 명사다. 想은 동사다. 思는 끊임없는 想의 결과일 뿐이다. 생각은 생각하지 아니한다. 오로지 생각함만이 생각을 남길 뿐이다.

나는 어떠한 경우에도 비판에 답하지 않는다. 나의 스승 벤자민 슈왈쯔선생이 나에게 남겨준 명언(銘言)이 있다: "우리 지식인이 민주사회에 살고 있다는 최대의 축복은 비판에 답하지 않아도 된다는 것이다. 모든 비판에 답을 강요당해야만 하는 끔찍한 사회가 아직도 지구상에는 많지 않은가?"

나는 내가 비판하는 자들에게 답이나 삶의 모습을 강요하지 않는다. 어느 비판자도 나에게 답을 강요할 수가 없다. 비판은 비판 그자체로 족한 것이다. 내가 비판에 답하지 않는 이유는 두가지다. 하나는 비판이 없고 비방만 있기 때문이요, 또 하나는 비판의 진정한 꺼리가 될만한 그 아무것도 나는 아직 남기질 못했기 때문이다. 그래서 아무런 비판도 성립할 수 없다는 것을 나는 너무도 잘 알고 있기 때문이다. 나의 비판자들은 나의 논리에 대한 논리를 제공하는 것이아니라, 그냥 내가 미운 것이다. 그냥 내가 꼴보기 싫은 것이다. 내가 너무 설친다고 생각하는 것이다. 인간은 자기자신의 모습을 되돌아볼 생각을 하기어렵다. 내가 너무 설친다고 생각하는 사람들 자신이 설치고 싶어서 애가타는 사람들이라는 자신의 모습을 되돌아 보질 않는다. 천리마의 궁둥이에 붙은 쇠파리도 물론 천리를 갈 수가 있다. 그러나 나는 나의 후학들이 내궁둥이에 붙은 쇠파리가 되는 것을 원치않는다. 그들자신이 얼마든지 천리마가 될 수 있다. 정정당당하게 나의 실력을 능가할 수가 있다. 나는 이 사회에서 누구를 쳐서 올라온 사람이 아니다. 나는 "번역"이라는 매우 사소하게 보이는 진리의 주제만으로 나의 명성과 영향력을 획득한 사람이다. 나는 대중을 선동하고자하는 포퓰리스트가 아니다. 나는 유명해지고 싶어하는 스타가 아니다. 내가 유명해졌다면 그것은 오로지 내가 이사회에서 살고 있다는 최소한의 업보때문이다. 내가 만약 영향력이 있는 인물이라면 나의 영향력은 오로지 내가 쌓아온 진리의 축적일뿐일 것이다.

나의 삶이 지향하는 두 과제

나의 학자로서의 평생작업은 단 두가지로 압축된다. 하나는 기철학이라는 나의 고유한 사상체계의 건조물을 완성하는 일이요, 하나는 기존의 고전들(주로 한문으로 쓰여진 것)을 번역하고 해석하고, 또 많은 사람들이 그 세계에 접할 수 있도록 기초적 공구서적(사전류·색인류·고전총서류)을 많이 만들어주는 일이다. 나의 예술활동이나, 과학적 탐구, 그리고 조직적 노력도 모두 이 두가지의 목표를 향해 움직이는 과정적 체험이나 활동이다. 나는 영원히 조용하게 살기를 원한다. 학자로서 공부만 하다가 죽기를 원한다. 공부할 때처럼 행복한 시간을 나는 아직 맛보지 못했기 때문이다. 나의 공부란 끊임없이 고전을 읽는 것이다. 아직 본격적 작업에 착수치는 못했지만 "고전번역"은 너무도 소중한 작업이다. 그리고 한문고전 번역에 관한한 나는 아직 나의 스칼라십에 도달한 인물을 알지 못한다. 나와 같은 한문고전의 스칼라십, 그것을 해석하는데 소요되는 인문·사회·자연과학의 제반통찰을 구비한 자래야 나를 비판할 수 있으리라고 믿는다. 현재 내가 운영하고 있는 한국사상사연구소는 이렇게 눈에 보이지 않는 작업들을 위하여 착실히 움직이고 있다. 내년초에는 우리민족의 바이블이라할 수 있는 『三國遺事』의 一字索引(『遺事』에 나오는 매글자마다 누구든지 출처를 쉽게 알 수 있게 만드는 사전)을 선보이게 될 것이다. 이러한 모든 작업들이 김용옥의 엄밀한 스칼라십이 없이는 이루어질 수 없는 일이라는 것을 깊게 생각하고, 나의 대중적 인기를 끄는 외관에 현혹되지 말 것이다. 나의 대중적 인기라는 것은 오로지 나의 글과 말의 힘에서 나오는 것인데, 그것은 내가 살아있다는 죄인 것을 어찌하랴!

인류는 아직도 "보편학문"(Universal Science)에 도달하고 있지 못하다. 우리가 생각하는 학문의 전형이라는 것은 근세 서구라파문명이 틀지운 것인데, 거기에는 예기치 못했던 많은 유치한 종교적 엘레멘트, 그리고 문화적 유형의 소산인 편협한 인식의 한계가 숨어있다. 논리가 제아무리 정교해도 통찰이 협애하면 역시 그것은 빤한 곳을 맴돌게 되어 있다. 여태까지의 모든 철학은, 서양철학뿐만 아니라 동양철학을 포함해서, 거개 문화유형론(cultural morphology)의 소산이었다. 모든 사람이 보편학문을 제창한다고 했지만 모든 사람이 실패했다. 세계의 본질의 깊이를 헤아리려는 인간의 노력이 너무 얄팍했고 협애했다. 나 김용옥 역시 마찬가지의 한계를 내포하고 있을 것이다. 그러나 도올의 생각은 최소한 근세 서구라파문명속에서만 생활하고 사고했던 사람들보다는 보다 열리고 틔인 것일 수 있는 소지가 그 삶의 체험속에 내재하고 있다고 확신한다.

산조는 반만년 예맥의 정화

散調는 우리민족 반만년 藝脈의 집대성이며 無等의 精華다. 散調는 판소리의 가락을 기악화한 것인데, 그것이 소중한 것은 정악(正樂)의 형태로 소수의 음악적 홍취를 위하여 발전된 것이 아니라 민중의 삶속에서 자연발생적으로 나온 모든 음악의 형태들이 조화되어 조직화된 것이다. 즉 散調속에는 반만년의 음악의 모든 가능한 화석이 발견된다는 것이다. 그리고 의미론이 거부된 순수 기악의 언어만으로 그 반만년의 화석의 총체를 약 한시간의 시간속에 다 농축시켰다는 것자체가 참으로 놀랍다. 한민족의 정신은 결코 화석화되어있지 않았던 것이다.

散調란 문자그대로 "흐트러진 조"요, "흐튼 가락"이다. 모든 가능한 느낌의 "조"들이 흐트러진 채로 널부러져 있다. 이것은 마치 거대한 지맥에 다양한 포나(fauna)의 화석들이 여기저기 제멋대로 널부러져 있는 것과 같다.

散調란 흐트러진 조들을 흐트러진 대로두면서 그 흐트러짐을 통합하고 조화시키는 힘이다. 散調는 힘이요 에너지다. 散調는 닫힘이 아니라 열림이요, 죽임이 아니라 살림이요, 죽음이 아니라 생명이다. 散調는 체계가 아니다. 散調는 糟魄이 아니다.

기철학 발상의 시작

나의 기철학에 대한 발상이 시작한 것은 1967년 가을, 권도원이라는 인물을 만남으로써 였다. 새로운 철학의 발생은 반드시 새로운 과학의 가능성에 대한 확신이 설때만이 진정으로 가능하다고 나는 생각한다. 형이상학적 언어의 재조합은 예술적 통찰만으로도 가능한 것이지만 궁극적으로 공허하다. 모든 위대한 인식론은 과학의 패러다임의 교체과정(paradigm shift)에서 성립하는 것이다. 동호 권도원선생은 한국(세계)의 학계에서 본다면 이단자이다. 그러나 나는 이 이단자와 스물다섯해의 기나긴 교분을 유지하였다. 그분이 날 처음 보셨을 때 나의 지금 나이쯤이었는데, 지금은 이제 칠순의 고비를 맞이하고 계시다. 내가 동호선생과의 관계를 소중히 생각한 것은 그분이 인간의 생채(몸)에서 발견한 "침의 체계"는 나에게 지속적으로 새로운 과학(과학의 개념자체가 바뀐다)의 가능성에 대한 신념, 그 신념은 나의 새로운 형이상학적 사고의 도전에 끊임없는 생명력, 모종의 "종교적" 확신같은 것을 제공했고, 그것은 결코 종교적 허상일 수 없다는 신념이 나에게 있기 때문이다. 내가 한의과대학에 간 것은 이 스물다섯해의 신념에 구체성을 부여하기 위한 것이다.

"기철학"이란 명사를 내가 이 지구상에서 처음으로 고안해내게 된 것은 『중고생을 위한 철학강의』를 쓸 때쯤이었다. 나는 그때 별생각 없이 나에겐 나자신의 철학체계가 있으며, 그 철학체계를 명명하는 어떤 언사가 필요하다고 생각했다. 그뒤로 나는 매우 이 기철학의 구도를 놓고 고민했다. 그리고 나의 생각을 여러방면의 체험을 통해 확인하는 과정을 겪어야만 했다. 나의 예술활동은 그러한 체험의 과정이었다.

가야금의 명인들이 가얏고의 명주실들을 튕길 때, 나는 이런 생각을 했다. 나도 나의 기철학의 언어로 산조를 한번 타고싶다. 그런데 나는 이러한 언어의 산조를 타게 되는 것은 내가 한의대를 졸업한 후 권도원선생의 몸과 우주에 대한 통찰을 다 배우고 난 뒤일 꺼라고 생각하고만 있었다. 그런데 나는 지금 이 산조를 타게되었다.

나는 분명 나의 머리속에 스물다섯해 동안 자리잡고 있었던 기철학의 산조를 탄다. 그러나 나는 결코 나의 비판자들에 대한 대답으로 이것을 내놓는 것은 아니다. 산조는 체계가 아니다. 그러므로 기철학 산조는 기철학이 아니다. 기철학은 오로지 내가 죽은 다음에 나를 죽이고자 갈망했던 많은 이들에 의하여 구성될 것이다.

우선 독자들은 크게 실망할 것이다. 우선 그대들이 접해왔던 나의 글과는 달리 무지하게 난해할 것이다. 지극히 불친절할 것이다. 개념적 약속의 전부를 내보이지 않기 때문에 단초들의 얽힘으로써만 혼란되는 거대한 혼돈을 체험하게 될 것이다.

기철학은 나의 삶의 똥이요

내가 기철학산조를 타는 이유는 독자들을 위함이 아니다. 시간(역사)의 추이와 더불어 내가 소중히 여긴 기철학이라고 생각했던 사고의 실마리들이 나의 삶에서조차 輪扁이 말하는 똥찌꺼기가 되어 버리는 것을 느꼈기 때문이다. 나는 갑자기 이 똥찌꺼기들을 쏟아버리지 않으면 건강에 지장이 있겠다는 생각이 들었다. 앞으로 장구한 시간(약 2년간의 연재계획)에 걸쳐 막대하게 쏟아질 이 언어들은 정직하게 말해서 내가 스물다섯해동안 기철학의 발상과 더불어 살아온 삶의 똥찌꺼기일 뿐이다. 송구스럽지만 나는 나의 건강을 위해 이 똥찌꺼기를 처분하려고 한다. 똥찌꺼기는 역시 똥찌꺼기인지라 매우 잡스럽고, 매우 냄새가 짙고, 매우 체계가 없고, 매우 혼란스럽고, 매우 썩은 것이다. 단지 희망이 있다면 이 쏟아놓은 똥찌꺼기가 땅에 스며들어 새생명의 거름이 된다면 하는 것이다. 썩는 똥이 없으면 새로운 생명은 탄생되지 않는 것이다.

『기철학산조』는 원래 『신동아』같은 대중지에 연재할 생각이 없었다. 그냥 내가 봉원재골방에서 싸지르는 똥을 모아 단행본으로 출간할 생각이었다. 『기철학산조』에 관한한 나는 사회적 시련(social test)을 거치고 싶은 마음이 없다. 그리고 이것은 긴박한 시의성(時宜性)이 전혀 없는 작품이다. 그런데 왜 『신동아』에 싣는가? 찬반이 갈리는 중에 연재케 된 것은 단지 다음의 두 이유 때문이다. 그 첫째 이유는 나의 게으름때문이다. 사실 나는 이세상에서 가장 부지런한 사람중의 하나다. 너무도 부지런해서 밀리고 밀리는 스케쥴속에서는 이렇게 쓰기 어려운 작품은 계속 뒤로 밀릴뿐이기 때문이다. 사회적 체면이 두려워 억지로라도 쓰게되리라는 기대가 있기 때문에 나는 연재를 약속하였다. 천하에 쫓기어 나오지 않는 명문도 없다지 않는가? (天下無不逼出來的文章). 두째로는 『신동아』가 기본적으로 대중시사지이기는 하지만, 『도올세설』을 연재하는 과정에서 나의 파격성을 있는 그대로 다 수용하였고 또 유종의 미를 거둔 아름다운 추억이 있기 때문에, 나는 안심이 되어 이 매체를 선택하였다. 『신동아』가 원래 시사지일뿐만 아니라 사상지이기도 하다는 본질적 성격을 충분히 살린다면 전혀 파격적인 듯이, 전혀 부적격인 듯이 보이는 이 『散調』도 역시 산조적으로 조화가 될 수 있으리라고 판단되었기 때문이다. 이것은 『신동아』를 꾸려가는 사람들의 고매한 견식때문에만 가능한 것이라고 나는 확신한다. 『散調』는 흐트러진 생각이기 때문에 즉흥성이 강하고 단편적이래서 연재의 형식에 원래 잘 맞는 것이다. 『신동아』와 같은 대중적 매체를 통해 나의 생각의 정화를 쏟아놓게 된 나의 숙명에 대해 그저 감사하는 마음으로 다스름의 붓을 놓는다. (1991. 6. 11. 탈고).

別集

1. 翻譯의 理論과 實際

나이다 그리고 타버 지음
金 容 沃 옮김

2. 中國古代音韻學에서 본 韓國語語源問題

崔 玲 愛

묶으면서

翻譯의 理論과 實際

나이다와 타버의 공저로 된 『번역의 이론과 실제』라는 책을 내가 번역하게 된 경위에 대하여는 이미 나의 "譯者序文"속에 상술되어 있음으로 재론의 필요가 없다. 민족문화추진회의 신승운부장의 간청에 의하여 내가 착수한 작업으로, 민족문화추진회에서 발행하는 학술잡지인 『민족문화』에 그 완역이 연재될 예정이었다. 그러나 여기 수록되는 부분은 『민족문화』 제10집과 제11집에 실렸던 부분에 한정된다. 원서는 1. "번역함"의 새로운 개념 2. "번역함"의 성격 3. 문법적 분석 4. 지시적 의미 5. 내포적 의미 6. 전이 7. 재구 8. 번역의 점검등의 여덟장으로 구성되어 있는데 여기 번역되어 수록된 부분은 앞의 세장에 지나지 않는다. 『東洋學 어떻게 할 것인가』(통나무, 1986)의 뒷날개에서 예고한 檮杌文集시리즈를 기획할 때는 『번역의 이론과 실제』를 완역하여 단행본으로 상재할 계획이었으나 그 계획에 무리가 있고 또 의미가 없다고 판단되어 旣刊된 부분만 여기에 편입시키게 된 것이다.

내가 이 나이다의 책을 완역하지 않고 그 일부만을 여기에 편입시키는 이유는 다음 세가지로 축약된다.

첫째, 이 책을 번역하게 된 소이연(所以然)이 이 책의 진가를 한국사회에 소개하기 위한 것이 아니라, 오히려 한문으로된 고전을 한국말로 번역하는 새로운 세대들에게 번역이란 행위의 정확한 개념을 심어주기 위한 하나의 참고를 제공한다는데 있었음으로, 그러한 참고의 동기적 목적은 이미 기간된 부분으로 충분히 달성되었다고 판단하기 때문이다. 나이다의『번역의 이론과 실제』라는 책은 기독교『성서』번역의 실제적 제문제와 그러한 문제를 통합하는 일반이론의 정립을 지향하고 있기는 하지만, 그것이 어디까지나 영어성경 즉『성서』가 영어로 번역되는 과정에서 생기는 케이스들을 중심으로 모든 체계를 구성해 놓고 있기 때문에 우리 동양학도들에게 구체적으로 도움을 주기에는 너무도 테크니칼한 부분이 많다. 그리고 그러한 테크니칼한 부분을 떠나 원리적이기 때문에 오히려 우리 동양학도에게 구체적으로 적용될 수 있는 내용은 제 1 장과 제 2 장의 원론적 부분에 함축되어 있으며 실제로『민족문화』의 독자들은 그 부분에서 많은 감명과 영감을 받았다.

두째, 물론 다 번역을 했으면 좋겠지만 내가 이 작업을 착수한 상황이 여러가지 학구적 작업이 겹친 여유가 없는 상황이었고, 또『민족문화』제11집(1985)과 제12집(1986) 사이에는 나의 "양심선언"이라는 사건이 개재되어 여러가지 여건의 변화가 생겨 신승운씨와 나는 첫째번 이유로 합의를 보고『민족문화』에 연재하는 것을 중단키로 하였다.『민족문화』에 연재가 중단된 마당에 내가 이 글의 뒤치닥거리를 한다는 것은 학적 에너지의 효용성이라는 측면에서도 별다른 의미를 찾을 수 없었다.

세째, 상기의 두 이유와 중복이 되는 이야기이겠지만 나자신이 책의 번역작업을 계속할 의사가 전혀없다. 이 책의 번역작업

자체가 한국의 동양학도를 위하여 민추라는 번역기관에 의하여 의탁되어 수동적으로 착수된 것임으로 나자신의 자발적 의지에 의하여 주동된 것이 아니었다. 그리고 나는 지금 매우 창조적인 삶의 시기를 맞고 있기 때문에 이러한 과정에서 즉 나의 주체적 창조적 작업에도 시간이 모자르는 이 마당에 타인의 전문적 기존 이론을 소개하는 번쇄한 작업에 나의 시간을 소비할 생각이 없다.

그러나 내가 말할 수 있는 것은 이책의 번역과정에서 너무도 많은 것을 나자신이 배웠다는 것, 그리고 이러한 방면으로 관심이 있는 독자들은 남은 다섯장을 원서로 독파해주기를 바란다는 것이다. "번역"이라는 하나의 문제를 둘러싸고 이만큼 치밀하고 조직적인 체계를 구축한 책은 없다고 생각되며 또 그러한 치밀성을 우리는 철저하게 흡수해야할 가치가 있다고 생각된다.

내가 번역한 부분은 제 3 장 제 6 도에서 말하고 있는 번역의 3 대국면인 분석·전이·재구에서 분석에 그치고 있다. 전이·재구의 부분은 원서를 참조해주기 바란다. 그리고 나이다의 분석방법은 최근 언어학이론의 발전의 상황에 비추어 볼때 좀 낡은 측면이 있으나 실무자들에게는 구체적으로 도움을 줄 수 있는 것임을 밝힌다. 제 1 장 "번역함의 새로운 개념"은 원서로 1~11쪽, 제 2 장 "번역함의 성격"은 12~32쪽, 제 3 장 "문법적 분석"은 33~55쪽이다. 제 1 장과 제 2 장은『민족문화』제10집에, 제 3 장은『민족문화』제11집에 실렸다. 동양학도로서 영어성서번역의 제문제를 원저자가 의도하는 의미에 있어서 우리말로 그대로 살려내는 작업이 결코 쉬운 작업이 아니었다는 것은 독자들이 판단할 문제이며 또 그것이 성공을 거두었는가 하는 것도 독자가 판단할 문제이다. 현존하는 우리나라『성서』번역 그자체가 얼마나 인위적인 많은 문제를 내포하고 있으며 또 우리나라 고전의 번역 또한 얼마나 많은 난관이 도사리고 있는가 하는 문제에 대한 독자들의 새로운 의식의 각성을 새삼 요청하는 바이다. (1987. 6. 22.)

翻譯의 理論과 實際*

나이다 그리고 타버 지음**
金 容 沃 옮김

* 본 번역의 대본이 된 책은 Eugene A. Nida and Charles R. Taber, *The Theory and Practice of Translation*, Published for the United Bible Societies by E. J. Brill, Leiden, 1974.이다. 이 책은 "연합성서공회의 주관하에서 이루어진 번역자들을 돕기 위한 전집"(Helps for Translators prepared under the auspices of the United Bible Societies)중 제 8 권에 해당된다. 이 번역에 있어서는 독자의 편의를 도모하기 위하여 상세한 내용목차를 부가하였으며 번역되어서 무의미하게 되는 연습문제의 경우는 대체적으로 생략하였다. 이 책은 다음의 8장으로 구성되었으며 본 회지(제 10 집)에 실린 부분은 1장과 2장이다 : 1. A New Concept of Translating 2. The Nature of Translating 3. Grammatical Analysis 4. Referential Meaning 5. Connotative Meaning 6. Transfer 7. Restructuring 8. Testing the Translation. 이 번역사업은 민족문화추진회 창립 제 20 주년 기념사업의 일환으로 이루어진 특별기획이다. 〔편집자주〕

** 본서의 저자 나이다(1914—) 박사는 학문적으로 구조주의 언어학의 극성기에 성장한 인물로서 점차 그 관심을 의미론으로 옮겼다. 언어의 구조분석에 많은 학자들이 광분하고 있을 때 그는 홀로 번역이론의 개척에 착수하였고, 때마침 그는 미국성서공회의 번역위원장의 요직에 있으면서 주관적 文體論이나 修辭學의 경향에 대항하여 보다 객관적인 분석과 記述을 표방하고, 실제적 응용에 힘이 되는 "學"으로서의 번역이론의 건설에 전력을 다하였다. 그 성과는 본서 이외에도 *Bible Translating*(1947), *Toward a Science of Translating* (1964)등이 있다. 공저자 타버에 대하여서는 별로 아는 바가 없으며, *Toward a Science of Translating*은 成瀨武史씨에 의하여 『翻譯學序說』(東京 : 開文社, 1971)이란 제목으로 日譯되었음을 밝힌다.

譯者序文

지난 여름, 후덥지근한 바람을 식히는 비가 주룩주룩 내려 나의 연구실 유리창을 얼룩지게 하고 있을 무렵 전화벨이 요란하게 울렸다. 신승운부장(존칭 생략)으로부터의 전화였다. 무슨 동양고전의 번역에 관한 이론이나 실제적 문제를 다룬 논문이나 책을 소개해 줄 수 있느냐는 것이었다. 고전의 최대 번역기관인 民族文化推進會에서 번역작업을 하면서도 막상 번역에 대한 이론적 탐구가 없고, 번역 그 자체에 대한 이해가 부족하다는 것이 좀 부끄럽게도 느껴지고 반성될 점도 많아 어떠한 계기를 마련해 보고 싶다는 것이었다. 나는 참 좋은 발상이라 생각하고 의자에 앉아 머리를 굴려보니 최근에 내가 읽었던 논문 중 훵 여우란(馮友蘭)의 『中國哲學史』의 譯者이며 中國古典의 번역에 있어서 정밀한 스칼라십을 과시하는 더크 보드(Dr. Derk Bodde)의 최근에 나온 책, *Essay on Chinese Civilization*(중국문명에 관한 수필), Princeton: Princeton University Press, 1981 중에 수록되어 있는 "On Translating Chinese Philosophic Terms"(중국철학의 개념을 번역하는 문제에 관하여)라는 논문이 생각났다. 이 논문은 훵 여우란의 『中國哲學史』의 명번역이라고 불리우는 보드의 *A History of Chinese Philosophy*, Princeton: Princeton University Press, (Vol. I, The Period of the Philosophers는 1937년 뻬이핑에서 초판, 1952년 미국에서 재판, Vol. Ⅱ, The Period of Classical Learning은 1953년 출판)[1] 속에서 파생한 문제점을 부드베르그(Peter A. Boodberg)가 비

1) 훵박사의 『中國哲學史』는 1931년에 처음 上梓되었고 1934년 上海의 商務印書館에서 完刊된 이후 斯界의 가장 권위있는 저서가 되었지만, 실상 이 책은 資料集(a source book)으로서의 의의가 더 클 뿐 철학적으로 그리 정밀하거나 체계적인 저

판한 서평논문, "Fung Yu-lan, *A History of Chinese Philosophy*, Vol. Ⅱ (Princeton, 1953)" in *Far Eastern Quarterly* 13 (1954), pp. 334-7에 대한 보드 자신의 해답이다. 이 논문은 중국철학의 주요개념, 일례를 들면, 有와 無, 形而上과 形而下, 體와 用, 意와 義, 仁, 理, 兩儀와 같은 개념을 영역할 때 생기는 문제점을 토론한 글이다. 그리고 부드베르그 교수는 그 자신이 번역이론가이며 그 이론을 중국학에 적용시킨 글, "The Semasiology of Some Primary Confucian Concepts" (유교의 주요개념의 語意義〔發達〕論), *Philosophy East and West* 2. 4

작은 되지 못한다. 우선 漢文원문이 그대로 실려있고 설명문도 白話아닌 半文言文體이다. 사실 출판은 1953년에 되었지만 日人 카노 나오키(狩野直喜)가 京都帝國大學에서 1906년부터 1924년까지 18년동안 강의한 것을 佐藤廣治가 필기하고 정리하여 그것을 吉川幸次郎가 修改한 『츄우고쿠 테쯔가쿠시』(中國哲學史)는 실제적으로 횡씨의 作業보다 앞서는 것이며 철학사적 맥락도 훨씬 더 상세할 뿐 아니라 설명도 서양학문의 반성을 거친 풀어진 문장으로 매우 조직적이다. 카노씨가 1868년생이라는 것을 감안할 때 日人들의 근세에 있어서의 학문적 저력은 실로 경탄스러운 것이다. 그러나 오늘날까지도 횡박사의 『中國哲學史』가 斯界의 권위로서 국제적인 기본 텍스트로서 관련된 모든 문헌에 반드시 비브리오그라피의 일각을 차지하는 이유는 바로 보드박사의 영역작업이 너무도 정밀하고 이해하기 쉽게 되어 있기 때문이다. 즉 사계의 권위로서 등장한 것은 횡氏의 『中國哲學史』가 아니라 보드氏의 *A History of Chinese Philosophy*이다. 다시 말해서 보드氏의 *A History of Chinese Philosophy*는 『中國哲學史』의 단순한 번역이 아니라, 『中國哲學史』의 개정판(improved edition)이며 결정판(definitive edition)이며, 그 나름대로 스칼라십이 재평가되어야 할 독립저작이다. 우리는 번역이 얼마나 중요한 것인가를 이 사실에서만도 새삼스럽게 느낄 수 있다. 보드(Derk Bodde)는 1909년생이며 내가 아직 부고장을 받지 못한 것으로 보아 생존하고 있고 학적활동을 계속하고 있다. 보드는 미국의 펜실바니아大學에서 평생 執鞭하였고 현재 그 대학 명예교수로 있으면서 영국 캠브리지에 건너가 죠세프 니이담과 공동작업을 하고 있는 것으로 알고 있다. 나는 보드와는 직접 인연은 없고 한때 그의 수제자이며 그의 자리를 후계하고 있는 앨린 리켓트(Allyn Rickett) 교수와 함께 『管子』 영역 프로젝트에 참여한 적은 있다. 보드는 꼬마로서 자기 아버지(상하이의 어느 대학선생)를 따라 상하이의 변두리에서 3년(1919~1922)을 살았다. 그 뒤에 그는 하바드대학에서 영문학과를 다녔고 그곳 대학원에 진학하여 중국학을 전공하다가 일년 후 다시 중국으로 건너갔다. 거기서 일정한 학교교육의 제약없이 중국의 고대문학과 역사에 탐닉하며 6년(1931~1937)을 보냈다. 이 시절에 이미 횡 여우란의 『中國哲學史』의 전반부를 번역하였다. 그리고 그는 1938년에 라이든대학(the University of Leiden)에서 박사학위를 받고 그 후 펜실바니아 대학에서 줄곧 가르치다가 1975년에 정년퇴직하였다. 내가 펜실바니아대학에 간 것이 1977년 봄이었는데 그때 보드는 정년퇴직하고 영국에 가 있었기 때문에 나는 그의 강의를 접할 기회를 얻지 못했다. 소위 사이놀로지(중국학)라는 학문이 있는데, 이 학문은 중국에 관한 유기체적 전체를 관통하는 것을 지칭한다. 중국문화의 다면성, 즉 그 언어·역사·철학·종교 예술·정치·경제·사회 등등의 전반에 걸쳐 일가견을 가지고 그것을 관련된 전체로서 파악하는 학문태도를 말하는데, 진정한 의미에서 사이놀로지스트라고 부를 수

(January 1954), pp. 317~32이 있다. 보드는 또 이 글의 내용에 접근하면서 자기의 설을 내놓고 있다. 부드베르그 교수의 글과 주제를 같이하는 글로서 샤훠 교수(Prof. Edward H. Schafer)의 두 논문이 있다 : "Chinese Reign-names——Words or Nonsense Syllables?"(중국의 年號——의미있는 단어인가, 의미없는 음절인가?), *Wennti* no. 3 (July 1952), pp. 33~40. "Non-translation and Functional Translation ——Two Sinological Maladies"(무번역과 기능번역——사이놀로지의 2대 병폐), *Far Eastern Quarterly* 13 (1954), pp. 251~60.

그러나 이러한 논문들은 너무 전문적인 문제를 다루고 있고 특수한 상황에서 파생된 주제에 국한되어 있는 느낌이 강하기 때문에 신부장의 요구에 부응하는 글은 못되었다. 불합격이었다. 나는 계속 머리를 굴렸다. 그리고 또 하나의 논문을 생각해 냈다. 그것은 하바드대학의 중국학 선생이었던 아킬레스 황(Achilles Fang)의 논문이었다 : "Some

---

있는 인물이 우리나라에는 丁若鏞 이래 별로 찾아보기 힘들다고 나는 단언하지만, 보드야말로 이 사이놀로지스트라는 이름에 합당한 희유의 인물중의 하나이다. 그의 200편에 가까운 논문과 저술은 20세기 사이놀로지의 하나의 위대한 경이이다. 보드의 사이놀로지의 핵심은 번역(translation)이다. 즉 그가 산 세기가 서양인의 동양에 대한 무지와 곡해의 시대였고 이것과 투쟁하기 위해서 그는 번역이라는 무기로 그의 휴머니즘을 발휘할 수밖에 없었다. 그의 학문세계는 나같은 철학인의 관점에서 본다면 개념적 사유의 빈곤성을 보여주기도 하지만, 그의 장점은 엄밀한 "텍스트의 이해"이며, 그것을 쉽고 비개념적인 언어로 풀어내는 능력에 있다고 할 것이다. 우리나라 한학자들이 양코배기인 그와 창호지 책을 놓고 앉아서 필담을 벌인다 하더라도 백 판이면 백 판 다 그에게 깨질 것이다. 그의 『中國哲學史』 번역은 인류문명교류사의 위대한 금자탑의 하나이다. 그가 번역한 대상은 휭 여우란의 말뿐 아니라 8•90퍼센트가 2,000여년에 걸친 중국고전의 원어였다는 것을 상상할 필요가 있다. 隋唐불학을 이야기 할 때는 많은 경우 산스크리트 원전을 대비해야만 영역이 가능하다. 보드의 『中國哲學史』 영역은 희랍어 『성서』를 우리말로 옮기는 작업의 수십배 어려운 작업이었던 것이다. 희랍 『성서』의 경우는 코이네 성서 희랍어에만 정통하면 되지만 이 『中國哲學史』에 쓰인 언어는 2,000년 이상을 생활공간에서 살아움직여 발전한 언어였으며 타 문화 타 언어와의 교착이 심한 언어다. 그럼에도 불구하고 보드의 영역본을 읽고 있으면 한문의 오묘한 뜻이 대강 다 드러나며, 번역문장의 譯調를 별로 느끼지 않는다. 나는 고려대학교 철학과 4학년 시절에 보드의 영역본을 5회나 完讀하였다. 당시 대부분의 한국사람은 이 책의 존재도 모르고 있을 시절이었다. 일반적으로 요즈음 대학생들의 독서력이 우리의 대학시절보다 증가한 것은 사실이나 나 자신의 경험에 비추어 보아도 아직 멀었다는 생각이 애절하게 와 닿는다. 보드의 영역본(2권)은 東亞書苑에서 영인하였으므로 손쉽게 구입할 수 있을 것이다. 독자들의 일독을 권하며, 이러한 류의 책의 독서로 우리나라 한학의 스칼라십이 정교해지기를 간절히 바랄 뿐이다.

Reflections on the Difficulty of Translation"(번역의 어려움에 대한 약간의 고찰) in *Studies in Chinese Thought*. pp. 263~285. Edited by Arthur F. Wright. Chicago: The University of Chicago Press, 1953 reprinted in 1976. 이 논문은 한문고전을 영역할 때, 한문이라는 언어체계를 영어라는 언어체계로 바꾸는 데 있어서 생기는 문제점에 주안점을 두었다기 보다는 2개국어를 말하는 번역자가 어떻게 번역하려고 하는 텍스트를 이해해야 하며, 또 번역된 문장이 어떻게 이해되는가를 몇몇의 주제별로 다룬 것인데, 주로 그 논의의 대상이 문학장르에 치중되어 있고, 또 구체적으로 한문의 영역이라는 특수한 언어상의 상황에서 개재되는 많은 문제를 산발적으로 이야기하고 있어서 그것을 우리말로 옮길 때 과연 의미가 있을 수 있는가 하는 의구심이 생겼다.[2] 그리고 이 논문은 동서고금의 고전들, 한문과 영어는 고사하고 희랍어·라틴어·일어·불어·독어 등의 언어들을 마구 구사하면서 이야기 하는데 지독하게 현학적일 뿐만 아니라, 어떠한 일관된 주제를 집요하게 캐들어 가는 것이 아니라 여기저기 많은 주제를 집적거리며 저자자신의 지식을 과시하는 딜레탕트적 감각이 강하기 때문에 나는 도저히 이 논문은 적합치 못하다는 결론을 내렸다.[3](그렇지만

2) 이 논문은 다음의 주제에 의하여 나뉘어 있다. 1. Test and Protest 2. Text and Context 3. Rhetoric and Sentiment 4. Parataxis versus Syntaxis 5. Particles and Principles 6. Quotation and Allusion 7. Grammar and Dictionary 8. Traduttore, Traditore. 주제만 일별해봐도 대단히 현학적인 글이라는 것을 알 수 있다.

3) 아킬레스 황선생은 원래 燕京大學의 교수였으며 중문학의 세계적 석학인 하이타워 교수(Prof. James R. Hightower) 같은 사람도 왕년에 그의 제자였다. 그후 대륙을 떠나 미국에 와서 미국부인과 함께 하바드대학에 정착하였는데 그는 지나친 자기오만과 현학주의적 배타감에 빠져 동료교수들의 호감을 얻지 못했을 뿐 아니라 박사학위가 없는 까닭에 그는 1977년 은퇴하기까지 중국언어와 문학의 고급강사(Senior Lecturer on Chinese Language and Literature)로만 머물렀다. 그의 東西고금의 고전에 대한 박식과 그의 유려한 영문실력은 자타가 공인하는 것이다. 한문에 뿐만 아니라 희랍어와 라틴어에 능통하고 실제적으로 그러한 고전어로 쓰인 문헌의 독서가 매우 광범위한 것은 타의 추종을 불허할 정도다. 그러나 그는 그의 해박성 때문에 타 학자를 알기를 개똥으로 아는 오만에 사로 잡혀 있으며 따라서 원만한 인간관계를 갖지 못했던 것 같다. 그의 父系나 母系 한 쪽이 한국인이며, 그것을 은폐하려는 성향 때문에 한국인을 특히 기피한다는 소문도 있으나 그것은 소문일 뿐 내가 개인적으로 확인하지는 못했다. 나는 그의 강의를 들을 기회는 있었으나 나 자신 시간낭비라고 판단했기 때문에 수강하지 않았다. 그러나 내가 그를 가까이 접한 기회는 내가 그와 단둘이서 일년 이상 한 연구실을 같이 썼다는 재미있는 사실에서 비롯된다. 나는 하바드 신학대학(Divinity School) 옆에 있는 동아시아 훼어뱅크센타 소속의 낡은 건물 속의 한 연구실을 특별허가를 얻어 쓰고

매우 중요한 논문이므로 독자들의 일독을 권한다.) 그리고 이외에도 동일한 책에 우리가 탐색하고자 하는 주제와 관련된 다음의 논문이 실려 있었다 : Arnold Isenbery, "Some Problems of Interpretation" (해석의 제문제) ; I.A. Richards, "Toward a Theory of Translating"(번역함의 이론의 한 試探) ; Arthur F. Wright, "The Chinese Language and Foreign Ideas"(중국의 언어와 외래의 개념). 아이젠베르그나 리차드스의 논문은 해석과 번역의 일반이론에 관한 것이고, 라이트의 논문은 번역의 주제를 불교·신유학 등의 사상사적 시각에서 고찰한 것이다.

나는 머리를 굴리다 못해 사직터널 위 5층 건물 꼭대기로 찾아 올라갔다. 결정을 못 내리고 주저하고 있을 때 신부장이 제시한 책이 바로 나이다와 타버의 공저인 이 책이었다. 각 대학 도서관을 다 뒤지며 번역의 이론에 관한 책들을 개괄하여 본 결과 이 책만큼 포괄적이

있었다. 황선생이 퇴직하고 난 후에도 몇년 동안 디비니티 애배뉴에 있는 파연구실을 유지하고 버티다가 쫓겨나게 되었는데 황선생은 학교와 안배하여 바로 내가 쓰고 있는 방으로 들어오게 되었다. 내가 쓰고 있던 연구실이 낡은 건물의 것이라 10평이 넘는 매우 큰 방이었기 때문이다. 그래서 나는 老선생 황교수와 일년동안 한 연구실에서 책상을 맞대고 앉아 있게 되었다. 그때 나는 나의 학위논문 집필의 마지막 펏치를 올리고 있을 때였다. 우리는 일년동안 거의 말을 하지 않았으며 나 자신 그런데 신경을 쓰지도 않았다. 그러나 놀라운 사실은 그가 새벽 6시면 어김없이 연구실 책상에 나와 앉아 있고 저녁 6시에 귀가하기까지 줄곧 책을 읽고 무엇인가 열심히 쓰곤 하는 것이었다. 지금도 백발거구에 도수 높은 안경을 쓴 모습, 그리고 도사와 같은 끄부라진 긴 지팡이, 항상 물려있는 파이프, 그리고 비닐 쇼핑가방에 책 몇권을 집어넣고 울창한 가로수로 하늘이 잘 보이지 않는 어어빙 스트리트를 쓸쓸히 걸어가는 그의 모습이 눈에 선하다. 지금 이 시간에도 황선생은 그 어어빙 스트리트를 새벽 6시면 걷고 있을 것이다. 그리고 그 방에 있었던 "한국 촌놈"이 자기를 『민족문화』라는 저울대에 올려놓고 운운하고 있으리라고는 꿈도 꾸지 않을 것이다. 황선생의 가장 결정적인 비애는 그의 지적 오만이 아니라 학문적 업적의 부재다. 오만에 빠져, 너무 유식해서, 그는 글을 별로 남기지 않았고 글을 통해 독자들과 대화하며 사회 속에서 살지 않았다. 方外之人이라고 미화하기에 앞서 그가 진정 호흡할 수 있었던 자기의 "콤뮤니티"를 갖지 못했다는 것이다. 와국에서 사는 지식인에게 공통된 비애중의 하나이며, 써어비스 정신이 결여된 딜레탕티즘의 소산이라고 말할 수 있다. 한 학자의 평가는 그의 머리의 좋음, 지식의 많음, 삶의 기발함 등에 의하여 이루어지는 것이 아니라 그가 남긴 구체적인 학문적 업적에 의하여만 가능한 것이다. 업적이 없는 학문은 어떠한 경우든 정당화 될 수 없다.

고 구체적으로 번역을 논한 책이 없다는 결론을 얻었다는 것이다. 그러나 이 책의 난점은 동양고전번역과는 전혀 무관한 책이며, 신학대학에서나 교재로 써야 할 순수한 성서번역전문인을 위한 책이라는 사실이며, 또 과연 우리 동양고전번역 관계자 중에서 이 책을 우리말로 번역할 수 있는 적당한 사람이 있는가하는 문제였다. 그리고 영어 뿐만 아니라 희랍어와 기타의 언어의 지식, 또 성서신학, 해석학뿐만 아니라 현대 언어학에 대한 최소한의 기초지식을 갖지 아니하고서는 손을 댈 수 없다는 난제에 봉착하게 되었다. 그러나 이 두가지 문제는 다음과 같이 해답되어 질 수 있다. 제일의 난점, 즉 성서번역 전문서적이라는 사실은 이 책이 성서번역을 소재로 다루고 있다하더라도 어디까지나 그것을 소재로 번역의 일반이론을 추구했다는 점과, 또한 성서번역 전문서적이기 때문에 역설적으로 우리 한문고전번역에 더 크게 유용할 수 있는 정보가 많을 수 있다는 점으로 상쇄된다. 동서는 이제 막혀 있지 않고 서로를 인정하고 공존하지 않을 수 없으며, 희랍어와 고전중국어는 결코 별 세계의 이야기들이 아니며, 또한 古代語로서의 공통된 문제점을 지니고 있기 때문이다.

둘째, "동양학 학도 중에서"라는 조건부 때문에 발생하는 난점인데 民族文化推進會의 입장은 이러한 번역이 기독교신학도에 의해 이루어지는 것은 동양학도인 우리에게 별 큰 의미를 지닐 수 없으며, 또 그들은 그들의 교리를 정당화하기 위한 수단으로서 이 책을 생각할 수도 있기 때문에 객관적인 번역의 시각이 결여될 수도 있다는 것이었다. 이러한 民族文化推進會의 사려 깊은 생각을 받아들인다 할지라도 나는 우리나라 동양학도들의 수준이 이런 책을 하나 번역할 인재가 없을 만큼 유치하지는 않다는 것을 장담할 수 있었다. 그래서 나는 이 책의 번역자를 물색하여 추천하기로 했으나 民族文化推進會에서는 끝내 내가 직접 번역해 줄 것을 고집했다. 내가 신학대학을 다녔었고, 기독교신학에 평소 관심이 조금 있었다는 것, 그리고 기독교가정에서 자라나 훈도된 바가 있다는 것, 그리고 현금 기독교신앙에 예속되어 있지 않다는 것 등등의 이유에서였다. 나는 내가 쓰고 싶고 또 써야 할 논문이 워낙 산적해 있기 때문에, 이 상황에서 『성서』 번역에 관한 이 방대한 책을 번역한다는 것이 끔찍스럽게 여겨졌기 때문에 굳이 사양하였으나 끝내 이 작업을 떠맡게 된 것은 다음과 같은 이유에서였다.

첫째, 내가 한문고전의 번역을 하나의 사회운동으로 내걸고 우리민족의 장래를 위한 나 자신의 필생의 사업으로 생각하고 있는 이 마당에 내가 번역이라는 것 그 자체에 대해서 좀더 공부를 하고 싶은 욕심이 있었고 또 내 학생들을 훈련시키기 위한 워크샵용의 교재가 하나 필요하다는 생각이 있었다. 물론 이 책이 그 욕구를 전적으로 충족 못시켜 준다하더라도 이것을 계기로 나 자신의 중국말—우리말 번역이론서를 발전시킬 수 있겠다는 생각이 들었기 때문이다.

둘째로 이 책은, 독자도 읽어가면서 동감하겠지만, 이론서라고는 하지만 이론을 위한 이론서가 아니라 번역에 종사하는 이들의 현장의 경험을 집적하여 이론화한 책이라는 것이다. 즉 이 책은 매우 실용적인 책이며 현장적인 책이다. 기독교 神學을 이해하고자 하는 사람들도 이 책을 읽음으로써 기독교신학이 과연 어떠한 기반위에 서 있는가 하는 것을 확연히 깨달을 수 있을 것이다. 그러나 이러한 깨달음, 즉 하나의 새로운 발견은 기독교 신학체계에만 적응되는 것이 아니라 모든 인간에 의하여 쓰여진 문헌에 적응된다는 것을 알게 될 것이다. 지금까지도 격렬하고 계속되고 있는 "역사적 예수의 메시지의 정체"에 관한 모든 논쟁에서 파생하는 문헌비판학이나 양식사학의 매우 이해하기 어려운 신학적 논술도 이 현장의 실제적인 책을 읽음으로써 훨씬 쉽게 접근할 수 있는 안목이 길러지기에 충분한 것이다. 나는 모든 사상에 있어서 이러한 현장성·구체성·유용성을 매우 중시한다. 그리고 이 책은 독일 신학자들의 심오한 듯이 보이는 언어의 유희(철학에서는 하이데가도 마찬가지)의 과시가 없이 매우 평범하고 쉬운 문체로 담담하게 서술되어 있다. 나는 해석학의 유형을 이해하기를 원하는 모든 이에게 이 책을 권하고 싶다.

이 책을 번역하는 작업에는 난점이 한두 가지가 아니었다. 우선 역자 자신이 여기서 말하고 있는 번역이론을 공감하는 한에 있어서는, 바로 그러한 태도로서 이 책을 번역하지 않으면 안되었기 때문이다. 즉 "맥락적 일치성"과 "역동적 상응성"에 관한 논의의 번역 자체가 맥탁적이고 상응적으로 이루어지지 않으면 안되었다. 이러한 점에 관해서는 한줄 한줄 독자들이 대비하면서 검토해 보면 알겠지만 이점에 대해서 어느 정도 성공적이었다고 판단한다. 이 책의 번역에 있어서 우리나라 번역사상 가장 특이하다고 할 수 있는 것으로 지적되어야 할 사실은 "역자주"라는 형식을 충분히 활용하고 있다는 것이다. 나는 오늘 우리나라의 지성인의 지적 활동에 있어서 그 지적 활동의 사회적 책임성을 매우 중시한다. 최소한 2개국어를 사용하는 발신자가 1개국어를 사용하는 수신자(한국대중)에게 메시지를 발할 때, 즉 더 많은 정보를 동원할 수 있는 능력을 가진 자가 그렇지 못한 자에게 메시지를 발할 때, 그 메시지에 대한 책임의 한계를 분명히 해야 할 것이다. 우리나라 사람들은 어떤 책을 번역할 때 그 책과 그 책의 저자는 그 번역자의 멘탈리티에 있어서 신성불가침한 그 무엇으로 항상 존재하며, 그러한 현상은 독자에게 권위적 환상을 불러 일으킨다. 내가 발하는 메시지가 비록 내가 창출한 것이 아니라 할지라도 나의 언어를 빌리고 있는 한, 나의 사고체계와 다를 때, 또 나의 가치체계에서 위배되는 것이라고 할 때 그 메시지는 과감하게 비판되어야 하며 독자에게 무책임하게 던져져서는 아니 된다. 또한 그릇된 정보가 있을 때 그것을 그대로 시정하지 않고 내보내는 행위 또한 용납할 수 없는 것이다. 그렇다고 해서 그 정보를 수정하거나 왜곡하거나 은폐하거나 아예 번역하지 않거나 하는 행위 또한 용납될 수 없다. 그렇다면 독자 대중은 지식인의 특정한 기호(좋아함) 체계에 의하여 그 지식이 틀지워지는 무서운 세뇌의 결과를 초래할 수 있기 때문이다. 이러한 상충되는 문제를 해결하기 위한 것이 바로 "역자주"라는 것이다. 원문은 있는 그대로 원저자의 의도를 최대한으로 살리는 방향으로 수정없이 공개하고, 그 전달되는 의미체계에 대한 역자의 더 자세한 사실적 정보의 제공이나 가치판단을 역자주에서 밝히는 태도야말로 엄밀하고 정직한 학문태도이며 학자적 양심과 양식의 문제인 것이다.

따라서 역자주 속에는 원문에서 애매한 점을 명백히 하여 그 문맥을 밝히거나, 원문자체의 부실함을 보충하기 위하여 더 자세한 정보를 부가하여 독자들의 이해를 돕거나, 언어체계가 달라짐에 따라 그 대상 즉 수신자의 반응이 달라짐으로써 다른 문화적 문맥이 성립할 때 생기는 제문제를 설명·부연하거나 또 원저자의 사실적 정보가 틀렸을 경우(인간인 이상 어떠한 경우에도 이런 잘못은 있다.) 그것을 시정하거나 하는 행위를 해야 한다. 그러나 우리나라 사람들의 경우 번역자가 원저자보다 학식에 있어서 훨씬 뒤쳐지기 때문에 그러한 면을 쳐다 볼 여유와 능력이 없었고, 외국어로 쓰여졌다하면 모두 다 신성불가침한 성전이었다. 도무지 해방이후 "원서"라는 개념은 신화적인 그 무엇이었던 것이다. 조금 학문적 양식이 있는 사람이라면 하바드대학 출판사에서 나오는 많은 책이 쓰레기통에 들어갈 가치조차도 없는 휴지라는 것을 잘 알 것이다. 해마다 열리는 하바드대학 출판사 서적전람회에 가 볼 때마다 내가 느꼈던 감정이었다.

그리고 역자주 속에서 행해져야 할 가장 중요한 임무는 본문에서 발휘되고 있는 정보에 대한 가치적 포폄이다. 이것은 우리 사회를 민주적으로 만들기 위하여 절대적으로 필요한 학문적 행위이다. 모든 정보는 의미체계이며 그것은 개인이나 그 개인이 속한 집단의 주관에 의하여 지배받기 마련이기 때문에 그것과 다른 주관의 가능성을 항상 독자에게 열어 주어야 한다는 것이다. 이러한 각도에서 볼 때, 이러한 역자주의 가능한 성격을 최대한으로 살린 책이 宋基中교수가 번역한 룩 콴텐의 『遊牧民族帝國史』(서울 : 민음사, 1984, 대우학술총서번역1)라고 평가된다. 그 책 속의 역자주는 이러한 모든 기능을 충분히 살리고 있고, 이것은 곧 역자의 지적 수준이 원저자의 지적 수준과 동일하거나 능가한다는 것을 의미하는 것이다. 생각해 보건대 이러한 비판적 전통은 결코 우리 동양에 빈약한 것이 아니다. 19세기 말·20세기 초에 서구고전 한역의 자이언트였으며 20세기 동양사상사에 지울 수 없는 영향을 남긴 옌 후우(우리나라의 장지연이나 신채호의 진화이론도 기본적으로 그의 아류라 해도 과히 어긋나지는 않을 것이다.)의 책을 보면 모든 역서에 매단마다 반드시 "案" 혹은 "復案"(案은 생각한다는 동사이고 復은 주어로서 자기 자신을 가리킨다.)으로 시작되는 코멘타리를 붙여 반드시 자기자신의 생각이나, 저자의 생각에 대한 포폄이나, 혹은 중국고전과의 비교에서 생겨나는 문제들을 상세히 밝혀 놓고 있다. 나는 동양의 지성인들이 오늘날까지도 이 옌 후우의 수준을 따라가지 못하고 있다는 생각을 동경대학에서 옌 후우의 『天演論』 강독을 들으며 갖게 된 적이 있었다. (『天演論』은 토마스 헉슬리著 *Evolution and Ethics and Other Essays* 의 漢譯이다.)

뿐만 아니라, 기실 전통적으로 注釋이라는 것이 바로 이 "역자주"에 해당되는 것이며, 예를 들면 주 시(朱熹)의 『四書集注』란 바로『四書』를 宋代의 새로운 언어형식으로 바꾸면서 그의 역자주(注)를 몰아놓은 것이라고 하여도 결코 지나친 말이 아닐 것이다. 정약용의 『周易四箋』도 바로 『周易』의 자기나름대로의 번역서이며 그것의 "역자주"의 집합이라고 이해하여도 무방한 것이다. 나는 이러한 동양 고래의 전통을 따라 "역자주"라는 장르를 생각하게 되었고 그러한 생각은 바로 이 나이다의 책의 번역과정에 충실히 반영되어 있다. 이 역서의 제 1 장과 제 2 장에 한해서 말한다 해도 본문의 번역이 원고지로 259 매인데 역주가 127 매나 되는 사실은 나의 역자주에 대한 특수한 의미부여를 실감케 하는 것이다. 기실 번역 자체가 그 원문에 대한 注인 것이다. 나는 로제티(D.G. Rossetti)의 다음과 같은 말을 기억한다: "번역은 아마도 주석의 가장 직접적 형태일 것이다"(A translation remains perhaps the most direct form of commentary).

다음으로 가장 난감했던 난제는 성구를 어떻게 우리말로 옮기느냐는 것에 관한 것이었다. 성구라는 것은 성스러운 구절들, 소위 『성스러운 문헌』(the Holy Scriptures)에 실려 있는 언어체계를 말한다. 많은 사람들이 이것은 신성불가침한 그 무엇이며 인간이 건드려서는 아니될(untouchable) 무슨 신령한 부적처럼 생각한다. 그래서 성구의 인용은 반드시 한국에서도 그 빨간 테두리나 금박 테두리를 두른 책속에서 이루어져야 한다고 생각한다. 지금 우리나라에서 통용되고 있는 『성서』나 『성경』이라는 개념은 서양의 『바이블』이라고 불리우는 문헌의 단순한 한국어 번역판을 의미하고 있는데, 이 번역판으로 통용되고 있는 판본은 현재 개역한글판(1956, "한개"로 약함)과 공동번역(1977, "공번"으로 약함)의 두 종이다. 만약 보수적인 아니 오도된 신앙체계를 가지고 있는 사람이라면 이 책의 번역에 있어서 성구의 번역은 반드시 이 두 판본중 어느 하나로만 이루어져야 한다고 생각할 것이다. 만약 이러한 가설을 받아들인다 하더라도 그 다음에 파생되는 문제는 결코 간단한 문제가 아니다. 즉 한글번역판의 성구를 일관되게 따르면서 동시에 이 책이 인용하고 있는 성구의 맥락을 정확히 드러낼 수 있는가 하는 문제이다. 왜냐하면 이 책은 기본적으로 『바이블』의 영어번역 판본의 여러종 사이에서 성립하는 문제들을 집약적으로 다루고 있기 때문에 여기서 토의되고 있는 문제는 한국어의 문제도 희랍어의 문제도 아닌 영어의 문제다. 과연 이러한 문제를 기존 한국번역판에 의존하여 해결할 수 있겠는가? 해결할 수 없다면 감히 성구를 마구 손질할 수 있겠는가? 여기에 대한 나의 대답은 매우 간단하다.

나는 한국성서판본의 어느 번역도 따르지 않았다. 즉 나 나름대로 나이다의 본서가 말하고 있는 맥락에 따라 새로이 번역하여 성구의 메시지를 말했을 뿐이다. 이러한 태도는 격조높은 신학서의 번역에서는 공통된 정책이며 완전히 정당한 것이다. 한개가 되었든 공번이 되었든 그것은 나와 똑 같은 한국사람이 인간으로서의 자기 사고와 그 사고를 표현하는 한국어라는 언어체계로서 그 메시지의 내용을 한국인에게 전달하려 한 결과일 뿐이다. 그리고 나도 그들과 그 메시지에 대하여 동일한 자격을 갖는다. 에즈라 파운드(Ezra Pound)가 동양의 바이블 중에 하나인 『詩經』을 그것의 문자적 표현형식인 漢字를 한 자도 모르면서 번역했다면, 그에 비하면 내가 『성서』에 관해 갖고 있는 지식과 언어적 상식은 그에 비교될 수 없는 차원의 것이다. 이러한 나의 실력의 과시에 앞서 더욱 근본적 문제, 즉 "예수의 메시지"가 무엇이냐는 문제가 토의되지 않을 수 없다. 이 나이다의 책은 미국의 연합성서공회의 조직속에서 탄생된 것이며 여기서 번역의 대상으로 문제시하고 있는 언어는 1968년 통계로 성서의 번역에 쓰인 세계의 언어로서 1,393개에 달한다. 1,393개의 다른 언어에 담긴 예수의 메시지는 제각기 그 언어가 표현하고 있는 문화적 맥락에 따라 제멋대로이며 어떤 때는 근원적으로 의미내용까지 달라진다. 그러면 과연 어느 것이 진짜 예수 메시지인가? 영어로 쓰인 것인가? 아프리카의 반투어로 쓰인 것인가? 이러한 질문에 대해 좀 유식한 신학도나 기독교도는 나를 비웃을 것이다. 아무리 번역언어가 다른 의미를 전달하고 있다 하더라도 번역의 대상이 된 모체언어는 단 하나이지 않은가? 희랍어 성서의 메시지가 있지 않은가? 라고——. 이러한 그들의 비웃

음은 매우 그럴듯하게 들린다. 그러나 이러한 질문은 질문자 자신의 무지와 맹목성을 폭로할 뿐이다. 미안하지만, 예수 자신이 희랍어로 자기의 메시지를 발한 적이 없다. 예수와 그의 열두 제자는 당시 상층 지배계급이나 유식계급이 쓰던 "헬라어"를 전혀 모르는 매우 무식한 인물들이었으며 당시 팔레스타인 하층민대중에게 통용되던 페르시아어 계통의 아람어를 사용하던 인물들이었다. 지금 문선명씨가 박보희씨의 영어통역에 의존해야 하는 것과 같은 상황이었다. 그럼 예수 자신의 메시지는 어떠한 형태로 어디에 있는가? 여기에 "크레오파트라의 코"와 같은 대답을 한다면, 나는 다음과 같이 말할 것이다. 만약 그 당시 "녹음기"가 있었고 그 녹음테이프가 오늘날 완벽하게 재생될 수가 있다면 예수의 메시지에 관한 논쟁은 99% 종언을 고할 것이다. 물론 이 경우에도 음성학적 논란은 계속될 것이다. 그러나 미안하게도 이러한 녹음기는 없었다. 그러면 예수의 메시지는 어디에 있는가? 희랍어 성경 속에 있는가? 나를 비롯한 많은 신학자들의 결론은 이것이다 : **"예수의 메시지는 없다."** 그 메시지는 역사적 예수가 존재했다면 약 2,000년전 팔레스틴의 어느 동네에서 아람어라는 음성적 규칙에 의하여 진동된 공기의 파장과 함께 증발하여 버렸다. 예수의 메시지는 없다. 이러한 예수의 메시지의 부재는 신학적으로 표현하자면 예수의 메시지의 **케리그마적 성격의 발견**이라는 것이며, 바로 이러한 발견이 20세기 신학의 가장 거대한 혁명이며 양식사학(*Formgeschichte*)의 성립을 의미하는 것이다. 케리그마란 신앙을 호소하는 하나님의 행위의 선포를 뜻하며, 케리그마적 성격의 발견이라는 것은 예수의 말과 행위에 관해 보도된 모든 것이 이미 설교와 권고를 위하여 규정된 신앙의 증언이었고, 不信者들을 얻고 信者들을 확고하게 하기 위하여 표현된 것이라는 사실의 새로운 발견을 뜻한다. 나는 궁켈과 디벨리우스 등에 의하여 대변되는 양식사학의 이러한 입장을 전폭적으로 지지한다. 예수의 메시지가 부재하는 이 마당에 예수의 메시지라고 상정되는 그 무엇에서부터 수 단계의 왜곡을 거친 한국말 『성경』을 놓고 異端 운운하는 것은 참 가소로운 일이 아닐 수 없다. 그리고 한번 다시 눈을 들어 "콩쯔(孔子)의 메시지"나 "라오쯔(老子)의 메시지" "멍쯔(孟子)의 메시지"에 대해서도 똑 같은 가설이 성립할 수 있고 성립해야만 한다는 생각을 해보아야 할 것이다.

그러나 본서는 이러한 "예수의 메시지"의 정체를 다룬 책이 아니다. 희랍어로 쓰인 현존의 텍스트를 어떻게 있는 그대로 제 2의 국어로 옮길 수 있는가를 주제로 한 책이다. 독자들은 읽어가면서 이러한 번역의 문제만 하더라도 그것이 비록 양식사학적 신학논쟁과는 문맥을 달리한다 할지라도 얼마나 복잡하고 미묘한, 그러면서도 단순한 언어적 차원을 벗어나는 인간의 문제를 연루하게 되는가, 그리고 또 신학적 문제와도 연결되는가를 깨닫게 될 것이다. 이러한 의미에서 나는 동양학도들만 아니라 많은 한국의 신학도들도 이러한 책을 읽어주기를 갈망하는 것이다.

나는 한글개역판과 공동번역을 참조했을 뿐이지만 기본적으로 고유명사나 개념의 표기·표현에 있어서 한글개역판을 따랐다. 이것은 한글개역판이 공동번역보다 더 우수해서가 아니라 그것이 우리에게 아직까지는 더 친숙하고 일관성이 높기 때문이라는 단순한 이유에서이다. 단 류형기편의 『성서주해』를 따라 누가를 루가로 고쳤을 뿐이다. 그리고 "데오스"를 번역하는데 있어서 공동번역의 "하느님"을 택하지 않고 한글개역판의 "하나님"을 택했다. 그 이유는 제 2장의 역자주 8에 상세히 밝혔다. 개략적으로 말해서 한개의 번역을 축어적(verbal)이라고 한다면 공번의 번역은 맥락적(contextual)이라고 말할 수 있다. 이것은 영어성서의 경우 개역표준판(Revised Standard Version)과 오늘영어판(Today's English Version) 사이에서 성립하는 관계와 동일하다. 許焱교수는 한개와 공번의 번역에 대한 평가에 있어서 공번보다 한개가 더 낫다고 나에게 개인적으로 말한 적이 있는데 나는 그 의견의 정당성을 충분히 인정하면서도 그 의견에 동의하지 않는다. 허교수가 전통적 한개가 더 낫다고 하는 이유는 그것을 희랍원어와 비교할 때 일관성과 엄밀성이 더 높다는 이유에서이다. 그러나 이때 허교수는 자기자신이 희랍원어의 메시지를 곡해할 가능성이 희박한 다국어를 말하는 능력자라는 학구적 입장(scholarly standpoint)을 전제로 하고 있다는 것을 망각하고 있다. 『성서』 뿐만 아니라 모든 번역은 기본적으로 1국어 話者를 대상으로 하는 것이며 그들의 이해가능성에 번역의 초점을 맞출 때 허교수 식의 의견은 정당하지 못하다. 나는 한개와 공번의 면밀한 대조와 검토 끝에 양자에 다 문제는 있지만

현 오늘 한국사회에 있어서 공번이 훨씬 더 우수하고 탁월한 번역이라는 결론을 내렸다. 나는 공동번역자들에게 그들의 신학적 과감성과 노고에 찬사를 아끼고 싶지 않다. 여기에 더 언급되어야 할 것은 『성서』 번역도 내가 "번역에 있어서의 공간과 시간"이라는 일문에서 제창한 바 "영구번역론"의 테두리를 한치도 벗어나지 않는다는 것이다. 『성서』 또한 인간의 언어를 빌리고 있는한 인간들에 의하여 끊임없이 개역되어야 하는 것이다. 나는 앞으로 공동번역 외에도 수 없는 『성서』 번역이 쏟아져 나와야 한다고 생각한다. 성서공회에서 집단으로 이루는 작업 이외로도 개인들에 의하여 여러 입장에 의한 다양한 번역이 시도되어야 마땅하다는 것이다. 그럴 때만이 이 땅에 올바른 예수의 메시지가 뿌리를 내릴 것이다. 『論語』는 정규적 수련과정을 거치지 않은 사람들이 무질서하게 번역을 해서 무책임한 인쇄·제본으로 우리사회에 내놓는 것은 아무도 견제하지 않으면서 서양의 『論語』인 『성서』에만은 신성한 렛뗄을 붙이는 한국인들의 무지와 야만성이 다시 한번 철저히 폭로되고 반성되어야 할 것이다.

동양철학자인 내가 기독교 『성서』 번역을 둘러싸고 생겨나는 문제점에 관한 전 세계적으로 대표적인 저작인 이 책을 번역한다는 사실, 그리고 그 번역의 의도가 『성서』 번역의 이해와 더불어 우리 전통고전의 번역을 정확하게 하기 위한 참고에 있다는 사실, 그리고 이러한 번역이 나 개인의 아이디어에 의하여 이루어진 것이 아니라 民族文化推進會라는 얼핏 듣기에 고리타분하게 느껴지는 기관의 자발적 의지와 창의적 아이디어에 의하여 이루어졌다는 사실은 매우 의미심장한 일이며 또한 "세계사적 사건"이라고 아니할 수 없다. 이 순간 나의 과장적 표현의 癖에 또 눈살을 찌푸릴 독자들에게 이것은 결코 과장이 될 수 없다는 것을 자신있게 말하고 싶다. 여태까지 우리 민족사의 개화기에 있어서 동서의 만남, 즉 외래문명과의 교류는 기본적으로 생각과 생각의 만남이었으며 이것은 매우 자의적이면서도 형이상학적 허깨비와 같은 것이었다. 그러나 이제는 이러한 만남이 텍스트와 텍스트 사이에서 이루어져야 한다는 것을 나는 강조하고 싶은 것이다. 조선

시대까지만 하더라도 이러한 만남은 훨씬 더 철저하고 대조적인 것이었다. 중국문명과 한국문명의 만남은 이퇴계나 정약용의 학적활동이 증명하듯이 매우 구체적인 텍스트와 텍스트의 만남이었다. 20세기 우리나라 西學의 수준은 아직 이러한 漢學의 당시 세계적 수준을 따라가지 못하고 있는데, 그 결정적 이유가 바로 텍스트 그 자체가 무시당하고 있다는 사실에서 온다. **예수의 생각과 콩쯔의 생각이 만나서는 안된다.** 그 "생각"이라는 것은 인간에 의해서 조작된 매우 허구적인 것이기 때문이다. 다시 말해서, **『論語』라는 텍스트와 『聖書』라는 텍스트가 만나야 한다.** 이 만남에는 우리가 생각했던 장벽(소통 불가능성)들이 의외로 붕괴된다. 어떠한 신학적 교조적 인간의 장난이 개입될 가능성이 희박해지기 때문이다. 나는 이럴 때만이 인간이 진정으로 자유로울 수 있고, 정직할 수 있다고 생각한다. 도대체 우리나라에서 老子에 대해서 떠드는 사람을 보면 제일차적으로 『老子道德經』(*Lao-tzu tao-te-ching*)이라는 텍스트와 그것을 둘러 싸고 있는 텍스트에 무지하다. 그러면서 무책임하게 老子哲學이니 思想이니 운운한다. 몇몇의 문구를 斷章取義하여 관념적 유희를 일삼는다. 현대철학사조 중의 하나인 논리실증주의자들이 과거의 형이상학을 무의미명제라고 비판했던 그러한 비판이 똑같이 적중될 수 있는 역사적 상황이라고 말할 수 있지 않겠는가? 이러한 독설에 가슴이 뜨끔하는 사람이 있다면 실컷 뜨끔거려야 할 것이다. 왜냐하면 이것은 나 개인의 독설이 아니라, 우리 민족의 독설이며 나와 동감하는 많은 동학들과 후학들의 독설이기 때문이다. 나는 여태까지 진행되어 왔던 식으로는 우리 학문이 살아날 가능성이 없다고 생각한다. 지금 새롭게 전통학문을 공부하는 새로운 젊은 세대의 실력과 저력은 실로 경탄스러운 것이다. 두려워 할 가치가 있다고 본다. 우리 민족의 문화는 발전하고 있다. 1984년도 출판물의 절대량이 세계 10위라고 한다. 좋게 해석하든 나쁘게 해석하든 이러한 놀라운 변화에 대처할 수 있는 새로운 지성들이 탄생되어야 마땅하다. 동양학·국학·한학 모두 죽지 않았다. 『論語』라는 텍스트와 『聖書』라는 텍스트가 바로 이 작품의 번역속에서, 바로 이 한국 민족의 마당에서 주체적으로 만나고 있다는 이 사실, 그 누가 "세계사적 사건"이라는 것을 거부할 것인가? 民族文化推進會의 텍스트 그 자체의 공개작업이 그 수준에 있어서 세계적 권

위를 자랑할 수 있도록 되기만을 간절히 빈다. 우리의 혁명은 여기서 부터 시작이다.[4]

1984년 12월 29일
奉元齋에서
옮긴이 씀

4) 본서의 번역작업에 쓴 모든 부호는 나(김용옥) 자신의 저작에 일관된 체계를 사용하였다. 이것이 民推의 기호양식과 상충되는 점이 거의 없으나 단 책명을 나는『 』로 표시하고 그 책의 부분이 되는 편명을 표시할 때「 」로 표시하였는데, 民推에서는 책명을「 」로 일관하고 편명은 표시하지 않는다. 지금 현재 동양문화권에서 나의 방식이 통용되고 있으나 民推는 과거로부터의 방식이 일관되어 왔기 때문에 그 일관성을 유지한다는 입장을 취하고 있다. 나는 모든 부호양식에 있어서 보편성 보다는 일관성이 더 우선하므로 民推의 입장을 지지하나 또한 보편성을 생각할 때 民推도 모든 번역물에 쓰고 있는 기호양식을 재조정해야 할 때가 왔다고 생각한다. 나는 이 문제를 놓고 民推와 협의하여 내 논문에 한하여 나의 기호양식이 존중되는 방향으로 타협을 보았다. 독자들은 타 논문과의 차이가 결코 民推관계자들의 실수가 아님을 인지해주기 바란다. 이 책에서 사용된 중국어의 한글표기는『동양학 어떻게 할 것인가』(서울 : 통나무, 1986)에 수록되어 있는 "崔玲愛—金容沃表記法"(The C. K. System)의 규칙을 따랐다. (校) 이 주의 내용은『민족문화』라는 잡지에 내 글이 실리는 과정에서 생긴 테크니칼한 문제이지만 참고될 내용이 있어 그대로 살려둔다.

著者序文

번역의 이론과 실제에 관한 이 책은 1964년의 『번역과학을 위한 하나의 試探』(*Toward a Science of Translating*)이란 책의 논리적 전개이며 귀결이다. 1964년의 그 책은 번역에 대한 과학적 접근을 가능케 하는 가장 기초적 요소들을 탐구한 것이었다. 두번째 책인 본서는 이와 동류의 이론적 의식을 가지고 새로 배열하였으며, 번역자들이 번역을 하는 데 있어서 배워야 할 실제적 기술을 습득하게 할 뿐만 아니라 이론적 요소들도 마스타할 수 있도록 고안하였다. 이 책이 비록 번역의 문제를 취급하는 데 있어서 언어학적 구조이론, 의미론적 분석, 정보이론과 같은 순수과학적 측면에 가장 큰 비중을 두어 다루었지마는, 번역이라는 것이 단지 과학이라는 측면에 국한되는 것은 아니며, 과학이상의 그 무엇이라는 사실을 간과하지 않는다. 번역은 하나의 기술이며, 그 궁극에 있어서 하나의 예술이다.

이 책에 쓰이고 있는 用例的 자료들은 대부분 『성서』 번역의 경험에서 따온 것이다. 이 사실은 물론 이 책이 대상으로 하고 있는 사람들의 목전의 관심과 저자들의 배경적 경험을 반영하고 있지만, 번역의 일반이론에 관심을 가지고 있는 독자들에게도 더 이상 없는 좋은 지침을 제공하리라고 본다. 왜냐하면 성서번역은 이 세상에서 비교될 수 있는 어떤 종류의 번역작업보다도 더 긴 역사를 가지고 있으며(BC 3세기부터 시작), 더 많은 언어를 대상으로 하고 있으며(1968년 말까지 1,393개의 언어), 더 많은 문화적 다양성을 경험해 왔으며(세계의 모든 문명권에 걸치고 있다), 더 넓은 폭의 문체를 대상으로 하고 있기 때문이다(서정시로부터 신학적 논술에 이르기까지). 그러므로 용례적 자료들이 좀 제한된 것 같이 보일지도 모르지만, 그 배경에 깔린 전체 경험의 폭은 비상하게 넓은 것이며, 따라서 의미론적 분석, 대화구조론, 문화轉移론에 관한 본질적 문제의 언급을 이루고 있는 바탕은 매우 타당한 것이다.

첫 두 장은 기본적으로 入門적인 것이며, 폭 넓은 문제를 다루고 있고 작업의 전체적 측면에 독자를 익숙케 하는 시도를 하고 있다. 그 다음에 오는 장들은 체계적 순서로 번역의 근본적 과정을 서술하고 있다 : 분석, 전이, 재구성, 검증의 네 단계가 그것이다. 번역위원회를 구성하는 문제, 그리고 번역작업을 수행하는 과정에 관한 매우 실제적 문제들이 附記(Appendix)로 취급되었고, 전문술어의 간략한 사전(glossary)이 첨가되었다. 이 사전에는 어려운 단어들이 간략하게 정의되어 있는데, 독자들은 그 정의에 따라 그 단어들이 쓰이고 있는 텍스트의 의미를 매우 자세하고 정확하게 이해할 수 있을 것이다.

이 책은 약 4년에 걸쳐 쓰여진 3차의 다른 원고의 결정이다. 그리고 전 세계에 퍼져있는 번역자들의 세미나나 기관의 집회에서 발표하여 얻은 반응의 집합이다. 그리고 聯合聖書公會(the United Bible Sccieties)의 산하에서 일하고 있는 많은 번역자(Translations Consultants)들의 집회와 그들의 충고로부터 많은 도움을 받았다.

그러나 본서『번역의 이론과 실제』는 완결된 책은 아니며, 번역자들의 모든 중요한 문제와 분야를 다 다루고 있지는 못하다. 특히 다음의 두 분야에 있어서 앞으로 새로운 탐구와 설명이 필요하다 : 1.成分分析(componential analysis)을[1] 포함한 구조적 의미론의 제시, 2.談話分析(discourse analysis).[2] 제일의 문제에 관하여는 의미론의 이론적이고 구조적인 측면을 상세히 다루고 있는『구조적 의미론 입문』(*Introduction to Structural Semantics*)이라는 가명의 책이 지금 준비되어지는 중에 있다. 휠모어(Fillmore)와 랑겐된(Langendoen)의 최근의 저작물에서 나타나고 있는 格(case)과 역할(role)과 같은 중요한 개념

1) 〔역자주〕 音素를 그 下位要素인 成分으로 분석하여가는 연구, 즉 어떤 음소를 다른 음소와 구별하게 하는 音聲的 특질을 일정한 수속에 의하여 설정하여 그것을 記號化하여가는 연구를 말한다. 본서의 글로사리에는 성분분석을 단어의 의미론적 성분을 발견하고 규합하는 것을 목표로 하는 텍스트 분석의 한 방법이라고 규정하고 있는 것으로 보아 나이다가 말하는 맥락은 음소론적인 것보다는 의미론적인 것 같다.

2) 〔역자주〕 사물을 말하거나 기술하거나 하는 행위가 두개 이상의 文의 연속체로써 이루어져 있을 때, 이 연속체를 "談話"(discourse)라고 부르며, 이 談話의 구조분석을 담화분석이라고 한다. 촘스키의 선생인 해리스로부터 시작하였다.

을[3] 비롯하여 문법적 의미에 관한 모든 것이 그 속에서 다루어질 것이다. 제이의 문제에 관하여는 성서공회의 실무진들에 의하여 연구되고 있으며 그 성과는 머지 않은 장래에 출판될 것이다.

유진 나이다 그리고 찰스 타버
1969년 뉴욕에서

---

3) 〔역자주〕 휠모아(C. J. Fillmore)가 1966년에 발표한 "A proposal concerning English prepositions," *Monograph Series on Languages and Linguistics* 19, pp. 19~33, "Toward a modern theory of case," *The Ohio State University Project on Linguistic Analysis*, Report No. 13, pp. 1~24의 논문, 그리고 1968년에 발표한 "The case for case," in Bach and Harms(eds.), (1968), pp. 1~88, "Types of lexical information," in *Working Papers in Linguistics*, No. 2, pp. 65~103 등의 논문에서 언급되고 있는 格文法(case grammar) 이론의 주요개념이다. 格文法에 의하면 "rob"라는 동사에 있어서 도둑놈, "criticize"라는 동사에 있어서 비평가와 같은 역할(role)은 개별적으로 취급하지 않고 추상적으로 行爲者(agent)라고 하는 범주에 집어 넣어 도둑놈이나 비평가의 개개의 의미는 동사에 의하여 규정되어진다.

제 1 장 번역함의 새로운 개념

인류사에 있어서 지금처럼 많은 인간들이 세속적이거나 종교적인 자료들을 번역하는데 종사하는 시기는 일찌기 있어본 적이 없다. 대략의 통계지만 최소한 10만명의 인재들이 그들의 모든 삶을 번역에 바치고 있으며, 그중 3천명이 인류인구의 80퍼센트를 대변하는 800개 언어로 성서를 번역하고 있다.

불행하게도, 번역의 기술이 발전하는데 따라 그 배경을 이루는 번역의 이론이 같이 발전하지를 못했다. 종교적 번역행위에 있어서도 그분야에 바쳐진 인재들의 피눈물나는 노력에도 불구하고 번역과 전달(Communication)의 기본원리에 대한 이해가 세속한 번역의 경우보다 훨씬 더 뒤쳐져 있다. 航空工學의 자료를 통역하고 번역하는 한 전문가는 성서번역자들이 따르는 그러한 원리에 의하여서는 자기 작업은 이루어질 수 없다고 말했다: "우리에게 있어서는 완전한 이해가능성은 삶과 죽음의 문제와 직결되어 있다." 유감스럽게도 종교적 자료의 번역자들은 정확한 이해에 대하여 이와 같이 엄밀한 태도로 번역에 임하지 않고 있다.

1. 과거에 있어서의 번역의 초점과 오늘의 새로운 초점

과거에 있어서의 번역의 초점은 메시지의 형태에 관한 것이었고, 번역자들은 리듬, 운, 동음이의어적인 말장난, 交錯,[1] 對句對聯, 그

1) 〔역자주〕 두개의 같은 관계에 있는 句 혹은 節이 반복될 경우의 語順의 轉置. 例: White lilies and roses red. We live to die, but we die to live.

리고 보기 드문 문법구조들과 같은 수사학적 전문성을 재현하는데 특별한 관심과 기쁨을 느껴왔다. 그러나 새로운 번역의 초점은 메시지의 형태에서 受信者의[2] 반응으로 옮겨간다. 그러므로 번역자가 반드시 판단해야 할 것은 번역된 메시지에 대한 受信者의 반응이며, 이 반응은 원래의 메시지가 원래의 분위기 속에서 원래의 受信者에게 느껴졌다고 생각되는 그 반응과 반드시 비교되어야 한다.

언제나 던져지고 있는 상투적 질문 "번역이 제대로 되었나?"라는 질문은 또 하나의 질문 속에서 대답되어야만 한다. 그것은 "누구를 위하여?"라는 질문이다. "제대로 됨"은 번역이 대상으로 삼고 있는 평균적 독자가 그것을 제대로 이해했는가 못했는가의 범위에 따라서 결정될 문제다. 더우기 우리의 관심사는 독자의 "제대로 이해함"의 가능성에 그치는 것이 아니라, 완전히 제대로 이해할 수 있도록 만드는 데에 있다. 다시 말하자면, 우리는 평균적 受信者가 메시지를 이해할 수도 있을 정도로 번역하는데 만족하는 것이 아니라, 그 受信者의 그 메시지에 대한 오해의 가능성이 없도록 만드는데 우리는 적극적 의지를 펼쳐야 한다.

이러한 식으로 번역의 "정확성"의 문제를 논하자면, "정확하다"라고 부를 수 있는 많은 번역이 존재할 수 있다. 예를 들면 원전에 달통한 지식을 가지고 있는 학자에게 있어서는, 가장 엄밀하고 꼼꼼하며 문자그대로 직역된 번역이야말로 가장 "제대로의" 번역이 될 것이다. 왜냐하면 그에게 있어서는 오해의 가능성이 배제되어 있기 때문이다. 그러나 대부분의 거대한 언어집단에 있어서는, 특히 국제적인 언어들의 교착상태에 있어서는, 사회·교육신분에 따라 언사와 이해의 다양한 층차가 존재한다. 이 사실은 곧 어휘와 문법적 구조에 있어서 많은 다양한 번역의 층차가 요구된다는 것을 의미하며, 또 이렇게 될 때만이 모든 사람이 메시지를 이해하는 민주적인 기회를 소유

2) 〔역자주〕 受信者는 "receptor"의 번역이며 傳達理論(Communication theory)의 주요개념이다. 마땅한 우리말 표현이 없으나 受信者로 일관하기로 했다. 그리고 콤뮤니케이숀을 "傳達"로 번역했으나 우리말의 "傳達"의 뉴앙스보다는 훨씬 광범위한 의미에서 사용되는 말이다. 傳達이란 어떤 장소 혹은 어떤 사람으로부터 다른 장소 혹은 다른 사람에게 하나의 情報路를 통해 코우드化한 형태로 情報나 메시지를 옮기는 일을 말한다. 메시지의 源이 되는 장치 혹은 사람을 發信者라고 부르며, 메시지를 받는 장치 혹은 사람을 受信者라고 부른다.

하게 되는 것이다.

이러한 이해의 검증은 제일차적으로 다음과 같은 두 종류의 표현 양식을 발견하고 제거시키는데 관여된다: 1. 오해되기 쉬운 표현 2. 너무 난해하고 "지겨워서"(어휘나 문법에 있어서) 독자들이 메시지의 내용을 이해하려고 조차도 하지 않게 만드는 그러한 표현. 예를 들면 "결혼 初夜 新房의 아이들"(막 2:19)이나, "숯불을 그 머리에 쌓아놓다"(롬 12:20)와 같은 숙어는 제일 범주에 속한다.[3] 셈족의 숙어에 익숙치 못한 평균독자는 "결혼 初夜 新房의 아이들"이 단순히 신랑의 친구 혹은 결혼식에 초대된 손님들을 뜻하며, "숯불을 그 머리에 쌓아 놓다"가 사람을 고문하여 죽이는 행위가 아니라 한 사람으로 하여금 그의 행동에 대하여 수치심을 느끼게 한다 라는 뜻을 내포한다는 사실을 알 길이 없을 것이다.

높은 비율의 독자가 번역을 오해한다면 그것은 어쨌든 합법적 번역으로 간주될 수 없다. 예를 들면, 롬 1:17의 이해에 있어서 대부분의 전통적 번역은 "하나님의 의가 믿음으로부터 믿음에로 나타났다" (the righteousness of God is revealed from faith to faith)로 되어 있으며 대부분의 독자들은 자연히 이것이 하나님 자신의 개인의 義(personal righteousness)라고 상정하게 된다.

그러나 대부분의 학자들은 이것이 하나님 자신의 義가 아니며 하나님이 인간을 자기 자신과 올바른 관계에 놓는 과정을 의미한다고 보고 있다. ("오늘영어판"〔Today's English Version〕의 예를 참조).[4] 그

3) 〔역자주〕 이 번역에서 쓰이는 『新約聖書』의 略號는 다음과 같다: 마(마태복음), 막(마가복음), 룩(루가복음), 요(요한복음), 행(사도행전), 롬(로마서), 고전(고린도전서), 고후(고린도후서), 갈(갈라디아서), 엡(에베소서), 빌(빌립보서), 골(골로새서), 데전(데살로니가전서), 데후(데살로니가후서), 딤전(디모데전서), 딤후(디모데후서), 디(디도서), 몬(빌레몬서), 히(히브리서), 야(야고보서), 벧전(베드로전서), 벧후(베드로후서), 요일(요한 1서), 요이(요한 2서), 요삼(요한 3서), 유(유다서), 계(요한계시록).

4) 〔역자주〕 "오늘 영어판"(Today's English Version)은 TEV로 略號化되며, 살아 있는 오늘의 영어로 새롭게 번역한 영역성경판본이며 1966년에 나왔다. 이 TEV는 1966년에 연합성서공회(the United Bible Societies)에 의하여 출판된 *The Greek New Testament*를 저본으로 삼고 있다. 롬 1:17의 TEV번역은: For the gospel reveals how God puts men right with himself: it is through faith alone, from beginning to end. 우리나라 전통적 "개역판"은 여기서 지적된 오류를 범하였으며 "하나님의 의"라고 오역하고 있다. 그러나 1977년의 "공동번역"에는 이 오류가 시

것은 "정의롭게 하심"의 행위이며(영어의 "justification"이란 말은 영어를 쓰는 사람들에 의하여 왜곡되는 말이다), 義의 성격을 규정하는 말은 아니다. 그러나 희랍어를 문자 그대로 직역하여 "하나님의 義"라고 번역하는 것은 형식적 문법의 대응을 살리기 위하여 의미의 동질성을 파괴하는 오류에 지나지 않을 뿐이다.

이러한 오해를 일으키는 문장에 첨가하여, 수사학적으로 너무 복잡하고 지겨워서 이해를 거의 불가능하게 만드는 번역이 있다. 예를 들면, 미국표준판(American Standard Version, 1901)이 고후 3:10을 "진실로 영광스럽게 되어진 것은 더 큰 영광의 이유로 인하여 이러한 면에서 영광스럽게 되지 않았기 때문에"라고 번역하고 있는 것은 좋은 예가 될 것이다. 단어는 모두 영어를 쓰고 있지만 문장구조는 완전히 희랍어 그대로이다.[5] "새영어성서"(The New English Bible)는 이 구절을 다음과 같이 순하게 재구성하고 있다. "진실로, 이전에 영광이었던 것이 지금은 결코 영광이 되질 못한다. 더 큰 영광에 가리워지기 때문이다."[6]

2. 수신자언어(Receptor Language)에 관한 새로운 태도

성서번역에 있어서 근본적 어려움은 번역자들 자신이 원어 뿐만 아니라 受信者에 대한 그릇된 견해를 가지고 있다는 데서 비롯된다. 원래의 상황과 상응하는 독자의 반응을 불러일으킬 수 있는 텍스트를

정되고 있다 : "복음은 하느님께서 인간을 당신과 올바른 관계에 놓아 주시는 길을 보여 주십니다."

5) 〔역자주〕 우리나라 "개역판"은 이러한 오류를 범하고 있다. "영광되었던 것이 더 큰 영광을 인하여 이에 영광될 것이 없으나." 누가 과연 이 따위 한국말을 알아들을 수 있겠는가? 『論語』의 번역에 이와 같은 오류가 산적해 있다는 것을 반성해야 하지 않을까?

6) 〔역자주〕 원서에는 이 다음에 독자들에게 주는 숙제(Problem), 즉 연습문제가 연결된다. 매 단이 끝날때마다 그 단의 내용과 관계되는 연습문제가 출제되고 있다. 역자는 이 부분을 번역하지 않았다. 그 숙제는 영어로 출제될 때만 의미를 가지며 그것을 번역하면 완전히 무의미해진다. 그리고 우리의 번역의도 자체가, 이 번역의 수신자로 하여금 번역의 일반이론과 실제를 이해하게 하려는 데 있으며, 구체적 성서번역을 위한 전문적 연습에 있지 않기 때문에 이 부분은 생략된 것이다. 물론 그 숙제가 원문이해에 필요불가결한 것이라면 때때로 번역해서 집어넣을 수도 있을 것이다.

재현하기 위하여서는, 번역자들은 그들이 씨름하고 있는 양쪽의 언어 그 자체에 대한 견해를 바꾸지 않으면 안된다. 이것은 원어들(source languages)을 신성한 신학의 강단에 올려놓고 거기에 제사지내는 그러한 맹목적 경건한 자세를 버려야 할 뿐만 아니라, 수신자의 언어에 대한 그의 태도를 근원적으로 바꾸는 생각의 전환을 가져와야 한다는 것을 의미한다. 그 수신자의 언어가 비록 번역자의 모국어라 할지라도 말이다.[7]

가. 모든 언어는 제 나름대로의 특질을 가지고 있다

일차적으로, 각 언어가 제 나름대로의 특질을 가지고 있다는 것을 인지해야 한다. 다시 말해서, 각 언어는 그것에 고유한 특성을 부여하는 유별난 개성을 지니고 있다. 말을 지어내는 능력, 句의 순서의 특수한 배열, 節을 文으로 연결시키는 기술, 담화의 문법적 성격이나 기능을 나타내는 장치들, 시·잠언·노래등의 특수 담화 타입 등에 있어서 모든 말이 제각기 특성을 지닌다. 또한 각 언어는 인종의 특성이나, 문화적 초점의 분야의 상이에 따라 어휘에 있어서 풍부한 곳이 다르다. 수단의 아누악語는 가축관계 어휘에, 마이크로네시아의 포나피안語는 얌감자관계 어휘에, 페루의 피로스語는 수렵·어업관계 어휘에, 서구의 언어들은 기술문명에 관한 어휘에 풍부하다. 그리고 어떤 언어는 문의 양태를 나타내는 分詞에 풍부하다. 어떤 언어는 비유적 언어에 풍부하고, 또 많은 언어가 그 나름대로의 방대한 문헌과 구전문학의 축적을 가지고 있다.

나. 효과적 전달을 위해서는 번역자는 반드시 각 언어의 특질을 존중해야 한다

한 언어의 어떠한 측면의 결핍을 한탄하고 있지만 말고, 번역자는

7) 〔역자주〕 이 장에서 언급되고 있는 많은 문제는 우리 동양고전번역의 경우에 있어서 그대로 적용되는 문제이며 이러한 문제의 동양고전적 실례는 이미 앞호의 『민족문화』에 실린 나의 논문 속에서 충분히 검토되었다. "翻譯에 있어서의 空間과 時間," 『민족문화』(제9집), 50~53쪽에서 내가 말한 "同時性" "영구번역론" "도구연관구조의 상대성" 등은 나이다의 주장에 깔려 있는 해석학적 입장과 근본적으로 일치하는 것이다. 물론 나는 "翻譯에 있어서의 空間과 時間"을 쓸 때 나이다의 이 책을 전혀 참고하지 않았다. (校)상기의 논문은 『동양학 어떻게 할 것인가』통나무, 1986)에 실려 있으며 그 쪽수는 198~206이다.

수신자언어의 특질을 존중하고 그 언어의 가능한 장점을 모두 개발하도록 노력해야 한다. 유감스럽게도 어떤 사례에 있어서는 번역자들이 한 언어를 인위적으로 재구성하려고 노력하였다. 라틴 아메리카의 한 선교사는 수동태가 없는 어떤 수신자언어에 수동태를 인위적으로 도입시킬 것을 주장하였다. 물론 이러한 시도는 성공적일 수 없었다.

이 세상에 수동태가 없는 언어도 많이 존재한다는 단순한 사실을 단순하게 받아들이지 않으면 안된다. 그런 언어들은 모든 행동을 능동태로써 보고할 뿐이다. 한 언어의 형식적 구조를 타 언어에 인위적으로 부과하려고 하지 말 것이며, 훌륭한 번역자는 오히려 수신자언어의 독특한 구조적 형식속에서 원래의 메시지가 재현될 수 있는 모든 가능한 형식적 변화를 원어에서 일으키도록 노력할 것이고, 그러한 데 아무런 저항을 느끼지 않을 것이다.

다. 한 언어에서 말하여질 수 있는 모든 것은, 그 형태가 메시지의 본질적 요소를 이루지 않는 한, 타 언어에서도 다 말하여질 수 있다

평균독자들에게 있어서 언어들 사이의 가능한 또 실제적 대응관계는 번역에 관한 논란 중에서 가장 말이 많은 부분이다. 눈(雪)을 전혀 보지도 못한 종족의 사람들에게 『성서』에 나오는 "눈과 같이 희다"라는 표현을 어떻게 이해시켜야 할 것인가? 눈을 전혀 모른다면 어찌 눈에 해당되는 단어가 존재할 수 있겠는가? 그러한 단어가 근본적으로 존재하지 않는다면 『聖書』의 그 말을 어떻게 번역할 것인가? 이러한 질문에 대한 대답은 매우 복잡하고 분분한 것이다.

첫째, 많은 인종이 눈을 직접 경험하지 못했다 하더라도 눈이라는 자연현상을 들어본 적이 있는 한 눈이라는 단어는 존재한다.

둘째, 많은 경우에 눈을 모르는 종족에 있어서도 "서리"는 있으며 "서리"와 "눈"을 하나로 묶어 같은 단어로 표현한다.

세째, 많은 언어가 눈은 없더라도 비슷한 숙어를 가지고 있다. "백로의 깃털과 같이 희다" "(흰 곰팡이가 있을 경우)곰팡이 같이 희다"와 같은 표현이 있을 뿐 아니라, 이와 같이 은유가 아닌 경우라도 "매우 매우 흰"과 같이 다른 형태로 그 의미를 표현하는 경우도 있다. 이러한 논란의 가장 중요한 문제는 하나의 물체로서의 눈이 그 메시지의 의미전달에 있어서 결정적 함수가 되지 않는다는 것이다.

그러나 어떤 학자들은 눈에 해당되는 정확한 말이 없는 한 그 번역은 적합하지 않으며, 원문의 엄밀한 의미를 전달하지 않는 어떤 번역도 모두 왜곡이라고 반박할지 모른다. 물론 모든 전달(communication)은 한 언어체계 내에서조차도 결코 완벽할 수는 없다. 두 사람이 똑같은 태도로 말을 이해하는 것은 있을 수 없으니까——.

그리고 더우기 두 언어 사이에서의 완전한 대응이라는 것을 기대할 수는 없다. 실제적으로, 영어가 전문술어까지 합하여 100만단어를 넘는 풍부한 어휘를 자랑하는 국제어임에도 불구하고 히브리어나 희랍어를 영어로 번역할 때 그러한 완전한 상응을 기대할 수는 없다. 예를 들면, 히브리말의 "헤쎄드"(*hesed*)를 "러빙—카인드네스"(loving kindness, 사랑스러운 친절)나 "커비난트러브"(covenant love, 맹약의 사랑)로 번역할 때, 전달될 수 없는 많은 의미가 가려진 채로 남는다. 왜냐하면, 이 히브리단어 속에는 族長과 그의 臣民 사이에 존재하는 상호 충성과 부조에서 오는 전체적 사회구조를 포함하고 있으며, 이러한 관계는 우리 서구인에게는 매우 소원한 것이며 상상하기조차 힘든 것이기 때문이다. 이와 마찬가지로 「요한복음」 첫 구절에 나오는 "로고스"(*logos*)의 경우에도 이 희랍어의 의미의 풍요함과 다양함에 상응하는 영어단어는 존재하지 않는다. "워드"(Word, 말씀)라는 번역에 있어서 로고스는 워드 그 자체는 아니다.

그렇기 때문에 하나의 메시지가 표현되고 있는 양식이 그 의미의 본질적 관건을 구성하고 있을 때 그 말을 타언어로 바꾸는 데 있어서 명백한 제약이 따른다는 것을 정직하게 인지하지 않으면 안된다. 이런 종류의 "의미"의 있는 그대로의 재현은 불가능하다고 본다. 예를 들면, 「요한복음」 제 3 장에 예수는 "바람"(Wind)에 대해서 이야기하고, 또 "성령"(Spirit)에 대해서 이야기한다.[8] 그러나 이 두 의미에 대하여 쓰인 희랍어는 한 단어이며, "프뉴마"(*pneuma*)라는 것이다. 이것은 매우 의미 있는 말장난(play on words)의 결과인데, 물론 영어로 재현될 수가 없다. 이러한 경우 우리가 할 수 있는 최선의 것은

8) 〔역자주〕 정확하게는 「요한복음」 3장 8절이다. "바람이 임의로 불매 네가 그 소리를 들어도 어디서 오며 어디로 가는지 알지 못하나니 성령으로 난 사람은 다 이러하니라."

원어에 있어서는 두 의미에 해당되는 것이 한 단어라는 것을 명기하는 각주를 붙여 독자들의 주의를 환기시키는 길밖에는 없다.

이와 마찬가지로 히브리어의 詩의 운율이라든가, 많은 詩의 "아크로스틱"한 특징이나, 흔히 쓰이는 의도적인 "알리터레이숀"은 재현될 수가 없다.[9] 이런 경우에는 언어들이 그냥 상응할 수 없도록 되어 있는 것이다. 우리는 내용을 살리기 위해서 형식적 아름다움을 희생할 각오를 할 수밖에 없다.[10]

라. 메시지의 내용을 보존하기 위해서는 그 양식이 변해야만 한다

모든 언어는 양식을 달리하며, 그 다른 양식이야말로 한 언어를 그 언어답게 만드는, 즉 다른 언어와 구별되는 본질이기 때문에, 그 내용을 보존하려고 한다면 자연히 양식을 변화시키지 않을 수 없다.[11] 예를 들면, 막 1:4에 있어서 희랍어는 "회개의 세례"(a baptism of

9) 〔역자주〕 "아크로스틱"(acrostic)이란 "離合體의 詩"로 번역되는데, 各行의 첫글자나 마지막 글자를 합치면 말이 되는 遊戲詩의 일종이다. 또 "알리터레이숀"(alliteration)이란 "頭韻法"이라고 번역되는데, 詩文에 있어서 일련의 몇 단어들의 첫글자를 同音이나 同字로 시작하는 일종의 押韻法이다. 例 : *b*usy as a *b*ee, *s*afe and *s*ound, *w*ild and *w*oolly, *th*reatening *th*rongs. 내가 언뜻 기억하기로는 陽貨(陽虎)가 孔子를 자기 정당에 가입시키려고 꼬이는 재미있는 장면이 『論語』의 「陽貨篇」 첫머리에 나오고 있는데 이때 陽貨의 말 "懷其寶而迷其邦…好從事而亟失時"는 일종의 알리터레이숀이다. 운을 韻母에 맞추지 않고 聲母에 맞춘 것이 특색이다 : *p*ao-*p*ang *sh*ih-*sh*ih.

10) 〔역자주〕 여기서 논의되고 있는 문제는 동질의 문화권 안에 있는 언어일수록 그 상응성이 보장되고 그렇지 못할수록 상응성의 괴리는 커진다. 그런 의미에서 한문고전의 한글번역이라는 것은 매우 유리한 조건을 구비하고 있다고 말할 수 있다. 한문과 한글은 동질의 개념을 토대로 하여 역사적으로 전개되어 나왔기 때문이다. "로고스"와 "워드"의 관계보다는 "道"와 "길"의 관계가 더 많은 상응성이 보장된다고 말할 수 있을 것이다. 이러한 상응성을 무비판적으로 자명하게 받아들이는 태도는 지양되어야 하며 여기서 말하듯이 脚註의 방식을 이용하여 그 미묘한 차이를 일일이 밝히는 엄밀한 태도가 절대적으로 필요하다. 한문과 한글의 차이에 대하여서는 나의 논문 "우리는 동양학을 어떻게 해야 할 것인가"에서 충분히 검토되었다. 나의 책, 『동양학 어떻게 할 것인가』(서울 : 통나무, 1986) 속에 실린 논문을 보아 주기 바란다. 또한 역설적으로 히브리·희랍어와 한글 사이의 문화적·양식적 괴리의 엄청남을 생각할 때 우리의 기독교 이해가 얼마나 피상적이며 왜곡적일 수 있는가 하는 것도 동시에 생각해 봐야 할 것이다.

11) 〔역자주〕 여기서 말하는 양식이란 "form"의 번역인데, 반드시 성서신학의 "양식비판" 혹은 "양식사학"에서 쓰고 있는 좁은 의미에서의 "양식"이란 말에 국한해서 쓰여지고 있지는 않다. 나는 번역에 있어서 양식이란 말과 형식이란 말을 구분하고 있지 않다. 원저자도 정확하게 정의하여 쓰고 있지 않다. 그러나 "양식사학"에서 말하는 "양식"의 의미와 여기서 말하는 "form"은 그다지 별개의 것은 아니다.

repentance)라는 명사적 구성법(nominal construction)을 쓰고 있다. 그러나 이러한 구성형식에 따라 문자그대로 영어로 번역하면 번역문은 그 원의를 참되게 전달하지 못한다.[12]

보통 사람들은 "세례"와 "회개"가 과연 어떠한 관계에 있는 것인지를 기술할 능력이 없다. 뿐만 아니라, 인간 언어의 대부분의 경우에 있어서 사건을 나타내는 술어들("세례"나 "회개"는 사건이지 대상적 물체가 아니다)은 명사로보다는 동사로서 더 자연스럽게 표현되어진다. 사실 여기서 문제삼고 있는 이 희랍어의 명사적 표현은 행 2:38에 나오는 동사양식, 즉 "회개하고 세례를 받으라"(Repent, and be baptized)라는 표현의 명사화 내지는 변용에 지나지 않는다.[13]

이러한 사건들이 동사로 표현되어야 하거나 명사구보다는 동사를 채택하는 것이 더 자연스러운 언어에 있어서는, 이 희랍어 구문이 그것에 상응되는 동사적 표현으로 바뀌어야 한다는 것은 단순히 타당하다고 말할 수 있을 뿐아니라 매우 본질적인 것이다.

의미를 보존하기 위하여 양식이 변해야 한다는 그 변화의 진폭은 그 문제되고 있는 언어들 사이의 언어학적이고 문화적인 괴리의 폭에 달려 있다. 그러므로 양식적 변화를 최소한으로 수반하는 쉬운 번역은 자연히 언어사학상 매우 근접한 언어들 사이에서, 예를 들면, 영어를 독일어로 혹은 서 아프리카의 홴티어(Fante)를 아산티어(Ashanti)로 번역할 때, 이루어진다.[14]

영어와 독일어는 서구 기술문명이라는 동일한 문화적 배경을, 홴티

12) 〔역자주〕 영어성경의 "개역표준판"(Revised Standard Version)과 한국의 "개역판"은 모두 이러한 오류를 범하고 있다. 영어의 오늘영어판은 동사형식을 취하고 있으며 훨씬 더 좋은 번역이다.

13) 〔역자주〕 우리나라 공동번역에는 막 1:4를 "세례자 요한이 광야에 나타나 '회개하고 세례를 받아라. 그러면 죄를 용서받을 것이다.' 하고 선포하였다."로 번역하였다. 과거의 개역판보다 희랍어의 원의에 더 충실했으며 동사양식을 잘 이용한 훨씬 더 강력하고 생동하는 번역이다.

14) 〔역자주〕 홴티는 아크라와 세콘디—타코라디 사이의 가나國 남부해안연안에 살고 있는 종족이름이다. 그들의 말은 아칸(Akan)의 방언이며, 나이저—콩고어족(the Niger-Congo family)의 크와어(Kwa)에 속한다. 모계·부계를 다 인정하는 이중가계체제(dual lineage system)을 가지고 있으며 많은 사람이 기독교로 전향하였다. 아산티(Ashanti 혹은 Asante)도 역시 가나國 남부해안연안에 살고 있는 종족인데 아이보리코스트國과 토고國에 연접해 있는 연안쪽으로 살고 있는 사람들이다. 이들은 18세기 19세기에 노예무역을 주로하는 제국을 형성했었으며 이들의 80퍼센트가 가나의 남부에 살고 있다. 이들 또한 아칸종족의 한 분파이며, 나이저—콩고어

어와 아산티어는 西 아프리카라는 동일한 문화배경을 가지고 있다. 그러나 영어를 항가리어로, 혹은 하우사語(Hausa)를 후라니語(Fulani)로 번역할 때 양식적 변화는 폭이 더 크게 된다. 항가리어는 語系(언어나무, 樹型圖)上으로 인도—유러피안 어족의 게르만 지파의 한 멤버가 아니며 그와는 전혀 별개의 휘노—우그리안 어족에 속하며, 하우사語와 후라니語도 각기 다른 어족에 속하는 것이다.[15] 그러나 항가리어와 영어는 그래도 같은 문화적 배경을 가지고 있으며, 하우사어와 후라니어도 또한 서 아프리카의 같은 문화배경을 가지고 있다. 그렇기 때문에 변화의 폭이 그리 극단적이지는 않다.

그러나 영어를 힌두어로 옮기려고 한다면 영어를 항가리어로 옮기는 경우보다 양식적 변화는 더 크게 된다. 비록 언어의 系統樹상으로 보면 영어와 힌두어는 동일한 인도—유러피안 어족에 속하고 있지만 언어의 바탕을 이루고 있는 세계관과 문화적 문맥이 너무도 차이를 나타내고 있기 때문에 문법적이고 어휘적인 양식구조가 그 의미내용을 살리기 위하여서는 근본적으로 변화되지 않으면 안된다.

끝으로, 영어를 반투어족(the Bantu family of languages)에 속하는 주루어(Zulu)로 번역할 때는 주루어는 너무도 상이한 문화를 표상하고 있기 때문에 양식적 변화는 더욱 더 극단적으로 된다.[16]

족의 크와어의 또 분파인 트위(Twi)어를 말한다.

15) 〔역자주〕 하우사족은 나이제리아國의 北西쪽과 그에 인접한 나이저國의 남부에 살고 있는 종족이며 하우사어는 챠드어군(Chad group)의 함족과 셈족의 혼합어이다. 하우사어는 북부 나이제리아의 公用語이며 서아프리카 전역의 제 2 국어이다. 후라니족은 챠드湖(Lake Chad)로부터 대서양 연안에 이르기까지 퍼져있는 서 아프리카의 회교도들이다. 후라니어는 나이저—콩고어족의 아트란틱어파로 분류되며 엄밀한 언어학적 연구에 의하여 최근 함족의 언어가 아님이 판명되었다.

16) 〔역자주〕 주루족은 지금 남아프리카공화국의 동부주인 나탈(Natal)에 살고 있는 종족이며 19세기 초에 주루제국을 형성한 바 있다. 그들의 언어는 반투어 혹은 느구니(Nguni)어의 일종이다. 반투어라는 것은 나이저—콩고어족의 베누에—콩고어군(Benue-Congo group)의 한 語派인데, 아프리카 대륙에서 북위 5°이하 희망봉에 이르기까지의 전역에 펼쳐있는 상당히 보편적 언어이다. 이 반투어를 말하는 반투족은 약 6천만에 이르며 200개 이상의 언어가 포함된다. 10개의 나이저—콩고어족 중에서 르완다(Rwanda), 마쿠아(Makua), 코호사(Xhosa), 주루(Zulu)의 4언어가 반투어에 속한다. 대부분의 반투어는 聲調를 가지고 있다(tonal). 반투족의 민족 이동문제는 인류학의 쟁점의 하나이다.

3. 원어(발신자언어)에 대한 새로운 태도

수신자언어에 대한 새로운 태도는 필연적으로 원어에 대한 새로운 견해를 초래하지 않을 수 없다. (『성서』번역의 경우, 원어[source language]란 희랍어와 히브리어이다.) 그리고 어떤 번역자들에게는 영어, 불어, 스페인어와 같은 제2의 원어, 즉 이 제2의 원어를 번역의 대본으로 쓸 때, 그 제2의 원어에 대한 관념을 철저히 바꿔야 한다. 유감스럽게도 많은 사람들이 『성서』언어에 대한 매우 과장된 견해를 가지고 있다.

히브리어가 신학자들을 위한 비전의 특별한 은사를 지닌 방언이며, 희랍어는 하나의 "신비며 경이"며 인간에 의하여 발명된 인간사유의 최선의 매체라고 과장한다. 허나 사실은 이와 반대로, 희랍어와 히브리어는 단순히 그냥 인간의 "언어"일 뿐이며, 모든 언어가 공통으로 지니고 있는 性癖이나 좋음을 모두 지니고 있다. 그것은 하늘의 언어도 아니며 성령의 말씀도 아니다.

그 원어의 진가와 의의를 깨닫기 위해서는 다음의 세가지 본질적 측면을 이해하는 것이 중요하다. 이 측면은 희랍어와 히브리어에 대한 신학적으로 타당한 함의이며, 『성서』적 의사소통의 수단으로서의 용도에 관련되는 것이다.[17]

---

17) [역자주] 원어(희랍어, 히브리어)에 대한, 혹은 모든 『성서』언어에 대한 외경심이나 과장된 견해가 비판되어야 한다면 우리나라 사람들의 한문에 대한 외경심과 과장된 견해 또한 비판되어야 마땅하다. 많은 사람이 암암리 한문이 신성한 언어이며 함부로 아무나 알아서는 안되는 언어, 또 인간이 고안해낸 인간 사유의 가장 고차원의 심오한 표현매체라고 착각하고 있다. 한문은 고전중국어일 뿐이며, 후앙허 지역에 살던 사람들에 의하여 고안된 표현매체이며, 그냥 단순한 "언어"일 뿐이다. 그 언어는 누구에게든지 개방되어 있는 습득가능한 그냥 "언어"이다. 이 한문에 대한 신성한 자세가 오히려 역으로 요즈음 한국사람들의 〈성서언어일반〉에 대한 매우 그릇된 생각에 영향을 주었다고 나는 생각한다. 성서의 언어를 엉터리 한국말로 옮겨 놓고는 그것을 逐字無誤이며, 인간의 언어 아닌 성령의 언어이며, 주의 사자인 〈목사님〉들만 알아들을 수 있는 언어라고 생각하고 또 주장한다. 나는 절간에 수도승이 겨울에 추워서 나무로 된 부처님 상을 도끼로 빼개어 장작피워 놓고 궁둥이를 까고 궁둥이를 불 쬐고 있는 그 유명한 그림이 버젓히 걸려 있듯이 『성경』의 보드라운 종이로 얼마든지 밑을 닦아도 상관이 없다고 생각한다. 밑닦는데 소비되는 종이에 쓰인 언어는 단순한 인간의 언어이며 수단적 매체일 뿐이며 신문지의 그것과 근본적으로 다를 바가 없기 때문이다. 이러한 나의 생각을 내가

가. 성서의 언어들은 모든 자연언어가 지니고 있는 동일한 제약성을 필연적으로 수반한다

희랍어와 히브리어는 다른 모든 언어가 그러하듯이 단순히 언어일 뿐이며, 모든 고대어가 분석되고 이해되어지는 것과 똑같은 방식으로 분석되고 이해되어질 뿐이다. 이 두 원어는 의미전달의 매우 효과적인 수단이지만, 이러한 효능은 이 두 언어에만 국한되는 것이 아니라 모든 언어에 공통되는 것이다. 희랍어로 쓰인「4복음서」에만 해도 700군데의 문법적·어휘적 애매성이 지적될 수 있으며, 이 애매한 것들의 대부분이 統語論的이고 意味論的 맥락 속에서 해결될 수는 있다.

그러나 무엇보다도 우리에게 중요한 사실은 『성서』에 쓰인 이 언어들이 바로 그 언어들이 쓰였던 당시의 문화적 맥락속에서만이 의미를 갖는 어휘들을 사용하고 있다는 것이다. 다시 말하자면 『성서』의 기자들은 『성서』의 메시지를 담기 위하여 도매금으로 없었던 말들을 지어낸 것이 아니라, 그 기자들 당시에 사용되었던 말들을 사용했다는 사실이다. 그러나 물론 그들이 어떠한 새로운 통찰을 전달하려고 했을 때, 누가 어느 말로든지 그렇게 하듯이, 특수한 방식으로 그들의 언어를 구사했을 수는 있다.

그럼에도 불구하고 『성서』의 말은 모두 어김없이 그 당시의 통용되는 말들이었다. 오늘 우리가 직면하는 문제는 『성서』시대의 문화적 맥락, 즉 『성서』의 언어에 의미를 제공하는 그 맥락의 많은 부분이

믿는 예수나 하나님은 찬양할 것이라고 확신한다. 이러한 나의 생각을 불경스럽게 생각하는 거룩하신 분들에게 나는 한마디만 묻겠다. 그들의 대궐집 같은 집안에 널려있는 골동품 장농속은 孔子의 말을 담은 『논어』를 뜯어 도배를 해놓고 아무렇게도 생각지 않으면서 어찌 예수의 말을 담은 『성서』는 갈기갈기 찢어 도배를 할 수 없단 말인가? 나는 확신을 가지고 말한다. 『논어』로 도배한 민속주점에서 술 마시면서 불경스럽게 느끼지 않는다면 『성서』 또한 『똥서』라고——. 이러한 나의 해석학적 견해는 금세기 최고의 해석학 학자이며 신학자인 가다머(Hans-Georg Gadamer)의 저술에 일관되어 있는 정신이기도 하다. 나의 발언에 의구심을 느끼는 자들은 그의 大著, *Truth and Method* (New York: Crossroad, 1975) 중 第三部인 1) 해석학적 경험의 매체로서의 언어(Language as the medium of hermeneutical experience 2) 서양사상사에 있어서 언어의 개념의 출현(The emergence of the concept of language in the history of Western thought) 3) 해석학적 존재론의 지평으로서의 언어(Language as horizon of a hermeneutic ontology)를 탐독해 주기 바란다.

유실되어 존재하지 않기 때문에 그 말들이 과연 어떤 의미를 갖는가를 근본적으로 결정할 수 없다는 사실이다.

그렇지만, 모든 어휘는 그 자체가 선남선녀의 유한한 존재체험세계속에서 이루어지는 것이므로 모든 표현은 이러한 인간존재 배경의 유형속에서 이해되어질 수밖에 없다. 그렇지 않으면, 번역자들은 그 상징체계의 절대적 성격규명이라는 논란속으로 휘말려 들어 정신없을 뿐만 아니라, 전달사건을 정확하게 재구성하는 타당한 주석(exegesis)을 달 수 없게 된다.

나. 『성서』의 기자들의 언어는 이해되기 위한 것이었다[18]

언어가 이해되기 위한 것이라는 것은 매우 자명한 이치처럼 들린다. 그러나 어떤 사람들에게 이러한 자명한 이치는 大悟의 啓示의 계기가 될 수도 있다. 왜냐하면 많은 동포들이 『성서』는 "이해되어서는 안될 책"으로 암암리 상정하고 있기 때문이다. "오늘 영어판"으로 『성서』를 읽은 한 사람은 다음과 같이 외쳤다: "어어라, 이것은 『성경』이 될 수가 없지——. 내가 이해할 수 있는 걸."

『성서』는 절대로 델피의 신탁이나 카발라신비주의 저작의 집적이 아니다. 『성서』의 기자들은 살아 있는 역사적 상황을 구체화하기 위하여 붓을 옮겼으며, 그들은 절박한 당시의 문제들로 괴로와하는 사람들을 향해 외쳤던 것이다. 『성서』기자들이 과연 정확하게 무엇을 말하려고 하였는가에 대하여 우리는 종종 이해할 수 없을 때가 있다. 그러나 기자들이 의도적으로 의미를 "애매모호하게" 하려고 했다고 상정하는 것은 그들에게 부당한 죄악을 저지르게 되는 것이다.

『성서』의 기자들이 이해되기를 기대했다고 가정한다면 우리는 또한 그들이 여러개의 의미가 아닌 한개의 의미를 의도했다고 가정하지 않을 수 없다. 그 "의도적인 애매성"이 언어적으로 구체적으로 양식적 표시로써 나타내지어 있지 않는 한——! 물론, 맥락에 의하여 분

18) 〔역자주〕 이 단락에서 토의되고 있는 문제는 나의 논문 "우리는 동양학을 어떻게 해야 할 것인가"에서 이미 다루어졌다. 그 논문의 마지막 부분, 번역의 구체적 방법론을 말하는 부분에서 제 8의 마지막 항목, 즉 함의의 포괄성과 단순성의 문제, 그리고 "단순하고 애매모호하지 않게 명확히"(simple and clear)에 관한 나의 논술을 대조해 가면서 읽어주기 바란다.

명하게 지적될 수 있는 의도적인 애매한 표현이 종종 발견되기도 한다. 그러나 이러한 때는 그러한 애매성이 똑같이 명백한 문맥속에서 번역자에 의하여 재현되지 않으면 안되며, 혹은 각주에 의하여 그 점이 정확하게 설명되지 않으면 안된다. 그러나 원 기자가 그 글을 썼던 그 당시의 문화적 배경을 재구성할 수 없음으로 해서 생기는 애매모호성으로 두개 이상의 의미가 파생할 때 "적당히 얼버무려서 건너뛸려고 한다"면 그것은 원 기자의 의도에 손상을 가하는 것이다.

이러한 경우에는 번역자는 모든 증거에 의하여 지지되는 한 의미를 선택하여 번역하고 그 나머지의 가능한 의미에 관하여는 각주에 설명을 하는 태도를 취하는 것이 좋다. 그렇지 않으면, 원 기자가 문제를 자꾸만 회피하면서 이해될 수 있는 말을 의도적으로 구사하지 않는다는 그릇된 인상을 독자에게 줄 것이다

다. 번역자는 한 구절의 의미를 재현하는데 있어서 원 기자에 의하여 이해된 의미를 재현하도록 노력해야 한다

원 기자에 의하여 이해된 대로 구문의 의미를 재현해야 한다는 원칙은 너무도 명백해서 언급할 가치조차 없는 것처럼 보인다. 그러나 자세히 생각해 보면 여기에는 많은 문제가 숨어 있다. 예를 들면, 어떤 사람들은 희랍어 『신약성서』를 번역하는데 있어서 아람어의 원문맥으로 되돌아가 예수의 말을 아람어로 말했으리라고 여기어지는 그 의미를 재구성해서 이해하여야 한다고 주장한다.[19]

그러나 번역자가 일차적으로 던져야 할 질문은 그것보다는 이런 것이다 : "루가 자신이 그가 쓰던 희랍어로 이해한 당시 말의 이해가 어떻게 그의 글 속에 표현되고 있는가?" 우리가 루가의 「복음」을 정확히 번역하려고 한다면 이 질문이 우리의 관점이 되어야만 하는 것이다. 그렇지 않으면, 우리는 끝도 없는 논쟁에 휘말리게 될 뿐만 아니라 결국 우리가 원치 않는, 또 확실치도 않은 타협을 하지 않으면

19) 〔역자주〕 예수는 희랍어를 말한 사람이 아니다. 예수와 그의 제자는 모두 아람어를 일상언어로 가지고 있었다. 아람어에 관해서는 나의 논문, "절차탁마 대기만성(제이편)," 『世界의 文學』(서울 : 민음사, 1983 겨울), 152쪽의 註 29를 참조해 주기 바란다. (校) 상기의 논문은 책으로 출판되었다. 『절차탁마대기만성』(통나무, 1987), 107~108쪽.

아니하게 된다. 예를 들면, 루가가 기록한 산상수훈에는 그냥 "가난한 자"(즉 빈곤한 사람)로 되어 있지만, 마태의 기록에 의하면 "심령이 가난한 자"(즉 정신적 빈곤을 인정하는 사람)로 되어 있다. 루가는 물질적으로 가난한 사람들을 직접 지칭하는 표현을 쓰고 있지만, 마태는 그것을 정신적 문맥에 집어 넣고 있다. 이 경우, 예수의 원래 말이라고 생각되는 것을 아람어로 재구성하여 그 재구성의 근거위에서 루가와 마태의 말을 모두 해석해 내는 것은 결코 번역자의 작업은 아니다.[20]

마찬가지로, 『구약』「시편」의 많은 부분이 우가리트語 문헌에서도 유사한 형태로 발견되며 그러한 연구의 결과로 「시편」의 시가 더 정확히 이해될 수도 있다.[21] 그러나 우리는 「시편」을 그것이 우가리트의 제사 노래인 것처럼 번역할 수는 없으며, 그것은 어디까지나 야훼(Yahweh)를 예배하는 성전에서 쓰인 찬송가로서 번역해야만 하는 것이다. 우리는 성서의 기자보다 뒤쳐져가도 안되지만, 또 기자의 언어를 이해하고 해석하는데 있어서 기자보다 앞서가도 안된다.

예를 들면, 희랍어의 "피스티스"(*pistis*, 신앙 또는 믿음, 영어로는 faith)는 『신약』의 뒷부분이나 특히 초대 교부들의 저작물들에서 "신앙의 내용"이나 "신조"(creed)를 의미하게 되는데, 이러한 후대의 의미를 가지고 「복음서」의 "피스티스"를 해석해서는 안된다(예를 들면, 루 18:8). 마찬가지로 「창세기」의 창조의 설명을 우리 자신의 "세계관"(world view)에 의하여 해석하여, 거기서 나오는 "날"을 "지리학적 시대"로 번역한다든가, "하늘의 둥근 덮개"(dome of the sky, 이를 훠마먼트〔firmament〕로 영역한 것은 잘못된 것이다)를 "電離層"(ionosphere)으로 번역하는 것은 잘못된 것이다.

---

20) 〔역자주〕 여기서 언급되고 있는 문제는 신학사적으로 볼 때는 문헌비판학(Literarkritik)과 樣式史學(Formgeschichte)의 문제와 결부되고 있다고 보여진다.
이 방면에는 우리나라에 좋은 역서가 하나 있다. 클라우스 코호, 허혁 옮김, 『聖書註釋의 諸方法』, (서울 : 분도출판사, 1975) 이 책 중에서 「文獻批判學과 樣式史學」이라는 부분을 읽어 주기 바란다.

21) 〔역자주〕 우가리트어(Ugarit)란 고대 가나안 도시의 이름에서 온 것인데 이 도시는 BC 2000년대부터 BC 7세기까지 존속했으며 1929년의 불란서 고고학자 그룹에 의하여 발견되어 세상에 알려졌다. 이 우가리트어는 32字의 알파벳으로 된 설형문자체계이다.

4. 번역함의 새로운 개념이 갖는 실제적 의미

번역함의 새로운 개념이 갖는 실제적 의미는 로마서 1장 5절의 해석에 있어서 개역표준판(RSV), 새영어성서(NEB), 오늘영어판(TEV) 삼자의 번역을 비교해 보면 명백히 나타난다.

개역표준판 : 그를 통하여 우리는 모든 나라 사이에서 그의 이름을 위하여 믿음의 순종을 가져오게 하기 위하여 은혜와 사도의 직분을 받았다. (through whom we have received grace and apostleship to bring about the obedience of faith for the sake of his name among all the nations.)

새영어성서 : 그를 통하여 나는 모든 나라에 있는 사람들을 믿음과 순종으로 이끌기 위하여 그의 이름으로 특사의 특권을 받았다. (Through him I received the privilege of a commission in his name to lead to faith and obedience men in all nations.)

오늘영어판 : 그를 통하여 하나님은 나에게 사도가 되는 특권을 주셨으니, 이는 그리스도를 위하여, 모든 나라의 사람들을 믿고 순종하도록 이끌기 위함이었다. (Through him God gave me the privilege of being an apostle, for the sake of Christ, in order to lead people of all nations to believe and obey.)

개역표준판은 희랍어 원문의 형식에 매우 충실한 번역이다. 이 사실은 희랍어의 단어, 구, 그리고 상응하는 단어군의 순서를 그대로 답습하고 있는 데서도 반영된다. 다시 말하자면 희랍어의 명사는 영어의 명사로, 희랍어의 동사는 영어의 동사로 대응·번역되었다. 그러나 평균적 수준의 독자에게는 이 개역 표준판을 이해하는 데 있어서 다음과 같은 문제가 파생한다.

1) "우리는"이란 표현은 매우 애매모호하다. 여기서 바울이 실제적으로 자기자신에 관하여 말하고 있다면 "나는"이 훨씬 더 명확할 것이고, 그렇지 않다면 다른 사도들에 대해서도 동시에 말하고 있는지가 명백히 규명되어야 한다.

2) 비록 "우리는"이란 말이 "은혜를 받는다"라는 말의 문법적 주어이기는 하지만 의미론적 문맥에서는 그것은 그 동사적 과정의 "목적"(goal)이기 때문에 많은 언어의 경우 그것을 문법적 "목적"으로 만드는 것이 훨씬 더 명백한 뜻을 나타낸다. 오늘 영어판은 "우리"를 목적으로 만들었다.

3) 개역표준판에서는, "은혜와 사도의 직분"이 마치 두 개의 동등한 행위처럼 보인다. 그러나 실상 "은혜"의 의미론적 목적이 바로 사도가 되는 직분이다. 그러나 영어로 이 양자를 묶어 만든 구절은 이러한 사실을 애매하게 은폐시킨다.

4) "믿음의 순종"이란 영어적 표현은 매우 오해를 일으키기 쉬운 것이다. 왜냐하면 행위를 나타내는 두개의 명사를 묶는 이러한 식의 구성이 영어에는 없기 때문이다. (행위를 나타내는 명사는 보다 일반적 술어를 써서 "사건명사"라고 한다.) 이때 뒤에 오는 말이 앞에 오는 말을 앞선다. ("회개의 세례"가 "회개하라. 그리고 세례를 받으라."라는 표현의 변형이었던 것을 기억하라.)

5) "모든 나라 사이에서"를 "믿음의 순종"句에다 연결시킨 것이 매우 모호하다. 왜냐하면 "모든 나라"는 실제적으로 순종과 믿음 그 양자의 의미론적 주어이기 때문이다.

6) "그의 이름을 위하여"라는 句의 위치가 매우 혼동을 일으키기 쉽다. 의미론적으로 그것은 사도가 되는 행위에 깊은 관련을 가지고 있고, 따라서 그것과 의미적으로 관련을 맺는 말들에 더 가까이 위치지워지는 것이 마땅하다. 그러함으로써 독자들은 원래 의도되었던 것을 더 확실히 알 수 있게 된다.

새영어성서와 오늘영어판은 모두 원의를 보존하기 위하여 이 절을 재편성했다. 예를 들면, 양자의 번역은 모두 "우리"를 "나는"이나 "나에게"로 바꿨다. 양자 모두 "은혜"를 "사도의 직분"에 관련시켰고, "그의 이름을 위하여"는 위치를 바꿨다. 그리고 "믿음의 순종"은 올바른 순서에 따라 재편성되었다. 새영어성서는 명사적 표현을 써서 "믿음과 순종"으로 고쳤고, 오늘영어판은 동사적 표현을 써서 "믿고 순종하다"로 고쳤다.

오늘영어판은 다음과 같은 점에 있어서 새영어성서를 앞지르고 있다.

1) "하나님"이 "은혜"의 주어로서 새로이 도입되었다. 이렇게 하면 "그를 통하여" 라는 것이 어디까지나 제 2 의적인 행위자라는 것이 명백해진다.
2) "나에게"(me)가 의미론적 목적일 뿐만 아니라 문법적인 목적으로 양성화되었다.
3) "사도의 직분"(apostleship)이라는 고차원의 함축어가 "사도가 되다"(being an apostle)로 재편성되어 풀어졌다. 새영어성서의 "특사"(commission)이란 말은 많은 사람에게 관료적이거나 군사적인 냄새를 피우는 것으로 오해되기 쉽기 때문에 잘된 번역이 아니다.
4) "그의 이름을 위하여" 대신에 "그리스도를 위하여"가 사용되었다. 근대영어에서는 "이름"이란 말이 셈족의 언어 양식에서와 같이 인물에 대한 상징적 代替로서 사용되지 않기 때문이다. 그리고 "그의"이라는 말을 쓸 때 그것이 "하나님의" 인지 "그리스도의"인지 혼동을 일으키기 쉬우므로, 오늘영어판은 대명사적 용법대신에 명사를 직접 썼다. 물론 이러한 변화는 "하나님"이 이 절의 주어로서 도입되었기 때문에 불가피한 것이다.
5) "사도가 되는" 직분과 모든 나라 사이에서의 "믿음과 순종"의 관련성이 "이끌기 위하여"라는 구를 도입시킴으로써 명백해졌다.
6) "믿고 순종하다"라는 동사구가 그에 해당되는 명사구를 대신하여 선택되었다. 직설적인 언어에서는 사건에 대하여 파생적인 명사들을 쓰는 것보다 동사들을 쓰는 것이 더 자연스럽기 때문이다.
7) "모든 나라 사이에서의 사람들"이 믿는다는 사건과 순종한다는 사건의 의미론적일 뿐만 아니라 문법적인 주어이다. 이 사실이 오늘영어판에서는 어순과 주부—술부의 구조에 의하여 명백히 밝혀졌다. 이러한 관계가 새영어성서에서는 그리 분명하게 드러나 있지 않다.

새 영어성서가 되었든 오늘영어판이 되었든 이 희랍어절의 양식적 요소들을 근원적으로 재편성하고 있다. 그러나 분명히 언급되어야 할 사실은 두 판 모두 희랍어 원문에 분명히 드러나 있지 않은 어떠한 요소도 새롭게 날조한 것은 아무것도 없다는 것이다. 뿐만 아니라 두 판 모두 개역표준판의 직역보다 훨씬 더 이해되기 쉬운 양식으로 희랍어의 메시지를 재현하는데 성공하고 있다는 것이다. 이것이야말로 원문 텍스트에의 충실성의 한 표본이며, 이러한 유형의 충실성은 필연적으로 내용을 보존하기 위하여 양식의 변화를 일으키게 되는 것이다.

제 2 장 번역함의 성격

번역이라는 것은 수신자언어에 있어서 원어메시지에 가장 자연스럽게 가까운 메시지를 재현하는데 있으며 이때 제일 중시되는 것은 의미이고 다음은 문체이다. 그러나 이러한 간단한 정의는 언뜻 보기에 모순적인 요소들의 엄밀한 검토를 요구한다.

1. 메시지를 재현함

번역은 반드시 제일차적으로 "메시지의 재현"을 목표로 해야 한다. 이외의 어떠한 행위도 번역자로서의 임무에 한해서 말할 때 거짓이다. 그러나 메시지를 재현하기 위하여서는 번역자는 반드시 많은 문법적 그리고 어휘적 변용을 감수해야만 한다. 예를 들면 골 3:12의 히브리숙어 "자비의 사발"(bowels of mercies)은 원어의 메시지를 전달하려고 한다면 영어로 문자 그대로 번역될 수는 없다. 영어에 "사발"과 "자비"라는 단어가 존재하긴 하지만 영어에서 이 두 단어의 결합은 성립할 수 없다. 의미있는 상응어는 "부드러운 同情"(tender compassion)이 될 것이다.[1] 바로 이와 같이 많은 역본들이 원어의 표현의 의미를 재현하려는 시도를 하고 있다.

1) 〔역자주〕 우리나라 개역판에는 "긍휼"이라는 어려운 표현을 썼고 공동번역에는"따뜻한 동정심"을 썼다. 영역의 경우 개역표준판이나 오늘영어판이나 모두 콤패션(compassion)을 썼다. 우리나라 공동번역이 오늘영어판의 번역보다 더 우수하며, 또 "따뜻한 동정심"이란 번역은 여기서 말하는 번역의 원리에 매우 합당하는 것이다.

2. 동일성(identity)보다는 상응성(equivalence)

번역자는 동일성보다는 상응성을 위하여 노력하여야 한다. 어떠한 의미에서 이것은 여태까지 말했던 주제, 즉 발성(utterance)의 형태의 보존보다는 메시지의 재현을 힘써야 한다는 주제의 다른 형태의 강조에 지나지 않는다. 그러나 이러한 강조는 거의 의미없는 "지나가게 됨에"(it came to pass)와 같은 관용구를 근본적으로 수정할 것을 강하게 요구한다.

이러한 말은 실제적으로 항상 오해되게 마련이다. 희랍어에서 "에게네토"(*egeneto*)는 "일어났다"(it happened)라는 뜻인데 그것은 어떠한 새로운 에피소드의 시작을 나타내는 "推移語"(transitional word)로 자주 쓰이며 이럴 때는 이것을 아예 재현하지 않는 것이 상책이다. 다른 경우에는 자연스러운 추이를 나타내는 말들을 쓸 수도 있다. "그리고"(and then), "지금"(now), "후에"(later)와 같은 것이 그 예이다.[2)]

막 2:1에 희랍어로 "엔 오이코"(*en oikō*)라는 말이 있는데 문자 그대로는 "집 건물 안에"(in house)라는 뜻이지만 이 구의 실제의미는 "집에"(at home)라는 뜻이다. 그리고 많은 기존의 번역이 실제의미를 따르고 있다. 이렇게 되면 "집건물"(house)로서의 오이코스(*oikos*)를 항상 동일한 단어로 번역하지 않는데 따라 언어의 통일성(verbal consistency)이 결여되는 현상이 나타난다. 그러나 우리는 동일한 원어에 동일한 번역어를 한결같이 사전적으로 대응시키면서 또 동시에 원문이 나타내고자 하는 문맥을 정확하게 표현하는데 성공하기는 거의 불가능하다.[3)]

---

2) [역자주] 희랍어의 "에게네토"에 해당되는 고대중국어(한문)의 표현에 "夫"가 있다. "夫"야말로 어떠한 새로운 에피소드의 시작을 나타내는 推移語이며 그 자체로 특정한 의미를 지니지 않을 때가 많다. 한문번역자들이 요즈음 독자들이 전혀 이해도 못하는 "대저"라는 말로 "夫"가 나올 때마다 대입시키는 태도는 그릇된 것이다(물론 직역을 나타내기 위한 특수한 상황은 제외된다). 이런 경우 "夫"는 아예 번역하지 않거나 또는 앞뒤의 문맥에 따라 적합한 우리말중 추이를 나타내는 말로 대체하는 것이 좋다고 본다. "夫"이외로도 凡, 今, 此, 玆, 乃, 且, 若, 故, 苟, 蓋, 抑과 같은 것은 모두 여기서 말하는 "推移語"에 해당된다고 말할 수 있다.

3) [역자주] 우리나라 번역은 개역판이나 공동번역이나 "집에"라고 번역하고 있는데 우리말의 경우는 여기서 논의되고 있는 문제가 파생하지 아니한다. 왜냐하면 우리 말은 희랍어처럼 "집"이 하우스(house, 집건물)와 홈(home, 가정)의 두 의미를 다 내포하기 때문이다. 동일한 문자로 다양하게 표현되는 의미를 동일하게 상응시킬 수 있다.

그러나 불어에서는 하나의 전치사와 하나의 명사로 이루어진 이 희랍어구, 엔 오이코를 불어의 숙어인 쉐 르위(*chez lui*)로 멋지게 번역할 수 있다. 이 쉐 르위는 하나의 전치사와 하나의 대명사로 구성되어 있는데, 이 경우 쉐가 장소(위치)와 개인의 거주지(가정)의 양면을 다 나타내는 의미론적 요소를 지니기 때문이다. 이러한 재구성은 원문에 가장 자연스러운 대응구이기 때문에 완전히 정당한 것이다.

3. 자연스러운 상응

가장 좋은 번역은 번역같이 느껴지지 않는 번역이다. 그렇다고 해서 우리는 『성서』를 그것이 마치 옆 동네에서 십년 전에 일어났던 일처럼 들리도록 번역할 수는 없다. 『성서』의 역사적·사실적 맥락은 매우 중요한 것이며 번역자는 바리새인이나 사두개인을 오늘날의 종교적 정당의 이름으로 번역할 수는 없기 때문이다. 그러나 이때 생기는 아이러니는 또 너무 역사적 맥락에 집착하여 예수의 일생을 우리에게서 생소한 것으로 만들 수는 없다. 다시 말해서, 『성서』의 가장 좋은 번역은 "문화적 번역"(cultural translation)이 되어서는 아니되며, 오히려 "언어적 번역"(linguistic translation)이 되어야 한다.[4] 그러나 이때 문법적·수사학적 양식에 있어서 어떠한 어색함이나 생소함의 흔적을 남겨야 한다는 뜻은 아니다. 이것은 곧 譯調(translationese, 번역문장에 특유한 분위기), 즉 형식적 충실성을 가급적이면 피해야 한다는 의미이며, 이렇게 함으로써 그 메시지의 영향이나 내용에 불충실하게 되는 결과를 피할 수 있게 된다는 뜻이다

4. 가장 가까운 상응

4) 〔역자주〕 여기서 우리는 저자의 말을 무비판적으로 받아들일 수는 없다. 내용의 보존을 위해 양식의 변화를 불가피하게 보는 저자의 입장에 철저한다면 때로는 "문화적 번역"이 "언어적 번역" 보다 더 타당성을 지닐 수도 있다고 생각한다. 저자는 양식의 변화와 문화적 번역의 양자를 구분해서 쓰고 있는 듯한데 때때로 이 양자의 구분이 불가능한 경우도 파생한다. 이 나이다의 발언은 엄밀한 철학적 성찰을 거친 발언은 아니며 단지 『성서』의 특정한 상황에 한해서 적용되며, 보편화 될 수는 없다.

양심적인 역자는 항상 가장 가까운 상응을 원할 것이다. 예를 들면 많은 사람이 오늘날 영어에 있어서 "귀신에게 소유된"(demon-possessed)에 가장 가까운 상응어가 "정신적으로 스트레스에 걸린"(mentally distressed)이 되어야 한다고 주장할지 모른다.[5] 그리고 그들은 이 번역이 가장 자연스러운 상응어라고 생각할지 모른다. 그러나 그것은 "자연스러운" 상응일 수는 있어도 분명 "가장 가까운" 상응은 아니다. 왜냐하면, "정신적으로 스트레스에 걸린"이란 말은 『성서』 시대의 사람들이 가지고 있었던 문화의 측면을 고려하지 않은 문화적 재해석이기 때문이다(언어적 번역과 문화적 번역의 차이에 관해서는 뒤에서, 즉 제 7 장 재구성중 "문체의 성분"을 논하는 곳에서 더 자세히 언급될 것이다).

5. 의미의 우선

"번역함"의 정의에 이미 지적된 바와 같이 의미에 우선권이 주어져야 한다. 『성서』 번역에 있어서는 메시지의 내용이 최우선권을 가지기 때문이다. 이것은 양식적 구조로부터의 근원적 해방(변용)이 정당할 뿐만 아니라 오히려 더 바람직하다는 것을 의미한다.

예를 들면, 새영어성서(NEB)는 요 1:1b 을 "하나님이었던 것, 그것이 말씀이었다"(what God was, the Word was)라고 했는데, 이것은 전통적인 번역, "말씀이 하나님이었다"(the Word was God)와 매우 다른 것처럼 보인다.[6]

5) 〔역자주〕 우리말에는 "신 들린"이란 좋은 표현이 있으며, 이 표현은 고대사회의 원시종교성을 그대로 보존하면서도 오늘날의 우리 생활에서도 살아있는 의미를 전달한다.

6) 〔역자주〕 우리나라 공동번역에 이 구절을 "말씀은 하느님과 함께 계셨고 하느님과 똑같은 분이셨다"라고 했는데, 이 번역은 원문의 언어적 맥락을 너무 무시했을 뿐 아니라, 의미론적으로도 지나치게 좁은 의미를 선택함으로써 오히려 의미를 불분명하게 만들고 있다고 판단된다. 우선 말씀이란 주어가 반복되지 않고 두 문장을 묶는 하나의 주어로 내세워짐으로해서 두 문장이 아무 저항없이 연결되는 유기적 하나인 것 같은 그릇된 인상을 준다. 그러나 불트만이 그의 역저 『요한福音書研究』(허혁번역, 성광문화사, 1979)에서 지적하고 있듯이, "말씀이 하느님과 함께 계셨다"와 "말씀이 하느님과 똑같은 분이셨다"라는 두 문장은 서로 모순되는 두 개의 문장이다(물론 희랍원문에 있어서도 하나님은 반복된다). 그리고 "말씀은 하느님

그러나 이것은 완전히 정당한 번역이다. 왜냐하면 이것은 "하나님"이라는 술어의 술부적 기능(predicate function)을 애매하지 않게 정확히 지적하고 있기 때문이다. 즉 술부의 명사가 지니는 속성적 기능을 명백히 하고 그렇게 함으로써 "하나님은 말씀이었다"와 같이 어순을 뒤바꾸는 오류를 피하기 위하여 새영어성경위원회[7]는 기존의 양식과는 근원적으로 달리하는 길을 취했으니 이는 내용을 애매하지 않고 명백하게 하기 위함이었다. ("하나님은 말씀이었다"라는 해석은 기독교 교회사에서 보면 몇 이단종파들에 의하여 신봉되었다.)[8]

과 똑같은 분이셨다"라는 번역은 매우 유치하다. 여기서 말하는 말씀(로고스)이 물론 희랍철학에서 말하는 이성적 말씀은 아니라 할지라도, 즉 영지주의적 인격성을 지닌 것이라 할지라도 "분이셨다"라고 하여 "말씀"을 우리말의 "분"과 동일시한 것은 너무 과분하다. 희랍원어에 우리말의 "분"에 해당되는 의미가 포함되어 있는지의 문제는 더 엄밀한 검토를 필요로 하기 때문이다. 그리고 우리말의 "A와 B가 똑같다"라는 말은 두 물체의 공간적 점유를 전제로 하고 난후에 A와 B가 동일하다라는 뜻인데, 이 구절이 과연 "A가 B이다"인지 "A와 B는 똑같다"인지에 대하여는 좀더 세밀한 검토가 필요할 것이다. 전자의 경우에는 A와 B가 두 물체로서 독립된 실체성을 갖는 것을 반드시 전제로 할 필요가 없기 때문이다.

7) 〔역자주〕 새영어성경위원회는 영국의 옥스퍼드대학과 캠브리지대학의 학자들이 중심이 되어 1947년에 결성되었으며 1970년에 새영어성경(NEB) 신구약합본이 완간되기까지 존립하였고 그 회장은 역대로 헌킨(Dr. J.W. Hunkin), 윌리암스(Dr. A.T.P. Williams), 에보르(Dr. Donald Ebor)였다. 이 프로젝트에 참여한 대표적 학자는 다드(Dr. C.H. Dodd), 드라이버(Prof. Sir Godfrey Driver), 맥하아디(Prof. W.D. McHardy) 3인이다.

8) 〔역자주〕 여기서 갇(God) 즉 희랍어의 테오스(θεός)에 대한 번역의 문제를 확실히 해두고 넘어가자. 우리나라의 개역한글판에는 "하나님"으로, 공동번역에는 "하느님"으로 되어 있다. 공동번역자의 말에 의하면 현재 한국의 기독교도들에게 익숙한 "하나님"이란 말은 재래적 우리나라 토속적 신관에 대비하여 기독교의 신관의 "유일성"을 강조하기 위하여 "오로지 하나뿐인 하나님"이란 뜻으로 新造된 말인데, 하나라는 수사는 형용사적 용법으로 명사와 결합할 때 반드시 활용형으로 변형되며 그냥 결합되지 않는다고 한다. "하나 책"은 불가능하고 "한 책"만 가능할 뿐이다. 그러므로 유일성을 강조하기 위한 개념이라면 "하나님"은 불가능하고 "한님"만 가능하다고 본다. 그러므로 "하나님"은 채용될 수 없고, 순수 우리말인 "하늘"에서 온 "하느님," 그리고 우리의 전통적 제천신앙과 관련된 "하느님"이 우리의 체험세계에 있어서 "하나님"보다는 더 의미를 갖는다는 것이다. 나는 이러한 공동번역자의 태도는 분명히 존중되어야 할 하나의 입장이며 그 나름대로 타당성을 가질 수 있다고 생각하면서도 나는 테오스의 번역으로 "하나님"을 고집한다. 그 이유는 다음과 같다. 첫째, "하나님"에 대한 어원적·문법적 분석의 여하를 막론하고 그것이 이미 한국의 기독교도들에게 통용되고 있을 뿐만 아니라, 어떠한 익숙한 개념적 인식을 성립시키고 있다. 그리고 그 인식이 꼭 개변되어야 할 성격의 것이라고만은 생각하지 않는다. 두째, 서양의 神名은 모두 어원적인 측면에서 규정되어 규명될 수 있는 성격의 것이 아니며(야훼, 엘로힘도 마찬가지), 특정한 그 무엇에 상응될 때 그 무한성을 잃어버린다. 세째, 우리나라 전통신앙 속에는 분명 "하나님"이

6. 문체의 중요성

비록 문체가 내용에 비하여 부차적인 것이긴 하지만 그것은 매우 중요한 것이다. 우리는 시를 산문처럼, 또 설명문을 대화문처럼 번역할 수는 없다.

예를 들면, 마가의 빨리 진행되고 발랄한 문체는 루가의 세련되고 침착하며 질서정연한 문체와는 매우 다르다. 「베드로전서」는 『신약』 전체에서도 가장 정교하게 조직화된 문장구조를 지니고 있으나 「베드로후서」는 그와 정반대이다.

대부분의 경우 이러한 원문의 문체적인 미묘함을 재현하기란 거의 불가능하다. 예를들면, 이삭, 아브라함, 사라, 카인, 아벨과 같은 『구약』의 이름들의 의미가 지니고 있는 중층적 함의, 아크로스틱의 시들(제 1 장의 註 9 설명을 참조), 시의 행이나 절과 같은 문체적 리듬의 단위들이 그러하다. 이러한 경우에는 번역자는 각주의 형식으로 원문의 문체적 특성을 언급해 주어야 하며, 그렇게 함으로써 독자들이 원문의 텍스트가 어떻게 읽혀져야 하는지를 이해하는 데 도움을 얻을 수 있을 것이다. 이러한 것은 어휘의 장난(play on words)이 있을 때는 필요불가결하다. 이 때는 그 문장이 引喩적 암시나 중층적 의미를 가지고 있다는 것을 알 때에만이 이해되기 때문이다.

그러나 원문의 문체를 재현하는 데 있어서 우리는 기능적으로 상응하지 않는 번역을 제시해서는 안된다. 예를 들면, 마가는 많은 문장을 시작할 때 "그리고"(카이 〔*kai*〕)라는 접속사를 쓰는데 이것은 셈족

없다는 지적은 정확한 것이지만, 기독교의 신을 우리 전통신앙의 신관과 상응시킴으로써 기독교 자체의 고유한 신관의 성격을 탈색시킬 뿐만 아니라 우리 자체의 고유하고 훌륭한 신관(하느님)이 기독교화되어 농락당할 우려가 있기 때문이다. 우리는 우리 토속신앙의 하느님을 기독교에 내어 줄 수는 없으며 우리의 하느님은 우리의 하느님대로 발전시켜야 한다. 기독교의 신앙체계가 그 위대하고 배타적인 유일성을 고수하는 한 "하나님"이란 말로 구별되어 규정되는 것이 타당하다. 물론 기독교도들이 자진해서 "하느님"을 원할 때, "하느님"이 지니는 모든 샤마니즘적 요소에 의하여 기독교 자체가 규정되는 것을 감수해야 할 것이며, 나는 그것 또한 유쾌한 일이라고 생각할 뿐이다. "하나님"이든 "하느님"이든 궁극적으로 그것은 인간의 말장난에 지나지 않으나, 나는 방편적으로 기독교신에 대해서만은 "하나님"을 고집하겠다. 물론 공동번역의 인용에서는 "하느님"을 있는 그대로 인용할 뿐이다.

화된 희랍어의 전형이며, 코이네 희랍어의 경우 매우 적절한 것이며, 히브리어의 접속사 와우(*waw*)와 상응하는 용법을 반영한다.[9] 그러나 개역표준판(RSV)에서는 이 접속사가 문자 그대로 재현되었고, 결과적으로 「마가복음」 1장 속에서만 26개문이 "그리고"(And)로 시작하고 있으며, 이것은 좋은 영어용법에 완전히 거슬리는 문체적 효과를 자아내고 있다. 실제적으로 매우 "유치하다"라는 인상을 줄 뿐이다. 그러나 물론 마가의 희랍원어에 있어서는 이러한 인상은 성립하지 않는다. 이것은 곧 양식적 차원에서 문체를 재현하는 것이 상응성을 초래하지 않는다는 뜻이 되며, 내용면에서든지 문체면에서든지 번역자에게 요구되는 것은 기능적 상응성(functional equivalence)이다.

번역함의 정의에 대한 우리의 토론에서 이미 예시된 바대로 역자들은 다음과 같은 兩極的 대립중에서 선택을 강요당하게 된다 : 양식에 대해서 내용을, 문체에 대해서 의미를, 동일성에 대해서 상응성을, 아무런 상응보다는 가장 가까운 상응을, 양식적 상응보다는 자연스러움을. 이 대립하는 양극중에서 하나를 의미있게 선택하기 위하여서는 그 선택과정에 있어서 어떠한 근본적인 기준을 세우지 않으면 안된다. 환원해서 말하자면, 번역자는 양식과 이해가능성에 있어서 다양한 관점으로 번역함을 규정할 수 있는 우선의 체계를 확립해야만 한다.

7. 우선의 체계

번역의 구체적 사례에 있어서 우리는 어떻게 해야 할 것인가를 결정하기 위하여 근본적인 우선의 체계를 확립하는 것이 불가결하다 :

1) 맥락적 일치성이 逐語的 일치성에 우선한다.
2) 역동적 상응성이 양식적 상응성에 우선한다.
3) 언어의 청각적 형태가 문어적 형태에 우선한다.

9) [역자주] 코이네 희랍어는 『구약』의 희랍어번역(셉츄아진트), 『신약』, 史家 폴리비우스(Polybius), 철학자 에픽테투스(Epictetus)의 문장에서 쓰여진 희랍어다. 그 이름은 "일상어"라는 의미의 코이네에서 유래되었는데 BC 4세기부터 AD 6세기 중엽까지 희랍과 마케도니아, 그리고 희랍문명의 영향권 속에 있었던 아프리카·근동의 일부지역에서 쓰였던 통일성있는 구어며 문어였다. 이 말은 그 이전의 아틱 방언에 기초하고 있으며, AD 2세기 경에는 모든 희랍어의 패권을 잡았고, 현대 희랍어는 코이네에서 발전된 것이다.

4) 번역이 의도하고 있는 대상에 의하여 받아들여지고 쓰여지는 양식이 전통적으로 더 권위있는 양식에 우선한다.

이 네개의 우선은 네개의 다른 관점을 반영한다. 제 1 의 우선은 번역을 "언어적 양식"으로 규정하고 있으며, 제 2 의 우선은 受信者의 반응에 기초하고 있다. 제 3 의 우선은 전달의 전형적 상황과 관계되고 있으며, 『성서』가 주로 예배에서 쓰이는 까닭에 개인적 독서의 대상으로서보다는 많은 청중에게 들리는 것으로서의 중요성이 크기 때문에 이 우선은 『성서』의 경우 특별히 적합하다. 제 4 의 우선은 나이, 성별, 교육수준, 체험의 배경 등 매우 복잡다단한 요소와 관계되며 번역의 문제를 청중의 유형의 관점에서 분석한다.

가. 축어적 일치성에 대한 맥락적 일치성의 우선

단어라는 것은 단순한 **의미의 點**이 아니며 **의미의 面**이다. 따라서 다른 언어체계에 있어서 상응하는 단어들의 의미론적 面이 일치하지 않는다. 그러므로 원문의 한 단어를 번역하는데 있어서 수신자언어에 합당한 단어를 선택하는 일은 고정된 축어적 일치성 즉 한 단어를 사전적으로 대응시키는 것보다는 그 문맥에 의존하지 않을 수 없다. 이것은 "보디"(몸)을 뜻하는 희랍어 단어 "소마"(*soma*)가 개역표준판과 새영어성서, 그리고 오늘영어판에서 번역된 몇개의 용례를 들어보면 일목요연하게 설명될 수가 있다.[10]

1. 마 6:25
개표 : 너의 몸에 관하여
새영 : 너의 몸을 덮을 옷
오영 : 너의 몸을 위한 옷

2. 막 5:29
개표 : 그녀의 몸 속에서 느꼈다.
새영 : 그녀는 그녀 자신 속에서 알았다.
오영 : 그녀는 그녀 자신 내부에 느낌을 가졌다.

---

10) 〔역자주〕 앞으로 개역표준판(RSV)은 "개표"로, 새영어성서(NEB)는 "새영"으로, 오늘영어판(TEV)은 "오영"으로 약한다.

3. 루 17:37
개표 : 몸이 있는 곳에는
새영 : 시체가 있는 곳에는
오영 : 죽은 몸이 있는 곳에

4. 롬 12:1
개표 : 너희 몸을 드리라
새영 : 너희 바로 그 자신을 바치라
오영 : 너희 자신을 바치라

5. 골 2:11
개표 : 육체의 몸을 벗는 것
새영 : 천한 성품에서 벗겨짐
오영 : 이 죄스러운 몸의 힘에서 해방됨

이상의 명제들을 표로 만들어 대조하면 더 명백히 드러난다.

성구 \ 판본	개 표	새 영	오 영
1. 마 6:25	몸	몸	몸
2. 막 5:29	몸	그녀 자신	그녀 자신
3. 루 17:37	몸	시 체	죽은 몸
4. 롬 12:1	몸	너희 바로 그 자신	너희 자신
5. 골 2:11	(육체의) 몸	천한 성품	(죄스러운) 몸

우리는 새영과 오영에서 발견되는 것과 같은 축어적 일치에서의 이탈, 즉 상이한 번역행위를 과연 정당화할 수 있는가? 이 질문에 대답하기 위하여 우리는 또다시 다음과 같은 질문을 던질 수밖에 없다: 축어적 직역이 과연 완전히 정당한가? 그러한 직역이 부자연스럽게 느껴지거나 곡해되지는 않는가? (많은 경우에 부자연스러운 동시에 곡해된다.)

마 6:25의 경우 "몸"으로 번역한 것은 영어에 더 나은 상응어가 없기 때문에 완전히 정당하다. 그러나 막 5:29의 경우에는 "몸"이라는 번역은 오히려 부자연스럽다. "몸 속에서 느끼는" 것이 아니라 "자기 자신 속에서 느끼는" 것이기 때문이다. 루 17:37의 경우 "몸"이라는 번역은 오해되기 십상이며, 개역표준판의 경우는 더욱 더 그러한 것이 다음에 나오는 절에서 "兇禽"(vultures) 대신에 "독수리"(eagles)를 쓰고 있기 때문이다(물론 독수리와 흉금의 차이는 부차적인 것이긴 하지만.)[11] 롬 12:1의 경우, "몸"의 사용은 그릇된 것이며 그릇된 주석을 유발시켰다. 왜냐하면 여기서는 하나님께 바쳐져야 할 것이 사람의 신체적 부분이 아니라 전체적 인격성(total personality)임을 말하고 있기 때문이다.[12]

골 2:11의 "육체의 몸"은 자연스러운 맛이 전혀 없으며 그 문맥에 있어서도 오해를 자아낸다. 그러나 이 희랍어구는 두개의 다른 방식으로 해석하는 것이 가능하다. 첫째는 죄를 저지르기 쉬운 인간 본성 그 자체로 보는 견해며, 둘째는 "귀한 본성"(higher nature)에 대비되는 "천한 본성"(lower nature)으로 보는 견해다.[13] 후자의 견해는 많은 학자들에 의하여 지지되었지마는 의견을 달리하는 학자들은 人性을 上下로 이분하는 희랍적 사유를 반영하며 엄밀한 의미에서 성서적

11) 〔역자주〕 개표의 경우 전문은 : "Where the body is, there the eagles will be gathered together." 새영 : "Where the corpse is, there the vultures will gather."

12) 〔역자주〕 이 부분에 대한 우리말 번역에 있어서 개역한글판은 "너희 몸을 산 제사로 드리라"로, 공동번역은 "여러분 자신을 산 제물로 바치십시오"로 되어 있다. 나는 이 번역에 있어서 개역한글판이 더 우수하다고 본다. 우리말의 "몸"은 단순히 "우리 존재의 신체적 부분"을 뜻하지 않고 "인격적 전체"를 뜻하기 때문이다. 우리말의 "몸"은 영어의 "보디"보다 훨씬 더 함의가 심오하며 최소한 이 경우에 한해서는 코이네 희랍어의 "소마"와 잘 상통한다. 우리말에서 "이 몸이 다하도록" "이 몸을 다 바쳐"와 같은 용법에 나타나는 "몸"은 신체인 동시에 신체를 뛰어 넘는 인격전체이다. 『大學』의 "修身"이란 말은 "몸을 닦는다"로 훈을 해왔는데, 이때 "몸"은 신체인 동시에 인격전체(total personality)이다. 그래서 "修身"을 영역할 때 "cultivation of Self"라고 하지 "building of body"라고 하지 않는다. 즉 우리말의 "몸"이란 뜻이 영어의 셀후(Self)의 의미를 이미 내포한다. 그런데 이 희랍어의 "소마"를 "자신"으로 번역한 것은 너무 서양언어에 우리말을 뜯어 맞추어 번역한 느낌이 들며, 공동번역자들이 우리말의 철학적·문화적 기저, 즉 그 의미의 면적에 어둡지 않나하는 생각이 든다. 우리말에서 "너 자신을 바쳐라!"와 "너의 몸을 바쳐라"를 비교해 볼 때 후자가 훨씬 더 강력하고 아름다운 문장이며 롬 12:1의 경우 그러한 느낌이 희랍어에 내재해 있다고 본다. 물론 공동번역도 틀렸다고 말할 수는 없다.

13) 〔역자주〕 우리말의 "貴"와 "賤"에는 "高"와 "下"의 위치적 개념도 들어가 있다. 그리고 여기서 논의되는 문맥은 윤리적인 것이므로, "높은 본성" "낮은 본성"식의 번역보다는 "귀한 본성" "천한 본성"이 더 낫다. "성품"은 "본성"보다 더 친근감을 주므로 본문에서는 "성품"이라고 번역하였다.

의미는 아니라고 주장한다. 어떠한 견해를 따르든지간에 문자 그대로의 직역은 부자연스러운 동시에 또한 誤導的이다.[14)]

맥락적 일관성과 축어적 일관성의 대조는 희랍어 단어 사르크스(*sarks*, 축어적으로는 "flesh"〔살〕의 의미)의 몇 용례의 번역을 대조해 보면 명백해진다. 미국표준판(미표)과 새영어성서와 오늘영어판의 경우를 예로 들어 보자.

1. 루 24:39
미표 : 살과 뼈를 가지고 있지 않은 영
새영 : 어떠한 유령도 살과 뼈를 안 가지고 있다.
오영 : 하나의 유령도 살과 뼈를 가지고 있지 않다.

2. 고후 7:5
미표 : 우리의 살이 쉼을 갖지 못했다.
새영 : 거기에는 이 우리의 피로한 몸에 아직 아무런 쉼이 없었다.
오영 : 우리는 아무런 쉼을 갖지 못했다.

3. 롬 11:14
미표 : 나의 살인 그들에게 시기를 자극하다.
새영 : 나 자신의 종족의 사람들이 분투케 하여
오영 : 나 자신의 종족의 백성으로 하여금 질투케 하여

4. 행 2:17
미표 : 나의 성령을 모든 살에게 부어 주리니
새영 : 모두에게 나의 영의 부분을 부어 주리니
오영 : 나의 성령을 모든 사람에게 부어 주리니

5. 롬 8:3
미표 : 율법이 할 수 없었던 것, 그것 속에서 살로 인하여 연약했던 그것, 그것을 하나님은……
새영 : 우리의 천한 성품이 모든 힘을 빼앗겼기 때문에, 율법이 전

14) 〔원주〕 비유적 의미(figurative meanings)의 연관된 문제의 토의에 관해서는 제 4 장의 "비유적 의미의 문제"를 참조할 것.

혀 할 수 없었던 것, 그것을 하나님이 이루셨다.

오영 : 사람의 성품이 연약하기 때문에, 율법이 할 수 없었던 것, 그것을 하나님이 하셨다.

6. 고후 10:3

미표 : 비록 우리가 살속에서 걷으나 살에 따라서 전쟁하지않는다.

새영 : 우리가 아무리 연약한 사람이라고는 하지만, 그러하게 우리가 우리의 전투를 싸우고 있지는 않다.

오영 : 우리가 세속에 살고 있는 것은 사실이다 ; 그러나 우리는 세속적 동기에서 싸우고 있지 않다.

7. 고전 1:26

미표 : 살을 따라 지혜로운 자가 많지 않다.

새영 : 너희 중의 소수가, 인간의 기준에 의하여, 지혜의 사람이며

오영 : 인간적 관점에서 볼 때에, ……너희 중 소수가 지혜로왔다.[15]

상기의 번역의 다른 용례들 사이의 대조는 표를 만들면 명백히 드러난다 :

성구 \ 판본	미표	새영	오영
1. 루 24:39	살	살	살
2. 고후 7:5	살	피로한 몸	우리
3. 롬 11:14	살	나 자신의 종족의 사람들	나 자신의 종족의 백성
4. 행 2:17	살	모두	사람
5. 롬 8:3	살	천한 성품	사람의 성품
6. 고후 10:3	살	연약한 사람	세속……세속적
7. 고전 1:26	살	인간의 기준	인간적 관점

15) 〔역자주〕 이러한 예문의 번역에서 나타나는 우리말의 어색함은 번역자인 나에게 충분히 그리고 엄밀하게 인식되어 있으나 원래 문맥의 의도를 살리기 위하여 불가피한 것이었다. 앞으로도 이러한 문제는 계속 발생할 것이다.

미표의 직역을 분석하기 위하여 그것에 대해 "좋다" "부자연스럽다" "오해를 일으킨다"의 설문지를 작성하여 약 50명의 성서번역자들에게 반응케 하였더니 다음과 같은 결과가 나왔다. 물론 어떤 사람들은 특정한 판단에 대해 확실한 결정을 내리지 못하기도 했지만 문제는 명백하였다. "좋다" : 1 ; "부자연스럽다" : 2 ; "오해를 일으킨다" : 3, 4, 6 ; "부자연스럽고 또 오해를 일으킨다" : 5, 7. 우리의 다음 질문은 그러면 왜 사람들이 2부터 7까지의 문맥에 있어서 축어적으로 일치되는 번역에 대하여 부정적 반응을 보였느냐는 것이다. 그 대답은 뻔하다. 그 부정적 반응은 오늘날의 영어에 있어서의 "살"(flesh)이라는 말은 이 문맥에 들어 맞지 않는다는 것을 인지한 결과라는 것이다. 대부분의 사람들에게 "살"이라는 말은 다음의 세가지 뜻만을 갖는다. 1) 푸줏간에서 구입될 수 있는 고기(이 용법은 약간 낡은 것이다), 2) "그 사람은 살이 많다" "그 사람은 살쪘다"의 일상 회화용법에서와 같이 사람의 살 부분,[16] 3) 섹스와 관계된 것(이 뜻이 요즈음 주요 의미가 되고 있다). 그러므로 명백하게 제일의 문맥만이 희랍어, "사르크스"의 의미를 전달하며, 오늘날 영어의 훌레쉬(flesh)에 상응된다. 이러한 이유로 대부분의 사람들이 그러한 번역을 "좋다"로 평가하게 되는 것이다.

『신약』의 매우 중요한 구절 속에 나타나고 있는 희랍어, 디카이오오(dikaioō)의 번역을 검토해 보면, 축어적 일치성과 맥락적 일치성의 대조의 문제가 더 자세히 드러난다.

1. 마 12:37

개표 : 너의 말에 의하여 너는 의롭게 될 것이며, 너의 말에 의하여 너는 정죄될 것이기 때문이다.

새영 : 너 자신의 입으로 너는 사함을 받을 것이며, 너 자신의 입으로 너는 정죄될 것이기 때문이다.

오영 : 너의 말이 너를 심판하게 되리니, 너를 무죄로 선언하거나 혹은 너를 유죄로 선언하거나 할 것이기 때문이다.

2. 루 7:29

16) 〔역자주〕 원문은 : "She has put on a lot of flesh." "That person is fleshy."

개표 : 모든 백성들과 세리들은 하나님을 의롭게 하였다.
새영 : 세리들을 포함한 모든 백성들은 하나님을 찬양하였다.
오영 : 모든 백성들과 세리들은 그를 들었다 ; 그들은 하나님의 의로운 요구를 순종한 자들이었다.

3. 루 16:15
개표 : 너희는 사람 앞에서 너희 자신을 의롭게 하는 자들이다.
새영 : 너희는 너의 동료들에게 너희의 의로움으로 인상지우는 사람들이다.
오영 : 너희는 너희 자신을 사람들의 보이는 곳에서 옳게 보이게 하는 자들이다.

4. 롬 3:4
개표 : 그대는 그대의 말 속에서 의롭게 되리라고
새영 : 그대가 말할 때 그대는 입증되리라.
오영 : 네가 말할 때 너는 반드시 옳게 보여지리라.

5. 롬 3:24
개표 : 그들은 그의 은혜로 하나의 선물로서 의롭게 된다.
새영 : 모든 사람은 하나님의 자유로운 은혜로써만 의롭게 된다.
오영 : 하나님의 은혜의 자유로운 선물에 의하여 그들은 모두 그와 함께 옳게 놓아진다.

위의 번역을 표로 만들어 대비하면 또한 많은 것을 시사한다.

성구 \ 판본	개 표	새 영	오 영
1. 마 12:37	의롭게 되다	사함을 받다	무죄로 선언하다
2. 루 7:29	의롭게 하였다	(하나님)을찬양하였다	(하나님)의 의로운 요구를 순종하였다
3. 루 16:15	의롭게 하다	의로움으로인상지우다	너희 자신을 사람들의 보이는 곳에서 옳게 보이게 하다
4. 롬 3:4	의롭게 되다	입증되다	옳게 보여지다
5. 롬 3:24	의롭게 되다	의롭게 되다	옳게 놓아지다

이 구절에 있어서 "디카이오오"를 항상 "의롭게 하다"로 번역하여 축어적 일관성을 유지하는 것은 그릇된 것이다. 왜냐하면 오늘날의 영어의 일반용법에서 "의롭게 하다"의 뜻을 지닌 "저스티화이"(justify)는 다음의 세가지 의미를 지니기 때문이다.

첫째, "그 녀석은 그것을 하는데 있어서 저스티화이 되었어"라고 말한다면, 그가 한 일이 잘못된 것으로 보일 수는 있어도 그럼에도 불구하고 그것이 정당하거나 올바르다는 뜻이 된다. "그 녀석은 항상 자기가 하는 일을 저스티화이하지"라고 말할 때는, 그가 하는 일이 근본적으로 잘못된 것이나, 그것이 잘된 것 즉 올바른 것처럼 보이게 하려고 힘쓴다는 뜻을 내포한다.

둘째로 인쇄소에서 "두 다른 활자의 행을 저스티화이한다"라고 하면, 그 길이를 고르게 즉 균일하게 한다는 뜻이다.

세째로 매우 좁은 의미지만 "그는 그의 존재를 저스티화이한다"와 같은 명제에서 나타난다. 이것은 그의 현존을 이 세계에 還報하기 위한 수단으로 무엇인가 가치있고 건설적인 일을 한다는 뜻이다.

그러나 이 어떤 의미도 롬 3:24에서 나타난 바와 같은 어떤 상태나 관계의 근본적 변화를 나타내지 않으며, 마 12:37에서와 같이 석방되는 것을 의미하지도 않는다. 그리고 물론 루 16:15에 언급된 바리새인들은 그들이 결백하다는 것을 과시하려고 하지 않았다. 그들은 사람들이 보는 데서 체하기만 했을 뿐이다.

아주 전문적인 신학의 저작들에 있어서는 "저스티화이"라는 개념은 매우 세분화된 의미를 지니고 있지만, 그러나 이러한 신학적 의미나 전통적 영역본에 나타나는 의미는 본질적으로 영어화된 라틴어(Anglicized Latin)에서 온 것이다. "저스티화이"라는 번역은 희랍어 디카이오오와 그 특수한 의미의 범위를 아는 유식자들을 위한 번역의 경우에는 타당할 수도 있다. 다시 말해서 "저스티화이"는 신학자들 사이에서 신학적 논쟁을 일으키기 위한 목적에 잘 부합될 수 있다는 것이다. 그러나 『신약』 메시지의 기본 개념을 영어의 지식으로서만 이해하려고 하는 대중들을 위한 번역에 쓰이기에는 부당하다는 것이다.

▨ 맥락적 일치가 축어적 일치에 우선하는 이유

엄밀한 축어적 일치가 연속된 의미의 왜곡을 초래할 수 있다는 것을 실제적으로 눈에 보이도록 나타나게 하는 것과, 맥락적 일치성이 참이라는 것을 논증하는 것은 두개의 다른 과제에 속한다. 기본적으로 맥락적 일치의 우선성은 다음과 같은 두개의 중요한 언어학적 사실에 기초하고 있다. 1) 각개의 언어는 말의 상싱의 집합으로써, 즉 경험의 다양한 측면을 지시하는 단어들로써 인간경험의 총체를 뒤덮는다. 2) 각개의 언어는, 그 말의 상징의 집합들이 경험의 다양한 요소들을 분류하는 방식에 있어서 타언어와 서로 다르다.

1) 각개의 언어는 상징으로써 경험의 총체를 뒤덮는다

경험의 총체를 원으로 나타내고, 그 원은 다양한 부분으로 조각지어지고, 그 조각이 경험의 그 면적을 나타내는 상징으로서 개개의 단어에 해당된다고 한다면 〈제 1 도〉와 같은 도표가 그려질 것이다.

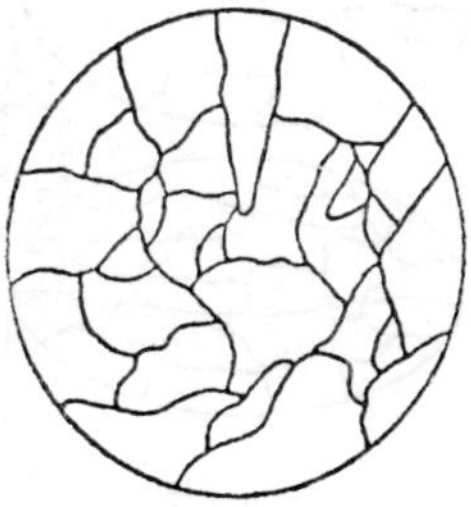

〈제 1 도〉

이것은 곧 한 종족이 그들의 경험 속에 있는 모든 것에 대해 항상 말할 수 있다는 뜻이다. 즉 그들의 상징의 집합은 그들의 "세계" 전부를 커버하기 때문이다. 그러나 언어는 경험의 단순한 "지도" 보다는 더 복잡하다. 경험의 조각 그 자체가 매우 중층적이며 상관적이기 때문이다. 예를 들면, 한집에 있는 강아지를 "테리어"라는 말로 지칭할 수도 있지만 동시에 동일한 대상에 대해 "개"라고도 말할 수 있다.

이때 "개"라는 말은 "테리어" 보다 더 넓은 영역을 커버한다. 테리어, 복슬강아지, 복사, 사냥개, 셰파드 등을 다 포함하기 때문이다. 그러나 "개"는 또 "포유류"로 지칭될 수도 있으며, 이말은 양서류가 아닌 타 수백種을 포함한다. 끝으로 우리는 테리어를 "동물"이라고도 말할 수 있으며 이 말은 매우 넓은 영역의 의미를 지닌다.[17] 그러므로 한 언어가 한 민족의 경험의 총체를 분류하는 방식을 도표화하기 위해서는 우리는 매우 복잡한 含入과 배타의 패턴으로 더 큰 조각으로 분류되어 나아가는 重層的 그림을 그려야 할 것이다. 그 그림은 〈제 2 도〉와 같다.

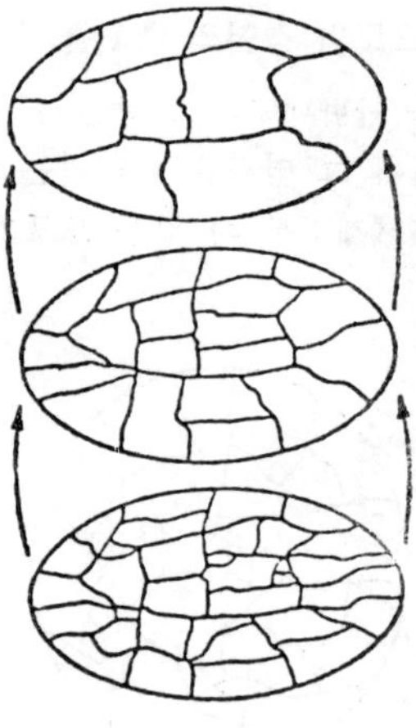

〈제 2 도〉

이 그림에 대한 유용한 아나로기는 한 나라의 정치구획의 지도가 될 것이다. 높은 행정구획일수록 많은 낮은 행정구획을 포함한다. 즉 한 나라는 여러 도로 구성되어 있고 또 한 도는 여러 읍·시·군 등으로 구성되어 있다. 이것은 곧 하나의 지역단위를 천안시에 있다고도 말할 수 있고, 천원군에, 또 충청남도에, 더 나아가서 대한민국에 있다고도 말할 수 있는 것과 같다. 즉 관점에 종속될 뿐이다.

17) 〔원주〕 제 4 장 "단어의 의미사이의 위계적 관계"를 참조할 것.

2) 각개의 언어는 상징하고 있는 의미의 독자적 체계가 있다

우리가 하나의 언어체계 속에서 말하고 있는 한, 의미론적 면적의 문제는 그리 복잡하지는 않다. 그러나 문제를 끝없이 복잡하게 만드는 사실은 각 나라의 언어가 단어라는 수단에 의하여 그 경험을 분류하는 체계가 모두 독자적으로 다르다는 것이다. 더우기 이 단어들이 서로 상관되는 방식은 또한 매우 다르다. 한 예로서 언어들 사이에서는 한 단어에 대하여 많은 단어가 대응하는 "일-다"의 관계가 있다. 영어의 코너(corner)는 스페인어의 에스끼나(*esquina*, 바깥쪽 코너를 뜻함)와 린꼰(*rincón*, 안쪽 코너를 뜻함)의 둘로 번역될 수 있으며, 또 그 반면 스페인어의 라디오(*radio*)는 영어의 레이디오(radio), 레이디움(radium, 방사성금속원소 ; 원자기호 Ra), 레이디어스(radius, 半徑)에 동시에 상응한다. 그러나 실제적으로는 영어의 코너(corner)가 두개의 다른 스페인어 단어에 상응한다고 해서, 이러한 유의 단어가 일-다의 의미체계만을 갖는 것은 아니다. 왜냐하면 코너 그 자체가 영어에 있어서조차도 스페인어의 에스끼나나 린꼰으로 번역될 수 없는 다른 함의를 무한히 지니기 때문이다. 그러므로 번역자들이 언어체계들 사이에서 일-다의 관계만을 접하게 된다면 문제는 오히려 간단하다. 그러나 실상 우리가 접하는 것은 상관된 의미의 끝없는 연속체인 다-다의 관계이다. 다음의 의미군을 보자.

영 어	faucet (꼭지)	key (열쇠)	key (해결)	code (몰스부호)	code (법령)
스페인어	llave	llave	clave	clave	código

이러한 다-다의 의미관계에 덧붙여, 우리는 사물 분류의 차이에도 신경을 써야한다. 예를 들면, 어떤 언어체계에 있어서는 영어에서처럼 대(竹)는 나무로 분류되나, 많은 언어에 있어서 대는 풀로 분류된다.[18] 뉴기니아의 언어들에 있어서는 카주아르새(cassowary, 火食鳥로

18) 〔역자주〕 우리말에서 "대나무"라고 하는 것을 보면 대는 나무로 분류된 것 같다. 여기서 우리는 쉽게 방심해서는 안된다. 그렇다면 과연 우리 고유의 "나무"의 개념이 영어의 "트리"와 동일한지 아닌지, 즉 "나무"의 의미의 면적과 "트리"의 의미의 면적을 다시 한번 조사해 보고 조사해 보지 않으면 안되며, 현대 서구 생물학에서 말하는 "나무"의 개념 또한 과학적으로 검토해 보지 않으면 안될 것이다.

번역)는 깃털이 있고 알을 낳지만 날지 않기 때문에 새로 분류되지 않는다. 그 대신 박쥐는 포유류임에도 불구하고 날기 때문에 새로 분류된다. 또 창세기 1:11에 보면 히브리인들의 식물분류방법의 소박한

이것은 하나의 단적인 예에 불과하지만 이와 같이 번역자는 매사에 엄밀한 추구와 고증을 해야 한다는 것을 배워야 할 것이다. 제임스 레게는 이미 1860년대에 『詩經』을 번역하는데 있어서, 그 속에 수없이 쏟아져 나오는 식물류, 새류, 四足獸, 어류, 곤충류 등의 생물 이름을 정확히 영역하기 위하여 다음과 같은 고심의 작업을 거쳐야만 했다. 『詩經』은 레게 이전에 이미 예수회 선교사 라까르므(Father Lacharme)에 의하여 1733년에 라틴어로 번역되어 1830년에 출판되었으나, 그 번역은 매우 조잡한 번역이었다. 레게는 『詩經』을 믿을 수 있는 스칼라십의 기반 위에서 다시 번역하는데 착수했으나 제일의 난관이 그 책에 나오는 식물·동물의 이름이었다. 그는 이를 위하여 중국 사람들이 이해하고 있는 식물·동물을 중국사람들에게 자세히 묘사시키는 휠드웍을 했을뿐 아니라, 일본인 학자 浪華의 岡元鳳이 쓴 『毛詩品物圖考』, 七卷(西播의 那波師曾이 쓴 序가 天明四年, 甲辰, 冬十月로 되어 있으니 출판된 것은 1785년 겨울이다)을 구하여 그 속에 당시 어느 유렵의 인쇄수준 보다도 더 정교한 목각으로 『毛詩』에 나오는 동·식물이 圖說되어 있음을 발견하고, 그 책을 요코하마에 살고 있었으며 일본어를 유창하게 했던 햅번(J.C. Hepburn) 박사에게 보내어, 그 햅번박사로 하여금 당시 영국의 식물학자였던 크레이머(Mr. Kramer)씨와 함께 전 책에 나와있는 동·식물을 검사하고 학명을 밝히어, 영어의 이름으로 바꾸는 작업을 거쳐 이전에는 단지 추측이었던 것을 일일이 확실하게 밝혔다. 당시 국제 우편제도가 오늘같이 발달되지도 않았던 상황에서 중국과 일본을 오가며 이러한 수고를 아끼지 않았던 레게의 성실을 단순한 인간적 성실로만 돌리기에는 영국 전 지성인의 지적수준의 엄밀성과 결백성이 가만히 있지 않을 것 같다. 이렇게 해서 그의 七册의 大作, *The She King*이 上梓된 것이 1871년 12월 14일의 일이었으니 그 때 우리나라는 고종이 등극한 지 8년째이며 斥和碑가 세워지고 진주민란이 일어나는 등 어수선한 시기였다. 그런데 더더욱 한심한 일은 1984년 오늘날까지 레게수준의 고증을 거친 우리말의 『詩經』 번역이 하나도 존재하지 않는다는 사실이다. 『詩經』에 나오는 동·식물 이름들이 학명이 밝혀지기는커녕 무차별하게 적당한 일상어로 뒤범벅되어 있을 뿐이다. 그러면서 아직도 『詩經』의 연구가 고답적 방법에서 과히 벗어나지 않고 있는 것 또한 사실이다. 『詩經』은 詩인데, 동·식물 이름을 정확히 하는 것이 詩의 이해에 있어서 무엇이 중요한가 라고 반문할지 모른다. 이것은 매우 무식한 질문이다. 예를 들면 「周南」의 螽斯라는 시는 螽斯라는 곤충의 성격의 여하에 따라 그 해석이 결정되며, 「召南」의 采蘩이라는 시는 蘩이라는 풀의 종류, 서식양태, 용도, 색깔, 따는 시기 등등의 이해에 따라 그 詩의 해석이 결정되기 때문이다. 어느 풀이 보편적으로 물감들이는데 쓰는 풀이라면, 그 풀이 나오는 시는 물감들이는 고대 중국사회 풍속과 관련되어 이해되리라는 것은 명약관화하기 때문이다. 여기서 논의되고 있는 의미의 면적과 관련된 의미의 분류의 문제는 이와 같이 우리 중국고전의 이해에 있어서도 결정적인 문제이며 또 淸代에 꾸 옌우가 그러했듯이 사실적 검증을 거쳐야 하는 것이다. 우리 동양학 학도들은 "한문실력" 운운하기에 앞서 이러한 개념적 검증의 태도를 몸에 익혀야 할 것이다. 『詩經』을 연구하는 데 있어서 한문 도사님에게 찾아가지 말고, 오히려 생물과의 분류학 학자(taxonomist)를 찾아가든가, 고고인류학과의 고대민요학 학자나 신화학 학자를 찾아가야 할 것이다. 예를 들면, 앞으로의 『詩經』의 연구방향도 그놈의 거창하고 거룩한 제목들을 걸어놓고 자기만 아는 말을 나열하지 말고 이러한 實事求是적 학문태도로써 『詩經』 이해의 기초를 쌓는, 눈에 띄지 않는 작업에 학문적 정열을 불살라야 할 것이다.

관념이 나타나 있는데 처음에는 "식물"(개역판 : 풀, 공동번역 : 푸른 움)이라는 일반지시가 있고, 그 다음에는 "과일을 맺는 나무"(개역판 : 각기 종류대로 씨 가진 열매 맺는 果木, 공동번역 : 씨 있는 온갖 과일나무)와 "씨를 맺는 풀"(개역판 : 씨 맺는 채소, 공동번역 : 땅 위에 낟알을 내는 풀)의 하위분류 개념이 있다. 잠비아국의 한 언어인 치벰바(Chibemba)어에서는 이러한 분류는 비슷한 결론에 이르고는 있지만, 그 분류의 기준이 엽맥(잎사귀에 간 금)에 달려 있다.

엽맥이 파상형으로 가지를 치면 그것은 한 군에 속하고, 엽맥이 잎의 全長에 있어서 평행적으로 되어 있으면 크기와 모양에 관계없이 그것은 다른 군에 속한다.[19]

이것은 곧 언어들이 매우 구체적이고 하위에 있는 존재의 층을 구획지우는 제각기 특유한 원리를 가지고 있을 뿐 아니라, 보다 추상적이고 상위에 있는 존재의 층을 구획지우는 방법도 또한 매우 상이하다는 것이다. 사실, 우리의 상념과는 달리, 언어는 일반적으로 구체적이고 하위에 있는 층에서 더욱 같고, 추상화되고 상위로 올라 갈수록 더 다르다. 이것이 참일 수밖에 없는 것이, 하층에서 성립하는 구획은 일차적으로 "감지"(perception: 사물의 모양과 크기 등)에 달려 있지만, 고층에서 성립하는 분류는 기본적으로 "개념"(conception: 사람들이 대상, 사건, 성질들에 대하여 생각하는 방법)에 달려 있기 때문이다.[20] 모든 언어는 제각기 사물들을 분류하는 방식을 가지고 있다. 환언하면 언어는 사물들이 공유하는 공통성을 기준으로 하여, 기타 상이한 성질을 우연적인 것으로 무시하면서, 사물을 무리짓게 마련인데, 이때 어느 성질이 기준이 되며 어느 성질이 우연한 것인가를 결정하는 것은 각 언어와 그것이 깔고 있는 문화적 배경에 따라 임의적이다.

여태까지 우리가 말해온 번역에 있어서의 축어적 일치성은 특정한 단어가 번역되는 과정에서 대응되는 방식에 일차적으로 초점을 두고 말한 것이지만, 단어 그 자체가 양식적 일치성에 관련된 유일한 양식적 측면은 아니다. 예를 들면, 단어와 구와 절의 순서에 관한 양식적 일치(이때 단어의 순서를 유지시키는 것은 구와 절의 순서를 유지시키는 것보

19) 〔역자주〕 장미 잎사귀와 옥수수 잎사귀를 비교해서 연상하면 쉽게 이해될 것이다.
20) 〔역자주〕 영어로는 "감지"와 "개념" 사이에 "퍼셉숀"과 "콘셉숀"이라는 韻이 성립한다.

다 훨씬 더 어렵다), 문장의 길이, 단어의 군에 관한 양식적 일치, 품사를 일치시키는(동사를 동사로, 명사를 명사로) 양식적 일치 등이 있다. 이러한 모든 형식적 측면을 다 합하여 우리는 "양식적 상응성"(formal correspondence)이라고 부르는데, 여태까지 말한 "축어적 일치성"은 이 개념의 한 측면에 불과한 것이다.

나. 양식적 상응성에 대한 역동적 상응성의 우위

번역을 그 양식에 있어서가 아니라 수신자의 입장에서 평가해야 한다는 견해를 받아 들인다면, 우리는 또 하나의 견해를 개입시키지 않을 수 없다. 곧 번역의 이해가능성(intelligibility)의 문제이다. 여기서 말하는 이해가능성은 단어가 이해될 수 있는가, 문장이 문법적으로 잘 구성되어 있는가 등에 의하여 결정되는 그러한 것이 아니라, 메시지가 수신자에게 주는 총체적 영향에 관한 것이다. 전통적으로 번역의 정당성이 판정되는 도식은 〈제 3 도〉와 같이 도식화될 수 있다.

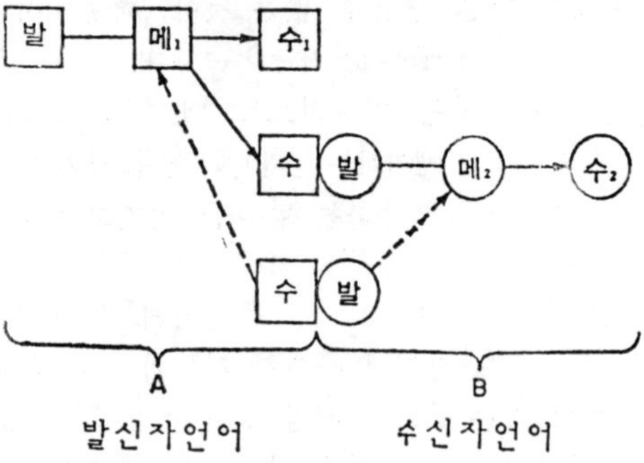

〈제 3 도〉

제일 왼쪽의 네모칸은 발신자 혹은 발신원(발)을 나타낸다. 그 발신자는 메시지(메1)를 전달하며, 그것은 최초의 수신자(수1)에 의하여 받아진다. 수신자이면서 동시에 발신자인 번역자(수 발)는 먼저 자기가 마치 수1이었던 것처럼 생각하면서 메1를 받는다. 그리곤 완전히 다른 역사적·문화적 맥락 속에서 새로운 메시지 메2를 발한다. 그리고 그것이 마지막 수신자인 수2에게 받아져서 이해되기를 희망한다.

위의 도표에서 두개의 다른 언어와 문화는 다른 모양으로 표현되었다. 즉 네모칸은 발신자언어의 성분을, 원은 수신자언어의 성분을 나타낸다. 번역자와 또 번역을 평가하는 학자(점선으로 연결된 최하단의 [수](발))는 이 두 형태의 성분을 결합한다. 과거에는 번역의 비판적 검토가 단순히 두 메시지(즉 메$_1$과 메$_2$) 사이의 양식적·의미적 구조를 대조해 보는 사람에 의하여 이루어졌고 이러한 토대위에서 번역이 "잘 되었다"라는 판단이 내려졌다.

이것은 물론 번역을 평가하는 하나의 방법이긴 하지만, 여기에는 이미 그 자체로 문제성이 내포되어 있다. 왜냐하면, 학자들은 메$_1$이란 발신내용의 정체를 너무 잘 알고 있고 따라서 메$_1$의 형태를 그가 이미 잘 알고 있는 메$_1$의 형태에 따라 본능적으로 판단해 버리기 때문이다. 그러나 우리가 우리의 초점을 학자들에 의하여 판단되는 대로의 양식적 상응성에 맞출 것이 아니라, 두 수신자들(수$_2$과 수$_2$)이 상응하는 메시지(메$_2$과 메$_2$)를 이해하는 방식에 맞춘다면, 우리는 번역의 평론자로 하여금 수$_2$가 어떻게 메$_2$를 이해하는가를 수$_2$의 입장에서 탐구해 보도록 하여야 할 것이다. 그렇게 함으로써만이 평론자는 그 역동적 상응성을 더 잘 평가할 수 있는 입장에 놓이게 된다. 그리고 그 평론자는 평균적 수신자 수$_2$가 메$_2$를 이해한 것과 수$_1$의 메$_1$을 이해했다고 생각되거나 실제로 이해한 것과를 비교·검토해야 할 것이다.

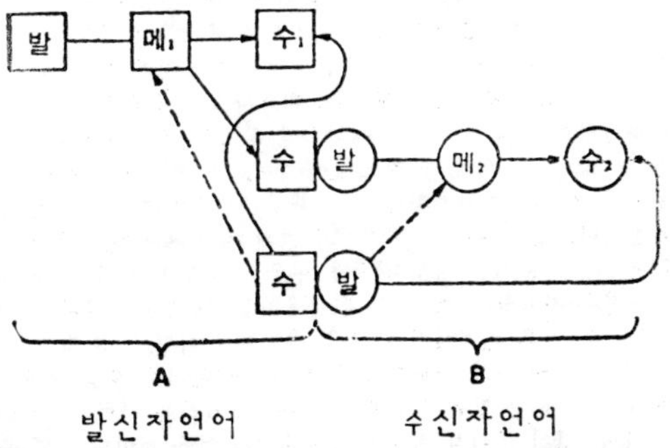

〈제 4 도〉

이를 도표로 표시하면 〈제 4 도〉와 같다.

처음의 매시지(메$_1$)는 두 나라말을 할 줄 아는 번역자나 평론가를 위하여 설정된 것이 아니라 한 나라말을 하는 대중 수$_1$을 대상으로 한 것이다. 그리고 수$_2$의 이해와 대비되어야 할 것은 바로 수$_1$의 이해다. 더우기 메$_2$의 적합성과 무오류성을 판단해야 할 궁극적인 기준은 역시 수$_2$에 의한 메$_2$의 이해인 것이다.[21]

역동적 상응성은 그러므로 제 2 의 수신자가 그의 수신자언어에 있어서 메시지에 반응하는 것과 제 1 의 수신자가 그 발신자언어에 있어서 메시지에 반응하는 것과의 일치성의 도에 의하여 규정된다. 이 두 반응은 문화적·역사적 상황이 너무도 다르기 때문에 영원히 완전히 일치할 수는 없다. 그러나 이 양자 사이에 고도의 상응성이 성립하지 않는다면, 번역은 실패한 것이다.

그러나 제 2 의 수신자의 반응이 외적 정보의 이해의 기준에 의하여 판단되어야 한다는 것은 또한 오해다. 왜냐하면 언어전달은 단순히 사실제공적(informative) 측면만 가지고 있는 것이 아니기 때문이다. 『성서』에서 발견되는 것과 같은 역동적 전달의 주요목적을 달성하기 위하여서는 언어는 정서표현적(expressive)이기도 하며, 행동지침적(imperative)이기도 해야 하는 것이다. 이것은 곧 『성서』의 번역은 사

21) 〔원주〕 우리는 최초의 발신자의 의도와 최초의 수신자의 반응 사이에 어떤 특정한 기초적 관계가 전제되어 있었다고 생각하지 않으면 안된다. 이런 관계가 전제되지 않았더라면 의사소통(전달)은 완전히 실패했었을 것이다. 일반적으로 우리는 발신자의 마음속에 수신자의 배경에 대한 이해가 있으며 발신자는 또한 이해의 도수를 가장 높이는 양식으로서 그의 메시지를 준비하고 있었다고 상정할 수 있다. 역동적 상응성을 측정하기 위하여는, 최초의 발신자와 최후의 수신자 사이의 이해의 일치의 정도로써 측정하기 보다는, 최초의 반응과 최후의 반응 사이의 상응성에 외하여 측정하지 않을 수 없다. 왜냐하면 최초의 발신자가 이 "알지도 못하는 간접 대상"을 상대로 발신했을 리도 만무하며, 또 제 2 의 외국어로 수취하는 일개국어 사용자가 최초의 전달상황을 잘 이해할 수 있는 지식을 가지고 있을 리도 만무하기 때문이다. 물론 우리는 번역자와 그의 최초 발신자가 목적·의도·기술적 측면에서 유사성을 보이는 정도의 폭을 연구할 필요가 있다. 그러나 궁극적으로 번역의 합당성은 사람들이 그 번역에 반응하는 태도의 측면에서 결정되지 않을 수 없다. 이 말을 다른 관점에서 바꾸어 말한다며 이렇게 될 것이다 : 사도바울이 그의 원래 수신자들에게가 아니라 오늘날의 우리들에게 직접 편지를 쓴다고 한다해도 결국 하고자 하는 말은 같았을 것이며 그 말하는 방법만 달랐을 것이다. 그러나 그 다름은 단지 언어적 차원의 것만은 아니었을 것이다. 〔역자주〕 印度 佛教에서도 중시하며 중국불교사의 "教相判釋"에도 중대한 영향을 미친 소위 "方便說法"(황삐엔수어화)를 이 문제와 결부시켜 생각해 보라.

람들이 이해 할 수 있는 정보를 제공할 뿐만 아니라, 사람들이 그것의 정당한 분위기를 느낄 수 있도록 메시지를 전달해야 하며(전달에 있어서의 정서표현적 요소) 또한 그것에 행동으로 반응할 수 있도록(행동지침적 기능) 해주어야 한다.

1) 정보제공적 기능(외연에 관계됨)

언어에 있어서 정보제공적 기능은 철저히 이해될 수 있는 번역에 의하여 달성된다. 히브리서 13:20의 "평화의 하나님"(the God of peace)은 사람들이 "평화스러운 하나님"을 지칭하는 것이 아니라 "평화를 만들거나 일으키는 하나님"을 지칭하는 것이라는 것을 알아차릴 수 있도록 번역이 되어야 한다. 마찬가지로 마 5:2의 "그는 그의 입을 열어 군중을 가르쳤다"는 입을 다무는 법이 없이 연 채로 말을 하는 특수한 기술을 의미하는 것으로 해석이 되게 번역되어서는 안된다. 사람들이 오해를 하는 경향이 있다면 "그는 가르치기 시작하였다"라는 식으로 표현을 바꾸어야 할 것이다.

마 5:17의 경우에도 "율법을 완성하다"(fulfill the law)와 같은 표현이 적합한 의미를 지닐 수 있도록 되어 있는가를 확인해 보아야 한다. 만약 "율법을 완성하다"가 율법이 요구하는 것을 그대로 정확하게 행한다 라는 뜻이 정보로서 제공된다면 그것은 예수의 목회에 참되지 못할 뿐만 아니라 그 문맥에 의미를 지니지도 못한다. 왜냐하면 예수 자신이 율법의 의식적 해석을 계속적으로 침범한 사람이었기 때문이다. 문맥적으로 더 정당할 수 있는 번역은 오영에 있어서와 같이 "율법에 참된 의미를 부여하다"이다.[22]

2) 정서표현적 기능(내포에 관계됨)

번역에 있어서의 역동적 상응성이라는 것은 정보의 단순한 전달이라는 기능보다 훨씬 더 복합적인 것이다. 실상 가장 본질적이면서도 잘 무시되기 쉬운 요소 중의 하나가 바로 이 정서표현적 기능(the expressive factor)이다. 사람들은 말하여진 것을 이지적으로 이해할 뿐 아니라 또한 느끼기도 해야 하기 때문이다. 『성서』의 시는 시처럼 읽

---

22) [역자주] 오영 : I have not come to do away with them, but to give them real meaning.

혀야지, 지루한 산문처럼 읽혀서는 안된다. 마찬가지로, 바울의 편지는 일반 편지를 읽을 때 느끼는 신선함을 반영해야지 신학적 논문처럼 들릴 수는 없다.

『성서』 번역의 가장 재미있는 "정서표현적" 문제중의 하나가 히브리어 "테트라그라마톤"(tetragrammaton, 문자 그대로 四字를 의미)인 YHWH이다. 이것은 하나님에 대한 이름이며 야훼(Yahweh)로 표기되기도 하는데 전통적으로는 여호아(제호바, Jehovah)로 대표되었다. 유대인들 자신이 이 이름을 너무도 신성한 것으로 여겼기 때문에(즉 전문학술어로는 타부로 여겼다고 말할 수 있다), 가장 숭엄한 순간 외에는 이 이름을 입으로 발성해 내서는 안된다. 그러기 때문에 『성서』를 입으로 발음하여 읽을 때는 "주"(Lord)를 뜻하는 아도나이(*Adonai*)로 대신하여 읽었다. 아도나이는 마소라학자들에 의한 텍스트에서 글자에 母音符號를 붙일 때 나타나고 있다. 언어의 정서표현적 기능을 생각할 때는 아도나이의 사용은 훨씬 더 가깝고 친근하며 사적이고 직접적인 관계를 의미한다.

예수탄생 수세기전에 만들어진 『구약』의 희랍어 번역에는 유대인 학자들이 이 아도나이와 야훼 모두를 희랍어 "퀴리오스"(*kurios*)로 번역하였다. 이러한 관례가 희랍어 『신약』으로 그냥 전승되었고, 결과는 이 단어를 하나님과 예수 그리스도 양자에게 무차별하게 적용함에 따라 일종의 신성한 애매모호성을 낳게 되었다.

영어 전통에 있어서는 로드(Lord, 주, 주인, 주님)라는 표현이 항상 여호아라는 표현에 우선되어 왔다는 사실은 매우 흥미있는 사실이며 주목할 만하다. 개역판(RV)과 미국표준판(ASV)에서의 여호아라는 말은 결코 인기를 얻지 못했고, 개역표준판(RSV)은 킹제임스판(KJV)의 로드라는 표현으로 다시 복귀하였다. 불어에서는 신교도들은 전통적으로 "레떼흐넬"(*l'Eternel*, 영원한 자)를 썼는데, 최근에는 "르 쎄눼르"(*le Seigneur*, 영어의 the Lord)의 방향으로 기울어지고 있다. 스페인어에 있어서도 신교도 교구에서는 전통적으로 "예오바"(*Jehová*)가 쓰여져 왔으나, 최근의 개역판들은 "엘 쎄뇨르"(*el Señor*, 영어의 the Lord)를 쓰고 있다.

부버(Buber)와 로젠츠바이그(Rosenzweig)는 『구약』을 독일어로 번역하는데 많은 경우 야훼(YHWH)를 인칭대명사로 번역했다. 야훼가 화자일 때는 "이히"(*Ich*)와 그 굴절 형태를 썼고, 야훼가 삼자적으로 지시될 때는 "에르"(*Er*)와 그 굴절 형태를 썼다. 그리고 그에게 말을 걸 때는 친근한 "두"(*Du*)와 그 굴절 형태를 썼다. 이 인칭대명사들, 특히 "두"(*Du*)는 예배드리는 사람과 그의 하나님 사이의 매우 개인적인 친근한 관계를 반영한다. 야훼(YHWH)가 고유명사냐 아니냐에 관한 모든 논란에도 불구하고, 이상한 사람 이름으로 전달하는 것 보다는 무엇인가 더 친근하고 개인적인, 즉 더 "정서표현적"인 "느낌"이 있어야겠다는 요구는 매우 지속적인 것이었다.

3) 행동지침적(명령적) 기능

언어라는 것은 단순히 정보제공적이고 정서표현적인 기능만에 한정되는 것이 아니라 그것은 또한 분명히 행동지침적이어야 한다. 특히 하나님의 행위를 기술한다고 주장할 뿐만 아니라 적절한 인간 행위 즉 "삶의 길"에 대하여 지도 원리를 선포한다고 주장하는 『성서』와 같은 문헌에서는 더욱 그러하다. 이 목적을 달성하기 위하여는 번역은 충분히 명백한 형태로 이루어져야 하며, 그럼으로써 옛 시대의 사람들에게 그 메시지가 무엇을 의미했는가를 이해할 수 있을 뿐 아니라 오늘날 우리의 상황 속에서 그것이 과연 무엇을 의미하는가를 깨달을 수 있도록 번역되어야 한다. 이러한 "역동적 일치의 번역"의 원리의 정신에 입각하여 오영은 기존의 "너의 오른손이 하고 있는 것을 너의 왼손으로 하여금 알지 못하게 하라"(마 6:3, 개표에 의거)와 같은 번역을 "너의 가장 친한 친구조차도 그것에 대하여 알지 못하도록 그러한 방법으로 그것을 행하라"라고 근원적으로 바꾸어 버렸다.[23] 많은 사

23) 〔역자주〕 여기서 논의되고 있는 구절의 정확한 뜻을 이해하기 위하여서 동양학도들은 『中庸』의 제 1 장에 있는 말, "是故, 君子戒愼乎其所不睹, 恐懼乎其所不聞。莫見乎隱, 莫顯乎微, 故君子愼其獨也。"의 뜻을 새기면 쉽게 연상이 될 것이다. 「마태복음」 6장의 앞뒤 문맥을 잘 살피어 보면 『中庸』의 "愼獨" 사상과 매우 흡사한 점이 있을 뿐 아니라, 兩者가 모두 제각기의 문화권에서 막대한 영향을 끼친 사상이라는 것을 다시 한번 새겨볼 필요가 있다. 즉 "愼獨"(홀로 있을 때를 삼감)이라는 사상은 중국의 근세철학 특히 宋學의 가장 근본적 중심개념의 하나가 된 철학사상이며 또 그것이 우리 이조유학에 끼친 막대한 영향은 말할 나위도 없다. 그러나 「마태복음」의 "은밀" 사상과 『中庸』의 "愼獨" 사상이 곧바로 같은 것이라고 일치시켜서는 안된다. 양자는 모두 주어진 맥락이 다르며 그러한 문제에 대하여는 나에 의하여 독립된 철학논문으로 다시 세밀하게 검토될 것이다. 그러나 일단 이 양자 사이에는 "역동적 상응성"이 성립한다고 말해도 무방할 맥락이 성립한다는

람들이 오른손이 하는 것을 왼손이 모르도록 하라는 숙어적 표현을 곡해했을 뿐 아니라(실제적으로는 密賣같은 것을 은폐하는데 이 숙어를 써먹은 실례가 많다), 많은 사람들에게 매일 매일의 생활환경 속에서 이것이 구체적으로 무엇을 지시하는지를 전혀 알 수 없는 애매한 명제로만 존재해 왔던 것도 사실이었다.

이러한 문제는 마 7:1에 나오는 언어에 들어 있는 행동지침적 요소를 명확히 설명하면 그 문제성이 선명하게 드러난다. 이것은 소위 희랍어로 "하나님에 대한 수동적 기피"(passive avoidances of God)라는 구절중의 하나인데, 여기서 말하는 "비판을 받지 아니하려거든 비판하지 말라"(한개를 따름)는,[24] 분명히 남에게 비판받지 않기 위하여 남을 비판하지 말라는 이야기가 아니다. 이것은 오히려 신에 의하여 심판받지 않기 위하여 남을 심판하지 말라는 뜻이며, 오영에서 말하는 것과 같이 "남을 심판하지 말라 그러면 하나님도 너희를 심판하지 않을 것이다"의 뜻이다.[25] 이 구절이 실재로 의미하고 있는 것을 정

것만 귀뜸해 놓고 넘어간다.

24) 〔역자주〕 이제부터 우리나라 번역서 중에서 1956년 이래로 쓰인 "개역 한글판"은 "한개"로 1977년 이래의 "공동번역"은 "공번"으로 약호화한다.

25) 〔역자주〕 우리나라 한개의 번역은 이런 의미에서 철저한 오역이다. 마 7:1의 한개 문장을 읽고 오해하지 않을 자는 한명도 없기 때문이다. 공번은 "남을 판단하지 말라. 그러면 너희도 판단받지 않을 것이다"고 번역했는데 이 번역조차 오영만큼 선명하게 되어 있지는 못하다. 그러나 다음의 두가지 면에서 한개보다는 개선되었다. 첫째, "비판하다"를 "판단하다"라는 동사로 바꾼 것은 원의에 더 충실하다. 희랍어 원문은 *Μὴ χρίνετε, ινα μη χριθὴτε*이다. 우리말에서 판단하다는 비판하다보다 더 넓고 중성적이다. 즉 외연이 더 크고 내포는 더 작기 때문에 정확성이 높다. 둘째, 한개가 "…하려거든"을 써서 "…하려거든" 앞에 오는 문장을 목적구로 만듦으로 해서 한 문장으로 묶어버렸기 때문에, "비판하지 말라"는 주절이 "비판받지 아니하려거든"이라는 목적구에 완전히 종속되어 버리는 오류가 발생한다. 그런데 반하여 공번은 "그러면"이라고 하는 접속사로 연결되어 있기 때문에, "그러면" 앞뒤의 문장이 한 문장이 아닌 두개의 독립된 문장으로 자체내의 가능성을 확보할 뿐만 아니라 희랍원어의 어순과도 동일하여 의미론적 맥락의 강약의 리듬에 순조롭게 들어 맞는다. 그러나 "그러면" 다음에 오는 "너희도 판단받지 않을 것이다"의 의미론적 주어를 양성화시켜서 오영처럼 "하나님도 너희를 심판하지 않을 것이다"라고 했더라면 더 좋았을 것이라는 생각이 든다. 즉 아무리 희랍원문이 수동태로 되어 있다고 하더라도 수동태를 그냥 현대어로 고칠 경우 주어가 생략되기 때문에 그 문장의 주어가 불분명해진다. 이 경우에는 수동태를 능동태로 환원시켜 주어를 밝혀주고 의미를 확실히 지적해 주는 것이 정당한 태도이며, 오영번역자들의 태도였다고 본다. 이러한 문제는 우리 고전한문 번역의 경우에도 그대로 적용되는 중요한 문제중의 하나다. 즉 세계의 모든 언어가 古代로 올라갈수록 주어가 생략되는 비율이 높다. 한문은 특히 주어가 양성화 되어 있지 않은 경우가

확히 이해하지 못한다는 것은 이러한 의사소통의 행동지침적 기능이 완전히 손상된다는 것을 의미한다.

4) 양식적 상응성과 역동적 상응성의 대비

빌 2:1-2의 개표와 오영의 번역을 대조하면 양식적 상응성의 번역(양-상)과 역동적 상응성의 번역(역-상)의 본질적 차이가 잘 설명된다.

개 표	오 영
1) 그리하여 만약 그리스도 안에서 무슨 권면이나, 사랑의 무슨 자극이나, 성령안에서 무슨 참여나, 무슨 긍휼이나 자비가 있거든,	1) 그리스도 안에서의 여러분의 삶이 여러분을 강하게 만듭니까? 그의 사랑이 여러분을 위로합니까? 여러분은 성령과 교제를 가지고 있읍니까? 여러분은 서로 친절함과 동정을 느낍니까?
2) 똑같은 마음이 되거나, 똑같은 사랑을 가지거나, 의견이 일치되거나, 한 마음에 있거나 함으로써 나의 희열을 온전케 하라.	2) 그러면, 나는 여러분께 똑같은 생각을 가지고, 똑같은 사랑을 나누고, 영혼과 마음에 있어서 하나가 됨으로써 나를 온전히 기쁘게 만들어 줄 것을 권합니다.

거의 대부분을 점유한다. 이러한 古語인 한문을 살아 있는 오늘말로 바꿀 때 대부분의 번역자들이 동사를 채택할 때 "…되다"와 같은 수동적 어미를 택함으로써 주어를 죽이거나 아예 주어가 없는 문장으로 연결한다. 그래도 우리말은 자연스럽게 성립할 수 있기 때문이다. 이 주어를 밝히지 않는 문제를 가지고 한국문화의 고유성·특성 운운한 문화론자도 많았지만 이것은 전 세계 인류사의 보편적 문제라는 것을 다시금 인식해야 할 것이다. 영어는 주어가 확실하고 한국말은 주어가 없다는 식의 구분은 타당할 수도 있는 동시에 또한 타당성이 없다. 동일한 패턴의 문제가 영어 자체내에도 내재해 있기 때문이다. 따라서 한문을 우리말로 바꿀 때 주어를 밝히어 능동적으로 표현하는 태도를 우리 번역자들은 몸에 익힐 필요가 있다. 그러나 모든 문장을 다 그렇게 하라는 것은 아니다. 주어를 밝히지 않음으로써 의미가 더 포괄적이고 선명하게 될 뿐만 아니라 언어의 "정서표현적" 기능이나 "행동지침적" 기능이 더 명확히 드러날 경우도 있기 때문이다. 우리의 원칙은 주어를 밝히지 않음으로써 오해를 유발시킬 수 있는 가능성이 높을 경우에는 일일이 모두 그 주어를 밝히는 것이 더 낫다라는 것이다.

이 두 번역의 특유한 성격의 대조는 양식적 상응성과 역동적 상응성의 대조를 잘 말해 준다.

1) 개표가 전 발언을 한 문장으로 만든 것은 다섯개의 문장으로 쪼갠 오영보다 훨씬 더 중후하고 형식적이며 의례적인 느낌을 준다.
2) 개표의 구들, "그리스도 안에서의 권면" "사랑의 자극" "성령 안에서의 참여"는, 이 편지의 수신자가 어떻게 관련되고 있는지가 전혀 명백히 밝혀져 있지 않기 때문에, 매우 애매하고 모호하다.
3) 개표에 있는 "긍휼" "자비"와 같은 말들은 그 감정표현적이며 행동지침적 기능의 의미가 결핍되어 있다. 왜냐하면 그 말들은 그러한 의미가 지향하고 있는 대상을 가지고 있지 않기 때문이다.
4) 오영에서 쓴 더 단순하고 쉬운 표현들, "강하게 만들다"(개표에서는 "권면"), "위로하다"(개표에서는 "자극"), "교제"(개표에서는 "참여"), "친절함"(개표에서는 "긍휼"), "동정"(개표에서는 "자비")과 같은 것들은 의사전달을 "더 개인적"으로 만들며 "덜 신학적"으로 만든다.
5) 개표의 구들, "나의 희열을 온전케 하라"(오영에서는 "나를 온전히 기쁘게 만들어 다오"), "의견이 일치되거나, 한 마음에 있거나"(오영에서는 "영혼과 마음에 있어서 하나가 됨")와 같은 표현은 매우 어색하고 인위적이며, 일종의 번역문장의 벽인 譯調에 불과하다. 이에 반하여 오영의 표현은 사실적 정보를 더 정확히 제공하고 있을 뿐 아니라 더 적절한 문체적 분위기를 제공하고 있다.

물론 이때 혹자는 희랍어 원문에 있어서는 제 1 절이 일련의 질문으로 되어 있지 않다고 반박할지 모른다. 이것은 사실이다. 그러나 그는 다음과 같은 사실은 주목하지 않았다. 희랍어 원문에는 "만약"(if)에 해당되는 "에이"(*ei*)라는 접속사가 "티스"(*tis*, some)나 "티"(*ti*, any) 다음에 지속적으로 나타난다. 이러한 특이한 문체적 특성이 개표의 문장구조 속에서는 사라졌다. 이 범위 내에서는 그러므로 오영의 번역이 오히려 이 일련의 서론적 강조절의 의미를 더 잘 살리고 있다고 말할 수 있다.

개표와 오영의 이 두 구문을 비교하는 목적은 어떠한 것을 비판하거나 옹호하기 위해서가 아니다. 단지 형식적 상응의 번역과 역동적 상응의 번역 사이에서 성립하는 차이를 설명하기 위한 것이다. 물론 혹자는 바로 이러한 성격 때문에 역동적 상응의 번역이 더 "부정확하다"고 말할지 모른다. 왜냐하면 원문의 양식에서 너무 이탈이 심하기 때문에. 그러나 이런 비판을 던지는 사람은 그 "정확성"이라는 의미를 순전히 양식적 의미에서만 쓰고 있다. 그러나 정확성이라는 것 자체가 이차적 수신자의 반응이 일차적 수신자의 반응과 상응하는 도수에 의하여 정확히 판단되는 것이라는 것을 망각하고 있다. 다른 말로 해서 역동적 상응의 번역이 그 수신자에게 제일차적 수신자에 의하여 경험된 반응에 상응하는 반응을 일으키는데 성공하고 있는가 라는 질문이 먼저 던져져야 한다는 것이다. 만약 "정확성"이라는 것이 이러한 각도에서 검토된다면, 분명히 역동적 상응의 번역이 수신자에게 더 많은 의미를 가져다 줄 뿐만 아니라 더 정확하다고 말할 수 있다. 이때 물론 양식적 상응의 번역이 되었던 역동적 상응의 번역이 되었던 명백한 주석학적 오류를 범하지 않고 있다는 것이 전제되어야 한다.

다. 문어적 언어에 대한 청각적 언어의 우위

문어적 언어에 대한 청각적 언어의 우위는 『성서』의 번역의 경우에는 특별한 의미를 갖는다. 첫째로 이 『성스러운 문헌』(*the Holy Scriptures*)은 祭式的으로 쓰이는 것이며, 대부분의 사람들이 이 문헌을 자기가 직접 읽기 보다는 남이 읽는 것을 듣는 가능성이 항상 더 높기 때문이다. 둘째로 이 문헌은 그룹지도의 수단으로서 모종의 그룹 앞에서 크게 읽히는 기회가 많다. 세째로 이 세계의 많은 민족이 독서습관으로서 묵독이 아니라 소리를 크게 내어 읽는 낭독을 한다. 이것은 곧 자기가 읽는 것을 순간 순간 "자기가 듣는다"는 것을 의미한다. 이러한 상황에서는 이 문헌을 구어적 형태적으로서 이해하는 것이 특별히 중요한 의미를 갖는다. 네째로, 이 문헌은 라디오나 테레비와 같은 대중매체에서 채택되는 경우가 급증하고 있으며 이것은 곧 청중이 이해할 수 있도록 구어 형태로 알기 쉬워야 한다는 것이다.

많은 사람이 문어적으로 훌륭한 번역이라면 곧 낭독되어도 쉽게 이해될 수 있다고 무비판적으로 가상하기 쉽다. 그러나 이것은 항상 그러하지는 못하다. 실상, 청중이 듣는다는 문제를 예상할 때에 다음과 같은 본질적 문제를 항상 염두에 두어야 할 것이다.

1) 대문자화하는 것만으로는, 대문자화하지 않을 경우 생기는 의미의 애매성이나 오도성을 막을 길이 없다[26]

예를 들면 「마가복음」 1장 12절에 "령"(Spirit)을 대문자화하여 쓰고 있는데 이 경우에도 청각적 언어 형태에 있어서는 오도되기 십상이다.[27] 즉 이 "령"이라는 술어가 청각적 형태에 있어서는 악령을 의미할 수도, 좋은 령을 의미할 수도 있고, 특히 그것이 쓰이고 있는 문맥에 있어서 "광야로 몰아 내다"라는 행위는 성령(the Holy Spirit)의 행위라기보다는 악마나 악령의 행위로서 이해되는 것이 더 자연스럽기 때문이다. 이러한 사례에 있어서는 "령"의 수식어로서 "성"을 쓰는 것이 합당할 뿐만 아니라 필수적이기도 하며, 이렇게 함으로써 청중이 이해할 수 있는 것이다. 마찬가지로, 하나님을 지시하는 지시대명사의 경우 그것이 혼동을 일으키는 것을 막기 위하여 대문자로 쓰는데, 이때도 역시 이 대문자화로써는 하나님을 지시하는 의미가 나오지 않는다. 사람들은 낭독할 때 낭독하는 공기의 진동을 대문자화 할 길이란 없다는 것을 깨달아야 한다.

2) 혼동되기 쉬운 발음의 경우 스펠링(철자)을 정확하게 하는 것만으로는 문제를 해결할 수 없다

예를 들면, 「歷代上」 25:1의 개표문장은 "라이어스(lyres, 竪琴)로 예언하다"라고 되어 있는데, 이때 많은 사람이 "라이어스"를 "라이어스"(lyres)가 아니라 "라이어스"(liars, 거짓말장이들)로 곡해하는 것이 십중팔구라는 것이다. 왜냐하면 "라이어스"(lyres)는 매우 희한한 단어이기 때문이다.[28] 이러한 언어의 문어적 형태에 관한 문제는

---

26) 〔역자주〕 여기서 말하는 대문자화(capitalization)라는 문제는 우리말의 경우는 해당되지 않는다. 그러나 요즘 영어의 대문자화하는 것, 즉 특수한 의미나 강조적 의미를 나타내는 것에 상응하는 방법으로 우리말에서도 고딕체로 활자를 바꾸어 두드러지게 하거나, 〈 〉표를 쓰거나, " "표를 쓰거나, 그외의 약속기호를 쓰는 경향이 강한데 이러한 약속은 모두 시각적 효과를 노린 것이므로, 청각적 효과를 제일의적으로 생각하는 한 무의미한 것임을 말하고 있는 것이다.

27) 〔역자주〕 개표의 전문은 이러하다 : "령이 즉시 예수를 광야로 몰아 내었다. 그리고 그는 광야에서 사십일 동안 사탄에게 유혹받으며 지냈다." 예수가 광야에서 시험받는 장면에 관련된 기술이다.

28) 〔역자주〕 새영은 "라이어스"를 이런 문제 때문에 "하아프스"(harps)로 고쳤다. 우리나라 한개에는 "竪琴(lyres)과 琵琶(harps)와 提琴(cymbals)을 잡아"로 되어 있

중국어의 경우 매우 심하다. 중국어에서는 써서 보기에는 매우 명백하나 그것이 읽힐 때는 매우 애매하게 되기 때문이다.[29]

3) 어떠한 단어가 쓰여질 때는 그리 속되지 않게 보이나, 발음되어질

으나 공번은 이를 "수금" 하나로 묶어 버렸다. 이러한 번역이 나는 너무 불성실한 의역이라고 생각한다. 역동적 상응성에 우선권을 준다하더라도 양식적 상응성을 살릴 수 있는 데까지는 살려야 하기 때문이다.

29) 〔역자주〕 내가 번역한 원문에 The problem of the written from of language is very acute in the case of Chinese, in which a written text may be quite clear, but a spoken text of the same passage can be very ambiguous. 라고 되어 있는데 나이다(그리고 타버) 자신이 중국어에 대한 이해가 부족하기 때문인지, 이 문장은 명료한 의미를 전달하고 있지 않다. 즉 똑같은 구절에 대해 쓰여진 텍스트(a written text)와 말하여진 텍스트(a spoken text)가 달리 있는 것처럼, 즉 文言文版과 白話文版의 두 종류의 텍스트가 문제시되는 것처럼 느껴지기가 쉽기 때문이다. 만약 그러하다고 하면 白話文版 즉 "a spoken text of the same passage"가 매우 애매하기는 커녕 더 명백하기 때문이다. 즉 중국어 『聖經』의 경우의 문제성을 나이다는 정확히 인식하고 있지 못한 것 같다. 이것은 중국어 『聖經』의 文言판본과 白話판본의 문제점을 이야기하고 있는 것이 아니라 중국어라는 언어에 내재하는 音韻學的 문제에 관한 것이다. 지금 현재 중국에서 쓰이고 있는 『聖經』은 기본적으로 白話文으로 쓰여진 것이며 옛날의 文言文 판본은 희본으로 거의 구경해 볼 수 없다(내가 하바드대학에 재학 당시 옌칭도서관에서 역대의 중국어 『聖經』 판본 전시회가 있었는데 불행히도 나는 그 자료를 가지고 있지 못하다). 여기서 말하는 것은 판본의 문제가 아니라, 동일한 음, 더 구체적으로는 동일한 성조의 동일한 음에 한정하여 말한다 하더라도, 그 음에 해당되는 다른 의미의 글자가 수없이 많을 수 있다는 사실이 지적되어야 한다. 더구나 동일한 성조라는 조건을 제거하면 한 음에 들어오는 글자의 수는 수없이 많다. 그러면 듣기만 해서 그 정확한 글자와 의미를 추정하기가 곤란할 때가 한 두번이 아니라는 것이다. 예를 들면, 우리나라 한자음으로 설명하여 아까의 "라이어스"가 "수금"으로 되어 있는데 이것이 "豎琴"인지, "首琴"인지, 手琴인지, "垂琴"인지, 더 심하게 말하면, "收金"인지, "受金"인지, "囚禁"인지, "狩禽"인지, 도대체 무한한 배리애이숀이 가능하다는 것이다. 여기서 지적된 이러한 문제는 우리나라 한문문서 번역자들이 특히 신경을 써야 할 문제이며 공동번역자가 "하아프"나 "세워 타는 가야금" 정도로 하지 않고 잘 쓰지도 않는 "수금"으로 번역한 것은 매우 유감스러운 일이다. 내가 이 문제에 대한 한가지 조언은 이런 것이다 : 농축된 한문투의 개념적 언어를 될 수 있는대로 회피하고 순수 우리말 계열의 풀어져서 묘사되는 언어를 채택하여 음성적 중복이 없도록 할 뿐만 아니라, 의미적 중복도 동시에 회피할 수 있도록 하라는 것이다. 단 언어의 경제성을 요구하는 특수한 상황은 제외된다. 그리고 나이다의 원문의 오해 가능성을 나는 반복하지 않고 이를 수정하여 "중국어에서는 써서 보기에는 매우 명백하나 그것이 읽힐 때는 매우 애매하게 되기 때문이다"로 번역하였다. 한문은 기본적으로, 상형문자라는 문자학적 특수성 때문에, 시각적 언어이며, 청각적 언어가 아니라는 사실, 그리고 이에 반하여 우리나라 글은 소리글이므로, 기본적으로 시각적 언어가 아니라 청각적 언어라는 사실, 그러므로 이 양자 사이에는 항상 이러한 괴리가 존재한다는 사실, 그리고 또 이러한 괴리가 이미 묘하게 짬뽕되어 있는 언어가 바로 우리 현대한국어라는 사실을 철저히 인식할 필요가 있는 것이다.

때 속하게 들리면 그런 단어는 사용하지 말아야 한다.

예를 들면, 미국영어에 있어서 "애쓰"(ass)는 인쇄된 문장 속에서는 그리 속되게 보이지 않지만, 그것이 발음될 때는 특수효과가 나서 아주 불온한 함의를 많이 지니게 된다.[30]

4) 문법적으로 혼동되기 쉬운 구문의 경우 그것을 바로잡기 위하여 구두점을 임의로 써서는 안된다[31]

말들의 연결은 그것들의 배열과 순서에 의하여 그 뜻이 명백히 드러나며, 우리는 이때 잘못된 말들의 결합을 바로잡기 위하여 그 결합 자체를 바로잡는대신 구두점을 임의로 채택하는방법을 써서는 안된다.

다시 말해서, 구두점이란 제대로 된 번역을 "강화하기 위해서" 쓰는 것이지 번역문을 재편성하기 위하여 쓰는 것이 아니다. 이미 그 구두점이 없더라도 명백한 문법구조를 가지고 있는 문장의 경우에만 사람들이 그 구두점을 주목하지, 혼동된 문맥을 바로 잡는 의미에서의 구두점에는 주의를 기울이지 않는다.

5) 수사학적인 이유로 의문형으로 된 문장에 대해서 그 올바른 대답을 연이어 제공해 주고 넘어가야 청중들이 무엇이 의미의 맥락인지를 오해하지 않는다

예를 들면, 롬 8:33-34에서 나오는 일련의 수사적 질문에 의하여

30) 〔역자주〕 영어의 구어에 익숙하지 않은 독자는 여기서 말하는 예를 잘 이해 못할 것이다. "애쓰"(ass)는 단순히 외연적으로는 "궁둥이"를 뜻하는 말이나, 그 말 자체가 "버덕스"(buttocks)와 같은 동의어에 비하여 점잖치 못하고, 그 내연에 있어서는 수없는 쌍말(스랭)과 연결된다. 예를 들면, "He is a pain in the ass"라고 하면 "그 새끼 한없이 귀찮은 새끼야"의 뜻이고, "to kiss one's ass"하면 "알랑방구 뀐다"는 뜻이 되고, 또 "Park your ass"하면 "네 궁둥이를 파킹해라!" 즉 "걸상에 앉아라"라는 뜻이 된다. 사람을 욕할때, "You, an ass hold!"하면, "이 개똥같은 새끼!" 직역하면 "이 똥꾸멍 같은 새끼!"의 뜻이다. 그러나 여기서 말하고 있는 스랭의 사용금지론은 『성서』 번역의 특수한 상황에만 한정되며 일반 이론은 될 수 없다. 속어적 표현을 써서 얼마든지 더 훌륭한 상응성을 제시할 수 있는 경우가 많기 때문이다. 한문고전의 경우, 『詩經』은 특히 性的 함의가 많은 속어를 써야만 할 때가 많다.

31) 〔역자주〕 한문에 있어서의 구두점 문제의 중요성은 말할 나위도 없지만 우리말의 표현에 있어서도 구두점 문제는 그 중요성이 더해가고 있다. 그러나 이 문제는 너무 복잡함으로 생략한다. 물론 한문의 경우 구두점 문제는 여기서 논의하고 있는 문제와 약간 그 맥락을 달리한다는 것만을 지적해 둔다.

청중은 오도될 수 있다. 왜냐하면 "누가 하나님이 선택하신 자들을 고소할 것인가?"라는 문장이 곧바로 "그것은 하나님이다"라는 문장으로 연결되고 있기 때문이다. 또한 그 다음 절에 나오는 문장에서 "누가 그들을 정죄할 것인가?"라는 질문에 "그것은 그리스도다"라는 문장으로 연결되어, 마치 고소하고 정죄하는 주어가 하나님과 예수인 것처럼 오해되고 있기 때문이다.[32)]

이러한 修辭的 질문이 매우 어색할 때가 많기 때문에 이런 질문형은 서술문의 강조형으로 재구성해서 표현하는 것이 더 나을 때가 많다. 예를 들면, 히 1:5에 "어느 천사에게 하나님이 말한 적이 있느냐?"를 오영(TEV)은 "하나님은 결코 천사중 그 누구에게도 말한 적이 없기 때문에"로 바꾼 것은 그 좋은 한 예일 것이다.

6) 의도하지 않은 동음이의어는 신중하게 피해야 한다

폴튜갈어와 같은 언어들의 경우 일반 사람들이 소리의 결합만으로 재구성되는 아주 음탕하고 속된 의미가 담긴 말을 잘 만들어 낸다(한 단어의 끝과 다음 단어의 처음이 결합한다). 이것은 곧 번역자들이 『성서』의 번역 전부를 세심하게 "낭독하여" 다르고 불합당한 말로 재해석될 수 있는 소리의 결합을 회피하도록 해야 한다는 뜻이다.

7) 고유명사의 표기는 수신자언어에 현실적으로 통용되고 있는 음운체계에 완전히 일치되어야 하며 『성서』를 낭독해야만 하는 입장에 있는 사람들에게 불편을 주어서는 안된다

히브리어와 희랍어의 음운학적 차이를 나타내기 위하여 어떤 언어들은 인위적 음성기호나 희한한 소리의 결합을 채택하고 있다. 이것은 일반 독자들에게는 매우 오도되기 쉽다. 결과적으로 대중 앞에서 『성서』를 낭독해야만 하는 입장에 있는 사람들이 이 희한한 표기를 이

32) 〔역자주〕 우리말 번역에서는 이런 문제가 발생치 아니한다. 왜냐하면 영어의 "It is A who…"와 같은 구문에서 영어에서는 A가 앞에 나오지만 우리말에는 그것이 문미로 가기 때문이다. 그러나 이러한 문제를 의식하면서 공동번역자들은 이 부분을 잘 처리하고 있다 : "누가 감히 그들을 단죄할 수 있겠읍니까? 그리스도 예수께서 단죄하시겠읍니까? 아닙니다. 그분은…" 이 번역은 한개의 번역보다 훨씬 우수하며 강력하고 단순해서 아름답다.

해 못해 낭독하기를 기피하는 경우가 파생한다.[33]

8) 텍스트 안에서의 무의미함은 피해야 한다

개표의 「역대상」 26장 18절 번역은 다음과 같이 되어 있다 : "서쪽의 파아바르에는 넷이 길에 있었고 둘이 파아바르에 있었다." 그리고 파아바르라는 곳에 "파아바르라는 단어의 의미는 알려지지 않았다"라는 각주를 달았다. 그러나 텍스트 그 자체 속에 전혀 무의미한 말을 집어 넣는다는 것은 만족스러운 태도가 못된다. 파아바르에 대하여 정직하게 그럴듯한 의미를 추측하고 그 문맥이 의미가 통하게 하도록 시도하는 태도가 더 낫다. 독자들에게 이 구문의 의미가 불확실하다는 것을 환기시키는 것은 항상 가능하다. 그러나 원칙적으로 텍스트 자체 내에서는 최소한의 의미가 통하도록 문장을 구성하고 학술적 주의를 덧붙이는 것이, 텍스트 안에 무의미한 말을 집어넣고 가생이에 변명을 하는 것 보다는 백방 낫다.

9) 번역에 있어서 의미의 지나친 농축은 삼가야 한다

번역이 상대적으로 직역일 때 즉 양식적 상응의 번역일 때 의미가 너무 농축되어, 聽者가 話者의 낭독의 스피드를 따라가지 못할 경우가 많다. 논설체(expository) 부분의 경우는 이런 현상이 특히 두드러진다. 이러한 이유로 번역에 있어서 의미가 전달되는 스피드가 평균적 聽者에게 너무 빠르게 느껴지지 않도록 조정하는 것이 필요불가결하며 또한 합법적인 것이다.[34]

---

33) 〔역자주〕 이 문제가 바로 내가 "崔玲愛一金容沃表記法"(the C.K. system)을 제정하게된 동기 중의 하나이고 또 나의 표기법의 4대원칙의 하나로 밝혀져 있다. (이 表記法에 관한 나의 논문은 나의 저서, 『동양학 어떻게 할 것인가』, 서울 : 통나무, 1986 중 다섯째 글을 참조할 것. 논문과 함께 표들이 실려 있음) 씨케이시스템이라고 불리는 이 나의 表記法은 중국말을 우리말로 표기하는 체계이며, 웨이드—자일 표기법과 중공의 拼音方案의 장·단점을 고찰하여 그것을 능가하는 독자적 체계로서 訓民正音 제정 당시의 중국어 표기법인 『洪武正韻譯訓』마저 참조했다. 현재 통용하고 있는 한국어의 자모로써만 중국어의 모든 발음이 한 경우의 중복이 없이 완벽하게 표기된다. 혹자는 ㄷ발음이나 [ㆆ]발음을 ㅸ나 ㅿ로 표기하자고 하기도 하나 이것은 여기서 말하는 원리에 어긋난다. 나는 나의 표기법이 우리나라에서 공식적으로 채택될 뿐 아니라 전 세계적으로 중국말의 한글표기에 관한한 채택되기를 희망하고 또 그를 위해 노력하고 있다.

34) 〔역자주〕 나이다는 언급하지 않고 있지만 여기서 말하는 의미의 농축문제는 고대

우리가 언어의 청각적 형태에 우선권을 주는 것에 대하여 이미 유리한 점으로 확정된 사실은 평균적 청자가 그것을 쉽게 이해할 수 있다면 그것은 묵독하는 사람에게도 더 확연히 이해될 수 있다는 것이다. 물론 역은 항상 성립하지 않는다.

라. 언어의 양식에 대한 청중의 요구의 우선

언어의 양식에 대하여 청중이 우선한다는 사실은 곧 번역하는 장구한 언어전통이나 문학적 권위를 지니는 양식보다는 번역이 대상으로 하고 있는 청중에 의하여 받아들여지고 이해되는 양식에 더 큰 비중을 두어야 한다는 것을 의미한다.

이 우선의 원칙을 적용하기에 앞서 다음의 두 다른 상황의 문제점을 고려하는 것이 필요하다.

1) 문제시되고 있는 언어가 장구한 문헌적 전통을 갖고 있으며 『성서』 번역본이 상당기간 이미 존재하고 있는 상황.
2) 문제시되고 있는 언어가 그런 전통을 갖지 못했으며 또 『성서』의 번역이 기존하지 않거나 기존한다 하더라도 양식이 제멋대로 되어 있어 개역하는 번역자들에게 심각한 문제를 일으키는 상황.

제 7 장에서 상세히 언급되겠지만, 장구한 문헌전통을 가졌고 기존의 권위있는 『성서』 판본이 존재하는 언어들을 대상으로 하는 경우, 『성서』자체가 다음의 세종류의 판본으로 나누어지는것이 불가피하다.

1) 전통적 용법을 반영하며 교회에서 제식용으로 쓰이는 판본. (이 판본은 "목회판본"〔ecclesiastical translation〕이라고 불러도 좋을 것이다.)
2) 고등교육을 받은 계층에 잘 먹혀 들어가며 現今의 문헌적(문어

어와 현대어 사이에 성립하는 보편적 문제이며, 희랍어와 영어 사이에 성립하는 문제나 한문과 한글 사이에 성립하는 문제는 완전히 동일한 문제이다. 고대어 자체가 농축성이 높은 것이 아니라 현대어가 고대어로부터 발전되어 나오는 동안에 그 고대어의 의미를 부연하면서 의미를 다양화시켰기 때문이다. 따라서 註 29에서도 언급했듯이 한문이란 고대어를 한글이란 현대어로 풀 때 그 의미는 필연적으로 농도성이 희박한 방향으로 풀어지지 않을 수 없다. 『中庸』의 첫 구절, "天命之謂性"은 "하늘이 명령한 것 그것을 일컬어 만물의 본성이라고 한다"로 풀어지지 않을 수 없다.

적) 언어로 된 판본.

3) 보통 사람들에게 이해되고 쓰이며 동시에 출판물의 기준으로 받아들여질 수 있는 "공용적"(common)이며 "서민적"(popular) 언어로 된 판본.

문헌적 전통이 박약하며 교회생활 속에 "건드릴 수 없는 것"(untouchable)으로서 깊이 뿌리박혀 있는 『성서』 텍스트가 부재한 언어체계에 있어서는, 번역자들은 번역의 기준으로서 공식적 담화에서 쓰이는 말의 구어적 형태(the oral form of speech)를 채택해야만 한다. 예를 들면, 중대한 안건을 설명하는 추장의 말이나 중대한 사건에 대한 長老들의 토의에서 쓰이는 말 같은 것이 기준이 된다. 그렇다 하더라도 제 7 장에서 다시 말하겠지만 구어와 문어의 차이는 항상 남는다. 그러나 말의 층차(예를 들면, 전문적이고 비공식적이며 우발적이며 친근한 말보다는 공식적인 말)의 문제를 떠나서도, 우리는 번역이 대상으로 하고 있는 청중의 유형을 고려해야만 한다. 이러한 우선의 순위를 결정하는데 다음과 같은 요소가 일차적인 고려의 대상이 된다.

1) 비기독교가 기독교도에 우선한다.[35]

『성스러운 문헌』은 반드시 비기독교들에게 이해될 수 있어야 하며, 그리하면 그것은 저절로 기독교인에게도 이해될 수 있을 것이다. 이 원칙은 『성서』 번역을 전도의 수단으로서 효과적으로 만드는데 유용할 뿐만 아니라, 기독교 교회의 언어가 무슨 秘傳的 方言이 되는 것

35) 〔역자주〕 이 원칙은 우리 한문 번역에 있어서도 동일하고 철저히 적용되어야 한다. 이 원칙을 "우리말"로 고치면 이런 것이다: "비동양학 학도가 동양학 학도에 우선한다." "한문을 모르는 사람이 한문을 아는 사람에 우선한다." 이것은 너무도 명백한 사실이면서도 우리가 암암리 망각하고 있을 때가 많다. 이것은 나의 "민중번역론"과 관계된다. 내가 여태까지 제시한 "완전번역론" "영구번역론"과 함께 삼대 기둥을 이루는 것으로 이것은 번역의 대상과 관련된 이론이다. 번역은 기본적으로 우리의 사고의 번역이며, 사고의 집적인 문화의 번역이다. 이 번역에 쓰이는 언어는 민중적 언어를 대상으로 삼지 않을 수 없다. 민중의 언어를 대상으로 삼을 때만이 그 번역의 문자체계를 빌린 진리체계가 궁극적으로 "개방"될 수 있기 때문이다. 그리고 각 분야에서 이루어지는 번역 작업이 이렇게 비전문인의 언어를 대상으로 한다면 우리 사회의 학문은 서로 쉽게 소통될 것이고 서로의 의미가 쉽게 전달될 뿐더러, 그러한 소통과 전달을 가로 막고 있는 거짓과 위선과 권위가 붕괴될 것이다.

을 막는데도 절대적으로 필요하다. (여기서의 秘傳的 方言이란 소속과 신분의 상징이며, 하나님께 호소하는 무슨 마술적 수단 같은 것이다.)[36]

2) 25세부터 30세 사이의 청년의 언어의 채택이 나이 많이 먹은 어른이나 어린아이의 언어에 대하여 우선권을 가진다

세계의 그 많은 언어에 영향을 주는 빠른 세태의 변화로 인하여 노인들에 의해 쓰이는 언어의 양식은 곧 낡은 것이 되어 버린다. 만약 번역에 있어서 일차적으로 노인의 말을 쓸 것을 고집한다면 많은 어휘나 표현이 곧 모르게 되거나 수년 내로 괴상하게 보일 것이다. 더우기 그런 말을 『성서』에 쓴다는 것이 그러한 양식을 보존하는 것도 아니며 또 그것을 부활하는 것도 아니다. 언어의 역사의 물결이라는 것은 그리 쉽사리 역전될 수 있는 것이 아니다. 또한 동시에 번역자는 어린아이나 십대의 언어를 기준으로 삼아서도 안된다. 이러한 언어는 어떠한 기준이 될 만큼 성숙하지 못했기 때문이다. 스랭이나 유행적 속어를 포함하는 이러한 양식은 청년들 자신에 의하여 거부되고 있으며, 그들은 수준 이하이거나 부계권위주의적으로 들리는 문체로

36) 〔역자주〕 이러한 나이다의 발언은 그의 신학적 입장의 반영일 뿐 아니라 우리에게 번역의 이론이 단순한 기술적 이론이 아니라 매우 복잡한 신학적 입장을 깔고 있다는 것을 암시해 준다. 나는 나이다가 매우 건전하며 참신하고 개방적이며 혁신적인, 그리고 매우 민주적이며 민중적인 인물이라는 생각을 갖게 된다. 요즈음 우리나라 기독교의 작태를 관망할 때 이러한 건전한 신앙태도가 더욱 더 깊게 이해되어야 한다고 본다. 우리나라 교회에는 혓바닥의 괴상한 진동에서 생기는 요상한 공기의 떨림을 "方言"이라고 부르고 그것을 신령한 것이라 하여 무슨 특별한 은사를 받았다하고, 돈을 갈취해먹는 파렴치한 도둑놈들이 우글거리는 것 같다. 분명히 말해두지만, 이 지구상에 존재하는 일상언어체계로서 의미를 지닐 수 없는 어떠한 음성적 진동도 방언으로 간주될 수 없다. 「사도행전」 2장에서 이야기하듯, "방언"이란 "외국어"나 "지방말"을 말하는 것이다. 기독교를 여러나라에 전파시키기 위한 수단으로 성령이 무교육자들에게 외국어를 말할 수 있는 권능을 준 사건을 말하며 나는 지중해 연안처럼 제각기 다른 언어가 교차되고 있었던 특수 상황을 생각할 때 가능할 수도 있었던 어떠한 사건을 "오순절교회"의 사건으로 『성서』의 기자는 기록했던 것이다. 우리나라 한개에서는 사도행전 2장의 "텅"(tongue)을 모두 "방언"으로 번역한데 반하여 공번은 그것을 문맥에 따라 "외국어" "자기네 지방말" "자기가 태어난 지방의 말" "자기네 말"로 바꾸고 "방언"이란 말을 아예 없애 버렸다. 탁월한 번역이라 하지 않을 수 없다. "方言"은 문자 그대로 "사투리"이며, 한개의 번역자들도 요새 교회에서 쓰는 의미의 "방언"이 아니라 "사투리"란 의미로 즉 "지방말"(local language)이란 뜻으로 "方言"을 썼던 것이다. 요새 성령파 교회나 기도원에서 울려나오는 "방언"은 백치 아다다의 말도 못되는, 사투리도 아니고 지방말도 아닌 도둑놈의 발광이다.

말하여지는데 매우 저항감을 느낄 것이다.

3) 어떤 특정한 상황에서는 여자의 말이 남자의 말에 우선한다

남자가 여자보다 사회에서 언어의 접촉이 더 많다는 것은 곳에 따라 사실이다. 예를 들면 외국어가 많이 들리는 광산이나 농장에서 일을 한다든지——. 그렇기 때문에 남자는 여자가 모르는 많은 표현을 습득하게 된다. 그런 표현은 여자들에게 "생소한"(foreign) 직장에서만 쓰이는 말이기 때문이다. 그리고 또한 남자의 언어야말로 그 사회의 언어가 바뀌는 방향성을 제시한다고도 볼 수 있다. 그러나 이러한 발전에 너무 앞서가면, 여자에 의한 『성서』의 이해는 상대적으로 저하될 것이며 여자의 독해력은 현저히 감소될 것이다. 이것은 여기에서 그치는 것이 아니라 어린아이들이 『성서』의 좋은 교육을 받을 수 있는 기회가 박탈당한다는 중대한 결과를 낳는다.[37] 그리고 여자가 쓰는 언어의 특수한 양식이 남자의 언어와 대조를 이루어 그 자체대로 체계적으로 존립하고 있는 언어의 경우, 그리고 남·녀의 언어의 양식이 모두에게 이해될 수 있는 경우, 『성서』 안에 여자의 말이 나올 경우는 여자의 어투를 정확히 살리는 태도를 견지하여야 할 것이다.

상기의 번역함의 성격에 관한 특히 『성서』 번역의 성격에 관한 새로운 개념은 여태까지 전통적으로 생각되어진 것과는 매우 다른 각도에서 번역의 문제에 접근하는 방식을 제시한다. 이러한 접근 방식은 자연히 "분석"의 단계에 있어서 모종의 새로운 기술을 요구한다. 그리고 문법학과 의미론의 두 영역에 있어서 최근 언어학의 발전은 다행히도 우리에게 많은 새로운 분석의 도구를 제공해 준다.[38]

---

37) 〔역자주〕 자녀의 교육문제까지 염려하여 여인언어의 중요성을 말하고 있는 이러한 세심함을 우리는 세심하게 관찰해야 할 것이다. 우리나라 고전의 "언해"라는 것이 주로 부녀자들 사이에서 유통되어 우리나라 이조시대의 문화형성에 중요한 일익을 담당했다는 사실 또한 상기해야 할 것이다. 그리고 우리나라 한문고전의 번역서가 어떻게 하면 여인들에게 많이 읽힐 수 있는가 하는 문제를 우리 전통문화의 보급문제와 더불어 심각하게 고려하지 않으면 안된다. 기독교의 에반젤리즘(전도주의)에 못지 않은 우리 자체의 에반젤리즘이 없이는 우리 전통문화는 미래사회에서 기반을 얻지 못하고 사라질 것이다.

38) 〔역자주〕 이것이 제 2 장의 끝이다. 그리고 "문법적 분석"(Grammatical Analysis)이라는 제 3 장이 연결된다. 『민족문화』 제10집에는 여기까지만 싣는다.

제 3 장 문법적 분석

번역하는데는 기본적으로 다음의 두 다른 방법적 체계가 있다. 그 첫째는 원어(발신자언어)의 각 요소 혹은 요소의 집합을 차례대로 정확히 처리하기 위한 일련의 규칙을 세워, 수신자언어의 타당한 상응양식을 선택할 수 있도록 하는 매우 직선적이고 단순한 방식이다. 많은 번역이론가들이 이러한 기계적 선택과정이 효율적으로 이루어지기 위해서는 원어와 수신자언어 사이에 중간적이고 중성적이며, 보편적인 언어구조를 만들 수밖에 없다고 주장해 왔다. 이렇게 원어가 그것으로 환원되고, 또 그것으로부터 마지막 번역이 이루어지는 중간자적 언어는 하나의 자연언어일 수도 있고 또 완전히 인공적 언어일 수도 있다. 그러나 총체적으로 말해서, 이러한 중간자적 단계를 필요로 하든 않든 간에, 이 첫째 방법은 언어학자들이 소위 말하는 "표면구조"에 관한 규칙의 적용 범위를 벗어나지는 않는다. 언어의 "표면구조"(surface structure)란 명백히 말하여지고 들려지는, 그리고 쓰이고 또 읽히는, 즉 우리에게 직각적으로 이해되는 구조의 층면을 말한다. 이러한 번역방법은 다음의 〈제 5 도〉로 도식화될 수 있을 것이다.

A———————— (X) ————————→ B

〈제 5 도〉

〈제 5 도〉에서 A는 발신자언어를 나타내며 B는 수신자언어 즉 대상언어를 나타낸다. 가운데 괄호 속에 있는 X란 글자는 일종의 보편언어 구실을 하는 중간구조를 나타내며, 모든 언어가 더 효율적 전이를 위하여 그에 관계되게 된다.

그러나 두번째의 방법적 체계는 훨씬 더 정교한 과정으로 구성되며 다음의 세 단계를 포함한다.

1) **분석** : 표면구조, 즉 A라는 언어에 주어진 메시지가 문법적 관계와 단어와 단어의 집합의 의미라는 측면에서 분석된다.

2) **轉移** : 분석된 재료가 번역자의 마음속에서 A라는 언어에서 B라는 언어로 전이된다.

3) **再構** : 전이된 자료가 수신자언어로 받아들여질 수 있는 마지막 메시지를 만들기 위하여 재구성된다.

이러한 번역방법은 아래의 〈제 6 도〉로 도식화될 수 있을 것이다.

언뜻 보기에 이 시스템이 앞의 도식보다 훨씬 더 복잡하고 귀찮은 듯이 보인다. 그러나 더 많은 언어학자들이 언어의 구조와 언어양식에 표현된 메시지를 더 잘 이해하면 할수록 〈제 5 도〉적인 일면적 과정은 부적당하다는 판정을 내리고 있다. 겉으로 보기에 우회하는 듯이 보이는 제 2 의 방법이 제 1 의 방법보다 실제적으로 언어구조의 참된 성격을 제대로 반영하고 있으며 또 좋은 번역에서 이루어지고 있는 현상을 보다 정확히 나타내며, 또 번역기술의 제고를 위한 매우 효율적 방법을 제공하고 있다는 것이다.

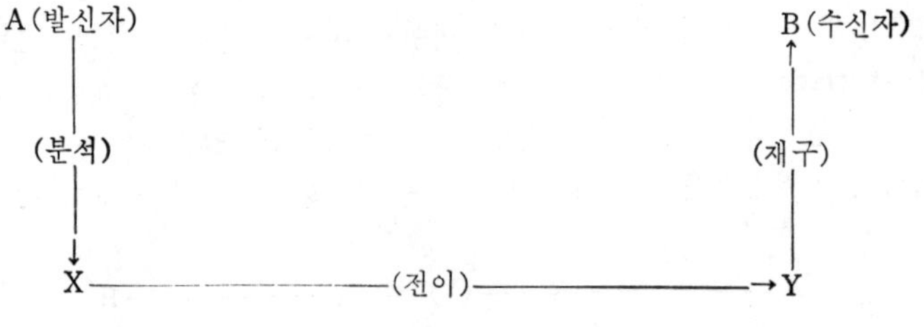

〈제 6 도〉

결과적으로, 이 저작의 앞으로의 부분은 결국 〈제 6 도〉의 설명과 그것의 정당화문제, 그리고 그것이 실행되는 과정과 방법의 서술에 지나지 않는다. 여기 매우 좋은 이유를 하나 든다면, 넓고 깊고 물샐

이 빠른 강을 건너는 예가 될 것이다. 어떤 사람이 헤엄칠줄도 모르고 나룻배도 없을 때, 그는 강둑을 오르락내리락하면서 물이 얕아서 건널목으로 쓸 수 있는 곳을 찾지 않으면 안될 것이다. 이편의 강둑을 따라서 오르락내리락하는 그의 시간과 노력은 결코 낭비되는 것이 아니다. 그것은 오히려 그의 도강행위에 절대적으로 필요한 것이다. 위에서 약간 언급했지만 "분석"이라는 한 단계에 있어서만도 또 구체적으로 다음의 세 주요한 과정이 필요하다.

1) 단어와 단어의 집합들 사이에서 성립하는 의미의 관계를 결정하는 일.
2) 단어와 단어의 특수집합(즉 숙어)의 지시적 의미(referential meaning).[1]
3) 암시적 의미(connotative meaning), 즉 언어의 사용자가 단어나 단어의 집합에 대하여, 긍정적이든 부정적이든지를 불문하고, 어떻게 반응하는가에 관한 것.[2]

본장에서는 이 세가지 분석 중에서 제일의 것, 즉 문법적 차원에서 단어 사이의 의미의 관계를 분석하는데 한정하고자 한다.

---

1) 〔역자주〕 여기서 말하는 指示的 意味라는 것은 일반 언어학의 용어이다. 뒤에서 구체적 설명이 다시 나오겠지만 지시적 의미란 언어기호가 외계의 사물을 지시하는 작용이며 일상언어에서 우리가 통상 말하는 의미가 이것에 해당된다고 말할 수 있다. 이것은 언어기호가 본래적으로 가지고 있는 것이라고 생각되며 感情的 意味(emotive meaning)와 對를 이룬다. 일본학자들은 指示的 意味 대신에 指向的 意味라는 역어를 쓰기도 하나, 나는 指示的 意味가 우리나라 말에 더 쉬운 의미를 전달하는 것같아 이를 택했다. 그리고 나이다가 말하는 암시적 의미(connotative meaning)는 실제적으로 感情的 意味를 지시하는 것 같다.

2) 〔역자주〕 "the connotative meaning"이란 논리학적으로 말한다면, "내포적 의미"로 번역되어야 마땅하다. 논리학에서는 "connotation"과 "intension"을, "denotation"과 "extension"을 동일한 의미로 쓴다. 전자는 내포로, 후자는 외연으로 번역된다. 여기서 말하는 "connotative meaning"은 논리학적 내포의 개념과 무관한 것은 아니지만 본문에서 말하듯이 "지시적 의미"와 짝을 이루고 있는 것으로 지시적 의미가 언어기호 자체가 가지고 있는 의미라고 한다면 이 "connotative meaning"은 언어와 언어의 사용자 사이에서 성립하는 감정적 의미에 강조가 있다. 나이다는 이러한 감정적 성격을 제 5 장에서 뚜렷이 밝히고 있다. 그러므로 나는 "내포적 의미" 대신에 "암시적 의미"라는 역어를 썼다.

1. 문법은 그 자체가 의미를 가지고 있다

우리가 의미라는 것을 생각할 때, 우리가 문법이라는 것은 그냥 전제된 것으로 받아들이기 때문에 단어와 숙어의 의미만 생각하기 쉽다. 문법은 단어의 배열에 관한 자의적 규칙이며, 이해되기 위해서는 그 규칙을 따를 수밖에 없지만 그 자체는 의미를 가지고 있지 않은 것으로 생각하기가 쉽다. 루이스 캐롤의 유명한 동화, 『거울을 통하여』(*Through the Looking Glass*)에 나오는 "재버웍키"라는 시를 잘 들여다보면 문법 그 자체가 의미를 지닌다는 사실을 우리에게 깨닫게 해 줄 것이다. [3]

트워스 브릴리그, 앤 더 슬라이써 토우브스
'Twas brillig, and the slithy toves,
디드 자이어 앤 김블 인 더 웨이브;
Did gyre and gimble in the wabe;
올 밈시 워 더 보로고우브스
All mimsy were the borogoves,
앤 더 몸 래쓰 아우트그레이브
And the mome raths outgrabe. [4]

우리는 상기의 의미없는 단어들이 문법적으로 어떻게 분류되는가를 금방 결정할 수가 있다. 예를 들면 브릴리그와 슬라이써는 형용사임

---

3) 〔역자주〕 『거울을 통하여』의 원 제명은 *Through the Looking-Glass and What Alice Found There*이다. 이 책은 그 유명한 『이상한 나라의 엘리스』(*Alice's Adventures in Wonderland*)의 속편에 해당된다. 이 두 작품은 아마도 서양의 어린이들에게 가장 많이 읽히는 동화책일 것이다. 나 자신 미국에서 아이들을 키우면서 이 작품을 접하지 않을 수 없었다. 이 동화의 저자 루이스 캐롤(Lewis Carroll, 1832~1898)은 원명이 다그손(Charles Lutwidge Dodgson)인데, 논리학자이며 수학자이며 사진예술가이기도 했고 또 소설가였다. 그의 동화는 그가 아이들에게 실제적으로 들려준 이야기를 우연한 기회에 옮긴 것이다. 그의 동화가 가지는 마력에 대해서는 풀리지 않는 신비가 많다. 그것은 우화도 아니며 종교적도 아니고 정치적도 아니고 심리적도 아니다.

4) 〔역자주〕 원어 자체가 의미가 없는 발음의 나열이기 때문에 번역이 불가능하므로 음역만 했다. 그리고 이 詩에 대한 설명도 원문을 그대로 쓰는 방식으로 번역할 수 밖에 없었다.

을 알 수 있고, 토우브스는 명사며, 자이어 · 아우트그레이브 · 김블은 동사라는 것을 알 수 있다. 우리는 더우기 이 의미없는 단어들을 가지고도 다음과 같은 문장들을 구성할 수 있다.

1) 토우브스는 슬라이씨하다(*the toves were slithy*)
2) 토우브스는 웨이브 속에 있었다(*The toves were in the wabe*)
3) 토우브스는 자이어할 수 있고 김블할 수 있다(*Toves can gyre and gimble*)
4) 자이어하는 것과 김블하는 것은 웨이브 속에서 행하여 지는 것이다(*Gyring and gimbling take place in the wabe*)
5) 웨이브는 한 장소이다(*The wabe is a place*)
6) 보로고우브스는 밈시하다(*The borogoves are mimsy*)
7) 래쓰는 몸하다(*The raths are mome*)

우리는 문법 그 자체로부터만도, 이 술어들의 지시적 의미에 관하여, 고도의 확률성을 가지는 추측을 해낼 수 있다.

1) 브릴리그라는 것은 토우브스가 자이어하고 김블하는 상황의 일반적 성격을 규정짓거나, 혹은 그러한 행위의 일반적 시간을 나타내는 말일 것이다
2) 토우브스는 어떠한 종류의 행동에 연루된 물체(아마도 생명체)들이다
3) 웨이브는 행위가 일어나는 어떤 장소일 것이다
4) 밈시는 다양한 정도를 나타내는 어떠한 성질일 것이다
5) 보로고우브스는 어떠한 성질을 소유하는 물체들이다
6) 래쓰는 아우트그레이브라는 동사가 나타내는 어떠한 사건에 참여할 수 있는 물체일 것이다
7) 래쓰는 또한 몸과 같은 형용적 성질을 가진 물체일 것이다.

물론 이 재버워키 詩에 나오는 무의미 술어들에 이러한 의미를 부여하는 연역이 정당치 못하다는 반론을 제기할 사람도 있을 것이다. 그러나 이 시에 쓰인 여러 양식의 의미를 그것이 가지는 가장 그럴듯한 용법으로 규정한다면 우리가 행한 연역이 결코 무근거한 것이라고는 말할 수 없을 것이다. 트워스('twas), 앤(and), 더(the), 디드

(did), 인(in), 올(all), 워(were), 스(-s)와 같은 문법적 표시[5]는 모두 그 필연적 단서를 제공하기 때문이다.[6]

이러한 문제는 "갑순이가 을순이를 때렸다"와 "을순이가 갑순이를 때렸다"는 단순한 두 문장을 비교해봐도 문법이 의미를 지닌다는 생각을 굳혀 줄 것이다. 첫째단어는 세째단어가 나타내는 행위의 주체이며 둘째단어는 세째단어에 의하여 규정된 행위의 대상을 나타낸다. 문법의 유의미성은 대조되는 다음의 짝으로서도 충분히 밝혀질 것이다: "자연적으로 그는 그것을 했다," "그는 그것을 자연적으로 했다." 이 경우 "자연적으로"라는 말이 어떠한 문법적 구조 속에서 어디에 위치하고 있느냐에 따라 두개의 다른 의미가 파생한다. 앞에서는 "결과적으로, 물론"의 뜻으로 행위의 동기와 관계되고, 뒤에서는 "자연스럽게, 부자연스럽지 않게"의 뜻으로 행위의 방식과 관계된다. 영어로 "디드 유 고"(*Did you go*)와 "유 디드 고"(*You did go*)는 동일한 억양의 패턴으로 동일한 질문으로 간주될 수 있다. 그러나 순서의 문법적 차이는 매우 다른 의미를 제공한다.[7]

2. 동일한 문법적 구성이 다양한 의미를 가질 수 있다

동일한 문법적 구성으로 간주되는 문형이 매우 다른 다양한 관계를 나타낸다는 사실, 따라서 많은 다른 의미가 파생한다는 사실은 "의"(of)로 연결된 두개의 명사 혹은 대명사로 구성된 문법적 구문에 의하여 가장 잘 예증된다. (제임스왕판에 의거한) 다음의 구문은 "A의 B"라는 동일한 구조에 의하여 표현되는 상이한 관계를 나타내 주는

5) 〔역자주〕 동일한 언어범주 중에서 대립하는 두개의 항 중에서, 명시적 언어형태를 가지고 있는 쪽을 우리는 "有標的"(marked)이라고 부르고, 그렇게 명시적이지 않고 그냥 의식되지 않고 넘어가는 것을 "無標的"이라고 부른다. 여기서 표시는 "marker"의 번역인데, 언어학적으로는 "有標的"과 통한다.

6) 〔원주〕 여기에 제시된 統辭的 의미(syntactical meanings)는 원작 『거울을 통하여』에 연이어 험프티 덤프티(Humpty Dumpty)에서 밝혀지고 있다. 험프티 덤프티는 앨리스의 질문에 대한 답변으로 관계된 단어들에게 사전적 의미를 부여하고 있다.

7) 〔역자주〕 "Did you go"는 상대방이 갔는지 안갔는지에 대한 사전의 지식이 없는 객관적 질문이다. "You did go"는 상대방이 갔다는 것을 전제로 하고 그것을 확인하는 주관적 질문이다. "Did you go"는 "갔니?"로, "You did go"는 "갔지?"로 번역할 수 있을 것이다.

매우 전형적인 것들이다.[8)]

1. 하나님의 뜻(엡 1:1)
2. 이 세상의 기초(엡 1:4)
3. 평화의 하나님(롬 15:33)
4. 약속의 성령(엡 1:13)
5. 진리의 말씀(엡 1:13)
6. 그의 은혜의 풍성(엡 1:7)
7. 나사렛의 예수(마 26:71)
8. 게네사렛의 호수(룩 5:1)
9. 유대의 땅(요 3:22)
10. 안식일의 주인(막 2:28)
11. 예비의 날(마 27:62)
12. 뭇의 종(막 9:35)
13. 모세의 책(막 12:26)
14. 회개의 세례(막 1:4)
15. 죄의 사함(막 1:4)

이 구문들에 있어서 A와 B의 성분의 관계를 정확히 규정하기 위하여서는 우리는 다음과 같은 질문을 던져 볼 수밖에 없다 : 예를 들면, "하나님의 뜻"이라고 하는 구문에서 도대체 "하나님"과 "뜻"의 관계는 어떠한 것인가? 그것은 명백히 첫째 성분인 하나님이 둘째

8) 〔역자주〕 제임스왕판이란 역사적으로 가장 보편적이었고 가장 완벽했던 영어성경 판
본이다. "*King James Version*(*KJV*) 혹은 "*Authorized Version*"이라고 부른다.
1604년의 성직자회의에서 기존의 영어 성경이 엉터리이며 원어를 제대로 반영하고
있지 못하다는 의견이 제출되자 제임스왕 1세는 새로운 영어성서번역을 자기의 소
임으로 생각하고 그 일에 착수하였다. 1604년 7월 30일 54명의 번역인을 선정하였
으나 그중 47명만 실제로 譯事에 참여하였다. 모든 기존의 영역본들과 기존의 원
어판본들이 동원되었고, 웨스트민스터·옥스포드·캠브리지에서 부문별로 나누어
역사를 일으켰다. 개인적 성향을 막고 비종파적이고 학구적인 성격을 확보하기 위
하여 매우 정교한 규칙이 세워졌다. 이렇게 대규모의 사업이 왕실의 비호아래 이
루어진 것은 셉츄아진트의 성립이래로 처음 있는 일이었다. 이 책은 1611년에 출
판되었으며 이로써 성경은 전 세계에 보편화되고 친근하게 되었다. 이것은 곧 거
꾸로 1611년전에는 이렇다할 『성서』의 정본이 서구문명에 없었다는 중요한 사실을
반영한다. 중국에서 이미 차이 용(蔡邕)에 의한 『六經』의 熹平石經이 성립한 것이
AD 175년인 것을 생각할 때 동서문명의 심도를 다시 한번 가늠질하게 만든다.

성분인 뜻한다는 행위의 주체라는 관계를 나타낸다. B를 행하는 것은 A이다. 그러므로 곧 하나님이 뜻하시는 것이다.

제 2 구문인 "이 세상의 기초"(the foundation of the world)의 경우에는 독자에게 곧 혼동을 일으킨다. 왜냐하면 "기초"(foundation)라는 말은 "집의 기초"의 경우와 같이 구체적 물체를 내용으로 하고 있기 때문이다. 그러나 우리는 엡 1:4의 말이 이러한 의미를 지니는 것은 아니라는 것을 잘 알고 있다. 그리고 "기초"에 해당되는 영어 "화운데이션"(foundation)은 현대어에 있어서는 어떠한 조직이나 기관을 뜻하며, 특히 돈을 가지고 돈을 쓰는 재단(록키휄라 화운데이션〔the Rockefeller Foundation〕과 같은 예)을 뜻한다. 그러나 물론 「에베소서」가 쓰여진 그 당시의 문화상황에서 이러한 따위의 의미가 있을 수 없음을 우리는 잘 알고 있다. 그러므로 우리는 "기초"가 이 경우 특정한 물체가 아니라 사건이라는 것을 알 수 있다. 그렇다면 이 부분은 "기초"(foundation)가 아니라 "창조"(creation)로 번역되어야 마땅하다.[9] 이러한 해석은 사건 사이의 시간관계를 나타내는 "이전에"(before)라는 전치사가 붙어 있는 사실로서도 충분히 강화가 되고 있다. 그러면 우리는 이 구문의 성분들 사이의 관계를 "이 세상을 창조하다"로서 이해할 수 있다. 즉 첫째 성분 A는 둘째 성분 B의 목적이 된다. 그리고 둘째 성분은 하나님이라는 숨은 주어를 가지고 있다. 그러면 그 표현의 전체는 "하나님이 이 세상을 창조하시다"가 된다. 그러면 이에 합당한 문형은 "X가 B를 A에게 하다"든가 "A는 B의 목적이다"가 될 것이다.

제 3 구문인 "평화의 하나님"은 사실 평화스러운 하나님을 말하는 것이 아니라 "평화를 만들거나 일으키는 하나님"을 말하는 것이다. 그러므로 이 경우의 A와 B의 관계는 "하나님의 뜻"의 경우와 정반대가 된다. "평화의 하나님"의 경우에는 B가 A를 야기시키는 주체

---

9) 〔역자주〕 엡 1:4의 제임스왕판 전문은 다음과 같다. According as he hath chosen us in him before the foundation of the world, that we should be holy and without blame before him in love. 여기서 논의되고 있는 문제는 제임스왕판과 개표에서 쓰고 있는 "foundation"이란 단어의 부적당성에 관한 것인데, 이것은 어디까지나 "foundation"이란 영어단어의 다각적 의미에서 파생되는 문제이며 우리말의 경우에는 별로 의미가 없는 논의이다. 우리말 성경은 한개에서 이미 "창세 전에" 라고 바르게 번역하고 있다. 즉 "이 세상이 창조되기 이전에"라는 뜻이다.

이기 때문이다. "약속의 성령" (4)의 경우에는 성령이 약속의 대상이며, 이때도 하나님은 약속의 숨은 주어로 이해되어야 한다. 그러나 이때도 순서는 제 2 구문의 "이 세상의 기초"에 내재하는 순서와 정반대가 된다. 성령(B)이 약속(A)의 목적이기 때문이다.

여기서 우리는 다음과 같은 결론을 내리지 않을 수 없다. "명사+의+명사"와 같은 구성은 어떠한 명사가 쓰이는가 또 어떠한 의미가 그 명사에 부여되는가에 따라 전혀 다른 많은 것을 의미할 수 있다. 다시 말해서, 이 구성은 일양적 관계가 아니라 다양적 관계라는 것이다. 그러기 때문에 이것은 매우 애매모호하다. 그러므로 우리의 노력은 그 애매모호함을 발견하는 것이며, 또 각 경우에 따라 그 관계를 애매모호하지 않게 명백히 밝혀주는 것이다.[10)]

상기의 모든 구문을 가장 단순하고 모호하지 않은 관계로 분해하여 재구성하면 다음과 같이 나타날 것이다.

성서의 구문

1. 하나님의 뜻
2. 이 세상의 기초
3. 평화의 하나님
4. 약속의 성령
5. 진리의 말씀
6. 그의 은혜의 풍성
7. 나사렛의 예수

10) 〔역자주〕 이것은 나이다가 영어의 "of" 구문을 가지고 예를 들어 설명한 것이지만, 거의 세계언어에 공통되는 문제를 매우 명쾌히 지적한 것이다. 우리는 영어작문을 할 때 "of"로 연결되는 구문에 있어서 무엇이 주어이고 무엇이 목적인지를 혼동하게 될 때가 한두번이 아니다. 영어작문을 좀 해본 사람이라면 누구든지 느끼는 문제인데, 이것은 나의 영어실력 부족에서 온다기보다는 영어의 "of" 구성 자체가 가지고 있는 문제점인 것이다. 그리고 그 애매모호함을 적당히 얼버무리면서 넘어갈 때가 한두번이 아니다. 그런데 더더욱 재미있는 것은 한문에 있어서 "之"의 문제도 동일한 문제점을 내포하고 있다. 한문의 "之"를 번역할 때, 기계적으로 "의"로만 연결하는 것보다는 문맥상에 나타나는 주어와 목적을 가려내어 동적인 구문으로 다시 재구성하는 편이 훨씬 낫다. 특히 일본어의 "の"의 용법과 우리말의 "의"의 용법은 같지 않다. 일본어에서는 우리말에서 주어의 어미로 처리되어야 하는 "이" "가" 등이 "の"로 처리될 때가 많다. 따라서 일본어의 "つ"를 모두 우리말의 "의"로 바꾸면 우스운 문장이 될 경우가 많다.

8. 게네사렛의 호수
9. 유대의 땅
10. 안식일의 주인
11. 예비의 날
12. 뭇사람의 종
13. 모세의 책
14. 회개의 세례
15. 죄의 사함

모호하지 않게 표시된 관계

1. 하나님이 뜻하신다.
2. (하나님이) 이 세상을 창조하시다.
3. 하나님이 평화를 일으키신다.
4. 하나님이 성령을 약속하셨다.
5. 그 말씀은 참이다.
6. 그는 은혜를 풍성하게 보이신다.[11]
7. 예수는 나사렛으로부터 왔다.
8. 그 호수는 게네사렛에 있다.
9. 그 땅은 곧 유대다.
10. 안식일을 주관하는 이[12]
11. (사람들이)(안식일에 대하여) 예비하는 날[13]

---

11) 〔원주〕 "은혜"(grace)라는 말의 의미를 좀 세밀하게 검토해보면, 하나님의 은혜라는 것은 어떠한 물체(substance)도 또 하나님의 속성도 아니라는 것을 깨닫게 된다. 그것은 하나님에게 있어서 일종의 행위이며 행동이다. 하나님이 무엇인가를 행위한다. 이 행위의 사건을 우리는 은혜라고 부르는 것이다. 영어에는 이 의미론적으로 단순한 개념을 표현할 수 있는 동사가 없기 때문에 "은혜를 보인다"(show grace)와 같은 표현을 쓸 수밖에 없었다. 마찬가지로, "풍성"(riches)이라는 것도 여기서는 물질적 사물의 축적을 지칭하는 것이 아니라 하나의 추상이다. 기본적으로 이것은 하나님이 은혜를 보이는 방식을 기술하는 정도나 양에 관계되는 표현이다. 이러한 연유로 모호하지 않은 표현에 있어서는 부사형태로 바꾼 것이다.

12) 〔원주〕 "주인"(Lord)이라는 개념은 다음의 두 종류의 성분을 결합하고 있다는 의미에서 구조적으로 복합적이다 : (1) 대상 즉 사람 (2) 사건, 즉 주인노릇하고, 명령하고, 관할하는 행위. "안식일의 주인"(The Lord of the Sabbath)이란 "안식일날에 행하여져야 할 것을 결정하는 사람"을 의미하는 것으로 풀이될 수 있다.

13) 〔원주〕 "예비"(Preparation)라는 것은 사건을 지칭하지만, 반드시 참여하는 사람들을 전제로 한다.

12. 그는 모든 (사람들을) 섬긴다.[14]
13. 모세가 그 책을 썼다.[15]
14. (사람들이) 회개하고 세례를 받았다.[16]
15. (하나님이)(사람들의) 죄를 용서하신다.[17]

우리는 여태까지 여기저기서 대상(object), 사건(event), 추상(abstract), 관계(relation)와 같은 말을 써왔다. 이제 이 말들이 과연 무엇을 의미하는가를 정확히 설명하는 것은 이 시점에서 매우 중요할 것이라고 느껴진다. 우선 이 말들은 우리에게 더 친숙한 말, 즉 명사, 동사, 형용사, 전치사 등과 같이 문법적 부류를 지시하는 말보다 훨씬 더 본질적인 의미론적 범주를 지시하는 것이라고 말할 수 있다. 둘째로, 이 네개의 범주들은, 아무리 이 지구상의 다양한 언어들이 매우 상이한 문법적 부류를 가지고 있다고 할지라도, 모든 언어에 공통된 의미론적 부류를 모두 포함한다. 간단히 말하자면 이 범주들은 보편적인 것이다. 이는 곧 우리의 경험의 전 우주가 이 네개의 범주에 의하여 분류될 수 있다는 것을 뜻한다.

1) **대상**이란 사건에 정상적으로 참여하는 실체 혹은 사물을 지칭하는 의미론적 부류를 지시한다. 집, 개, 사람, 태양, 작대기, 물, 정신 등이 그 예이다.
2) **사건**이란 행위, 과정, 일어남을 지칭하는 의미론적 부류이며, 뛰다, 달리다, 죽이다, 말하다, 빛난다, 나타난다, 자라난다, 죽

14) 〔원주〕 "주인"(Lord)과 마찬가지로 "종"(servant)이라는 말도 매우 구조적으로 복합적이다. 인격체와 사건 즉 섬기는 행위의 양 측면을 더 포함하기 때문이다. 여기서 "뭇"(all)이란 섬기는 사건의 목적이지만, 또 동시에 "사람들"(people)이라는 실체의 수식어 혹은 대체어로 작용하기도 한다.
15) 〔원주〕 막 12:26의 이 말을 보통의 소유격으로 표현하여 "모세의 책"(Moses' book)으로 한다면 그가 쓴 책이 아니라 그가 소유하고 있는 책으로 오인될 소지가 더 많다.
16) 〔원주〕 이 경우 명백한 관계를 "사람들이 회개하고 요한이 그들을 세례주었다"라고 할 수도 있다. 그러나 그렇게 하지 않은 것은 앞장에서도 이미 언급했지만 이 구문은 "회개하라, 그리고 세례를 받으라"(Repent and be baptized)라는 명령형의 변형이기 때문이다.
17) 〔원주〕 이 경우와 같이 "용서"와 "죄"라는 두 사건이 연루되어 있을 때, 두 다른 주어가 숨어 있을 수 있다. 죄를 짓는다는 사건은 용서한다는 사건의 목적이 될 수 있다.

는다 등이 그 좋은 예이다.

3) **추상**이란 대상과 사건, 그리고 다른 추상의 질과 양 그리고 정도를 지시체로서 갖는 표현의 의미론적 부류를 지시한다. 예를 들면, "빨갛다"는 그것 자체로는 아무것도 아니다. 즉 독립된 실체가 아니다. 그것은 "빨간 모자," "빨간 실," "빨간 얼굴"에서와 같이 어떠한 대상에 내재하는 성질일 뿐이다. 이러한 대상으로부터 "빨갛다"라는 성질이 추상되고 마치 그것이 독립된 존재를 갖는 것처럼 명명되었을 뿐이다. 마찬가지로, "빨리"라는 부사도 "빨리 뛴다"에서와 같이 어떤 사건의 성질일 뿐이다. 그러나 그것은 개념적으로 추상되고 명명되어질 수 있다. 양에 대한 추상으로는 "둘," "두번," "많은," "자주," "여러" 등을 들 수 있다. 그리고 다른 추상에 대한 정도를 나타내는 추상인 "너무"(too), "매우"(very)와 같은 것도 이 범주에 속한다.[18]

4) **관계**란 모든 다른 술어들 사이의 의미의 관계를 나타내 주는 것이다. 이 관계는 보통 接詞(particles)에 의하여 표현되는데, 영어의 경우는 대부분이 접속사와 전치사이다. 또 많은 다른 언어들은 접두사나 접미사를 다양하게 이용하기도 하는데 격어미와 같은 것이 그 예이다. 그리고 영어를 포함한 많은 언어가 요소들의 순서만으로 의미의 관계를 나타낸다. "John ate the peanut"에서와 같이 관계를 나타내는 접사가 전혀 없이도 주부와 술부의 관계가 순서만으로 드러난다.[19] 마지막으로 어떤 언어는 "be"나 "have"와 같은 특수동사로써(항상 그런 것은 아니다) 관계를 나타내기도 한다. "John is in the house"(요한은 집에 있다), "John is a boy"(요한은 꼬마다), "John has a brother"(요한에겐 형이 있다)와 같은 경우다. 그러나 "He that cometh to God must believe that he **is**"(하나님께 오는 자는 반드시 그가 존재한다는 것

18) 〔역자주〕 나이다의 이러한 설명은 매우 난해한 듯이 보이지만, 문법적 구조를 재래적 품사개념을 쓰지 않고 보다 보편적이고 추상적 개념으로 설명해보려는 노력으로 이해하면 간단한 것이다. 그리고 여기서 말하는 "추상"이란 나이다의 독특한 용법으로 재래적 품사관을 가지고 설명하면 결국 형용사와 부사에 해당되는 것이다. 그리고 소위 추상명사라는 것은 이 "추상"의 명사화라고 생각하면 된다.

19) 〔역자주〕 한국말의 경우는 상황이 다르다. "요한이 땅콩을 먹는다"와 같이 주어나 목적을 나타내는 이나 을과 같은 품씨가 반드시 붙는다. 즉 "요한 땅콩 먹는다"는 식으로는 성립하지 않는다.

을 믿어야 한다)의 경우의 "be"동사는 존재의 동사이며 위의 경우와 같은 관계의 동사는 아니다.

그리고 한 단어가 어떻게 이해될 것인가, 즉 어떠한 범주가 그 단어에 허용될 것인가는 그 단어가 쓰이고 있는 특수한 맥락에 전적으로 의존한다. 예를 들자면 "He picked up a stone"(그는 돌맹이를 집어 들었다)에 있어서 "stone"(돌맹이라는 명사)은 대상이다. "They will stone him"(그들은 그에게 돌맹이질할 것이다)에 있어서 "stone"(돌맹이질하다는 동사)은 사건으로 작용한다. "He was stone deaf"(그는 돌맹이처럼 귀가 먹어 있었다)에 있어서 "stone"(돌맹이처럼의 부사)은 추상의 역할을 한다.[20]

이러한 의미론적 범주와 전통적 문법적 부류 사이에는 일종의 "짝"이 성립한다는 사실을 알아차리는 것이 중요하다. 예를 들면, 대상은 보통명사나 대명사로 짝지워지고, 사건은 동사로, 추상은 형용사와 부사로 짝지워진다. 실상 이렇게 직감적으로 느껴지는 "짝됨"이 문법적 품사의 전통적 의미론적 정의를 제공한 것이었다. 그러나 대부분의 언어들이 개념들의 범주성을 변화시킬 수 있으므로(예를들면, 사건을 명사로 표현한다든가) 전통적 정의방식이 쇠퇴하게 되었고, 또 양자 사이에 단순한 등식을 성립시키는 것이 불가능하게 된 것이다.

3. 핵(심)문장

우리가 여태까지 단어들의 관계를 가장 명백하고 덜 모호한 방식으로 진술하기 위하여 해온 것을 잘 살펴보면, 표현을 다시 구성하여 사건은 동사로, 대상은 명사로, 추상(양과 질)은 형용사와 부사로 표현한 것에 지나지 않는다. 그리고 나머지의 것은 전치사와 접속사 같은 관계사이다.

이렇게 재조성된 표현들은 기본적으로 많은 언어학자들이 "핵"(kernels)이라고 부르는 것이다. 다시 말해서, 이 핵이야말로 모든 언어들

20) 〔역자주〕 영어에서는 "stone"이라는 단어가 변화하지 않고 명사, 동사, 부사로 쓰일 수 있지만 우리말로는 그러한 효과를 낼 수가 없기 때문에 원문을 인용하였다.

이 그들의 정교한 표면구조(surface structures)를 구성하는 기초구조의 요소인 것이다. 실상 "변형문법"(transformational grammar)에서 얻어지는 가장 중요한 통찰의 하나는 모든 언어가 6개 내지 12개의 기본구조를 가지고 있을 뿐이며, 이 기본구조로부터 소위 "변형"(transformation)이라는 방법적 수단에 의하여 모든 정교한 양식이 꾸며진다는 사실이다. 우리는 이와 대조적으로 "역변형"(back-transformation)이라는 분석과정을 통하여 그 표면구조를 그것이 기초하고 있는 핵으로 되돌릴 수 있게 된다. 그러나 번역인의 관점에서는 모든 언어에 핵이 존재한다는 그 이론적 사실이 중요한 것이 아니라 모든 언어가 정교한 표면구조의 차원에서보다는 핵의 차원에서 보다 잘 소통된다는 사실이다. 이것은 곧 역자가 문법적 구조를 핵의 층면으로 환원시킨다면, 번역적 전이가 보다 쉽고 최소한으로 왜곡을 줄여가면서 이루어질 수 있다는 뜻이 된다.[21] 그리고 이것은 번역의 삼단계와 강—건널목의 비유가 보다 더 바람직하다는 주장에 대한 정당화의 하나가 된다.

보다 정교한 문법적 구조들이 구성되는 그 바탕을 이루는 실제적 핵심표현은 영어에 있어서는 다음의 예시적 타입으로 구성된다.

1. John ran quickly(요한은 빨리 달렸다).
2. John hit Bill(요한은 빌을 때렸다).
3. John gave Bill a ball(요한은 빌에게 한 공을 주었다).
4. John is in the house(요한은 집에 있다).
5. John is sick(요한은 아프다).
6. John is a boy(요한은 한 꼬마다).

---

21) [원주] 이 책은 번역의 이론과 실제에 관한 것이기 때문에 우리는 이 책에서 번역자들이 소위 말하는 "심층구조"(deep structure)에까지, 즉 핵의 층면에서 보다 더 한단계 깊게 내려가는 것을 주장하지는 않는다. 이러한 접근방식에 어떠한 이론적 관심은 있을 수 있지만 그러한 심층면은 실제적으로 유용하지도 않으며 권고할 만하지도 못하다. 왜냐하면 이러한 심층면은 쉽게 조작될 수가 없기 때문이다. 그리고 또한 메시지가 전이되는 것도 정확하게는 이러한 핵의 차원도 아니다. 만약 이러한 핵의 차원에서 이루어진다면, 핵의 요소들간의 연결이 없어지거나 모호하게 될 것이기 때문이다. 그러므로 번역의 전이는, 핵들 사이의 타당한 연결이 명백하게 표시되는 핵에 근접하는 층면(a near-kernel level)에서 이루어지게 마련이다.

7. John is my father(요한은 나의 아버지다).

이 핵표현들의 특징은 다음과 같이 주목된다:

1) 여기서 "요한"이라는 주어는 어떠한 대상으로도 대치될 수 있으며, 모든 주부—술부 표현에 있어서 주부로서의 기능을 가진다.
2) "quickly"(빨리)와 같은 부사적 한정수식어는 모든 핵표현에 수식될 수 있다. "John hit Bill quickly"(요한이 빌을 잽싸게〔빨리〕 때렸다)에서와 같이.
3) "in the house"(집에) 구는 대상과 결합하는 모든 종류의 전치사구를 대표하는 것이다. 이와 같은 예로서는 "with a stick"(지팡이로써), "through the fence"(울타리를 통하여), "over the mountain"(저 산넘어)를 들 수 있다.
4) 제 5 의 핵에 있어서 "sick"(아프다)는 문법적으로는 술부적 형용사이며, 의미론적으로는 주어의 질적인 추상성격이다. 그리고 "is"는 단지 이러한 성질의 한정(attribution)을 이 문장의 문법적 술부가 되도록 허용하는 역할을 할 뿐이며, 그렇지 않은 "sick John"(아픈 요한)과 같은 표현과 대조를 이룬다.
5) 제 6 과 제 7 의 핵은 매우 비슷하게 보이지만 실상에 있어서 매우 다르다. 이러한 사실은 John is a father(요한은 한 아버지이다)와 John is my father(요한은 나의 아버지이다)라는 두 문장을 비교해보면 논의의 초점이 명백해진다. 첫째 경우는 술부의 명사가 부정관사적인 결정사(determiner)를 가지고 있으며, 그 결정사는 그 주어가 하나의 소속 멤버에 불과한 어떤 類를 지칭할 뿐이다. 그러므로 이 경우 문장의 순서를 뒤바꾸는 것은 불가능하다. 우리는 A father is John(한 아버지는 요한이다)이라고 말할 수는 없다. 한정성과 비한정성의 역할의 순서가 뒤바뀌기 때문이다. 그러나 제 7 의 핵에 있어서는 주부와 술부의 명사가 모두 한정적이므로, 이때 "is"는 요한과 나의 아버지 사이에 등식의 역할을 한다. 그러므로 "요한=나의 아버지"는 수학적 법칙에 의하여 "나의 아버지=요한"으로 뒤바뀔 수가 있다. 물론 의미의 변화가 없이.
6) 문법적으로는 "is"는 분명 하나의 동사이고 또 술부의 역할을 하

지만 상기의 문맥에서는 그것은 의미론적으로 하나의 관계이다 (모든 핵에 내재하는 명백한 관계이다).

7) 제 6의 핵문장의 도식에 포함되어 있는 것은 매우 명백한 것이기는 하지만, 부분과 전체의 단정에 관한 것이다. This liquid is water(이 액체는 물이다)의 경우도 마찬가지다. 이러한 부분과 전체의 차이는 쓰이고 있는 명사의 성격에 기인하는 것이다. 요한(John)은 고립될 수 있고 셀 수 있는 대상을 지칭하는 하나의 고유명사이다. 그러나 꼬마(boy)는 그러한 셀 수 있는 대상의 전체의 類를 지칭한다. 이와 대조적으로 액체와 물의 관계는 셀 수는 없지만 어떠한 물질의 정도의 차를 나타낸다. 이 두 문장의 차이와 관련하여 재미있는 사실은 우리는 보통 꼬마의 경우는 "one of the boys"라는 표현을 쓰지만, 물의 경우는 "some of the water"라는 표현을 쓴다는 것이다("some of the boys"의 경우에는 "some"이 "one"의 비한정적 복수이기 때문에 그 뜻이 매우 명백하게 된다).

4. 복합구조를 가진 단어

영어에 있어서의 "of" 구문의 앞선 분석에서 이미 밝혀졌듯이 어떠한 단어들은 매우 복합적 의미구조를 가지고 있다. 예를 들자면, "주인"과 "종"은 "뭇의 종"과 "안식일의 주인"이라는 문맥에 있어서 대상과 사건의 양면을 다 가지고 있다. 이 표현의 이면에 있는 핵은 "그는 모든 사람을 섬긴다" 혹은 "모든 사람을 섬기는 이"와 "그는 안식일을 주관한다"이기 때문이다. 어떤 구들은 구조상으로는 매우 비슷하게 보이지만, 그 술어(terms)들이 복합구조를 가지고 있기 때문에 부분들 사이의 관계는 매우 다르게 나타난다. "우리의 사랑하는 통치자"와 "그의 늙은 종"과 "세 좋은 제과인"은 구조상으로는 매우 비슷하게 보이지만 그들은 전혀 다른 핵으로 환원된다. 〈제 7 도〉에 제시된 이 세 구의 도식적 분석을 잠깐 보자.

"우리의 사랑하는 통치자"의 경우에는 "우리"라는 대상이 "사랑한다"라는 사건을 행한다. 그리고 그 사랑하는 사건의 목표는 "통치자"

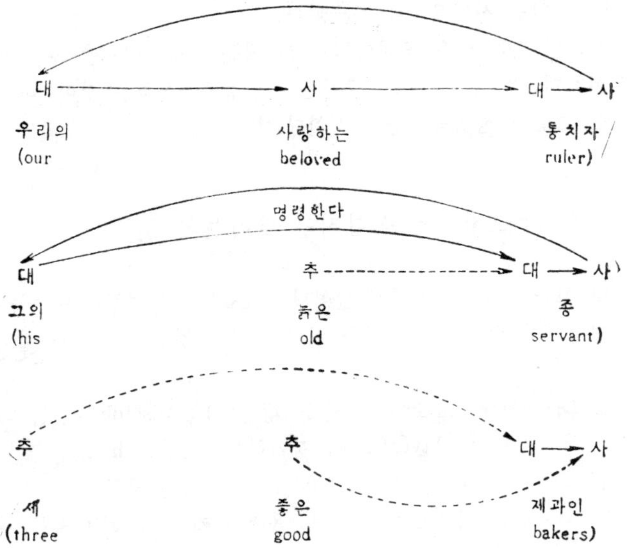

〈제 7 도〉

에 있어서의 대상성분이다. 그러나 이 "통치자"라는 대상은 또 다시 제일의 대상이었던 "우리"를 "통치하는" 사건을 행한다. 이 문장은 "우리는 우리를 통치하는 사람을 사랑한다"로 의역될 수 있을 것이다.

"그의 늙은 종"의 경우에는 제일의 대상인 "그"가 "종"에 내재하는 대상성분을 직접 "지시하고" "명령한다." 그러나 이 "종"이라는 대상은 제일의 대상인 "그"를 "섬기는" 사건의 주어이다. 또 동시에 "늙은"이라는 추상은 "종"의 대상성분의 속성으로 묘사된다.[22] 그리고 "늙은"이라는 추상은 섬김이 행하여진 시간의 길이를 지칭하거나 혹

22) 〔원주〕 "그의 종"이라는 관계에는, 도표에 첨가된 "명령한다" "지시한다"의 사건 단어가 암시하는 대로, 上下의 위계적 관계가 내포되어 있다. 제 1 의 대상은 제 2 의 대상에게 무엇을 할 것인가를 지시하기 때문이다. 그러나 "그의 통치자"의 경우는 물론 관계는 정반대이다. 또 동시에 제 2 의 대상은 제 1 의 대상을 목적으로 갖는 "섬기는" 사건을 행한다. 도표에서 제 2 의 경우의 관계는 "종"이라는 술어속에 있는 사건요소가 가지는 성격때문에 매우 명백하지만 제 1 의 경우의 관계는 구문 전체에 있어서 단지 암시적일 뿐이다.

은 옛날에 섬긴 적이 있었던 사람[23]을 특칭한다. 이 경우 "늙은"은 "종"에 있는 사건요소에 부속된다.

그러나 "세 좋은 제과인"의 경우에는 "세"라는 추상은 세 대상을 수식하며, "좋은"이라는 추상은 사람을 수식하는 것이 아니라 빵을 굽는 그들의 행위능력을 수식한다.[24]

5. 구조적으로 복합적인 술어들의 類[25]

단 하나의 단어 속에서 일어나는 요소들의 결합에는 많은 유형이 있지만, 영어에서 가장 자주 만나게 되는 것들은 다음과 같다.

1. **대—사**(대상요소가 사건을 행한다) : disciple(제자, 배우는 사람), player(선수, 경기하는 사람), heir(상속인, 상속받을 사람), sinner(죄인, 죄를 짓는 사람).
2. **사—대**(대상요소가 사건의 목적인 경우) : gift(선물, 주어지는 것), apostle(사도, 보내어지는 사람), doctrine(교리, 가

23) 〔역자주〕 이것은 영어의 "old"라는 용법의 특수성에서 기인한다. "his old servant"라고 할 때 "old"는 종이 나이가 많다는 의미, 또는 그 종이 오래 섬겼다는 의미도 되지만, 옛적에 섬겼다가 지금은 섬기지 않고 있는 종이라는 의미도 있다.

24) 〔원주〕 "좋은 목수," "훌륭한 예술가," "능력있는 지배인," "모자라는 댄서"와 같은 모든 표현에 있어서 수식어는 목수, 예술가, 지배인, 댄서에 내재하는 대상성분이 아닌 사건성분을 규정한다. 네델란드(오란다) 말에 있어서는 어떤 경우 그러한 관계들을 특징을 구분해서 나타낸다. "een vlotte spreker"는 "연사인 사교적인 사람"과 "말을 유창하게 하는 사람"이란 뜻을 동시에 의미한다. 그러나 "een vlot spreker"라고 하면 두번째의 의미만을 가지게 된다. 이 경우 추상은 사건만을 규정한다.

25) 〔원주〕 술어들을 복합적인 것으로서 분석하는 언어학적 기저는 다음의 두 타입에 관한 것이다 : (1) 동의적으로 간주될 수 있는 분석적 표현이 있어야 한다(동의적이라 함은 의미의 별다른 변화가 없이 대치될 수 있는의 뜻이다). 그 분석적 표현 속에서는 다른 요소들이 별개의 사전적 단위로 표상된다. 예를 들면, "player"(선수)는 "경기하는 사람"으로, "doctrine"(교리)은 "가르쳐지고 믿어지는 것"으로 분석된다. (2) 그 복합적 술어가 좌우의 전체적 문법구조 내에서만 기능을 갖는 경우도 있다. 예를 들면 "heir"(상속인)는 形態論的으로는 단순하지만, 그것은 "owner"(소유인)와 같이 형태론적으로 복합적 술어와 똑같이 하나의 "목적"과의 관계에서만 기능을 가진다. 예를 들면, "heir to the property"(재산의 상속인)과 "owner of the property"(재산의 소유인)의 두 경우를 비교해 보자. 후자의 경우는 "재산"이 "소유한다"는 사건의 목적으로 기술된다. 마찬가지로, "heir to the property"(재산의 상속인)의 경우에도 재산은 상속받는다는 내포된 사건의 목적이다.

르쳐지고 믿어지는 것).

3. 사—추(추상이 사건의 내포된 목적을 규정하는 경우) : sanctify (聖化하다, 성스럽게 만들다), justify(淨化하다, 결백함을 선언하다).
4. 대—사—추(대상요소가 특정한 성질을 지니는 내포된 목적에게 사건을 행하는 경우) : sanctifier(聖化者), justifier(淨化者).
5. 사—관(내포된 관계를 가지는 사건) : mediate(중재하다), reconcile(화해시키다, 사람들 사이의 중재자로서 행위하다).[26]

그리고 이에 덧붙여 소위 말하는 사건단어들이 단순한 사건을 나타낼 수도 있고 복합적 사건을 나타낼 수도 있다는 사실을 재인식하는 것이 중요하다. 예를 들면, "나는 부활이요 생명이다"라는 구문 속에서 "부활"(resurrection)과 "생명"(life)은 사건이지만 이 사건은 자동사적인 행위를 지시하는 것이 아니다. 예를 들면 "일어남"(rising)과 "삶"(living)이라는, 많은 사람이 얼핏 생각하듯이, 단순한 자동형이 아니다. 그것은 "일어나게 하다"(to cause to rise), "살게 하다"(to cause to live)와 같은 원인적이고 타동적인 사건을 지시한다. 그러므로 이 문장은 실제적으로 "나는 사람들을 죽음으로부터 불러 일으키고, 사람들을 살게끔 하는 자이다"라는 뜻이다.[27]

6. 표면구조와 핵의 관계

앞에서 이미 예시한 바대로, 한 구에 있어서 요소들 사이의 이면적 관계를 결정하는 가장 효율적 방법은 "역변형"의 과정에 의하여 표면구조를 뚫고 내려가는 것이다. 그래서 표면구조가 도출된 핵이 무엇인가를 결정하는 것이다. 이러한 방법이야말로 관계의 가장 명확하고

26) 〔원주〕 이때 물론 혹자는 "mediator"(중재자), "reconciler"(화해자)와 같은 명사를 생각할 수도 있을 것이다. 그때는 대—사—관이 될 것이다.
27) 〔역자주〕 이것은 참 명쾌한 분석이다. 한 개념에 내재하는 사건의 타동성과 자동성으로써 그 의미의 복합성을 풀어내는 작업은 한문을 우리말로 옮기는 작업에 있어서도 동일하게 적용될 수 있는 문제라고 생각한다. 예는 생략한다.

모호하지 않은 표현을 재공한다. 그러나 이러한 작업을 성공적으로 수행하기 위하여서는 어떠한 타입의 핵에 어떠한 구조가 연결되는가를 항상 염두에 두고 있는 것이 중요하다. 예를 들면, 앞에서 이미 분석된 "의"구문과 또 앞서 지적한 7개의 핵문장을 비교해보는 것은 많은 도움이 될 것이다.

영어의 핵

1. 요한은(빨리) 달렸다
2. 요한은 빌을 때렸다
3. 요한은 빌에게 한 공을 주었다
4. 요한은 집에 있다
5. 요한은 아프다
6. 요한은 한 꼬마다
7. 요한은 나의 아버지다

"의" 구문

1. "하나님의 뜻"
   하나님이 뜻하신다(핵1)
2. "이 세상의 기초"
   (하나님이) 이 세상을 창조하시다(핵2)
3. "약속의 성령"
   (하나님이) 성령을 약속하셨다(핵2)
   혹은 (하나님이) 사람들에게 성령을 약속하셨다(핵3)
4. "진리의 말씀"
   그 말씀은 참이다(핵5)
5. "그의 은혜의 풍성"
   그는 은혜를 풍성하게 보이신다(핵1)
6. "나사렛의 예수"
   예수는 나사렛으로부터 왔다(핵4)[28]

---

28) 〔원주〕 "comes from"(으로부터 왔다)는 "is from"(의 출신의)이라는 숙어적 표현과 동일한 것이며, "come"(오다)이라는 행위의 방향운동을 지칭하는 것은 아니다.

7. "갈릴리의 호수"
   그 호수는 갈릴리에 있다(핵4)
8. "유대의 땅"
   그 땅은 곧 유대다(핵7)
9. "군인들의 하나"[29]
   그는 한 군인이었다[이다](핵6)

7. 소위 소유격 구성에 있어서의 요소간의 관계

소위 소유격 구성은 구성의 요소간의 관계를 드러내는데 앞선 구성들보다 더 현저한 대조를 나타낸다. 제임스왕판에 의거한 다음의 구문들을 한번 비교해 보라.

대 사
1. **그의** 죄(히 7:27) : 그는 죄진다 : A는 B를 행하다

대 사
2. **그의** 파멸(잠언 18:7) : X가 그를 파멸시킨다 : X는 A에게 B를 행하다[30]

대 사
3. **그의** 부르심(엡 1:18) : 그가(하나님이)(그를) 부르신다 : A가 B를 X에게 행하다.

대 추
4. **그의** 영광(마 6:29) : 그는 영광스럽다 : A는 B하다

대 (추) 대
5. **너의** 길(막 1:2) : 너는 그 길을 간다 : A는 B로 간다

29) [원주] 핵6에서부터 이루어진 "of"(의) 표현의 문장은 거의 모두가 "one of"나 "some of"로 시작한다는 사실은 매우 재미있는 것이다. 그리고 이것은 이러한 타입의 핵이 가지고 있는 성격, 즉 한 부류의 멤버라든가 전체의 부분이라든가 하는 성격을 나타낸다. 앞의 3. 핵문장의 설명 5와 7을 참고할 것.

30) [원주] 여기서 X라는 상징은 표면적으로는 언표되어 있지 않지만 문맥에 내포된 행위자를 말한다.

대 (사) 추

6. **나의** 짐(마 11:30) : 나는 짐을(제공한다) : A는 B를 제공한다

대 (사) 추

7. **나의** 하나님(요 20:28) : 나는 하나님을 예배한다 : A는 B를 예배한다

대 (사) 대

8. **그의** 아버지(마 2:22) : 그는 한 아버지를(소유하고 있고), 그 아버지는 그를 (한 아들로서)(소유하고 있다) : A와 B는 직계로 연접하여 관계되고 있다

대 (관)대

9. **그의** 팔(룩 1:51) : 그는 한 팔을 (가지고 있다) : B는 A의 한 부분이다

대 (사)대

10. **그의** 집(마 9:7) : 그는 한 집을(소유하고 있다) : A는 B를 소유하다

상기의 예문 중에서 대상이 사건이나 추상에 연결되어 있는 경우에는 전혀 어려운 문제가 없다는 사실이 주목되어야 할 것이다. 그 관계들이 상응하는 핵에 매우 명료하게 제시되어 있기 때문이다. 그러나 대상과 대상이 연결될 때는 그들이 매우 다양한 방식으로 관계지워질 수 있기 때문에, 문제가 매우 복잡해진다. 다시 말하면, 대상끼리는 서로 연결될 때 수없이 다른 사건이 개재되고 또 많은 다양한 방식에 의하여 연결된다. "너의 길"(5)의 경우에는 명백히 B는 A가 여행해야 할 길이다. 그러나 그 길 위에서 일어나는 사건은 걸어간다(walk), 지나간다(pass), 가다(go), 오다(come), 이동하다(travel), 여행하다(journey)등이 될 수 있다. 마찬가지로, "나의 짐"(6)의 경우 A가 B를 제공한다고 말할 수 있지만, 그 "제공한다"는 사건의 실 내용은 (나에게)놓여지다(placed on), 주어지다(given to), 속박된(bound on), 지녀야 할 것으로 주어진(given to carry)등의 뜻이 될 것이다. "나의 하나님"(my God)(7)이란 구문에 있어서는 문제가 훨씬 더 복잡해진다. A가 B를 소유하는 것이 아니기 때문에 그것은

실상 소유관계가 아니다. 그것은 오히려 B를 예배하는 것이 A라는 뜻이며, A가 B에 충성스럽다(loyal to), A가 B를 믿는다(believes in), 따른다(follows), 헌신한다(commits himself to)의 뜻이다.

"그의 집"(his house)(10)의 경우에는 "소유"와 "권리"의 매우 명백한 경우이기 때문에 거의 문제가 없다. 그러나 "그의 아버지"(8)의 경우는 "그의 집"의 의미의 단순한 소유개념으로써만은 분석될 수 없는 관계의 상호성이 내재해 있다. 실상, 많은 언어의 경우 친족소유(kinship-possession)는 사물소유(thing-possession)와는 매우 다른 방식으로 표현되기가 일쑤다. 마찬가지로, "그의 팔"(9)은 통상 일종의 소유로 이해되고 있지만, 그것은 기실 부분의 전체에 대한 관계를 나타낸다. B는 A의 한 부분이라는 것을 진술할 뿐이다. 많은 언어에 있어서 이러한 식의 소유는 친족관계의 소유가 필수적이고 의무적인 것(obligatory)과 마찬가지로,[31] 필수적이고 의무적이다. 그리고 그것은 물질적 대상의 소유와는 매우 상이하다.

구문의 요소간의 관계를 결정하는데 관련된 어떤 문제들은 그 요소가 가지고 있는 예기치 못했던 숨은 의미로부터 파생된다. 앞에서 예시한 "하나님의 은혜"(the grace of God)는 하나님이 인간을 위하여 하시는 행위라기보다는 하나님의 은혜스러운 성격이라고 어떤 일파의 신학자들은 주장한다. 이들의 분석을 따른다면 "은혜"는 사건이라기보다는 추상으로 이해되어야 할 것이다. 마찬가지로 "하나님의 나라"(the kingdom of God)라는 표현은 너무도 자주 사람들에게 오해되어 왔다. "나라"(kingdom)가 명사이기 때문에 사람들은 곧 반성없이 그것은 대상을 지시해야만 한다고 상정한다. 그리고 그것은 하나의 장소가 되어야만 한다는 것이다. 실상 그것의 제일차적인 지시는 그러한 것이 아니다. 나라는 하나님의 다스림(the rule of God)을 지시하는 것이며 따라서 그것은 하나의 사건이다! 이러한 문제는 "하늘의 나라"(the kingdom of God)라는 구문에 오면 더욱 첨예화된다. 이 경우는 "하늘"이 "하나님"의 代用語(substitute)로 쓰이고 있는데 이

31) 〔역자주〕 솔직히 말해서, 역자에게 나이다가 말하는 "obligatory"(필수적이고 의무적인)란 말의 의미가 이 문맥에서 정확히 무엇을 지칭하는지 정확히 인식되질 않는다.

것은 단순히 하나님이라는 말에 대한 유대인들의 금기적 습관의 결과일 뿐이다. 그리고 "하늘"은 보통 일종의 장소술어(place term)로 간주된다. 이 결과 나타나는 강한 경향은 이 구를 "하늘에 있는 나라" (the kingdom which is in heaven)를 의미하는 것으로 해석하는 것인데 이것은 명백히 착오적인 것이다.[32] 언어는 이와같이 범주의 멤

32) [역자주] 여기서 나이다가 말하고 있는 문제는 번역의 문제 혹은 해석의 문제가 신앙의 근본과 밀접히 관련되어 있는 신학적 문제를 본질적으로 제기한다는 좋은 실례 중의 하나이다. 그리고 이러한 나이다의 발언의 입장은 현금 우리나라의 하늘나라에 들어가려고 광분하고 있는 일부 기독교도들에게 충격적인 것으로 받아들여져야만 한다고 생각한다. 그리고 언어라는 상징성의 암시와 인간의 믿음의 구조와 행동양식의 관계에 있어서 우리는 관련된 너무도 많은 문제를 제기해 볼 수 있다. 세계 기독교 교회사를 한마디로 요약하라면 나는 "하늘나라의 해석의 역사"라고 자신있게 말하겠다. 하늘나라(이 표현은 마태가 잘쓰는 것이고, 타 공관복음서에서는 "하나님의 나라"라는 표현이 잘 쓰인다. 그리고 양자는 의미론적으로 동일하다. 우리나라 표현에 있어서는 소유격을 나타내는 "의"가 있으나 없으나 마찬가지여서 의를 보통 생략하지만, 영어에서는 양자의 경우 모두 "의"가 생략될 수 없다), 즉 하나님나라를 역사적으로 어떻게 사람들이 이해했느냐에 따라 그들의 믿음의 구조가 결정된다고 말할 수 있다. 그리고 이러한 문제는 예수 자신의 경우에 있어서도 예외가 될 수 없다. 다시 말해서 하늘나라는 예수의 창작어가 아니라 예수 당시에 유대인에게 팽배해 있던 사상이며 말이고 보면, 예수 자신이 하늘나라를 어떻게 해석했느냐에 따라 예수라는 인물의 신앙구조를 결정할 수 있고 또 우리의 예수에 대한 이해의 구조를 결정할 수 있다. 나는 최근에 캠브리지의 트리니티書院의 교수로 시작하여 벨파스트의 퀸대학교(Queen's University)의 총장을 지낸 미카엘 그란트가 쓴 『예수 : 역사가로서의 복음서의 평가』(*Jesus: An Historians'; Review of the Gospels*)(New York: Charles Scribner's Sons, 1977)라는 재미있는 책을 읽었는데, 그 책 속에서 그란트는 예수라는 역사적 인물의 핵심사상(master idea)은 곧 하늘나라라고 생각한다. 그리고 그의 연구는 최근에 발견된 사해문서(Dead Sea Scrolls)의 연구성과를 충분히 반영하고 있는데, 사해문서는 여태까지 우리에게 잘 알려지지 않았던 신구약사이시기(inter-testamenal period), 즉 예수가 살았던 당시의 역사적 상황에 대해 많은 정보와 단서를 제공하기 때문에 매우 중요한 것이다. 그리고 이러한 하늘나라와 관련된 문제는 재림사상이며, 묵시사상이다. 그것은 하늘나라의 "긴박한 도래"(imminent coming)와 "이 세계의 종말"이라는 당시의 보편적 관념에서 유래되는 것이다. 여기서 나이다가 "하늘의 나라" (天國)와 "하나님의 나라"의 언어적 분석을 통해 나라는 장소가 아니라 사건이다. 즉 다스림의 행위의 사건이 일차적으로 고려되어야 한다고 주장한 것에 나는 전적으로 동의하지만, 신학적 논의를 다양하게 수용한다면 복음서 자체에 나타나고 있는 하늘나라의 의미가 과연 어떠한 것인지는 나이다 말처럼 그리 단순하지만은 않다. 다시 말해서 예수 자신이 하늘나라의 긴박한 도래를 믿었으며 세계의 종말을 믿었으며, 그의 하늘나라관이 요즈음 보수주의자들의 장소개념에 유사한 것이었으리라는 추측이 가능하기 때문이다. 1870년에 덩캔은 다음과 같이 썼다 : "예수 그리스도 자신이 의도적인 사기에 의하여 인류를 기만했거나 혹은 예수 자신이 기만당했거나, 혹은 그 자신이 신적이었거나이다. 이 세가지 가능성의 궁지를 그는 결코 벗어나갈 길이 없을 것이다. Christ either decived mankind by conscious fraud; or he was himself deluded; or he was divine. There is no getting out of this

버십과 代用에 있어서 다양한 패턴을 보인다. 이러한 문제와 밀접하게 관련되어 있는 문제가 소위 은유적 의미라고 부르는 것이다. 이에 관해서는 다음 장에서 상세히 토론하겠다(제 4 장의 마지막 부분, "은유적 의미의 문제"를 참조할 것).

그리고 이러한 어려움과 관련되어 파생하는 문제로서 "숙어"(idioms)라는 것이 있다. 숙어는 그냥 구문구조상으로 본다면 매우 정상적인 문법양식으로 구성되어 있다. 그러나 전체 숙어의 의미는 그것이 단

---

trilemma."(J. Duncan, *Colloquia Peripatetica* [6th ed. 1870], p. 109.) 그러나 이러한 논의에도 불구하고, 즉 나이다의 발언에 어떠한 신학적 입장이 전제되어 있다는 가정에도 불구하고, 나이다의 발언은 정당한 것이다. "하늘나라의 도래"로 인하여 이 세계가 종말된다고 예수가 믿었다고 할지라도 그때 "나라"의 의미는 하늘에 저 높이 붕 떠있는, 그곳에 자리잡고 있는 "나라"는 아닐 것이다. 하나님이 이 세계를 다스린다고 하는 다스림의 의미가 더 강하게 언표되어 있다는 주장은 타당하다. "나라"는 장소가 아니라 사건이다! 그런데 마테오 릿치가 "上帝의 庭" 운운한 것은 매우 가소로운 일이다. 릿치 자신의 신관의 천박성을 드러내고 있을 뿐이다(나의 책, 『東洋學 어떻게 할 것인가』, 1986년판, 163~164 쪽을 볼 것). 나의 주변에 가까이 있는 사람들의 신앙관을 살펴보면 대부분 그들의 天國觀은 구체적으로 저 하늘에 붕 떠있는 나라, 그리고 사람이 죽어서 그 속으로 붕 떠서 들어가는 곳으로 생각하고 있다. 그리고 유명하신 목사님들이 설교고 기도고 항상 말씀하실 때 "하늘나라에 들어간다"라는 식의 표현은 그러한 天國觀을 한치도 벗어나지 않는다. 참으로 유치무쌍한 것이다. 그러나 나는 그들의 天國觀을 깨칠 수가 없다. 그들의 觀은 비합리적 신앙에 기초하고 있으며 합리적 설득으로써는 그 한계가 곧 드러나기 때문이다. 그리고 그들은 그러한 하늘나라를 구체적으로 또 실존적으로 체험했다고 주장한다. 그래서 나는 그들이 주장하는 하늘나라의 존재성을 존중해줄 수밖에 없다. 그러나 더더욱 딱한 노릇은 그들이 그러한 하늘나라의 존재에 관한 심오한 체험을 했다고 할 때, 그들의 진술을 분석해보면 모두 그들의 특수한 사회적·심리적 상황과 관련되어 있는데, 그러한 동일한 실존적 체험방식을 타인에게 강요하는 것이다. 이것이 기독교가 가지는 전도주의(evangelism)의 허구성이다. 그들에게는 인과와 비인과가 완전히 혼동되어 있다. 그리고 우리나라의 부흥적 성격을 가지는 대부분의 교회는 묵시사상을 팔아서 장사를 하고 있다. 인류역사상 이러한 묵시운동(apocalyptic movement)은 지속적인 것이며, 그중 대표적인 것 중의 하나로 "여호와의 증인"을 들 수 있을 것이다. 이들은 최후의 심판의 날에 하늘나라에 들어갈 티켓이 이제 거의 다 팔렸다고 주장한다. 몇자리 안남았으니 빨리 사라는 것이다. 만원사례가 육박한다는 것이다. 이들에게 있어서 하늘나라는 완전히 하늘에 붕 떠있는 나라이며, 우리가 들어가야 할 "곳"이다. 우리나라의 대부분의 부흥목사가 돈벌어 먹는 것도 이 마지막 티켓을 남발하여 팔아먹고 있기 때문인 것이다. 나는 천국이 그 따위 "곳"이라면 람보를 보러 피카디리극장에 암표를 사서 들어가듯이 암표라도 사서 들어가겠다. 만원사례 걱정없다! 하늘나라는 대상, 즉 장소가 아니라 행위이며 사건이다! 그것은 궁극적으로 하나의 신화적 은유(mythical metaphor)이다. 이 세계를 버리고 하늘에 붕 떠있는 나라로 도망쳐 들어가려고 하지말고 이 세계에서 나라를 행위하라! 무지한 동포들이여~.

순히 부분들의 의미의 집합이 아니며 또 거꾸로 복합적 의미를 쪼개어서 그 의미의 정의될 수 있는 부분을 각각의 문법적 요소(의미의 최소 단위인 形態素와 같은 것)에 할당할 수도 없다. 다시 말하면, 숙어란 그 속에서 의미론적 그리고 문법적 구조가 전혀 달라지는 표현들인 것이다. 그러므로 이 장에서 한 것과 같이 "부분들의 의미의 관계"를 결정하는 것은 실없는 짓이다 : 문법의 표면구조에 있어서는 그 숙어가 각각의 부분에 적용되는 모든 규칙을 따른다고 할지라도 우리는 숙어의 전 표현을 하나의 유기적 의미체로 다루어야만 한다는 것이다. 숙어와 또 숙어와 관련된 표현들에 관한 광범한 토론이 다음 장에서 진행될 것이다(제 4 장, "은유적 의미의 문제" 뒷부분).

8. 문맥에 의하여 요소의 구조적 역할을 결정함

한 구에 있어서 요소들의 역할을 규정하고 또 그들의 나머지 문장요소에 대한 관계를 결정하기 위하여 우리는 문맥을 면밀히 검토하지 않을 수 없다. 이 작업은 목전의 주변적 문맥뿐만 아니라 전체의 전달과정의 광범한 문맥까지도 고려해야만 한다. 골 1:13의 "암흑의 지배"[33]의 경우, 우리는 이 구를 추상과 대상의 결합으로 생각하기 쉽다. 그러나 "그의 사랑하는 아들의 나라"의 경우와 병행하여 생각한다면, "지배"(dominion)는 또한 하나의 사건(다스림)이며, "암흑"(darkness)은 사탄에 대한 이름, 즉 "검은 이"라는 것을 명백히 알게 된다. 그러므로 이 구는 문맥에서 추상+대상이 아니라, 대상+사건이 됨을 알 수 있다.

고후 6:7의 "義의 무기"(weapons of righteousness)와 같은 구는 에베소서 6장에 나타나고 있는 상응되는 표현과 그 문맥을 면밀히 검토하지 않는 한 그 역할을 결정하기란 매우 어렵다. 그러한 검토를 거치면, "義"라는 것이 곧 기독교도들이 소유하는 무기임이 명백해진다. "義의 무기"는 곧 "義라는 무기"가 된다. 엡 2:20의 "사도들과 예언자들의 터"(the foundation of the apostles and the prophets)는

33) 〔역자주〕 한개의 번역은 "암흑의 지배"가 아니라 "흑암의 권세"이다. 그리고 공번도 "흑암의 권세"를 따르고 있다.

사도들이고 예언자들인 터로, 아니 좀더 명확히 말하자면, 사도들과 예언자들에 의하여 닦아지는 터로 해석된다.

롬 1:1의 "하나님의 복음"과 고후 10:14의 "그리스도의 복음"은 매우 오해되기 쉽다. 그리고 이것은 "복음"과 "선포"(proclamation)가 논의되고 있는 전체 맥락의 면밀한 비교 검토에 의해서만 이 두 구가 이해되어야 마땅한 방식으로 이해할 수 있게 되는 것이다. "하나님의 복음"은 의심할 여지 없이 "하나님으로부터 나오는 좋은 소식"으로 해석되어야 하지만, "그리스도의 복음"은 "그리스도에 대한 좋은 소식"이 되어야 한다. 하나님은 복음의 원천이지만, 예수 그리스도는 좋은 소식(the Good News)의 메시지며 그 실체다.

9. 意譯의 한 방편으로서의 逆變形

표면구조를 그 이면의 핵으로 逆變形시키는 것을 우리는 의역의 한 형태로 간주할 수 있다. 그리고 이러한 종류의 의역이 다른 종류의 의역과 어떻게 다른가를 물어보는 것은 매우 시기적절한 질문이다. "의역"(paraphrase)이란 말 자체가 때때로, 번역자가 무책임한 주관적 판단에 의하여 편견지워진 해석을 마구 가미하는 엉성하고도 부정확한 번역이란 의미로 쓰일 때가 많다. 그러나 "의역"이란 여기서 우리가 역변형을 지시하는 것으로 쓰고 있듯이 언어학과 관계된 학문분야에서 채용되는 매우 전문적 용어이다. 그리고 그것은 다음의 세가지 구체적 성격을 갖는다: (1) 그것은 언어와 언어사이에서(interlingual) 성립하는 것이 아니라 한 언어내에서(intralingual) 성립하는 것이다. 즉 그것은 동일한 언어내에서 동일한 것을 다르게 말하는 것이다. (2) 의미론적 성분에 전혀 변화가 없다는 의미에서 그것은 엄밀한 것이다(즉 엉성한 것이 아니다): 加減이 있을 수 없으며, 관계의 왜곡이 없다. 단지 동일한 요소간의 동일한 관계의 다른 표시가 있을 뿐이다. (3) 그것은 역변형에 관계됨으로써 핵의 특정한 측면에 있어서의 재진술을 꾀하는 것이다.

물론 이면의 핵에 대한 생각이 없이도 의역할 수는 있다. 예를 들면, 필립(J.B. Phillips)의 『신약성서』의 번역은 상당한 의역을 허용하고 있는데, 그것은 우선 間言語的(interlingual)인 것이며 또 표면구조에 있어서의 "고차원성"의 측면을 나타낼 뿐이다. 테일러씨(Mr. Kenneth Taylor)는 틴데일 하우스(Tyndale House)출판사에서 출판한 『살아있는 편지들』(*Living Letters*)을 번역했는데 광범한 의역의 방법을 쓰고 있지만, 핵구조의 방향으로의 뚜렷한 전환이 보이질 않는다. 미국성서공회(American Bible Society)에서 출판한 오늘영어판을 그렇게도 인기높게 만들고 번역자들에게 많은 도움을 주는 이유는 그것이 대부분 핵표현의 방향으로 재구성되었고, 그래서 더욱 쉽게 이해될 수 있고 또 다른 언어에로의 전이를 위한 매우 유용한 근거를 마련한다는 데에 있다.

그러나 앞으로 제 6 장에서 충분히 토의할 문제와 더불어 강조해야만 할 것은 핵표현 그 자체는 문자 그대로 번역되어서는 안된다는 것이다. 그러한 식의 역변형은 번역의 모델로 쓰여서는 안되며, 수신자언어로 번역되는데 도매금으로 들어가서는 안된다. 역변형은 수신자언어로의 전이를 위한 근거일 뿐이다. 그것은 관계에 대한 가장 명료하고 가장 덜 애매한 진술을 제공할 뿐만 아니라 수신자언어에서 일어날 수 있는 표현에 가장 가깝게 상응하는 양식을 구성하기 때문이다.

우리는 이러한 역변형의 과정에 있어서 다음과 같은 사실을 주목하지 않으면 안된다. 단어나 단어의 집합의 암시적 의미를 분석하는데 있어서 메시지의 전달에 가장 긴요한 원어텍스트의 양식적 특징을 잘 연구하지 않으면, 번역자들이 원어텍스트의 미묘한 문체적 특징을 쉽게 망각해버릴 위험이 있다는 것이다. 이때에 역자는 역변형과정에서 간과하기 쉬운 문체의 중요한 요소들을 체득하지 않으면 안된다.

10. 다른 구성이 부분들 사이의 동일한 의미관계를 나타낼 수 있다

앞단에서는 표면구조상에 있어서의 동일한 구성이 구성부분들 사이의 매우 다른 관계를 포함하고 있다는 사실을 중점적으로 다루었다면,

이단에서 다루려고 하는 것은 이러한 상황의 반대경우를 한번 인지해 보자는 것이다. 즉 다른 표면구조들이 본질적으로 동일한 핵으로 귀속된다는 것을 다루려고 한다. 다시 말해서 우리는 역변형의 관념을 부연하고 있다. 일종의 의역으로서 변형을 생각하고 있는데 이것은 방향이 어떠하든지 간에 동일한 방법이 적용된다. 이것이야말로 우리가 일상언어에서 "모든 언어는 동일한 것을 다른 방식으로 표현할 수 있다"는 의미의 매우 형식적이고 엄밀한 설명이 될 것이다. 다음의 일련의 표현에 있어서는 부분들의 관계는 기본적으로 동일하다.

1. 그녀는 아름답게 노래부른다(She sings beautifully).
2. 그녀의 노래부름의 아름다움(the beauty of her singing).
3. 그녀의 노래부름은 아름답다(Her singing is beautiful).
4. 그녀의 아름다운 노래부름(her beautiful singing).

이 모든 경우에 대상요소는 "그녀는"(she) 아니면 "그녀의"(her)로 표현되었다. 사건요소는 "노래부른다"(sings)와 "노래부름"(singing)이다. 그리고 추상요소는 "아름답게"(beautifully), "아름다움"(beauty), 그리고 "아름다운"(beautiful)이다. 그리고 "의"(of)와 "이다"(is)는 관계로서 작용한다.[34)]

이 일련의 표현의 기본핵은 "그녀는 아름답게 노래부른다"이다. 그리고 나머지 세 표현은 단순한 변형이다. 그러나 그것이 진실이라면, 즉 구성부분 사이의 관계가 네 표현에 있어서 동일하다면, 우리가 본질적으로 던져야할 질문은 다음과 같은 것이다 : 의미의 명백한 차이에 대한 이유는 무엇인가?

첫째로 제1과 제3의 표현은 제2와 제4의 표현과 다르다. 전자가 완결된 언표라고 한다면, 후자는 단순히 한 주제를 나타내며 그들을 완결시키기 위하여는 무엇인가가 첨가되어야만 한다. 그러나 또 하나의 같이 중요한 측면은 강조의 초점의 차이이다. "그녀는 아름답게

34) [원주] 정관사 "the"는 일종의 추상으로 간주될 수도 있다. 그러나 그것은 일종의 "문법사"(grammatical word)로 이해하는 것이 더 적절하고 간편하다. 여기서 "문법사"라는 것은 조동사가 관계된 후치의 동사의 한 부분으로서 간주되는 것과 똑같은 것으로 이해하면 된다.

노래부른다"에 있어서 초점은 대상이 "그녀"에 있다. 그 반면에 "그녀의 노래부름은 아름답다"의 경우에는 초점이 "노래부름"으로 이동한다. 한편, 제 2 구에서는 구성방식이 주제를 말하는 것이며 따라서 비완결형이지만 초점은 "아름다움"에 있다. 그러나 제 4 구에서는 초점이 "노래부름"으로 이동한다.

영어에 있어서 뿐만 아니라 모든 언어에 있어서 동일한 핵이 그 강조의 초점을 달리하는 많은 다른 표면구조를 유발시킬 수 있다는 사실의 인지는, 수신자언어에 있어서 발신자메시지를 정확히 다루기 위해서도 빼어놓을 수 없는 것이다. 예를 들면, "하나님의 영광"과 "영광의 하나님"은 기본적으로는 구성부분의 동일한 관계를 나타내지만, 의미에는 명백한 차이가 있다. "하나님의 영광"의 경우에는 초점이 "영광"에 있지만, "영광의 하나님"의 경우에는 초점이 "하나님"에게 있다. 이와 동일한 관계가 "평화의 하나님"과 "하나님의 평화"와 같은 구문에서도 성립한다.

단 하나의 핵으로부터 가능한 다양한 변형은 다음의 시리이즈가 보여주듯이 수없이 많다. 전부 "예수가 베드로를 꾸짖었다"(Jesus rebuked Peter)라는 기본핵으로부터의 변형이다.

1. 예수가 베드로를 꾸짖었다(Jesus rebuked Peter).
2. 베드로는 예수에 의하여 꾸짖음을 당했다(Peter was rebuked by Jesus).
3. 예수가 베드로를 꾸짖음(Jesus' rebuking of Peter).
4. 베드로가 예수에 의하여 꾸짖음을 당함(Peter's being rebuked by Jesus).
5. 예수에 의한 베드로의 꾸짖음(the rebuke of Peter Jesus).
6. 예수에 의한 베드로 꾸짖음(Peter's rebuke by Jesus).
7. 예수에 의한 베드로의 꾸짖음을 하심(the rebuking of Peter by Jesus).
8. 베드로를 꾸짖은 것은 예수였다(It was Jesus who rebuked Peter).
9. 예수에 의하여 꾸짖음을 당한 것은 베드로였다(It was Peter who was rebuked by Jesus).

결국 하나의 같은 핵으로 귀결되는 이 모든 변형은 우리가 여태까지 말해온 것을 부연할 뿐이다. 우리는 같은 것을 여러 방식으로 이야기할 수 있다. 이러한 것이 가능하다는 사실은 문체의 다양함에 대한 구조적 근거를 제공하며, 이러한 문제를 능숙히 다루는 것은 역자의 민감성에 달려 있다. 그의 판단으로 가장 효율적이라고 생각되는 것을 결정해야 하며, 또 번역의 최후단계에 있어서 수신자언어에 있어서 가장 자연스럽게 상응하는 문체를 제공하는 방식으로 언어자료를 재구성해야 하는 것이다.

11. 핵으로부터의 문법적 변형

분석의 과정에 있어서 역변형의 대부분의 문제를 다루기 위해서, 변형문법에서 취급되는 전문적 문제를 전부 다루거나, 엄밀한 방법으로 그 세분된 모든 과정을 다 취급할 필요는 없다(물론 구조적 관계를 다루는데 있어서는 엄밀성이 결여될 수 없지만). 그리고 단어간의 관계의 문제에 적용될 수 있는 방법과 체계의 의의를 잘 평가할 수 있기 위해서는, 소위 정변형(forward-transformation, 역변형의 반대)의 일상적 타입을 좀 익혀두는 것이 중요하다. 정변형이란 기본적으로 다음의 두 유형이 있다 : (1) 동일한 핵내에서의 재구성, (2) 두개 혹은 그 이상의 핵을 결합하여 이루어지는 구성. 그리고 영어에는 첫 유형의 경우 다음의 세가지 종류가 있다 : (a) 능동태에서 수동태로. 그 예는, John hit Bill(요한은 빌을 때렸다)에서 Bill was hit by John(빌은 요한에 의하여 때림을 당했다)로. (b) 긍정문에서 부정문으로. 그 예는, John hit Bill(요한이 빌을 때렸다)에서 John did not hit Bill(요한이 빌을 때리지 않았다)로. (c) 서술문에서 의문문으로. 그 예는, John hit Bill(요한이 빌을 때렸다)에서 Did John hit Bill?(요한이 빌을 때렸니?)로. 물론 이와 동시에, 능동태이건 수동태이건 부정문으로 될 수도 있고, 또 능동태—수동태와 긍정문—부정문은 서술문에서 의문문으로 변화할 수 있다.

제 2 유형에 해당되는, 두개 혹은 그 이상의 핵을 결합하는 과정은 다음의 두 종류의 표면구조적 표현으로 귀결된다 : (1) 두개의 핵의 주요성분이 모두 명백하게 표현되어 있는 것으로 남아 있는 경우. (2) 최소한 한 핵의 성분들이 숨어있거나 암시적으로 남아 있는 경우. 전자의 경우의 영어에 있어서는, 핵들의 모든 요소들은 표면구조에 보지하는 결합형태로서 다음의 세가지를 들 수 있다 : (a) 두 핵 사이의 관계가 하나의 접속사에 의하여 표시되는 경우. 그 예는, **Because** they were angry, we left(그들이 화났기 때문에 우리는 떠났다) ; These people slept **while** the others watched(다른 이들은 보고 있는 반면 이 사람들은 잤다 ; He said **that** we should go(우리는 가야만 한다고 그는 말했다). (b) 한 핵의 타핵의 부분에의 관계가 관계대명사로 연결되어 있는 경우. 그 예는, The man **whom** we hired is lazy (우리가 고용한 그 사람은 게으르다) ; We found the boat **which** had sunk(가라앉은 그 배를 발견했다). (c) 하나의 핵이 연결의 표시가 전혀 없이 종속된 형태로 변형되는 경우. 그 예는, We saw him go(그가 가는 것을 우리는 보았다 : 이것은 we saw him〔우리는 그를 보았다〕과 he went〔그는 갔다〕의 변형이다) ; His leaving irked everyone(그의 떠남은 모두를 구역질나게 만들었다 : 이것은 he left 〔그가 떠났다〕와 〔this〕 irked everyone〔(떠남)이 모두를 구역질나게 만들었다〕의 변형이다).

또 한편, 많은 사례에 있어서 하나 혹은 그 이상의 핵이, 두 핵이 복합문으로 결합 구성될 때에, 하나나 그 이상의 부분을 잃어버릴 수가 있다. 예를 들면, Having left, he never returned(떠난 뒤, 그는 결코 돌아오지 않았다)는 he left(그는 떠났다)와 he never returned (그는 결코 돌아오지 않았다)의 두 핵의 결합에서 유래된 것이다.

He came back after wasting a fortune(그는 재산을 탕진한 후에 돌아왔다)은 he came back(그는 돌아왔다)과 he wasted a fortune(그는 재산을 탕진했다)의 두 핵의 결합이다. 마찬가지로, Though sick he carried on(아팠지만 그는 계속 걸머지고 갔다)에서는 he was sick (그는 아팠다)과 he carried on(그는 계속 걸머지고 갔다)이라는 두 핵을 발견할 수 있다. 그러나 이러한 유형의 결합에 있어서는 그 "잃어버림"이 명백하기만 하다. 즉 일어나고 있는 모든 것이, 두개의 핵이 같이 동일한 주어성분을 공유하고 있어서 귀결되는 표면구조에 그 주어성분을 두번씩 밝힐 필요가 없다는 것을 말해주고 있기 때문이다.

한번의 명백한 표현이 두 핵을 동시에 만족시킨다는 것이다. 그러기 때문에 이렇게 "잃어버린" 성분을 모호하지 않게 회복시키는 것이 어렵지 않은 문장의 경우에는 하나의 규칙을 세우기란 어렵지 않다. 그리고 바로 이러한 이유로 우리는 그 잃어버림이 명백하기만 하다라고 말할 수 있는 것이다. 그러나 "잃어버려지는" 것은 단순히 동일한 주어성분만은 아니다. Peter is bigger than John(베드로는 요한보다 더 크다)의 경우에는 Peter is bigger(베드로는 더 크다)와 John is big (요한은 크다)의 두 핵이 발견될 수 있는데, 이 두 핵이 결합할 때 종속절의 술부 전체가 주절의 그것과 동일하기 때문에 잃어버려진다. He liked the song, and so did she(그는 그 노래를 좋아했는데 그녀 또한 그랬다)의 경우 liked the song(그 노래를 좋아했다)이라는 동일한 술부를 가진 두 핵이 결합되고 있는데, 둘째 절에서 남는 것은 原型(proform)인 did(그랬다)뿐이다.[35]

핵들의 이러한 배열이 변형의 유일한 타입은 아니라해도, 이러한 것들이 복합문의 표면구조를 구성하는 핵의 결합방식에 관한 중요한 단서를 제공한다는 것을 우리는 간과할 수 없다.

12. 핵의 聯帶의 분석

단어 사이의 문법적 관계의 분석은 단순한 구성에 있어서의 단어의 단순한 결합의 문제에 국한될 수는 없다. 가장 결정적 문제들은 대부분 일련의 핵들이 의미론적으로 매우 중후한 표현(heavy expressions)으로 결합될 때 발생하기 때문이다. 막 1:4는 겉으로는 단순한 표현같이 보이지만 많은 기초적 문제들을 설명케 하는 것을 가능하게 한다. "요한이 죄의 용서함을 위하여 회개의 세례를 〔전파하였다〕"(개

35) 〔역자주〕 이 단에서 말하고 있는 것은 순수하게 영어의 고유한 태의 변화나 복합문의 다양한 문제를 다루고 있기 때문에 한국말로 번역하여서는 그 정확한 문맥을 이해할 수가 없기 때문에 원문을 살려가면서 설명하였다. 귀찮더라도 영어원문을 따라가면서 이해해주기 바란다. 이러한 영어의 문제들을 살펴보면서 역자 자신이 느끼는 부끄러운 생각은 나 자신 내가 쓰고 있는 언어의 구조에 대해 너무 무지하다는 사실이다. 나이다가 영어에 대해서 알고 있는 만큼 나는 한국어에 대해서 알고 있어야 할 것이다. 그러나 전혀 그렇지 못함을 매우 수치스럽게 느낀다.

표의 막 1:4에 의거)라는 문장에 있는 단어들의 관계를 분석하는데 있어서 우리는 다음의 다섯단계를 거쳐야 한다: (1) 각 단어의 기본적 구조의 성분을 밝히는 작업, 즉 대상, 사건, 추상, 관계를 밝힌다. (2) 핵문장들을 완결시키는데 필요한 구조적 성분에 있어서 숨어 있는 것을 명백히 드러낸다. (3) 전 문장의 표면구조를 구성하기 위하여 결합한 기본적 핵들을 결정하는 작업. (4) 관계된 세트에 있어서의 핵들을 무리지우는 작업. (5) 이러한 관계들을 수신자언어로 전이하는데 최적한 양식으로 진술하는 작업.

각 단어의 기본적 구조의 성분은 다음과 같이 표시된다(제 1 단계).

대 사 관 사 관 사 관
요한이 죄 의 용서함을 위하여 회개 의
(John…〔preached〕 a baptism of

사 사
세례를 〔전파하였다〕.
repentance for the forgiveness of sins.)

그러나 우리의 분석을 완전하게 하기 위하여서는 명백하게 드러내어야 할 두개의 숨은 요소가 여기에 있음을 알아야 한다(제 2 단계). 그것중 하나는 **사람들**인데, 그것은 **세례**의 목표이며, **회개**의 주어이며, **용서함**의 목표중의 하나이며, **죄**의 주어로서 작용하는 것이다. 그중 또 하나는 **하나님**인데, 그것은 **용서함**의 주어이다.

이 문장을 구성하고 있는 기본적 핵들은 다음과 같다(제 3 단계).

1. 요한은 X를 전파하였다(이때 X는 간접적 설교내용 전체를 가리킨다).
2. 요한은 사람들을 세례한다.
3. 사람들은 회개한다.
4. 하나님은 X를 용서한다.
5. 사람들은 죄진다.

핵들 사이의 관계를 결정하기 위하여(제 4 단계)서는 으로(unto)나의(of)와 같은 명백한 표시(explicit markers)[36]뿐만 아니라 위치를 나타내는 관계도 조사하는 것이 중요하다. 이렇게 조사해나가면 우리는 다음과 같은 관계의 세트들을 발견하게 된다.

1. 전파하였다의 목표(대상)는 핵2부터 핵5까지를 포괄한다(그러므로 많은 언어의 경우 "다음과 같이 전파하였다"라는 동사로 도입부분을 설정하고 그 나머지 부분을 직접화법의 양식으로 만드는 것이 더 타당하게 된다).
2. 핵 3은 시간적으로 핵2에 선행한다. 이 두 관계된 사건은 그리고에 의하여 결합되기 때문이다. 이 두 핵의 세트는 "회개하라 그리고 세례를 받으라"라는 표현에 상응한다(신앙의 순종이 "믿어라 그리고 따르라"로 역변형되는 것과 비교하라).
3. 핵5는 핵4의 동사의 목표이다.
4. 핵4는(그것은 목표인 핵5와 함께) 핵3과 핵2가 의도하는 목적이다. 다시 말해서 죄의 용서함은 단지 회개에만 관계되는 것이 아니라 "회개하라 그리고 세례를 받으라"라는 복합된 표현에도 관계된다는 것이다.[37]

이러한 요소들과 관계들을 "近核"의 차원에서 문장으로 구성("near-kernel" statement)하는 방식은(제5단계), 어떠한 특정한 표현이 수신자언어로 어떻게 효과적으로 전이될 수 있는가에 대한 우리의 생각에 대체적으로 의존하게 된다. 예를 들면, 어떠한 언어는 직접화법을 더 좋아하는 것을 알 수 있고 그 경우는 쉽게 전이될 수 있는 진술은 다음과 같이 될 것이다. "요한은 전파하였다, '회개하라 그리고 세례받아라, 그리하면 하나님이 네가 저지른 죄를 용서할 것이다'." 이러한 재진술에 있어서는 물론 수동형이 세례하다(baptize)라는 능동형 대신 쓰일 수 있다는 것을 전제로 한다.[38] 그러나 한 언어가 그러한

---

36) 〔역자주〕 여기서 표시(marker)라는 것은 문법론적 전문용어로서 한 문장이나 한 단어의 문법적 성격이나 기능을 지시하는 장치를 말한다(affix, copula, preposition, determiner 등).

37) 〔원주〕 용서함은 실제적으로 핵5 전체를 그 목표로 가지고 있다. 하나님이 사람들의 죄를 용서하기 때문이다.

38) 〔역자주〕 우리말은 "세례"의 경우 엄밀한 의미에서 동사로서의 능동과 수동의 개

수동형을 가지고 있지 않을 때는 "나는 너를 세례하겠다"(I will baptize you)라든가, 혹은 수동적 표현에 대응하는 명사—동사 또는 동사—명사의 구성이 가능할 때는 "너는 세례를 받을 것이다"(You will receive baptism)와 같은 표현이 형성될 것이다. 만약 수신자언어가 간접화법을 요구할 경우에는 물론 다음과 같이 될 것이다. "요한은 하나님이 사람들의 죄(혹은 사람들이 저지른 악)를 용서하기 위하여 그들이 회개하고 세례를 받아야 한다고 전파하였다."

물론 수신자언어 속에서 일어나는 번역의 특정한 양식은 모든 언어의 모든 레벨에 고유한 문체적 아름다움에 부합하기 위하여 재구성되는 과정에서 커다란 변화를 일으키게 될 것이다.

념이 성립할 수 없다. 그래서 나는 능동태의 경우 "세례하다"로, 수동태의 경우 "세례받다"로 하는 매우 어색한 표현을 썼다. 이것은 영어의 "baptize"와 "be baptized"의 감각을 살리기 위한 억지춘향이에 불과하다. 우리말에서 "세례"는 "洗禮"로서 漢語的 表現이며, 이것은 하나의 단순동사 성분으로 보기보다는 매우 복합된 문장으로 보아야 한다. "洗"는 "씻는다"는 사건이며 "禮"는 "의식의 절차적 행위"를 지칭하는 사건과 또 "의식 그 자체"를 의미하는 대상의 복합체이다. 그러므로 "洗禮"는 이미 그것 자체가 "A가 B를 씻는다"와 "A와 B가 禮를 한다"라는 문장의 복합이기 때문에 단순동사로 간주될 수 없고, 그것은 실제적으로 "씻는의식"(the rite to wash)이라는 복합적 명사구이다. 그러기 때문에 "洗禮하다"라고 "하다"의 동사어미를 첨가하여도 그것은 단순동사화되지 않는다. 그러기 때문에 우리말에서 "to baptize"라는 동사는 영어로 말하자면 "to give the rite to wash"라는 표현으로 복합화되어 풀어질 수밖에 없다. 즉 "세례를 주다" "세례를 베푼다"가 된다. 즉 "세례"가 명사구로서 어떠한 행위의 대상 즉 목적어가 될 수밖에 없다. 따라서 수동태도 동사 자체의 어미변화에 의하여 나타내어지는 것이 아니라 수동적 행위를 나타내는 다른 동사가 세례라는 목적어와 결합함으로써 이루어진다. 즉 "to be baptized"는 있을 수 없고 "to receive the rite to wash"만이 있을 뿐이다. 즉 우리말에 있어서는 "세례를 받는다"가 된다. 이와같이 우리말의 동사는 많은 경우 복합적 명사개념이 동사의 어간을 이루기 때문에 동사 자체의 변화로써 능동·수동을 나타내는 경우는 그리 많지는 않다. 이것은 우리말 자체의 고유한 특성이라고 규정하기보다는 역사적으로 漢語의 영향권하에서 어휘가 팽창하면서 고도의 추상적 사건을 표현하는 수단으로 개발된 것이라고 보여진다. 다시 말하면 漢文에서는 동사 그 자체의 변화로써 능동·수동을 나타내는 법은 없다. 동사에 "於" "爲" "見"(春秋시대 이후에 나타남)이나 "被"(戰國末期부터 나타나 漢代에 성행) 등의 타요소를 첨가하여 나타낸다. 이러한 漢語的 표현방식이 우리말에 크게 영향을 주었다고 생각된다. 그러나 순수 우리말의 단순한 동사의 경우에는 동사 자체의 변화로 능동·수동을 나타내는 경우도 적지 않다. 위에서 "씻다"는 "씻기다"로 피동화되며, "먹다—먹히다" "삶다—삶기다" 등의 예가 그러하다. 그러나 복합적 개념으로서의 대상이 동사의 어간을 이루는 경우는 대개 "당하다" "받다" "되다" 등의 성분을 첨가하여 그 수동성을 나타내며 동사 자체가 변하는 것은 아니다. 영어와 우리말 그리고 한문의 이러한 미묘한 문법적 차이에 좀 더 세밀한 관찰을 해 보는 것이 번역자들에게 필요한 작업이 될 것이다. 고대중국어의 문법을 알기 위해서는 대개 왕 리(王力)의 책을 권한다(中共에서 활약한 학자). 그리고 영문으로

이러한 과정에서 성립하는 5단계, 다시 부연하자면, (1) 각각의 술어의 대상, 사건, 추상, 관계의 역할의 결정, (2) 숨은 요소를 명백히 부상시키는 것, (3) 핵의 진술, (4) 핵문장들 사이의 관계의 결정, (5) 近核 차원에 있어서의 재진술, 의 5단계는 엡 1:7(제임스왕판)과 같이 보다 복합된 문장에도 동일하게 적용될 수 있다.

〈제 1 단계〉

대　대　관　대　대-사　관　대　사　관　추　관
우리는 그 안에서 그의 피를 통하여 그의 은혜 의 풍성함을⌒
(in whom we have redemption through his blood, the forgiveness

사관　사　사
따라 죄의 용서함을, 구속을⌒받았으니
of sins, according to the riches of his grace)

〈제 2 단계〉

첨가되어야 할 숨은 요소는 **하나님**(**구속**과 **용서함**의 주어로서)과 **우리**(**죄**의 주어로서)가 된다.

〈제 3 단계〉

기본적 핵은 다음으로 구성된다.

1. 하나님이 우리를 구속한다.
2. 그리스도가 죽는다(그의 피를 흘린다). [39]
3. 하나님이 용서한다.
4. 우리는 죄진다.
5. 하나님은 은혜를 풍성하게 보인다.

〈제 4 단계〉

쓰인 책으로서 참고가 될만한 것은 : W. A. C. H. Dobson, *Early Archaic Chinese: A Descriptive Grammar*, University of Toronto Press, 1962; *Late Archaic Chinese: A Grammatical Study*, University of Toronto Press, 1959; *Late Han Chinese: A Study of the Archaic-Han Shift*, University of Toronto Press, 1964.

39) 〔원주〕 피는 문자 그대로는 하나의 "대상어"이다. 그러나 그것은 이 경우 하나의 대상을 가리키는 것이 아니라 피라는 대상과 관련된 모든 사건 전체를 가리킨다. 다시 말해서, 그것은 문자 그대로 하나의 대상임에도 불구하고 실제적으로는 사건을 가리킨다.

1. 핵2는 핵1이라는 사건의 수단이다. 그러나 그것은 또한 핵3의 사건과 관련된다(새영의 번역참조).
2. 핵3은 핵2에 대하여 보조적이다. 아니, 어떤 때는 핵2와 동격으로 병치될 수도 있다.
3. 핵4는 핵3의 사건의 목표이다.
4. 핵3과 핵4는 핵1에 대하여 동격으로 간주될 수도 있다. 그러나 이것들은 동격이라고 보기보다는 부연적 설명이라고 보는 것이 더 나을 것이다. 그러므로 1과 3,4는 **그리고**(and)라는 연결사로 연결될 수 있다(새영과 오영의 경우가 그러하다).
5. 핵5는 핵1에 대한 근거를 진술하며 핵3에 있어서 핵1을 부연설명한다.

〈제 5 단계〉

엡 1:7의 근핵진술은 다음과 같이 구성될 것이다:
"하나님은 그리스도의 피흘림을 통하여 우리를 구속하였고 그리고 하나님은 우리의 죄를 용서하였다. 이 모든 것은 얼마나 풍성하게 하나님이 그의 은혜를 보이는가를 나타낸다."

분석과 역변형의 문제는 엡 2:8(제임스왕판)의 구절과 같은 경우에는 더욱 더 그 중요성이 드러난다. 지시의 체계가 복잡하고 또 숨은 참가자들을 밝히는 작업이 다른 많은 문맥의 경우보다 더 절실히 요구되기 때문이다.

〈제 1 단계〉

사 관 대 사 관 사 관 (사) 대
은혜로 인하여 너희가 믿음을 통하여 구원되었고 또 그것은 너희 자
(For by grace are ye saved through faith; and that not of your-

관 추 관 (사) 대 관 사 관
신으로 인한 것이 아니기 때문에 : 그것은 하나님 의 선물 이다 :
selves: it is the gift of God:

사 관 추
노력 의것이 아니다,
not of works,

추 대 사 관-추
어떠한 사람이든지 자랑하려하지 않게 ⌣ 함이라.
lest any man should boast.)

기본적 구조의 요소를 밝히는데 있어서 특수한 성격이 잠깐 언급될 필요가 있다:

1. are…saved(구원…되었다) should boast(자랑하 려하다)와 같은 표현은 하나의 단위로 이해되며 따라서 단순히 사건(사)으로 처리된다.
2. (사)라는 괄호가 있는 상징은 문제시되고 있는 술어가 사건을 간접적으로 지시하고 있다는 것을 나타낸다. "that"(그것)과 "it"(그것)은 다른 말에 의하여 이미 규정되고 있는 사건의 대명사적 지시이기 때문이다.
3. "not"(아니다)은 부정적 변형(negative transform)의 일부로 간주될 수 있고 따라서 보통 "T"로 표시되기도 한다. 그러나 이것은 또한 추상으로 간주되어도 무방하다.

〈제 2 단계〉

몇개의 숨은 요소들이 첨가되어야만 한다: 하나님(은혜와 구원의 주어로서), 너희(믿음의 주어로서), 구원하다(너자신이 주어가 될 때 그 술부로서), 너희(선물의 목적이며, 또 노력의 주어로서).

〈제 3 단계〉

엡 2:8의 핵은 다음과 같다:

1. 하나님이 은혜를 보였다.
2. 하나님이 너희를 구원하였다.
3. 너희는 믿었다.
4. 너희는 너희자신을 구원하지 않았다.
5. 하나님이 그것을 주었다.
6. 너희는 그것을 위하여 노력하지 않았다.
7. 아무도 자랑해서는 안된다.

〈제 4 단계〉

1. 핵1은 핵2의 사건의 수단이다.
2. 핵3은 핵2의 사건의 도구성이나 부수적 상황을 표현한다.
3. 핵4는 핵2와 대조적으로 대립된다.
4. 핵5는 핵4와 대립되며, 핵2의 재강조 내지 확인이다.
5. 핵6은 핵4의 부연설명이다.
6. 핵7은 이 모든 과정의 결과를 진술한다.

〈제 5 단계〉

"하나님은 너희에게 그의 은혜를 보였다, 그리고 이러한 방식으로 그는 너희가 그를 믿는 행위를 통하여 너희를 구원하였다. 너희 자신이 너희 자신을 구원한 것이 아니다. 차라리, 하나님이 이 구원을 너희에게 주었다. 너희는 너희가 한 행위로 그것을 얻은 것은 아니다. 그러므로 아무도 자기가 한 것을 자랑할 수 없다."

여기서 다시 한번 새영의 엡 2:8 번역을 대조해 보는 것이 유익하다. 이 새영의 번역이 제임스왕판의 번역보다 우수하다고 입증될 수 있는 이유가 쉽게 드러나기 때문이다. 새영의 번역은 몇몇의 숨은 요소들을 잘 부상시키고 있다.

"그의 은혜에 인하였기 때문에, 너희는 그를 믿는 것을 통하여 구원되었다. 구원은 너희 자신의 행위는 아니다. 그것은 하나님의 선물이며, 이룬 노력의 대가는 주어지는 것은 아니다. 아무도 자랑할 것이라고는 없는 것이다."(For it is by his grace you are saved through trusting him. It is not your own doing. It is God's gift, not a reward for work done. There is nothing for anyone to boast of.)

이 새영(NEB) 번역의 몇몇 특징이 지적되어야 마땅하다 :

1. **은혜** 앞에 **그의**를 집어넣음으로써 이 사건의 함축된 주어가 명백해졌다.
2. **그를 믿는 것**이라는 구는 "신앙"(faith)의 의미를, 더 의미있는 술어로 바꾸었을뿐 아니라(**신앙**과 **믿는 것**은 잘 대조된다), **믿는 것**의 목적으로서 **그를**을 첨가함으로써, 잘 설명하고

있다.

3. **너희 자신의 행위**는 제임스왕판의 **너희 자신으로 인한 것이 아니다**에 잘 표현되고 있지 않았던 핵의 성분들을 제공하고 있다.
4. 제임스왕판의 gift of God(하나님의 선물)이라는 구는 하나님이 선물의 목적이 될 수 있는 오해의 여지가 있었다. 그러나 새영은 순서를 바꾸고 구문을 변화시킴으로써(God's gift), 하나님이 명백히 이 사건의 주어임을 내포하게 하였다.
5. **대가**가 **선물**과 **이룬 노력** 사이에 존재하는 대조를 더욱 조명하기 위하여 첨가되었다. **대가**는 **선물**과 대조적으로 대립되기 때문이다.
6. **이룬 노력**(work done)이라는 말은 단순히 **노력**(works)이라고 하는 것보다는 사건의 성격을 더 명백히 지시한다. 단순히 영어로 works(노력)라고 할 때는 오늘 통용되는 영어의 관례에 있어서 다른 의미를 지니게 되기 때문이다. 예 : steelworks(철강제품이나 철강소), gasworks(가스공장), works of art(예술작품)
7. 낡은 술어인 "lest"를 피함으로써 번역이 좀 더 새로운 기분이 나게 하였고 또한 핵구조를 더 명확히 밝혀 주었다.[40]

40) 〔역자주〕 여기서 제3장 문법적 분석이 끝나고, 다음에 제4장 지시적 의미로 연결된다. 제3장의 번역에 있어서 영어에서만 특수하게 파생하는 문제의 예문을 우리말로 옮기는 과정에서 많은 무리가 있었으며, 그러한 의도적 무리는 역자에게 충분히 인식되어 있는 것임을 밝혀둔다. 그리고 원래 계획으로는 이번호에 제4장까지 번역하여 실을 생각이었으나, 현재 집필하고 있는 『老子哲學 이것이다』 원고 사정에 밀리고 또 과도한 강의부담, 外遊 등으로 소기의 목적을 달성치 못하였다. (校)『번역의 이론과 실제』의 번역은 여기서 끝난다. 본 원고는 1985년 10월 7일에 탈고된 것임을 밝혀둔다.

中國古代音韻學에서 본 韓國語語源問題

여기 묶여지는 小論은 延世大學校 國學硏究院에서 계간으로 발행하는 학술지 『東方學志』 第六十七輯(1990년 9월) 309～340쪽에 실린 나의 아내, 최영애교수(연세대학교 중문과)의 한국어의 어원에 관한 논문이다.

우리 풍속에 아내자랑하는 자를 팔불출이라하여 몹씨 부끄럽게 여겼지만, 나는 팔불출이 되던 아니되던 간에, 아내를 몹씨 자랑스럽게 여기는 사람이다. 그 사람에 관하여 사회적으로 내가 할 말은 아무것도 없지만 나는 나의 아내의 학문을 귀하게 생각하고 산다. 아내의 학문이나 나의 학문이나 서로가 서로를 배제할 수가 없다. 우리는 매일 삶의 감정이나 번사의 쇄언을 나누는 외로 반드시 한두시간은 꼭 학문적 대화를 나눈다. 나의 기철학은 무엇보다도 나의 아내와의 기나긴 대화의 결실인 것이다. 그만큼 우리는 누구보다도 서로를 정확히 이해하고 있고, 또 이해하는 만큼 서로가 서로에게 학문적 영향을 구체적으로 주고받는다. 특히 아내의 학문과 나의 학문은 한문고전의 해석에 있어서 긴밀하게 연결되어 있어 떼어놓을래야 떼어놓을 수가 없다. 고전한문이란 이미 지나가버린, 즉 오늘의 나의 체험에서 소외되어버린 디스꾸르(言說)이기 때문에 해석의 독주를 허용하지 않는다. 반드시 다양한 삶의 시각, 즉 다양한 학문의 방법이 만나는 곳에서 그 해석은 성취되게 마련이다.

나의 학문은 고전의 해석에 있어서 그 철학적 측면, 즉 인식론적 세계관의 재구성에 관심을 쏟지만, 나의 아내의 학문은 고전의 해석에 있어서 그 언어적 측면, 즉 한문이라는 언어를 지배하는 제법칙의 분석에 관심을 쏟는다. 나의 아내의 석사논문은 『禮記大學中庸兩篇中虛詞硏究』(國立臺灣大學中國文學硏究所碩士論文, 許世瑛敎授指導, 民國六十年六月)라는 제목이 붙어 있는데, 이것은 쉽게 말하면 중국어의 고전문법(Classical Grammar)에 관한 연구로서, 四書중 『大學』과 『中庸』이라는 문헌에서 虛詞의 용례가 어떻게 되어있느냐를 살펴본 것이다. 虛詞(Particles)라함은 實詞와 대비되는 것으로서 그 자체로서 실제적 의미를 갖기보다는 문장속에서 실사들을 연결하는 문법적 기능을 갖는 말을 일컫는다. 얼핏 갈"之"자와 같은 단어를 생각하면 쉽게 이해가 갈 것이다.

아내의 관심은 석사논문이후 문법에서 音韻으로 옮겨갔다. 박사학위논문, 『洪武正韻硏究』(國立臺灣大學中國文學硏究所博士論文, 龍字純敎授指導, 民國六十四年七月)는 조선왕조에서 한글창제이후, 한글이라는 소리글의 표기능력의 우수성을 입증하기위하여, 明初 洪武八年(1375년)에 중국官方에서 펴낸 운서(사전)인 『洪武正韻』을 한글이라는 새로 창안된 알파벧으로 譯訓한 우리나라 사전 『洪武正韻譯訓』(1455年刊)의 음운구조를 연구하여, 역으로 "中原雅音"(Chinese Standard Pronunciation)의 정체를 밝히려고 한 勞作이다. 문명의 센타와 페리페리의 관계의 정형이 항상 그러하듯이 센타에서 사라진 센타의 화석이 페리페리에서는 그 당대의 모습으로 보다 생생하고 정확하게 보존되어있는 사례가 많다. 한국어(조선말)중에서 漢字音이라는 것은 中國人의 입장에서 보면, 中國語의 方言(사투리)으로 여겨진다. 허나 우리는 한국어의 한자음이라는 연구자료를 역으로 중국어의 眞面目을 캐어내는 자료로 활용할 수가 있는 것이다. 이렇게 한자음을 매체로한 중국어와 한국어의 관계에 대하여 나의 아내는 남다른 관심을 기울여왔고, 또 음운학일반에 관한 관심을 지속시키면서, 그러한 관심의 바탕위에서 『詩經』『楚辭』등의 古典을 연구하였고, 사계의 기념비적 업적으로 꼽히는 스웨덴의 대학자 버나드 칼그렌의 *Compendium of Phonetics in Ancient and Archaic Chinese*를 『古代漢語音韻學槪要』(대우학술총서·번역5, 民音社, 1985)라는 제목으로 한역하여내는 등 꾸준한 활동을 벌여왔다. (나의 신변잡무와 가사에 시달려 多產的 작업이 아직 이루어지지 못하고 있는 것도 피치못할 현실이지만 그래도 연구활동은 끊임없이 정직하게 하고 있다.)

音韻學방면에 있어서 중국어에 대한 세계학자들의 관심은 막대한 것이며 또 중국인자신들에 의하여 매우 훌륭한 연구성과가 축적되어 있는 반면, 우리나라 國語學의 이 방면의 연구가 매우 미흡한 수준에 머물러 있었던 것은 부인치못할 사실이었다. 그도 그럴 수밖에 없는 것이, 우리나라 국어학계의 관심이 한자음이라하면, 얼핏 詩韻(poetic rhymes)이나 反切의 소박한(전통적인) 연구수준에 머물러있었고 그것을 보편학으로서의 언어학의 총체적 맥락에서, 그러면서도 동양언어의 고유한 특질과 방법론을 살리는 보편과학의 맥락에서 조감하는 학문에 대한 정보가, 국학이라는 폐쇄성때문에 전혀 관심밖이었는가하면, 기껏해야 개방적 관심을 갖는다고 하더래도 국어학의 고유한 방법과 전혀 맥락을 달리하는 서양언어학의 경솔하고 무분별한 접근방식 때문에 그러한 정통적 정보가 차단되어 있었던 것이다. 나의 아내가 70년대 중국음운학에 조예를 깊게하고 있던 시절만 하더라도 우리나라학계에 그러한 연구방법에 대한 인식이 전무했다해도 과언이 아니었고 우리나라 국어학자들이 한자음에 대하여 언급하는 것을 보면 너무도 기초적 정보가 결여된 편린을 왜곡해서 오용하는 사례가 대부분이었다. 우리나라 국학계에 매우 결핍된 현상은 휴매니티에 대한 폭넓은 기초적 통찰이었다. 그러나 80년대를 들어오면서 우리나라학계의 사정은 달라졌다. 우선 해적판의 범람으로 정보의 양이 압도적으로 많아지고, 또 학문을 폭넓은 휴매니티의 기반위에서 총체적으로 착실하게 쌓아가고자 하는 젊은 학도들의 수가 우선 양적으로 팽창했기 때문이다(대학원진학이 인기를 끌면서). 최교수는 중국음운학의 체계적 인식과 연구가 우리국어학계의 수준을 일시에 제고시킬 수 있는 보고의 원천이 된다는 신념아래, 눈에 보이지 않는 선구적 작업을 조용히 해왔다. 지금은 사계와 관련된 학도들의 인구가 조금씩 늘어나 앞으로 훌륭한 연구들이 이루어질 수 있는 바탕이 이루어져가고 있다고 생각하며 또 한국어의 어원문제나 古語·古歌연구에 획을 그을 수 있는 天才들이 배출될 수 있는 소지가 풍부히 잠재해있다고 나는 생각한다. 국문과는 영문과나 불문과와 가까워야하기 전에 당연히 중문과와 더 가까워야 한다. 학문적 교류의 내실이 이 양자간에 가장 풍부하게 存在함에도 불구하고 이러한 교류가 제대로 이루어지지 않았던 것은 양자가 모두 국학·동양학이라는 변방에 밀려있어서 우수한 인재나 자신있는 보편적 학문방법을 확보치 못하고 전전긍

궁해왔기 때문이다. 앞으로 닥아올 "國學·東洋學르네쌍스"에 대비하여 우수한 인재들이 치열한 功德을 쌓아 올릴 것을 기대한다.

여기 실린 최교수의 논문은, 『洪武正韻譯訓』의 연구이래 관심을 지속시켜 온 한국한자음연구를 통한 중국어의 재구라는 방법적 틀을 보다 고대로 소급시키는 과정에서 태어난 것이다. 그런데 이것은 연대 이상섭교수님(영문과)의 주도하에 이루어지고 있는 『한국어사전』 편찬사업에 최교수가 관여하는 계기로 탄생된것이다. 우리는 *O.E.D.* 라는 이름을 알고 있다. 이것은 *Oxford English Dictionary*(『옥스포드 영어사전』)의 약자인데, 이 사전의 우수성과 위대성은 가히 모든 "국어사전류"의 표본이 될만한 것이다. 그런데 불행하게도 우리나라에는 이러한 위업에 버금간다고 말할 수 있는 정도의 사전이 전무하다. 모든 사전은 항목의 선정부터 포괄적이면서도 확실한 원칙에 의하여 이루어져야하며, 또 모든 단어의 의미해설은 그것이 해설자의 임의적 관념이나 상식에 의존할 것이 아니라, 반드시 그 의미에 맥락을 부여하고 있는 문장의 용례가 밝혀져야하고, 또 그것의 문헌적 근거가 있을 때는, 반드시 최초의 근거부터 역사적 변용과정을 나열해주어야 한다. 그리고 더더욱 중요한 것은 모든 단어의 가능한 어원을 다 밝혀주어야 한다는 것이다. 그런데 이러한 어원이나 용례가 밝혀진 국어사전이 불행하게도 우리에게는 없으며, 또 그러한 발상을 하는 자도 없었으며, 또 그러한 꿈을 꾸더라도 그것을 실현하기에는 너무도 학계의 인식이나 실력, 그리고 집단적 팀웍이나 재정적 뒷받침이 따라주지 못하는 현실이 가로놓여 있었다. *O.E.D.* 의 오늘날의 위용만 하더래도 사계의 수백명의 석학의 노력이 19세기~20세기에 걸쳐 백여년의 성상을 경유하여 결실을 맺은 것이다. (정확한 출전에 의한 인용구문만 약 180만개). 언어는 한민족의 민족됨의 최종적 이유이다. 그 언어를 지켜나가는 권위있는 사전하나가 부재한다는 이 부끄러운 현실이야말로 우리학계가 반성해야할 원초적인 地步이다. 연대 이상섭교수님은 이러한 한국어 대사전에 대한 요원한 꿈을 평생사업으로 실현하기위하여 그 위업의 일보를 내딛었으나(연세대내에 "한국어 사전편찬실"을 발족시키고 사계의 관심있는 학자들을 모아 지속적으로 세미나를 진행시키고 있다) 우리나라학계의 인식부족과 재정적 빈곤으로 극심한 곤란을 겪고 있다. 백년도 못갈 보이는 건물에 백억을 투자하는 자는 많다. 그러나 천만년을 넘어갈 보이지 않는 건물에 백억을 투자할 자는 없는 것이 우리나라 재계의 딱한 현실이다. 그리고 이러한 현실은 의도된 것이라기보다는 단순한 무지나 정보의 불소통으로 기인된 것일 수도 있다. 최현배선생의 한글운동의 전통을 보지하고 있는 연세대학교와 같은 기존의 학문체제내의 연구기관으로서 『한국어대사전』이라는 민족적 위업의 구체적 사업목표를 가지고 있는 한국어사전편찬위원회에 나는 당연히 수백억의 사회자금이 투자되어야 한다고 생각한다. 이상섭교수님의 정확한 학문자세나 헌신적 생활태도는 그러한 위업을 성취할 수 있는 기반을 확보하기에 충분한 것이라고 나는 자신있게 말할 수 있다. 내가 지금 운영하는 한국사상사연구소에서 『三國遺事』 일자색인 한권을 만드는데만도 일년에 일억이라는 자금이 투입되어야 한다. 모든 연구소는 구체적 사업계획을 가지고 있어야하며, 그 구체적 사업은 당분간 훌륭한 사서류나 자료편찬에 집약되어야 한다. 한국어대사전의 편찬은 우리민족의 거족적 숙원이 되어야 한다. 그리고 이러한 숙원을 해결하는데 나는 연세대학교 한국어사전편찬실 이상의 좋은 팀웍과 기관은 없다고 생각한다. 대학당국과 재계의 대대적인 재정지원이 시급하다는 것을 나는 이 자리를 빌어 촉구한다.

이 논문은 바로 이러한 한국어대사전 편찬을 위한 예비적 세미나의 일환으로 나의 아내가 우리말의 어원을 고대중국어의 발음체계와의 관련속에서 밝혀보려는 노력에서 태어난 것이다. 우리는 보통 "風"자라 하면, "바람풍"이라고 말한다. 그리고 이때, "풍"이라는 것은 "風"이라는 글자에 대한 음(pronounciation)이며 "바람"이라는 것은 "풍"이라는 음의 뜻을 설명하는 우리말의 훈(meaning)이라고 생각한다. 그러니까 "풍"은 "風"이라는 글자에 대한 중국말방언(중국음)이 되며, "바람"은 "風"이라는 글자에 대한 우리말(한국음)이 된다고들 생각한다. 그러니까 더 쉽게 말하면, 『千字文』을 읽을때, 글자의 음을 제외한 앞머리 훈의 부분은 모두 "순수우리말"이라고 생각한다: 하늘(훈) 천(음), 따(훈) 지(음), 가믈(훈) 현(음), 누루(훈) 황(음)." 그런데 사실 이러한 훈과 음의 이해는 매우 부정확한 것이다. "하늘—천"은 어떠한 경우에도 훈과 음의 관계일 수 만은 없다. 하늘과 천은 단지 두개의 다른 언어계통의 훈음복합체를 병열한 것에 불과하다. "하늘천"이란 어떤 의미에서는 "하늘 하늘"이나 "천 천"과도 같은 것이며, "하늘"은 한국어일 뿐이고 "천"은 중국어일 뿐이며 동일한 뜻의 두 다른 음을 병열한 것에 불과한 것이다.

그런데 순수우리말이라고 생각하는 "훈"의 체계가 순수우리말이 아니라 상당부분이 중국어의 상고음(Archaic Chinese)일 수 있다는 것이 나의 아내 최영애 교수의 주장이다. "바람풍"이라할 때, "풍"이 중국말이라고 하는 것은 그것이 唐나라때의 음(隋唐音=

中古音=Ancient Chinese)을 받았기 때문이며, 그 시기는 대강 통일신라이후에 당나라 문물이 대거들어오면서 정착되어간 것이라고 본다. 그리고 "바람"은 "風"이라는 글자가 들어오기 이전에 있었던 순수한국말이라고 생각한다. 허나 "風"이라는 글자가 통일신라때 들어왔을리 만무하고 광개토대왕비문을 작성한 사람들에게도 쓰여졌을 것이며 그 이전의 식자들에게도 사용되었을 것이다. 그렇다면 그 글자만 들어온 것이 아니라, 글자와 함께 그 발음도 같이 들어왔을 것이다. 그렇다면 그 발음체계는 당나라사람들 훨씬 이전의 중국사람들의 발음체계를 반영할 것이다. 바람은 풍에 상응하는 한국말이 아니라, 바로 풍이전의 중국 상고음체계인 것이다. 그리고 이 상고음체계는 先秦시대로부터 漢初에 걸쳐 조선문명권에 정착되었던 것이다. 바람과 풍은 한글의 모습으로는 매우 다르게 보이지만, 영어로 고쳐놓고 보면, 그 같은 모습을 쉽게 분별할 수 있다 : param; p'ung. 두개가 다같이 "p"라는 자음으로 시작하고 또 두개가 다같이 "m" "ng"라는 비음으로 끝나고 있는 것이다. 다시 말해서 바람은 풍이라는 중고음의 상고음형태며, 우리는 역으로 "바람"이라는 우리말의 상고음화석의 분석을 통하여 중국말 상고음의 구조를 재구성할 수 있게 되는 것이다.

이러한 연구가 최교수로부터 비롯된 것은 아니다. 중국의 언어학자들의 암시가 있었지만 그것은 매우 제한된 범위에 머문 것이었다. 이러한 암시를 본격적으로 발현시키고, 그 범위가 우리가 생각하는 것보다 훨씬 넓을 수 있다는 생각을 하고 그 생각을 구체화시키는 작업을 집요하게 추진해온 것은 오로지 최교수의 공으로 꼽지 않을 수 없다. 그리고 이것은 사계의 최초의 작업이며, 또 독창적 연구성과라고 해야할 것이다. (『世界日報』, 1991년 5월 31일제13면 기사, "학계新爭點 : 한국어기원" 참조 : 최교수의 설을 마치 한국어기원이 중국어에 있다고 말한 듯이 인용한 것은 잘못된 것임.)

인간의 언어의 탄생에 있어서 어떠한 유형·무형의 대상을 지칭하는 말의 발음체계의 선택은 임의적이다. 다시 말해서 왜 아버지를 하필 "abŏji"라 하고, "father"라 하고, "otōsan"이라는 발음으로 선택해서 인류가 약속체계를 만들었는지에 대한 그 "왜"는 대답하기 어렵다. 그러나 일단 선택된 발음의 체계는 반드시 일정한 발성의 법칙을 따라 변하게 되어있다. 이러한 법칙의 보편성은 바로 인간의 몸(Mom)의 구조의 보편성에 기인하는 것이다. 사실 20세기 구조주의(structuralism)라는 것은 바로 이러한 인류발성의 보편적 구조의 발견으로부터 시작된 것이다. 따라서 발성학·음운학에 대한 연구는 반드시 인상론적인 대비나 아날로지를 지양하고 그 보편적 법칙에 대한 인식으로부터 시작해야 하는 것이다. 최교수의 연구는 바로 우리말의 어원규명에 있어서 이러한 보편법칙의 기반위에서 그 한 부분의 가능성을 정확히 밝힌 것이며, 한국어전체의 기원을 운운한 것은 아니다. 혹자는 최교수의 연구가 순수우리말의 어휘를 중국어화해버리는 기분나쁜 연구라는 국수주의적 생각을 할지도 모르겠으나, 모든 언어는 모든 시대에 있어서 교류된 것이며, 그것은 문명의 교류의 통시적·공시적 구조를 밝히는 매우 중요한 준거가 되는 것이다. 우리는 이러한 살아있는 우리말의 "언어속의 여행"을 통하여 무수한 역사적 화석을 발견할 수 있으며, 이것은 古代史에 관한 제반 쟁점이나 중국·일본을 포괄한 "문화사론"의 재구성에 결정적 단서를 제공하는 것이다. 자아! 이제부터 "언어속의 여행"에 독자들을 초대하려한다. (1991. 9. 25. 도올기).

中國古代音韻學에서 본 韓國語語源問題

崔 玲 愛*

서 론

금세기에 들어서서 동양문화권에 서양언어학 이론이 도입되면서 중국어나 한국어의 연구가 본격적으로 진행되기 시작하였으며, 많은 학자들의 연구가 착실하게 축적되어가고 있다. 그러나 이와 같은 학문의 축적에도 불구하고 비교언어학적 측면에서 본 중국어와 한국어의 교섭사는 현재 전하는 자료로는 도저히 정확한 시기나 양태를 추론해내기 어려운 실정이기 때문에 이 두 언어의 교섭시기가 대강 두 문화 접촉의 역사와 때를 같이 하는 것으로 보는 거시적 관점에 그리 큰 문제는 생기지 않으리라고 생각된다. 그동안 중국어나 한국어를 연구하는 동서양의 언어학자들은 거의 예외없이 이 장구한 두 언어의 교섭사에서 유독 중국의 六朝 이후 특히 隋唐代와 한국의 삼국시대 특히 통일신라시대에만 초점을 맞추어 논리를 전개해나갔다. 물론 우리가 지금까지 전혀 외래어라는 느낌이 없이 일상적으로 사용하고 있는 수많은 한자 차용어들이 중국대륙에서 대거 유입되면서 한국어 음운체계 속에서 이 한국 한자음이 체계적으로 정착된 시기가 이 언어학자들의 일차적인 관심사라고 하는 면에서는 隋唐이나 통일신라라는 시대의 설정이 결코 무리하다고 보기는 어려우며, 이 논문의 내용상 여기서 지

* 연세대학교 교수, 중국언어학.

면을 할애하여 한국 한자음의 모체가 6,7세기 즉 隋唐代의 長安音이니, 또는 切韻音이니, 10세기 宋代의 開封音이니 하는 이들의 여러 학설들에 대하여 새로이 각 설의 타당성 여부를 논증하고 비판할 이유는 없는 것이다. 그러나 학자들의 이러한 좁은 관심폭은 암암리에 우리에게 한중언어교섭사가 마치 隋唐代나 삼국말기, 통일신라시기부터 시작되었다는 착각을 심어주고 있는 것이다. 보다 이른 시기의 한중언어교섭사 관련자료를 발굴해내지 못한 상태에서 관계 학자들의 관심을 유발시킬 리도 없으며, 또한 설사 미미한 자료를 근거삼아 새로운 학설을 구성해낸다고 하여도 보편적인 설득력을 얻어내기 힘들기 때문에 지금까지 이 방면의 연구는 기피되어왔으며, 따라서 위에서 말한 착각은 점점 심화되어 기정사실로 굳어버릴 위험마저 있게 되었다.

다행스럽게도 고대 한국어에 대한 연구는 자료의 절대적 결핍이라는 열악한 조건에도 불구하고 소수의 국어학자들에 의하여 끊임없이 진행되어온 결과 2,30년 전에 비해 많은 학문적 진전이 있는 것은 사실이다. 그렇지만 이 분야의 연구에 있어서 대다수의 논문들은 지정학적으로 보아도 그 긴밀한 유대관계를 도저히 부정할 수 없는 중국의 언어는 완전히 배제한 채로 알타이 어족에 속하는 제언어와의 비교라는 시각에서만 출발하였기 때문에 자료 자체에 이미 한계성이 내재하게되고, 따라서 그 결과가 기대했던 성과에 부응하지 못하였던것 또한 사실이다. 고대 한중언어교섭사의 바탕이 없이 고대한국어의 실상을 파악한다는 것은 불가능하다. 그리고 고대 한중언어교섭사 연구에서는 고대중국어 음운학 지식이 축이 되기 때문에, 결국은 고대 한국어는 고대중국어 음운학을 모르고는 그 모습이 밝혀지기 힘들다는 결론이 나오게 된다.

필자는 이 두 언어의 교섭사에 관심을 가지고 고대중국어 음운학과 문자학을 연구하는 과정에서 중국上古音(周秦 兩漢 BC 12C~AD 3C) 체계와 한국어 어원과의 밀접한 관계를 나타내는 일련의 어휘들을 발견하였다. 이러한 예들은 단편적이기는 하지만 고대에 이 두 언어의 접촉상황의 뚜렷한 자취인 동시에, 장래 한국어 어원연구는 중국상고음에서 들어가야 많은 문제가 해결될 수 있다는 점을 재확인해주고 있는 것이다. 또 이 예들은 역으로 중국상고음 체계에서 논란의 여지가 많은 현안문제들을 말끔하게 해결할 수 있는 확고한 증거로서 제시될 수 있다.

중국어음운사의 시대구분 문제는 이 논문에서 상세히 다룰 문제는 아니지만, 중국어 음과 한국어 음과의 접촉시기가 연구분석의 근간이 되는 이 논문의 성격상 중국어음운사의 시대구분을 소략하게나마 언급하지 않을 수 없다. 중국상고음시대는 대부분의 학자들이 주요 연구자료인 先秦시대의 운문 『詩經』, 『楚辭』, 諸子百家散文 속의 운문 및 諧聲字(形聲字)들의 시대로 보고 BC 12～3C의 900년에 걸친 周秦代로 잡는다. 이와같이 900년 간의 음을 공시태로 보아 한 음운체계로 묶는다는 것은 극히 불합리하지만, 지금 남아있는 문헌자료가 양적으로 극히 제한되어 있으며 그나마 자료 자체의 저작시기도 정확하지 않은 상황에서 이 자료들이 반영하는 음운체계의 시대를 세분한다는 것이 불가능한 실정이기 때문에, 대개는 上古音을 周代의 音으로 보는 설에 지금까지 별다른 이의가 없다.[1] 단지 근래에 상고음의 하한선을 秦代보다 더 길게 漢代까지 내려잡는 학설이 대두되었는데, 그 예로는 허 따안(何大安)이 음절구조의 차이에 의거하여 兩漢(前漢後漢 BC 206～AD 220 약 400년 간) 전부를 이 上古音시기에 포함시킨 것을 들 수 있다.[2] 또 上古音을 다시 諧聲시기(Proto-Chinese 殷末西周 BC 14C～8C)와 詩經시기(Early Old Chinese 東周 秦 BC 8C～3C)의 두 시기로 나누는 학자도 있지만,[3] 실제로 詩經에 나타난 음의 체계나 諧聲字가 반영하는 체계가 거의 차이가 없이 상호보완적이기 때문에, 별개의 체계로 보는 것은 무리이다. 그러므로 장 쿤(張琨) 같은 학자는 北方音을 나타내는 詩經의 음운체계(諧聲字 포함)를 상고음으로 보고, 이 북방詩經음과 함께 같은 시대에 남방에 존재했을 南方音의 공통 조어로서 原始漢語(Proto-Chinese)를 설정하였다. 그리고 이 원시한어의 연구는 현재 漢語와 동족어 즉 漢藏어족(Sino-Tibetan Language Family)에 속하는 티벳어나 버마어 같은 언어와의 비교연

---

1) 秦(BC 221～207)은 겨우 15년을 지속한 짧은 왕조이기 때문에, 上古音을 가리킬 때 보통 秦代를 생략하고 "周代音" 또는 "先秦音"이라고도 한다.

2) 何大安, 『聲韻學中的觀念和方法』, pp. 255～261, 臺北 : 大安, 1987. 그는 兩漢을 포함한 上古音의 음절구조를 C(C)(M)(M)(M)VE로 보았다. 이는 李方桂의 上古音체계에 의거하여 분석한 결과이다.

3) 余迺永, 『上古音系硏究』, 홍콩 : 中文大學, 1985, 自序 p. x.

구로서만 다소 가능할 뿐이며, 諧聲字자료로써는 原始漢語체계를 끌어낼 수 없을 것이라고 하였다.[4] 다시 말하면 그는 諧聲字의 시대를 詩經시대와 구분하여 보지않고 하나로 묶어 함께 上古音을 반영하는 것으로 보고, 이 상고음자료로는 원시한어의 시대까지 올라갈 수 없다고 본 것이다. 이러한 견해는 현존 문헌자료를 분석한 결과와 그리 어긋남이 없는 것으로서 그 나름대로 타당성을 지니고 있다.

그렇다면 한중언어 접촉시기를 앞서 말한 上古音시기에서 더 올려 原始漢語시기까지 소급시킬 수 있는지 그 가능성도 생각해 볼 수 있다. 그러나 원시한어의 체계가 아직 개략적 형태로나마 확립된 것도 아니고 관련 한국어 자료도 전무하고, 또 고고학과 역사학의 정확한 연대 고증의 뒷받침도 없는 상태에서는 이 두 언어의 접촉시기의 상한선이 원시한어 시기라는 가설은 단지 가능성으로만 남아있을 뿐이다. 여기서는 어느정도 정립되어 있는 중국上古音을 통하여 관계의 추정이 가능한 한국어 어휘자료를 들어 중국어 음과 한국어 음의 관계를 분석해 본다. 上古音시대의 한중문화접촉은 유물과 문헌으로 어느 정도 증명되기 때문에 이 시기의 언어 접촉도 얼마든지 가능하다고 볼 수 있으므로 이러한 분석이 성립된다.[5] 이 논문에서는 앞서 언급한 허 따안의 周秦 兩漢설을 참고하여 上古音시기는 최소한 한반도와 전반적이고 적극적인 접촉이 진행되었으리라고 추정되는 소위 漢四郡을 설치한 前漢의 武帝(재위기간 BC 140～BC 87) 때까지는 포함시킨다는 기본관점이 전제됨을 미리 밝혀둔다.

4) 張琨著, 張賢豹譯, 『漢語音韻史論文集』, 臺北：聯經, 1987, p. 236.

5) 春秋시대의 五覇중에 끼는 齊桓公과 管子와의 문답형식으로 되어 있는 『管子』 卷23 第78 「揆度」 편과 第80 「輕重甲」 편에 "發朝鮮不朝" "發朝鮮之文皮一筴也"등 春秋諸侯國 齊나라와 고조선과의 교역 내용이 간략히 실려 있는 것으로 미루어 그 시대 즉 BC 7세기경에 이미 한중 문화접촉이 있었다는 사실을 알 수 있으며, 한반도 북부지역 여러 곳에서 戰國시대 燕나라 화폐인 明刀錢이 다량 출토된 사실도 고대에 양국 간의 문화적 접촉을 잘 나타내주는 예이다.

본 론

1. ᄇᆞᄅᆞᆷ風, ᄀᆞᄅᆞᆷ河[6)]

ᄇᆞᄅᆞᆷ風

고대인의 의식세계 속에서 "바람"은 神性으로 인식되었다.[7)] 우리는 그동안 출토된 甲骨文기록을 통하여 殷商代부터 바람을 관장하는 신에게 끊임없이 求福避禍의 제사를 지내왔던 것을 알 수 있다.[8)] 고대인의 농경, 수렵목축 생활과 직결된 "바람"은 "비"와 함께 줄곧 경외의 대상이 되어왔다. 때로는 만물을 생장케 하는 고마운 존재로 때로는 재난을 초래하는 가공할 존재로 인간에게 직접적으로 다가오는 바람의 존재를 신격화시키고 이 바람에 관한 여러가지 신화를 창조한 것은 지극히 자연스럽고 소박한 고대인의 의식의 발로로 보인다. 갑골문을 보면 殷商人들은 風을 처음부터 봉황새 형상의 象形字인 鳳凰의 鳳자, ""로 썼으며, 와 같이 聲符 (凡)"을 첨가하여 形聲字로 된 것은 후기의 변화이다. 이와같은 사실로 미루어 바람은 그들에게 기압의 변화로 생기는 단순한 자연현상으로서가 아니고 의지를 가진 신으로 인식되었다는 것을 알 수 있으며, 갑골문자 형태에서 바람과 봉황이 같은 글자 형태인 것을 보면 이 바람신이 봉황새로 현현되었음을 알 수 있다. 갑골문에서 바람(봉황)을 "天帝의 사자" ("帝史風"『卜辭通纂』398, 郭沫若)라고 칭한 것은 봉황이 항상 그들의 지고신인 천제의 곁에 있다는 중국 고대 전설과도 일맥상통한다.

戰國시대로 내려오면 바람신의 다른 명칭들이 나타난다. 취 위앤(屈原)의 楚辭작품「離騷」및「遠遊」에 최초로 "飛廉"이라는 낱말이 나

6) 이 논문에서 한국어표기는 가능한한『龍飛御天歌』,『訓蒙字會』등 초기 한국어 자료에 따른다.

7) "바람에 대한 고대인의 인식론에 대하여서는 金容沃,『나는 불교를 이렇게 본다』, 서울 : 통나무, 1989, pp. 133~144를 참조하기 바란다. 그는 이 책에서 바람에 대한 개념을 역사적으로 상세히 고찰하였다.

8) "其平風三羊三犬三豕"『殷虛書契續編』2. 15. 3, 羅振玉. 바람에게 좀 잦아달라고 양과 개 그리고 돼지를 각각 세마리씩 바쳐 제사지낸다는 내용이다. 이 밖에도 갑골문에는 바람에게 제사지낸다는 귀절이 꽤 많이 나온다.

온다.[9] 後漢의 왕 이(王逸)는 이에 대해 "飛廉, 風伯也"라고 주를 달았으며, 『呂氏春秋』도 飛廉을 "風師"라고 하였다. 後漢의 잉 사오(應劭)는 "飛廉은 神禽으로 능히 風氣를 이르게 한다"고 설명하였다.[10] 飛廉이라는 명칭의 異文으로 "蜚廉"과 『爾雅』「釋天」의 "焚輪"(위에서 아래로 몰아치는 사나운 바람, 暴風從上而下)등이 고문헌에 나타난다. 구름신(雲神), 우뢰신(雷師)을 가리키는 豊隆 또한 바람과 관계가 있는 명칭으로, 飛廉과 음과 뜻에서의 연결이 가능하다.[11]

朝鮮의 黄胤錫(1729~1791)은 일찌기 우리말의 "바람"은 서역어 음에서 온 것이라고 주장하였다. 그가 漢字로 "波嵐" 또는 "勃嵐"이라고 표기한 "바람"이라는 한국어는 실은 "급히 휘몰아치는 폭풍"(迅猛風)을 의미하는 서역어 "毗嵐"이나 "毗藍"의 음에서 온 것이라는 것이다.[12] 이 명칭들은 고려말 한국어음을 한자로 표기한 『鷄林類事』에서의 "風曰孛纜"의 "孛纜"과도 하나로 묶을 수 있는 발음 상으로 극히 유사한 어휘들이다.

이제 위에 나온 바람 내지는 바람신의 명칭들의 上古音을 분석해보자. 이 논문에서는 특수한 경우를 제외하고는 리 황꿰이(李方桂)의 上古音체계를 따른다. 그의 상고음체계는 부분적 수정을 거친 칼그렌(Bernhard Karlgren)의 中古音체계에 근거하여 재구한 것이다.[13]

風의 聲符(phonetic element)는 凡이다. 이 凡 聲符를 가진 諧聲字들에는 芃, 汎, 風, 帆, 嵐(葻), 諷, 楓, 颿등이 있다.[14]

---

9) "後飛廉使奔屬"「離騷」。
"前飛廉以啓路"「遠遊」。

10) "飛廉, 神禽, 能致風氣"『風俗通』。

11) 楚나라 文化를 계승하였다는 漢朝에서 특히 武帝는 바람신을 중시하여 長安에 蜚廉觀을 세워 바람신을 모셨다는 기록이 『史記』「武帝本紀」에 나온다. 楚辭의 형식을 답습한 漢高祖의 秋風辭, 武帝의 大風歌라는 詩歌가 전해내려오는 것이나 楚歌楚調가 유행했던 상황에 미루어 보면 그 당시 楚문화가 상당히 보편화 되었으며, 漢왕조의 楚문화 선호도가 아주 높았던 것을 알 수 있다.
"雲神, 豊隆也"『楚辭』「九歌 雲中君」王逸 注。
"雷師, 豊隆也"『楚辭』「離騷」王逸 注。

12) "風曰波嵐, 古曰勃嵐。此則西域所呼迅猛風爲毗嵐, 亦爲毗藍之轉音也。"「華音方言字義解」『頤齋稿』雜著 卷之十二。

13) 李方桂, 「上古音研究」『清華學報』 新九卷 第一二期合刊, 臺北 : 清華學報, 1971, pp. 1~61. 上古音 앞에는 * 표를 붙여서 中古音과 구분한다.

14) 한자에서 소리를 나타내는 聲符와 뜻을 나타내는 意符(radical, signific. 우리가 보통 변, 또는 부수라고 부르는 부분) 두 부분이 합쳐져서 이루어진 合體字가 바

칼그렌의 諧聲원칙 (The principles of the phonetic compounds) (1923)에 의거하면, 聲符와 諧聲字는 聲母(initial), 주요모음(principal vowel), 韻尾(final)등 음절 각 부분의 上古音은 그 음가가 똑같거나 극히 유사하다.[15] 風이 詩經에 韻脚으로 쓰인 예는 6번으로, 모두 상고음 韻部 侵部 *-əm에 속하는 글자들과 押韻하였다. 그러므로 이 風자도 자연히 侵部에 귀속된다.[16] 압운 현상뿐만 아니라 諧聲원칙으로 보아도 風은 聲符가 凡 *-m 이기 때문에 비록 中古音은 운미가 -ng이지만 上古音에 있어서는 운미가 *-m이었다는 사실이 확실하게 드러난다.[17]

風을 聲符로 하는 諧聲字 諷, 楓 등은 風과 동음이므로 諧聲원칙에

로 形聲字(phonetic compound)이다. 같은 聲符를 가진 形聲字들을 諧聲字라고 하며, 聲符 및 그 聲符의 諧聲字들끼리는 서로 諧聲관계에 있다.

15) 칼그렌의 諧聲원칙은 그의 저서 "Analytic Dictionary of Chinese and Sino-Japanese"(Paris : 1923)의 서문에 실려 있다. 이 諧聲원칙이 최초로 상고음 연구의 기틀을 마련하였으며, 아직까지 상고음 연구에 있어서 대체로 이 원칙에서 그리 벗어나지 않는다. 그러나 이 聲符가 같은 諧聲字는 음이 서로 같거나 유사하다는 사실은 칼그렌의 諧聲원칙에 의거하지 않더라도 段玉裁같은 淸代학자들이 이미 이 사실을 간파하여 諧聲字로 古音을 분류하였으며, 더 거슬러 올라가서 漢代 쉬 선(許愼)(AD 121)의 『說文解字』의 六書 분석 방법은 形聲字의 聲符가 음을 나타내고 있다는 사실의 인식에 근거한 것이다.

16) 「邶風 綠衣」 綠兮絺兮, 凄其以風。我思古人, 實獲我心。(第27首)
「邶風 谷風」 習習谷風, 以陰以雨, 黽勉同心, 不宜有怒。(第35首)
「秦風 晨風」 鴥彼晨風, 鬱彼北林。未見君子, 憂心欽欽。(第132首)
「小雅 何人斯」 彼何人斯, 其爲飄風。胡不自北, 胡不自南, 胡逝我梁, 祇攪我心(第199首)
「大雅 桑柔」 如彼遡風, 亦孔之僾。民有肅心, 荓云不逮。(第257首)
「大雅 烝民」 吉甫作誦, 穆如淸風。仲山甫永懷, 以慰其心。(第260首)
淸 초기부터 음운학자들이 詩經의 압운현상에 따라 古韻(上古音)의 분류작업을 본격적으로 시작하였는데, 후대로 갈수록 연구성과가 축적되며 분류 기준이 엄밀해지고 세분화되었다. 顧炎武는 최초로 古韻을 10部로 나누었고, 뒤이어 江永은 13部, 段玉裁의 17部, 江有誥의 21部에 이르기까지 발전하였으며, 이 성과를 이어받아 칼그렌은 35부, 董同龢는 22부, 李方桂도 그대로 22부 설을 수용하였으며, 王力은 29부이다. 王의 29부는 入聲을 분립한 결과라는 형식상의 문제이며 내용적으로는 22부와 큰 차이가 없다. 위의 侵部는 22부중의 한 부이다.

17) 聲符 凡이 어느 古韻部에 속하는지 하는 문제에 대하여는 학자에 따라 해석의 차이가 있다. 董同龢와 李方桂는 凡을 談部에 넣었으나, 周祖謨는 風과 더불어 凡과 모든 諧聲字들을 侵部에 귀속시켰다. 그러므로 周祖謨의 談部에는 脣音(labial)聲母가 하나도 없다. 王力은 처음에는 談部로 보았으나, 뒤에 가서는 侵部로 수정하였다. 丁邦新先生도 董同龢 李方桂 두 은사의 談部 설을 수정하여 侵部로 보았다. 諧聲현상으로 볼 때 周의 설이 타당하므로, 이 논문에서도 이 설에 따라 凡도 侵部로 본다.

들어 맞는다. 그러나 같은 諧聲字 중에 嵐, 葻등은 中古音 聲母가 l-이다. 이 l-과 聲符 風의 聲母 p-와의 동떨어진 관계는 최소한 조음장소(place of articulation)는 같아야한다는 諧聲원칙으로는 도저히 설명되지 않는다. 그러므로 이 글자들은 中古音이나 현대음에서는 單聲母(simple initial consonant)이지만 上古音에서는 複聲母(어두자음군, consonant cluster)였으리라고 추정된다.

이와같은 특이한 諧聲현상에서 상고음에 여러종류의 複聲母가 존재했으리라는 가설이 일찍부터 제기되었고,[18] 칼그렌 이래로 활발히 연구되기 시작했던 것이다. 똥 통허(董同龢)는 칼그렌의 설을 발전시켜 더 많은 복성모의 예를 제시하였고, 리 황꿰이(李方桂)는 복성모의 유형을 기존학설인 脣音, 舌根音(velar)과 來母 l-(中古音韻체계에서 36가지 聲母중의 하나) 글자와의 諧聲현상에서 얻은 복성모 즉 둘째음소가 -l-인 복성모군 외로도,[19] s- 접두음(詞頭)을 가진 일련의 복성모가 존재했을 가능성을 제시하고 있다. 띵 빵신(丁邦新)선생은 더 나아가서 -l-복성모의 음의 재구원칙을 체계화하였다.[20]

風이 상고음에서는 복성모였으리라는 가능성이 제기된 것은 언제인가? 朝鮮 英正祖시기의 黃胤錫이 최초로 바람과 毗嵐의 음의 관련성을 거론은 하였으나, 그의 목적은 단지 風의 한국음 波嵐이 서역의 毗嵐에서 온 것이라는 한국어 "바람"의 어원을 밝히려는데 있었으며, 風의 上古音이 복성모라는 사실과는 전혀 무관하다.[21] 風의 상고음이 복성모라는 사실은 내가 아는 바로는 상 위허(尙玉河)가 「"風曰孛纜"和上古漢語複輔音聲母的存在」(『語言學論叢』 第 8 輯, 北京 : 商務, 1981)에서 한국어 "바람"과의 관계를 통하여 최초로 밝혀냈다. 그후 이 설은 학자들에게 받아들여져서 요 몇년 사이에 중국음운학개론서에 이 "바람"이 상고음체계에 복성모가 존재했다는 사실을 증명하기

18) 19세기 영국인 에드킨스(Edkins)가 최초로 이 문제를 제기하였다.

19) 그는 모든 二等韻에는 介音(medial) -r-이 존재했다고 보았으며, 복성모에도 예외없이 둘째 음소 -l- 대신 -r-로 대처하였다.

20) 띵선생의 원칙에 의하면, 風은 *pljəm, 嵐葻은 *bləm, 凡은 *bljiəm으로 재구되며, 이들 상고음 복성모는 각각 다음과 같이 중고음 단성모로 변하였다 : *pl->p-, *bl->l-, *bl->b-/-jiV. 「論上古音中帶 l 的複聲母」, 『屈萬里先生七秩榮慶論文集』, 臺北 : 聯經, 1979, pp. 601～617.

21) 해당 논문 「華音方言字義解」는 『頤齋遺稿』 雜著 류에 실려 있으며, 정확한 저술연대는 모르지만 대개 18세기 말 경으로 추정된다. 여기에는 1829년에 쓴 序가 붙어 있다.

위한 증거로 예시되기도 한다.[22]

결론으로 말하면, ᄇᆞᄅᆞᆷ[pʌrʌm]은 風의 上古音 *pljəm에서 온 것으로 어두자음군이 없던 중세 이전 한국어음체계에 맞추어 두개의 자음을 분리하고, 그 사이에 모음조화 법칙에 맞추어 모음을 첨가함으로써 두 음절이 된 것이다. 중국어음운사에서는 上古音에서의 복성모의 분화가 일찍부터 진행되어 복성모를 가진 단음절의 두음절화가 先秦시대末에는 거의 완성되었다고 본다. 이러한 과정에서 漢초까지 남은 그 잔재가 바로 飛廉, 蜚廉이다. 한국에서는 이 두 음절 어휘가 고려시대의 孛纜, 조선의 把論(朝鮮館譯語), 勃嵐, 波嵐, 현대의 바람[param]으로 계속 남아있는 셈이지만, 이낱말은 일찌기 고유한국어화하여, 中古音을 반영하는 漢字音 풍[p'ung](낱말로는 쓰이지 않으며 형태소로만 쓰인다)과 사용범위를 달리하여 병존하고 있다.

한가지 재미있는 사실은 ᄇᆞᄅᆞᆷ이라는 낱말이 風의 훈인 동시 壁의 훈이기도 하다는 것이다(ᄇᆞᄅᆞᆷ壁).[23] 다시 말하면 이 ᄇᆞᄅᆞᆷ은 風의 뜻이기도 하고 동시에 壁의 뜻이기도 한 동음이의어이다. 이와같은 사실에서 다음과 같은 추측을 해본다. 우리 선조들은 바람의 위력을 익히 알고 바람을 막기 위해 세운 벽을 또한 ᄇᆞᄅᆞᆷ이라 칭하여 재앙신 바람에 대한 주술적 효과를 노린 것이나 아닐까? 지금 흔히 "바람벽"이라고 훈과 한자를 중복하여 쓰는 것은 "바람"과 뜻의 혼동을 피하기 위해 강구된 언어습관에서 나온 편법일 것이다. 그리고 이제는 아예 훈은 떼어버리고 한자어 "벽"만 쓰는 것이 보편적 추세이다.

ᄀᆞᄅᆞᆷ河

고대로 올라가면 河는 일반 하천을 가리키는 보통명사가 아니고 黃河만을 가리키는 고유명사였다. 殷商人에게는 "河"도 "風"과 마찬가지로 때로는 숭배, 제사의 대상이 되는 自然神, 즉 黃河의 신으로 인식되었음을 甲骨文기록을 통해 알 수 있다. 갑골문을 보면, "河"가 재앙을 내리기도 하고 제사의 대상이 되기도 하는 神이라는 사실이 명확히 드러난다. "丁未卜爭貞祟雨匄于河十三月。丁未일에 거북점을 쳤

22) 李思敬, 『音韻』, 北京：商務, 1985, p. 117.
23) 『訓蒙字會』.

는데, 爭이 점을 물었다. 비에 탈이 생겨 비가 안와서 十三月에 黃河의 신에게 비오게 해달라고 기구하는 제사를 지냈다."(甲骨文合集 12863) 黃河의 신은 黃河의 물을 관리하므로 비(雨)와 밀접한 관계가 있기 때문에 비(雨)를 지배한다고 생각했다. "貞桒年于河。黃河의 신에게 풍년을 기원하였다."(甲骨文合集 10083) 갑골문에는 이와 같이 黃河의 신에게 풍년을 기원하는 문구가 상당히 많이 보인다. 물과 농경과의 밀접한 관계에서 본다면 지극히 당연한 발상이다. 그러나 河神은 또 동시에 재해를 불러일으키는 나쁜 신이기도 하다. "河不…令雨。黃河의 신이 비를 오게하지 않는다."(甲骨文合集 14638正) "河祟我。黃河의 신이 우리에게 탈나게 했다."(殷虛文字乙編 5406)

戰國시대로 내려오면 黃河神의 이름으로 "河伯"이라는 명칭이 등장하게 된다. 戰國시대의 문헌으로 추정되는 『山海經』, 『韓非子』, 『楚辭』등에 이 명칭이 나타난다. 『楚辭』「九歌」 11편 중에서 「河伯」편은 바로 黃河의 신에게 제사지내는 祭歌이다. 漢 왕 이(王逸)의 注(『楚辭章句』)에 河伯의 異名으로 馮夷, 冰夷, 無夷라는 명칭이 보이며, 역시 「九歌」 중의 한편인 「雲中君」에는 雲神명으로 豊隆과 屛翳가 나오며, 앞에서 인용한 「離騷」의 注에는 飛廉이 우뢰신 雷師, 豊隆을 가리키는 것이라는 일설도 실려있다. 또 雨師(비의 神)의 이름으로 屛翳가 등장한다. 이와함께 屛翳가 風, 雲, 雷의 神이라는 설이 동시에 공존한다. 이렇게 바람, 구름, 비, 우뢰, 黃河가 분리되지 않고 서로 얽혀있는 사실을 통하여 다음과 같은 추정이 가능하다. 고대인의 농경, 수렵생활에 가장 중요한 자연 현상이 바람과 비이며, 구름, 우뢰, 하천은 바람과 비와 동질의 현상으로 모두 하나로 묶일 수 있기 때문에 이 각각의 현상을 관장하는 신의 이름들이 서로 얼기설기 얽혀있는 것으로 보인다.

한국어에서 "ᄇᆞ룸"과 "ᄀᆞ룸"은 최소변별쌍(minimal pair)으로 극히 유사한 음절형태를 갖고 있다. 이러한 사실 역시 이 두 자연현상이 동질적인것이므로 그 개념도 유사해야 한다는 고대인의 보편적 의식 속에서 온 것이 아닌가 생각된다. 그러면 이제 ᄀᆞ룸河에서 ᄀᆞ룸과 河와의 관계를 분석하여 보자.

1970년 미국의 언어학자 제리 노만(Jerry Norman)과 메이 쭈린(梅

祖麟)은 공동연구의 결과 중국어에서 하천을 뜻하는 두 낱말 "江"과 "河"의 언어지리적 분포의 특징에서 중국어 어원에 대하여 획기적인 새로운 학설을 끌어 내었다.[24] 앞서 언급했던 것처럼 고대에 河는 黃河 그리고 江은 長江(揚子江)을 가리키는 고유명사였다. 그리고 중국 전역의 하천들은 대체로 長江을 경계로 하여 남쪽에서는 하천 이름을 "××江"으로 칭하며(長江, 錢塘江, 閩江, 珠江…) : 북쪽에서는 "××河"로 칭한다(黃河, 淮河, 灤河, 遼河…).[25] 이같은 "南江北河"의 언어 지리적 분포의 특징 뿐만 아니라, 江과 河라는 낱말의 출현시기도 이들 학설의 중요한 근거가 되고 있다. "河"는 고대북방언어를 대표하는 殷代 갑골문에 많이 나타나지만, "江"은 출현 시기가 비교적 늦어 갑골문에는 전혀 보이지 않으며, 西周 金文에도 한차례 밖에는 나타나지 않는다. 『詩經』에도 겨우 5首에 도합 9번 나타나며, 이들은 모두 長江을 가리키는 고유명사로 씌었다.[26] 노만과 메이는 이 두 낱말의 독특한 지리적 분포와 출현 시기에 의거하여 다음과 같은 결론을 내렸다. "河"는 북방 몽고어에서 河流를 나타내는 낱말 [ɣool]과 동계어로, 이 중국어 河는 바로 몽고어에서 온 것이며, "江"은 남방의 남아어족(Austro-Asiatic family)에 속하는 몬 크메르(Mon-Khmer) 어계의 각 언어에서 河流를 나타내는 낱말들[Krong] [karung] [klong] [khroang] [krung] 등과 동계어로, 이 江은 곧 남아어에서 온 것이라는 것이다. 그 후 재미 언어학자 하시모토 만타로오(橋本萬太郞)는 『言語類型地理論』(1978 : 東京)에서 言語地理類型論의 整體的

24) "The Austroasiatics in Ancient south China: some lexical evidence", *Monumenta Serica* 32, 1976, pp. 274~301.

25) 그러나 黑龍江(東北), 松花江(東北), 紅水河(廣西壯族自治區), 南渡河(海南島)등과 같이 南江北河의 상례에서 벗어나는 예외적인 명칭이 없는 것은 아니나 이들은 대개 신개발지역으로 후에 붙여진 이름이기 때문에 이 논지를 흐트리지 않는다.

26) 『詩經』에 "江"이 나오는 시는 國風에서는 「周南 漢水」「召南 江有汜」 뿐이며, 「小雅 四月」「大雅 江漢, 常武」시에만 나온다. 이러한 현상은 詩經學者들이 고래로 논쟁을 거듭해왔던 二南의 독특한 위치와 성격 문제와도 재미있는 관계가 있음을 알 수 있다. "江"이 13國風에서는 보이지않고 二南에만 보이는 현상을 南江北河 설에 연결시켜 보면 바로 周南召南이 남방에 위치한 남방국의 노래라는 전통적인 학설이 확고해진다. "江"이 남방의 노래 二南뿐 아니라 西周(북방국) 귀족의 노래라고하는 小雅·大雅에도 나오는 현상은 다음과 같이 설명될 수 있다. 小雅大雅는 卽物的 민요 國風과는 성질이 다른 시가로서 노래하는 사람의 체험에서 벗어나는 범위의 사물이 가사에 섭렵될 수 있기 때문에 그들의 생활터가 아닌 머나먼 長江이 간혹 시에 등장할 수 있었다고.

시각에서 江·河가 각기 남아어와 몽고어에서 차용한 낱말이라는 노만과 메이의 논증을 한층 강화시켰다.[27] 이에 대하여 뒤늦게 중국에서 장 홍밍(張洪明)이 여러가지 반증을 들어 江·河는 외래의 차용어가 아니고 중국 고유의 언어라고 반론을 제기하였다.[28] 이 상반되는 두 학설은 사실상 서로 상대편을 완전히 배제시킬 수 있을 만큼 확고한 근거를 확보하지 못한 상태이다. 그렇지만 노만·메이와 하시모토의 설은 종래의 기존틀을 벗어난 거시적 시각에서 언어의 분석을 시도한 결과로서 언어학적 사고의 범위를 확대시켰다는 점에서 큰 의의가 있으며, 자체내의 방법론 속에서는 하자가 없는 훌륭한 이론이다.

『訓蒙字會』나 『千字文』등 초기 훈민정음 자료에 의하면, 江과 河의 훈이 모두 ᄀᆞᄅᆞᆷ으로 되어 있다.[29] 江의 상고음은 *krung이므로, 위에서 말한 남아어족 언어의 음들과 유사하다.[30] 河의 상고음은 *gar이다.[31] 우리는 이 문제의 해결에 있어서 애초부터 노만·메이나 하시모토의 북방언어와 남방 언어의 차용어라는 이색적인 주장에까지 들어가 휘말릴 필요가 없다. 그저 단순히 이 "江"과 "河"의 중국 상고음이 한국어 "ᄀᆞᄅᆞᆷ"과 음의 유사성이 있다는 사실에서 서로 차용관계에 있음을 가정할 수 있다. 그 다음 단계에 가서 노만·메이·하시모토의 설이 근거로 한 "南江北河" 현상을 수용한다. 즉 江 *krung은 중국 남방의 어휘이며, 河 *gar는 중국 북방의 어휘라는 설을 받아들여, 북방에 위치한 고조선의 강역이나 또는 그 교류국이 중국 북방지역에 위치하였던 燕이나 齊였음에 비추어 고대 한국어에서 江 *krung보다는 河 *gar를 받아들였을 가능성이 훨씬 더 높기 때문에, ᄀᆞᄅᆞᆷ은

27) 하시모토의 『言語類型地理論』은 중국에서 『語言地理類型學』이라는 제목으로 번역 출간되었다. 余志鴻譯, 北京 : 北京大, 1985.

28) 張洪明, 「"江" "河"考」, 『語言硏究集刊』 1, 上海 : 復旦大, 1987, pp. 64~85.

29) 그 뿐만아니라 湖도 ᄀᆞᄅᆞᆷ이다.

30) 이 논문에서 근거하는 李方桂의 상고음체계는 야혼토브(Yakhontov, "Consonant Combinations in Archaic Chinese", 1960)와 풀리블랭크(Pulleyblank, "The Consonantal System of Old Chinese", 1962)의 二等介音 -r-, -l- 설을 받아들여 상고음의 모든 二等에는 介音 -r-이 있다고 보았다. 江은 二等字이므로 *kung이 아니고 *krung으로 재구하였다.

31) 일본 학자 라이 쯔토무(賴惟勤)는 1961년 한 중국어 연구회의 발표에서 河의 상고음을 *gal이라고 하였다.

바로 河 *gar에서 온 것이라고 추정한다.[32] 이 *gar는 한국어 체계로 들어오면서 한국어음 체계에 맞추어 g->k-로 무성음화되고, 같은 자연현상 내지는 자연신이었던 ᄇᆞᄅᆞᆷ[pʌrʌm]에의 유추작용으로 [kʌrʌm]이 되었다고 본다.

2. ᄆᆞᅀᆞᆯ里, 거리街

ᄆᆞᅀᆞᆯ里

인간의 제도사에 있어서 가장 기본적이고 또 확실한 최하위의 무리 형태이며 가장 지속적인 문명의 단위는 "가정"을 제외하고는 곧 "마을"이라는 공동체이다. 이 지속적이고 자연적인 최하위 무리 형태인 "마을"이 국가행정조직에 편입될 경우에는 자연히 행정조직의 최소·최하위 단위와 일치하게 되며, 중국에서 고대로부터 이 단위를 지칭해오던 지속적인 명칭이 바로 "里"이다.

"里"는 갑골문에는 보이지 않으며 金文에 처음 나타난다. 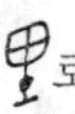로 되어있는 금문의 자형 역시 『說文解字』의 분석(會意：从田从土)대로 밭田과 흙土로 이루어져 있다. "里"의 의미에 대해서는 『說文』뿐 아니라 『詩經 毛傳』에서도 "거하다(居也)"로 풀고 있다. 우리는 자형에서 우선 里는 바로 농업경작과 깊은 관련이 있음을 알게된다. 여기에다 "거하다"라는 주석 외로 『周禮』등 다른 고문헌의 기록도 참고하여 다음과 같은 결론을 내릴 수 있다.[33] "里"란 농업경작제가 정착된 이후에 혈연성과 지연성을 기반으로 형성된 취락으로 대략 25가호 정도로 이루어진 씨족공동체이다. 인류의 역사는 마을의 역사이며 이 마을의 역사는 중국제도사에서 里制論으로 설명된다. 중국제도사에서 마을이 행정화되고 초기 자연취락과는 달리 인위취락이 본격적으로 형성되기 시작한 때를 대개 戰國秦漢초로 본다. 이는 대략 BC 4세기에서 BC 2세기에 걸친 시기로 각 제후국들이 부국강병을 위해 인구확보를 꾀하면서 新縣을 설립하게 된다. 이와같이 新縣이 대폭 증가하

32) 곽리자고의 아내 여옥이 지었다고 하는 한국 최초의 시가로 전해오는 "公无渡河"에서의 "河"도 이러한 南江北河의 맥락에서 의미부여를 해볼 수 있지 않을까 한다.
33) 『周禮』「地官」遂人："五家爲隣, 五隣爲里。"

면서 소위 郡縣制가 성립하게 되는 것이다. 『漢書』(卷 49)의 기록대로 秦漢의 新縣은 里制로 편성되었으며, 여기에 이주민을 영입시켜 인위취락을 형성시켰던 것이다.[34)]

이제 "里"와 한국어 훈 "ᄆᆞᅀᆞᆯ"[mʌzʌr], "ᄆᆞᄋᆞᆯ"[mʌʌr]과의 관계에 대하여 분석하여 보자.[35)] 『訓蒙字會』에 "ᄆᆞᅀᆞᆯ"이라는 훈을 가진 한자가 里 외로 閭·閻·隣·村등이 있으며, 『註解千字文』에는 聚와 落도 그 훈이 "ᄆᆞ을"[mʌïr]로 되어 있다. 그 뿐만아니라 『訓蒙字會』나 『千字文』에 관청을 나타내는 한자 府·署·衙·曺·局·司등의 훈이 모두 "마ᅀᆞᆯ"[mazʌr], "마ᅀᅳᆯ"[mazïr] 또는 "마ᄋᆞᆯ"[maʌr]로 되어 있다. 이 里와 府등의 두 한국어음은 최소변별쌍으로 매우 유사하다. 우리는 여기서 앞서 언급한 중국제도사에서 秦漢초의 里制와 관련지어 이 현상을 설명할 수 있다. 중국으로부터 이 里制가 전래되면서 고대한국은 이 국가행정조직의 최소 최하위 단위인 "里"와 이 단위를 관할하는 행정부서 "府"등을 넓은 의미에서 같은 개념으로 받아들이지 않았나 생각된다. 이 여러가지 현상으로 볼 때 "ᄆᆞᅀᆞᆯ"이란 중국어의 "里"의 의미에 해당하는 한국어임을 알 수 있다.

里[lĭ]의 상고음은 *mljəg(之部)로 재구된다. 앞의 風과 같이 이 글자도 複聲母이다. 그렇다면 里를 이렇게 複聲母로 재구하는 근거는 어디에 있는가?

里를 聲符로 하는 諧聲字에는 貍[lĭ]를 비롯한 여러 글자가 있으며, 또 이 貍를 聲符로 하는 諧聲字에는 薶(埋)·霾·䢾 [mǎi]등이 있다.[36)] 이러한 諧聲 관계에서 우리는 *ml- 複聲母 재구음의 근거를 명확히 찾을 수 있다. 埋 *mrəg는 中古音에서 皆韻 二等字이므로 리 황

34) 이상의 里 및 里制論에 대한 설명은 金容沃著 『노자철학 이것이다』 제 4 절 「제모사의 몇몇 암시」 pp. 251~357을 참조한 것이다. 里制論의 더 깊은 이해를 위해서는 이 『노자철학 이것이다』를 읽기 바란다.

35) 『新增類合』(朝鮮 宣祖朝 柳希春著)에 "ᄆᆞᄋᆞᆯ里"로 되어 있다.

36) 埋는 『說文』에서 "薶, 今俗作埋"라고 말한대로 漢代에 쓰인薶의 俗字이다. 그러므로 이 두 글자는 모양만 다른 같은 글자 즉 異體字이다. 『說文』에 貍는 "从豸里聲"으로 聲符가 里이며 聲母는 l-(里之切)로 里와 같으므로 諧聲원칙에 어긋나지 않는다. 그러나 薶는 "从艸貍聲"이므로 그 聲母가 聲符 貍와 같은 l-이어야 하나 실제는 m-(莫皆切)으로 諧聲원칙에 맞지 않는다. 이러한 l-과 m-의 특이한 諧聲현상에서 複聲母가 재구되는 것이다.

꿰이의 二等介音 -r-의 존재에 따라 재구된 음이며, 里 *mljəg 와는 훌륭하게 諧聲된다. 상고음에서 중고음으로의 聲母변화는 *ml->l-, *mr->m-이다.

한국어 "ᄆᆞᅀᆞᆯ"[mʌzʌr] "ᄆᆞᄋᆞᆯ"[mʌʌr]은 바로 "里"의 상고음 *mljəg 에서 왔다. 어두자음군이 없는 한국어에서 複聲母 *ml-의 사이에 모음을 삽입하여 두 음절화하여 받아들인 것으로 해석된다. 앞의 ᄇᆞᄅᆞᆷ [pʌrʌm]처럼 자음사이에 긴장長母音(tense & longer vowel) [a]가 아닌 이완短母音(lax & shorter vowel) [ʌ] 두개를 끼워넣고 음절 간을 구분하기 위해서 두번째 음절앞에 모음과 모음 사이 즉 유성음 간에 나타나는 "ㅿ"[z]을 첨가한 것으로 보인다. 그러면 이제 남은 문제는 韻母 *-jəg 의 처리이다. 한국에 "里"음이 전래된 시기는 아마도 *mljəg>lï 로의 변화 과정에서 複聲母는 아직 그대로 존재하고 韻尾 *-g 는 탈락된 시기가 아닐까 생각한다.

"ᄆᆞᅀᆞᆯ"[mʌzʌr]은 16 세기의 『新增類合』에는 "ᄆᆞᄋᆞᆯ"[mʌʌr]로, 19세기 초의 『註解千字文』에는 "ᄆᆞ을"[mʌïr], 지금은 "마을"[maïr]이 되었다.

"ᄆᆞᅀᆞᆯ"이 "里"의 중국 上古音에서 왔다는 이 논지에 더욱 확고함을 줄 수 있는 증거를 우리는 한국과 중국의 고대 문헌 문물에 나타나는 지명에서 찾을 수 있다. 『三國志』「魏書 烏丸鮮卑東夷傳」卷 30 에 나오는 三韓의 小國國名으로 牟盧·莫盧·萬盧 등이 여러차례 중복되어 나오며, 『三國史記』 卷36「雜志」第五「地理」에 백제의 縣名으로 馬老·甘勿阿·毛良夫里, 광개토대왕비문에 백제의 城名으로 臼模盧城·牟盧城·古牟婁城 등의 이름들이 나오며, 신라 성의 이름으로『梁書』에는 健牟羅와 『三國史記』 卷3 에는 芼老城,[37] 등으로 결코 적지 않은 수량이다.[38] 이 모든 명칭들은 공통적으로 첫째음절이 m-이고 둘째음절이 l-이다. 우리는 여기서 이 명칭들을 모두 훈민정음 창제 이전에 사용했던 "里"의 다양한 이두식 표기로 본다. 이러한 표기는 複聲母의 二音節化 현상으로 깨끗이 설명된다. 앞에서 다룬 風과 飛

37) 『梁書』 卷54「諸夷」新羅조 : "其俗呼城曰健牟羅。"
『三國史記』 卷3 慈悲麻立干十四年春二月 : "築芼老城。"

38) 김영황(『조선민족어발전력사연구』, 평양 : 과학백과사전, 1978, pp. 52~61)은 勿阿 馬老 牟盧는 村이나 邑대신 사용한 백제의 고장이름단위라고 주장하였다.

廉의 관계처럼 중국고문헌에서도 이와 유사한 예를 간간이 찾아볼 수 있으며, 현대중국어에서 사용하고 있는 어휘에서까지도 複聲母의 二音節化로 볼 수 있는 예들이 있다.[39]

우리는 이 "ᄆᆞ술里"를 고대중국문명이 중국에서 한반도로 전래되어 올 때 그 문명과 더불어 언어도 함께 전래된 경우의 대표적인 예로 볼 수 있다. 秦漢代에 성립된 중국제도 里制가 里라는 언어(음)와 함께 들어와서 "ᄆᆞ술"로 형성된 것이다. 현재 중국의 遼寧省 일부 지역의 고장 이름 뒤에 "漠洛"이라는 어휘가 붙은 사실도 위의 馬老·牟盧같은 里의 音借표기 습관의 전승이며,[40] 균여 사뇌가의 첫수 禮敬諸佛歌에 나오는 "塵塵馬洛佛體叱刹亦刹刹每如邀里白乎隱"이란 귀절 속에 있는 "馬洛"이라는 단어 또한 마을 里의 音借이다. 향가연구가들이 "馬洛"의 해석을 제대로 못하고 이제까지 "—마다" "—마락" "—토록"등으로 그 뜻을 잘못 이해하여 "塵塵마락 부처ㅅ刹이 刹刹마다 뫼실바이신" "티끌같이(토록) 많은 절에 절마다 모셨으라" "세상마다 부처절에 절마다 위해 놓은"등과 같이 해석하여 왔으나, 이 낱말을 "마을"이라고 보면, 전체 문장이 "속세(세상) 마을에 부처ㅅ절이…"라고 해석되어 별 무리가 없어진다. 이밖에도 三國시대의 官名인 麻立干, 莫離支에서 "麻立" "莫離" 또한 "馬老" "牟盧" 같이 m-과 l-음절의 조합으로 이루어진 二音節語로 "마을 里"의 音借표기일 가능성이 크다. 麻立干이 고구려가 신라 눌지왕을 격하시켜 "작은 지방의 수령"이라는 의미로 이 관명을 붙였다는 설과 연결시켜 보면 더욱 "마을"이라는 뜻에 다가간다는 것을 알 수 있다. 莫離支는『唐書』에 고구려의 연개소문이 자기 스스로를 칭했다는 관명으로, 여기에는 大莫離支 太大莫離支 등의 등급이 있다.

거리街

여기서 里의 분석과는 직접적인 연관이 없으나, 里와 마찬가지로 中國制度史에 속하는 낱말로서 리 황궤이의 상고음체계에서 二等介音

39) 孔[k'ung]—窟窿[k'ulung], 莽[mang]—孟浪[mənglang] 精[tçing]—機靈[tçiling] 渾[xun]—囫圇[xulun] 등등으로 현대중국어에서도 複聲母의 잔재로 보이는 예들이 적잖이 보인다.

40) 遼寧省의 일부 지방에서 쓰고 있다는 고장이름단위 "漠洛"은 李得春이『조선어어휘사』, 延吉 : 延邊大學, 1987, p. 13에서 언급한 예에 근거한 것이다.

-r-의 문제와 밀접한 관계가 있는 한국어 어원의 예를 하나 들고자 한다. "거리街"의 街는 佳韻 二等字로 上古音은 佳部 *krig 이다. 中古音에서는 介音과 韻尾가 탈락된 *krig>ka 이다. "거리"는 바로 上古音에서 온 것으로 韻尾 *-g 가 소실된 후의 음이 전래된 것으로 보인다.[41]

3. 갓(가시, 각시)氏 가지枝 션비士

갓(가시, 각시)氏 가지枝

『訓蒙字會』에 氏의 훈 "각시"는 이보다 이른 시기에 나온 『月印千江之曲』이나 『月印釋譜』에는 "갓" "가시"로 나타나며, 이는 "여자"를 뜻하는 말이다. 氏의 中古音은 紙韻 禪母 承紙切로 źjě 인데, 이상스럽게도 上古音에서는 *k-계 聲母들과의 諧聲현상이 보편적이다.[42] 리 황꿰이는 氏를 비롯한 이 종류의 tś-계(照三계) 글자들의 음은 본래 舌根塞音(velar, stop)인데 s-접두음을 가진, 다시 말하자면 일종의 複聲母일 가능성을 제시하였다. 그리하여 氏는 *sgjig>źjě, 枝는 *skjig>tśjě 로 재구하였다. 필자는 리 황꿰이의 複聲母설은 받아들이지만, 이 複聲母의 자음 음소 조합 형태에서는 그와 의견을 달리한다. 즉 그의 s-접두음 설을 받아들이지 않고 s 가 k 다음에 오는 ks-형태로 되어 있는 음소의 조합으로 본다. 그러면 氏는 *gsjig 가 되며, 한반도에 전래될 때는 韻尾 -g 가 탈락된 상태로 "갓" 또는 "가시"로 표기되었다고 본다. 이와같이 氏를 "여자"의 의미로 푸는 것은 인류사회학적 측면에서 보아도 합리적으로 설명된다. 氏가 母系로 이어졌던 고대 모계사회에서의 氏의 개념이 그 음과 함께 한반도에 전래되고

41) "거리"라는 훈이 붙은 한자는 街 이외로도 "거리衢" "거리逵"가 있다.

42) 氏 : 祇 芪 疷 忯 蚔 軝—支韻 群母 巨支切 gjiě. 董同龢는 이 특수한 諧聲현상을 설명하기 위해 이 氏 紙 뿐아니라, 같은 현상을 보이는 支와 諧聲字 枝 肢등 또 只와 咫 枳등 일련의 諧聲字들을 새로이 c c' ɟ' ɲ ç j 한 세트의 음으로 재구하였다. 李方桂는 中古音시기에도 k-계와 ts-계의 1자 2음 현상이 보존되어 있는 현상(車 kjwo, tś'ja 등)이 있으며, 또한 上古音 연구에 있어서는 조음장소(place of articulation)가 다른 음끼리는 諧聲할 수 없다는 엄격한 諧聲원칙을 전제로 해야한다고 생각하였기 때문에, 董同龢가 이같이 재구음을 새로 세우는 것은 문제가 있다고 지적하였다.

정착된 것으로 본다.[43] 枝도 마찬가지로 *ksjig 이며, "가지"로 전사되었다.

션ᄇᆡ士

한국어에서 "갓"(여자)과 대비되는 말로 "ᄉᆞᆫ"(남자)이 있다. 『訓蒙字會』의 아ᄒᆡ孩 밑에는 다음과 같은 설명이 있다 : "俗呼兒孩兒 ᄉᆞ나ᄒᆡ 女孩兒 간나ᄒᆡ." 여기서 우리는 남자는 "ᄉᆞᆫ"(ᄉᆞᆫ아>ᄉᆞ나), 여자는 "갓"(갓아>간나. "ᄉᆞ나"에 유추되어(analogy) "갓나"가 되고, 다시 뒷음절의 역행동화(regressive assimilation)로 "간나"가 되었음)임을 알 수 있다. 『千字文』이나 『訓蒙字會』에서 丁의 훈은 "ᄉᆞᆫ"이다. 이역시 장정 남자를 가리키는 말이다. 또 『石峰千字文』 『新增類合』에는 "션ᄇᆡ士"가 있다. 여기서 "ᄇᆡ"는 輩(『千字文』 물ᄇᆡ)이며, "션"은 남자를 가리키는 "ᄉᆞᆫ"과 동일한 낱말로 풀이된다.

그렇다면, 이 "ᄉᆞᆫ" "션"의 어원은 어디서 왔을까? 먼저 "士"의 의미를 살펴보자. 士는 春秋시대 이후로 제일 낮은 귀족계급 명칭으로 쓰였지만, 더 고대로 올라가면 계급과는 관계없이 순수하게 "사내, 남자"를 가리키는 일상어로 "계집, 여자"의 뜻인 女와 짝으로 쓰였다. 『詩經』의 연가에 "士與女"(사내와 계집)는 일종의 정형구처럼 흔히 보이는 귀절이다.[44] 여기에는 신분 계급의 색채가 전혀 없다.

"션"과 "士"의 관계를 분석하는 데 있어서는 앞의 예들과는 달리 중국 上古音에서는 아무런 정보를 얻을 수 없다. 그런 반면에 古文字 자형이 의외로 큰 도움을 준다. 甲骨文에 "士"는 단독으로는 나타나지 않고, 다른 요소와 결합된 합체자의 일부로 빈번하게 나타난다.

甲骨文에서는 수컷의 생식기 모양을 상징하는 기호 "⊥"를 각 동물을 가리키는 상형자에 첨가하여 숫사슴, 숫소, 숫말, 숫돼지, 숫양

---

43) 여기서 말한 모계사회는 母權사회와는 다른 개념이다. 모계는 가계전달의 형태에 관한 것이며 모권은 권력 형태에 관한 것이다. 모계는 있었지만 모권사회는 인류사에 있어본 적이 없다는 것이 사계의 정론이다. 모권사회의 허구성에 관하여서는 金容沃이 그의 저술 속에서 단편적으로 주장하여 왔으나 아직 체계적으로 상술치는 않았다.

44) 『詩經』중에서 지난날의 도학군자들에게 淫詩로 일컬어졌으나 현대학자들에게는 가장 진솔하게 남녀의 정을 노래한 아름다운 연가로 해석되는 시가가 가장 많이 실려있는 「鄭風」의 마지막 시 「溱洧」를 대표적인 예로 들 수 있다. 이 연가 속에는 "士與女"가 여러차례 반복되어 나온다.

()등 각 동물의 수컷을 각기 따로 구분하여 나타냈다. 그뒤로 이들 여러 숫짐승 명칭들이 점차 숫소를 가리키는 한 글자 로 통일되었으며, 오랜 시간의 자형 변화를 거쳐 형성된 것이 곧 "牡"이다.[45] 한편 金文에서는 "士"가 단독으로 나타나지만 甲骨의 "⊥" 형태는 없고 "" "" "" 등으로 나타난다. 문자학자들은 이를 도끼의 형태로 해석한다. 본래는 생식기 모양으로 수컷이라는 단순한 개념을 지칭하는 데서 힘과 권력의 상징인 무기, 도끼의 모습으로 변모되어서 힘과 권력의 가능성을 가진 수컷 즉 남성이라는 뜻에서 실제로 그러한 힘과 권력을 보유한 귀족계급을 나타내게 되었다고 보여진다. 그러니까 의미의 변천이 자형의 변화를 초래한 것으로 본다.

이러한 수컷의 생식기 모양의 "⊥(士)"가 한반도로 전래되면서 독특하게도 이 글자의 음을 취하지 않고 글자의 자형을 풀이하는 방식으로 받아들여 "발기한 생식기"라는 뜻의 "션"이라고 받아들였으나, 그 뜻은 한자의 원래 뜻과 마찬가지로 여전히 "남자"를 나타낸다.[46] 12세기 한국어를 나타내는 자료 『鷄林類事』에 "士"의 한국어음 표기가 "進"이며, 그 밑에 첨부되어 있는 反切은 "寺儘切"로 이 反切의 中古音價는 [sjen]이다. 그 음이 한국어 "션"과 신기할 정도로 부합하는 이 예는 "士"의 한국어가 "션"이라는 것을 단적으로 나타내준다. 朝鮮시기에 이 "션"에 "비(輩)"가 붙어 "션비"가 되고 다시 "선비"로 변하여 소위 "선비士"가 되었는데, 이치로 따지자면 그 뜻은 "남자"의 복수 "남자들" 또는 "남정네들"이 되어야하나 그렇지 못하다. 漢代 이후의 중국과 마찬가지로 儒學을 國敎로 한 朝鮮시대에는 "士"가 계급성을 포함한 儒家的 개념으로만 사용되었기 때문에 그 의미에 있

45) "牡"의 오른쪽 부분 "士"는 지금은 자형이 변모하여 흙土처럼 쓰지만, 본래의 자형은 "士"(甲骨文 ⊥)이다. 甲骨文에서 흙土는 ""인데, 이것은 땅위에 세워진 흙덩어리 모양이다. 물론 甲骨文의 제일 끝시기로 殷朝의 마지막 두 황제 帝乙, 帝辛 년간의 第五期에 간혹 "⊥"로 나타나는 것이 있을 뿐, 第一期부터 四期까지는 예외없이 모두 "" 또는 흙이 떨어지는 모습까지 나타낸 ""이다. 숫짐승을 나타내는 "⊥"는 第一期부터 보편적으로 나타난다. 『說文』은 이 牡를 "从牛土聲"의 形聲字로 잘못 풀이하였으나, 段玉裁는 『說文注』에서 "或曰, 土當作士, 士者夫也。之韻尤韻合音取近, 士則爲會意兼形聲"이라고하여 해박한 자신의 古韻지식을 근거로 하여 "士"로 풀이한 『說文』의 해석이 절대적이 아니고 "士"로 해석될 가능성이 큼을 시사하였다.

46) 『訓蒙字會』와 『千字文』 도두 "셜立"이므로 "션"은 立의 뜻임을 알 수 있다.

어서 소박한 甲骨文字 형태와는 거리가 생기게된 것이다. 단지 "손丁" 이나 "ᄉᆞ나희(男兒)" 또 현대어 "사내" "사나이" 평북 방언 "서나" 등이 "션=남자"의 자취로 남아있을 뿐이다.

한국어에서 혼인으로 맺어지는 관계에서 여자 쪽 인척을 가리키는 "가시(어미)"와 대응되는 남자 쪽 인척을 가리키는 말로 "싀(媤)(어미)"를 비롯하여 "셔방" "샤옹夫" "사회壻"등 일련의 낱말들 또한 이 "션"과 관련이 있으리라고 생각된다.

4. 밀麥(來) 길路 벼로筆 그믈網(罔) 거우로鑑 광우리籃 실絲

이 낱말들 중에서 "밀麥(來)" "길路" "벼로筆" 세 낱말에 대하여서는 鄭仁甲(재중교포)이 이미 이들 한국어 훈이 해당 한자의 중국上古音과 관련이 있음을 밝혔다.[47]

밀麥(來)

밀麥의 本字가 "來"였음은 甲骨文과 『詩經』의 귀절에서 확실히 나타난다. 來는 甲骨文에서 "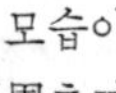"으로 밀이삭 늘어진 모습이 완연하다. 그리고 『詩經』에서도 가장 이른 시기의 작품으로 西周초까지 그 저작 시기가 올라가는 「周頌 思文」의 "貽我來牟"와 「臣工」의 "於皇來牟"의 두 귀절에서 "來"는 소맥을 가리키고 "牟"는 대맥을 가리킨다. 또『廣雅』「釋草」의 "小麥, 麳也"와 『說文』의 "秾, 齊謂麥秾也"에서 우리는 "來" "麥" "麳" "秾"는 모두 같은 뜻을 지닌 낱말이며 동시에 諧聲字이므로 음도 서로 諧聲됨을 알 수 있다. 來의 中古音 l-과 麥의 中古音 m-에서 上古音 複聲母 *ml-로 再構된다. 이 사실을 확증하는 좋은 예가 있다. 『說文』은 "麥, 芒穀, 秋種, 厚薶, 故謂之麥"에서 "厚薶"(*gug mrəg>ɣəu mǎi, 깊이 묻다)라는 낱말에서 麥이라 일컫게 되었다고 설명하였다. "薶"는 앞서 "마을里"의 諧聲字로 上古音이 *ml-

47) 鄭仁甲, 「朝鮮語固有詞中的"漢源詞"試探」, 『語言學論叢』 第十輯, 北京 : 商務, 1983, pp. 197~222. 이 논문에서 구체적인 분석 과정과 上古音再構音 및 음의 변화는 鄭仁甲의 설과 다른 점이 많다.

複聲母임이 판명된 글자이므로 이러한 說文의 귀절은 麥이 複聲母였을 가능성을 더욱 확고히 해준다.[48] 밀來가 "오다"라는 뜻의 假借字로 쓰이다가 아예 "오다"에 글자를 내어줘버리고 "밀"은 來 밑에 夊을 덧붙여 麥이라고 쓰게된 것이다. 麥은 來의 諧聲字이므로 上古音에서는 동음이거나 유사한 음이었을 것이다. 이들 상고음은 다음과 같이 再構된다.

來 : *mləg>lâi(之部)[49]

麥 : mrək>mɛk(之部)

고대중국에서 전래된 시기는 來 *mləg에서 韻尾 *-g가 탈락된 시기로 *mlə가 들어와 한국어음체계에 맞추어 두개의 어두자음 사이에 모음 i를 넣어 mir이 되었을 것이다. *mlə의 ə는 애매모음(schwa)으로 확실히 인지되지 않아 문제되지 않았을 것이다.

길路

길路도 밀麥(來)와 같은 방식으로 그 수용과 변화가 설명된다. 聲符 各[k-]과 路 洛 落 略 露[l-] 格 客 閣 [k-]등 諧聲字들과의 관계로부터 複聲母 *kl-을 처음으로 再構한 사람은 칼그렌으로서, 이 예는 複聲母문제를 다루는 자리에서 항상 첫번째로 꼽히는 대표적인 예이다. 여기서 路 *klag>luo가 再構되고, 이 路 *kl-에서 길[kir]로 수용되었다.

벼로筆

붇筆에서 "붇"이 "筆"의 中古音 pjĕt에서 왔다는 사실은 이미 상식화된 이야기이다. 筆에서 竹변을 뺀 "聿"이 甲骨文에서 "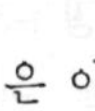"로 손으로 붓을 쥔 형상이다. 『說文』에서도 붓을 楚지방에서는 "聿," 吳지방에서는 "不律," 燕지방에서는 "弗," 秦지방에서는 "筆"이라 불렀다고 하였다. "筆"은 "聿"에 竹변을 첨가하여 "죽제 붓"의 전용어로 분화되어 나온 것으로 보이며, 聿(中古音 零聲母[ϕ-]) 聲을 따른 會意 겸

48) 이상 『詩經』『說文』『廣雅』의 예는 笪遠毅, 「古漢語複輔音聲母 ml-考」, (『語言硏究集刊』 I, 上海 : 復旦大學, 1987, pp. 50~63) p. 54를 참조함.

49) 李方桂는 來의 上古音을 *ləg로 再構하였으며, *mləg는 괄호 속에 집어넣고 의문부호를 달아 複聲母의 可能性 여부에 의문을 표시하였다.

形聲字로 본다. 같이 聿 聲을 따른 諧聲字 "律"이 聲母가 l-이므로 여기서 *pl- 複聲母가 再構된다. 리 황궤이는 聿 *brjət 律 *bljət 筆 *pljiət 로 再構하였다. 『說文』에서 언급한 吳지방의 "不律"이나 『爾雅』의 "不律謂之筆"의 不律이 모두 聿·筆이 複聲母 일 가능성을 높여주는 예이다.

鄭仁甲은 『鷄林類事』에서 "筆"의 고려음 표기가 "硯"과 똑같이 "皮盧"(『訓蒙字會』 벼로 硯)로 되어있음을 상기시키고, 이를 筆의 上古音 複聲母 *pl-의 반영으로 지적하였다.[50] 이 한국어의 예는 "不律"과 함께 複聲母 二音節化의 또 하나의 좋은 예이다.

그믈網(罔)

그믈(罔)은 『周易』「繫辭」와 『說文』에 고대 전설 속의 帝王 伏羲氏가 최초로 노끈을 엮어 만들어, 이것으로 수렵과 어렵을 하였다고 전하며, 우리는 여기서 원시문화의 탄생을 엿볼 수 있다.

"罔" "網"의 本字는 "网"으로 甲骨文 "⊠"는 그물을 펼쳐놓은 형태이다. 이 "网"의 諧聲字로는 罔·網 뿐 아니라 "산등성이" 또는 "언덕"이라는 뜻의 "岡"(=崗, 从山网聲)이 있다. "网" "罔"의 中古音은 mjwang 이며, "岡"은 kâng 이다. 이들의 諧聲관계에서 "网" "罔"을 複聲母 *kmjang 으로 再構할 수 있으며, 한반도에 그물이라는 도구가 전해오면서 그 명칭도 함께 전해졌으나 複聲母만 취하여 두 음절화한 것으로 보인다.

거우로鑑 광우리籃

聲符 監을 가진 諧聲字들에는 鑑 k- 외로 藍·籃·濫 등 일련의 l-聲母 군이 있다. 이러한 諧聲관계에서 鑑 *kram(二等字), 籃 *klâm 이 複聲母로 再構된다. 이들 上古音이 한국어 체계로 들어오면서 음절의 완전한 대응이 아니고 複聲母 부분만 취하여 다음절화하는 방식으로 수용되었던 것이 바로 "거우로" "광우리"이다.

실絲

漢武帝 때 이미 개통되었다는 중국과 서방국을 이어주는 서역비단길

---

50) 鄭仁甲, 앞의 논문 pp. 206~7.

즉 씰크로드(silk road)를 중국어로는 絲綢之路 또는 絲路라고 부른다. 이 씰크로드는 바로 중국에서 생산된 명주 비단이 서방으로 운반되던 길이라는 데서 붙은 이름이다. 이 명칭으로 미루어보아도 씰크가 고대 동서문명교류에서 가장 주요한 품목이었음을 알 수 있다. 양잠은 중국에서 시작되었다는 데는 이의가 없다. 중국에서 시작되고 발달한 양잠업의 생산품 씰크가 씰크로드를 지나 서방세계로 들어가면서 그 명칭도 함께 전하여졌으리라는 추측은 쉽게 할 수 있으며 이러한 추측을 뒷받침하는 것이 바로 그리스어 sērik 현대 영어 silk가 중국어 絲 sï(*sjəg 之韻 心母 息兹切)와 유사하다는 점이다. 20세기 초부터 동서 관계 학자들은 이를 근거로 하여 유럽어들은 중국어에서 차용한 것이며, 그 뿐만아니라 몽고어 sirkeg, 만주어 sirge, 한국어 sir 모두 중국어에서 온 것이라고 주장하였다. 그러나 중국어 sï와 그리스어, 몽고어, 만주어, 한국어의 ser- sir-에서의 r이나, 영어 silk에서의 l을 연결시키기 어렵기 때문에 편법으로 이들이 어느 중국방언음 ser에서 왔다고 하는 학자도 있으며, 김방한교수는 한국 몽고 만주어가 중국어에서 차용되었을 개연성이 대단히 희박하다고 아예 그 관계를 부인하였다.[51]

치우 시궤이(裘錫圭)는 戰國시대의 璽印文字 자료의 자형분석을 통하여 고대문자에는 "絲" 이외로 윗부분이 연결된 "𢇍"자가 있었다고 전제하고 이 "𢇍"가 "聯"과 의미 뿐 아니라 음에 있어서도 밀접한 관계를 가지고 있다고 보았기 때문에 이 글자는 聲母가 l-이 된다. 따라서 그는 "䜌"을 『說文』의 "从言絲"의 會意字가 아닌 "从言𢇍聲"의 聲符가 "𢇍"인 形聲字라고 주장하였다.[52] 秦漢 이전에는 "𢇍"가 독립적으로 존재했다가 그 후에 失傳되었다는 치우 시궤이의 주장은 근거가 박약하다고 생각한다. 그러므로 여기서 "𢇍"자의 존재는 인정하지 않는다. 그러나 "䜌"을 形聲字로 본 치우의 설을 받아들여서 聲符를 絲로 보면 앞의 예들과 마찬가지로 s-와 l-의 諧聲현상에서 絲를 복성모 *sljəg로 재구하는 것이 가능하다. 또한 䜌를 聲符로 하는 일련의 諧聲字들 중에서 대부분은 l-聲母를 가졌지만, 다양한 예외 현상이 있

51) 김방한, 『韓國語의 系統』 서울 : 민음사, 1983, p. 239.

52) 裘錫圭, 「戰國璽印文字考釋三篇」, 『古文字硏究』 第十輯, 北京 : 中華, 1983, pp. 78 ~100.

다. 따라서 이러한 諧聲현상에서 蠻 *mr- 孿 *sr- 變 *pl- 彎 *ʔr- 등 등 여러가지 복성모의 가능성이 생긴다.

물론 역대 학자들 중에서 아무도 이 絲와 䜌의 음의 관계에 대하여 검토하거나 언급하지 않았으며, 쉬 선이 주장한대로 會意字로 인정해 왔었다. 사실상 "䜌"과 "絲"가 古韻에서 서로 다른 部에 속하기 때문에 諧聲관계 만으로 이 두 글자의 음의 연관성을 주장하기에는 근거가 다소 부족한 셈이다. 그러나 이러한 상황에서 역으로 여러가지 여건으로 볼 때 중국어를 차용했으리라고 추측되는 그리스·몽고·만주 한국어 음을 근거로 하여 絲의 복성모를 추론해내는 방법 또한 上古音연구에 있어서 또 하나의 접근방법이 될 수 있다고 본다.

5. 설歲 탈祟 맛味

설歲

歲는 "从步戌聲"으로 聲符는 戌 *sjiət>sjuiĕt이다. 그러므로 歲와 戌 두 글자의 上古音은 응당 같거나 극히 유사해야 한다. 그러나 中古音에서 歲는 祭韻에 속하는 sjwäi이며, 戌은 術韻에 속하는 sjuiĕt로 칼그렌을 비롯하여 똥 통허, 리 황궤이 등 현대 음운학자들이 거의 모두 상고음에서 의심의 여지없이 歲를 祭部 *-ad에, 戌을 微部 *-ət에 귀속시켰다. 왜냐하면『詩經』에 歲가 韻脚으로 쓰인 예가 4번인데, 이 4번이 모두 祭部字와 押韻하기 때문이다. 반면 戌은『詩經』에 韻脚으로 나오지 않는다. 게다가 戌의 다른 諧聲字들 滅·威·濊·劌등도 祭部에 속하기 때문에 諧聲字라는 사실 만으로 歲와 戌을 음성상으로 연결시키기는 어렵게 보인다. 그러나 淸의 대표적 古韻學者인 주 쥔성(朱駿聲)과 지앙 여우까오(江有誥) 그리고 현대 음운학자 왕 리(王力)는 戌 聲符를 가진 모든 諧聲字들을 그대로 祭部(왕 리는 月部로 칭함)에 귀속시켰다. 또 저우 주뭐(周祖謨)는 이 일련의 諧聲字들의 聲符를 戌로 보지않고 威로 보았으며, 이들을 祭部에 넣었다.[53] 『說文』의 "歲, 从步戌聲"과 왕 리 등의 설을 취하여 다음과 같은 결

53) 周祖謨는 이 祭部에 戌 聲部가 없으나, 江有誥는 이 部에 戌 聲符와 威 聲符를 따로 세웠다.

론을 내릴 수 있다. 歲는 戌 -t의 諧聲字로 上古音은 *sjad로 再構된다. 이 *-d 韻尾가 한자음체계에서 -r(l)로 변한 入聲韻尾 戌의 *-t에 유추되어 한국어체계에서 -r로 변화하고 이중모음은 ja>ə로 단모음화하여 "설"[sər]이 되었다. 이 낱말은 "정월초하루(元旦)"와 "나이 세는 단위"의 두가지 의미로 쓰이다가 후에 나이의 단위는 설>술>살로 분화되었다.

탈祟

탈(病)의 어원은 "神이 내리는 禍(神禍也)"라는 의미를 가진 "祟"의 上古音에서 왔다. "祟"의 聲符는 "出"이다 『說文』은 會意字(从示出)로 풀었으나, 뚜안 위차이(段玉裁)는 여기에다"出亦聲"이라고 덧붙여 會意 兼 形聲字로 분석하였다. 祟의 中古音은 sjwi(至韻 心母 雖遂切)이다. 祟의 上古音은 茁·窋·泏·絀 *tjət, 出·欪·炪黜 *t'jət 등과의 諧聲관계에서 複聲母 *stjəd로 재구된다. 앞의 歲의 경우와 마찬가지로 한국어체계로 들어오면서 이 *stjəd에서 접두음 s-는 탈락되고 韻尾 -d가 出의 -t에 유추되어 -d>-r로, jə>a로 변화되어 "탈"[tar]이 되었다.

맛味

"맛"은 "味"의 上古音 *mjəd에서 왔다. 한국어 체계로 들어오면서 거친 변화는 jə>a, -d>-s이다.

6. 붕어鮒魚 링어鯉魚 롱어鱸魚 상어鯊魚(숭어鯔魚 뱅어白魚)

물고기의 명칭은 한자에서 온 것이 많다. 황윤석이 일찌기 이 사실을 깨닫고 「華音方言字義解」에서 언급하였으나, 그는 단지 鮒(부)에서 붕이 되고 鯉(리)에서 링이 되었다는 현상만을 기술하였을 뿐, 왜 이 두 낱말에 똑같이 종성 ㅇ[-ng]이 붙게 되었는지 그 이유는 설명하지 못했다. 아마도 음운학사에 있어서 그 시대의 시대적 공간적 제약으로 설명할 도리가 없었을 것이다. 현대에는 획기적인 발전을 한 중국어 음운학 연구의 학문적 성과에 힘입어 이 현상은 쉽게 설명된다.

魚의 上古音 中古音 現代音의 음가는 각각 *ngjag>ngjwo>y 이다. 上古音 中古音에서는 聲母가 ng-지만이 현대음에서는 이 ng-가 탈락되어 φ聲母가 되었다. 한자가 중국에서 체계적이고 본격적으로 한반도에 전래되어 한국한자음체계를 확립하게된 것은 일반적으로 중국의 中古音시기로 보기 때문에 이들 한자어 물고기 이름도 中古音을 반영하는 것으로 본다. 물론 上古音의 반영으로도 볼 수 있으나, 이 물고기 명칭의 예들은 앞의 개별적인 예들과는 달리 어느 정도 보편성과 체계성을 띠고 있으며, 또 이 명칭들의 두번째 음절 "魚"의 음이 한국한자음(Sino-Korean) 체계에서의 "어"[ə]와 동일하기 때문에 역시 中古音의 반영으로 보는 것이 합리적이다. 그러나 이 예들을 한국한자음으로 간주할 수는 없다. 붕어·링어·롱어·상어 체계와 부어·리어·로어·사어체계가 고문헌자료에 병존해 있기 때문에, 우리는 전자는 한국어체계로 후자는 한국한자음체계로 본다. 魚 ngiwo는 ng-가 없는 한국어음 체계에 맞추어 "어"[ə]로 전사되었다. 그러나 물고기 이름에서 첫 음절 즉 "魚" 앞의 음절이 종성이 없이 모음으로 끝날 경우에는 魚의 聲母 ng-가 앞음절의 종성이 되어 나타나게 된다 중고음에서 한국어로의 변화는 다음과 같다.

鮒魚 bju ngjwo>붕어[pung ə]
鯉魚 lï ngjwo>링어[ring ə]
鱸魚 ljwo ngjwo>롱어[rong ə]
鯊魚 ṣa ngjwo>상어[sang ə]

붕어를 [pung ə]로 표기하였으나 실제로 말할 때는 [pung ngə]가 된다. 그 밖에 鯔魚(tṣï ngjwo, 숭어)는 고문헌에서 "슈어"로 나타나기 때문에 예로 들기는 부적절하지만 현대 낱말 "숭어"[sung ə]는 "붕어" 등과 완전히 일치하는 中古音에서의 변용이므로 뒤늦게 "붕어" 등에 類推된 결과로 본다. "白魚"의 경우도 고문헌에서 발견하지는 못했으나 위의 물고기 명칭들과 같은 변화를 거쳐 한국어화된 것이다. 여기서 한가지 차이점은 중국어의 첫음절 bwɐk 이 폐색자음(stop)으로 끝나는 入聲字라는 것이다. 그러나 이 문제는 다음과 같이 일반 음운변화규칙으로 쉽사리 해결된다.

白魚 bwɐk ngjwo>뱅어[pɛng ə]

첫음절 韻尾 -k가 바로 뒷음절 聲母 ng-에 동화되어 -ng가 되고 나서 뒷음절 聲母 ng-는 앞의 韻尾 -ng에 흡수되었다.

결 론

이제까지 순수 한국어라고 생각하여 의심치 않았던 한국어 중에서 우리가 일상생활에서 항상 쓰고 있는 상용어휘들이 의외로 한자에 어원을 두고 있음을 중국상고음의 분석을 통하여 증명해 보였다. 앞에서 든 예들을 간략하게 표로 만들어 보면 다음과 같다.

風	*pljəm>	ᄇᆞᄅᆞᆷ[pʌrʌm]
河	*gar>	ᄀᆞᄅᆞᆷ[kʌrʌm]
里	*mljəg>	ᄆᆞᅀᆞᆯ[mʌzʌr]
街	*krig>	거리[kəri]
氏	*gsjig>	갓[kas], 각시[kaksi]
枝	*ksjig>	가지[kači]
來	*mləg>	밀[mir]
路	*klag>	길[kir]
筆	*pljiət>	벼로[pjəro]
網	*kmjang>	그믈[kïmïr]
鑑	*kram>	거우로[kəuro]
盤	*klâm>	광우리[koanguri]
絲	*sljəg>	실[sir]
歲	*sjad>	설[sər]
祟	*stjəd>	tjəd>tjər>탈[tar]
味	*mjəd>	맛[mas]
鮒魚	bju ngjwo>	붕어[pungə]
鯉魚	lĭ ngjwo>	링어[ringə]

鱸魚 ljwo ngjwo>롱어[rongə]

鯊魚 ʂa ngjwo>상어[sangə]

鯔魚 tʂï ngjwo>숭어[sungə](현대 한국어)

白魚 bwak ngjwo>뱅어[pɛngə](현대 한국어)

이 예들은 양적으로는 얼마되지 않으나 모두 일상적으로 사용되고 있는 낱말들이기 때문에, 고대 한국어와 중국어와의 접촉이 제한된 일부 분야에 국한되지 않고 보편적으로 이루어졌으리라는 추측을 가능하게 해준다.

한 문명이 타 문명에 영향을 줄 경우에는 보통 해당 언어도 같이 유입되게 된다.[54] 그러므로 自然을 가리키는 개념보다는 人爲 즉 인간의 作爲를 통해 이루어진 문명을 가리키는 개념이 그 문명과 함께 들어오면서 자국의 언어 속에 정착되게 되는 비율이 높게된다. 비근한 예로 "컴퓨터"라는 낱말은 최근 미국에서 컴퓨터문명과 함께 들어와 이미 우리 한국어 속에 깊이 뿌리박은 대표적인 예이다.

ᄇᆞᄅᆞᆷ風이나 ᄀᆞᄅᆞᆷ河의 예는 자연 중에서도 자연을 가리키는 대표적 개념이기 때문에 위에서 말한 논리에 어긋나는 듯이 보인다. 그러나 고대인에게 "ᄇᆞᄅᆞᆷ"과 "ᄀᆞᄅᆞᆷ"은 모두 神의 이름으로 고대 종교의 범주에 속하는 개념이며, 현재 우리가 갖고 있는 순수 자연의 개념과는 다르다. "神의 禍"라는 의미를 가진 "탈(祟)"도 역시 종교적 개념이다. 고대 制度에 속하는 개념으로는 "ᄆᆞᅀᆞᆯ里" "길路" "거리街" "설歲" 등을 들 수 있다. "각시氏" "션ᄇᆡ士"는 인류사회학적인 개념으로 볼 수 있는데, 이 중에서 각시는 氏의 上古音에서 연유한 것이고, 션은 士의 甲骨文의 象意(자형이 나타내는 의미)에서 취한 것으로 문자학 범주에 속하는 문제이며 음운학과 직접적인 관계는 없다. 고대의 농경·어렵·생활문화를 나타내는 개념들로는 "밀來" "벼로筆" "거우로鑑" "그믈罔" "실絲"와 "붕어鮒魚"등 물고기명들이 있다. 이 예들은 모두 "고대 문명"으로 통괄될 수 있는 개념들이다. 일찌기 기원전부

54) 고대 중국문명이 한국문명과 접촉할 때 물론 일방적 방향으로만 진행된 것은 아니겠으나 고대 문명에 있어서 중국문명이 중심 문명이고 한국은 주변 문명으로 간주됨은 부인할 수 없으며, 이 논문의 주제 또한 고대 중국어에서 한국어로의 전래에 초점을 두고 있으므로, 여기서는 중국에서 한국으로의 一方에 국한하여 언급한다.

터 이 중국고대문명이 한반도로 전래되면서 그 개념도 함께 들어와 20세기의 서구 외래어가 한국어 속에 정착한 것처럼 중국上古音이 대거 한국어음운체계로 들어와서 사용되었으나, 그 후에 三國이 점차 漢文化를 본격적으로 받아들이면서 中古音시대의 漢字가 체계적이고 조직적이지 못한 上古音의 수용 성과는 점차 이 中古音으로 대체되었던 것이다. 지금 우리가 사용하고 있는 한자어휘의 음은 모두 바로 이 中古音의 체계적 차용의 결과이다. 上古音의 차용은 이 체계성과 조직성에 자리를 내어줄 수 밖에 없었으므로, 대부분 소실되고 일부는 고유 한국어 속으로 융해되었다. 이 논문에서 든 예는 바로 후자의 예로 고유 한국어 속에 숨어든 上古音의 차용어들인 것이다. 이러한 예는 이들 외에도 다수 존재하리라고 보며, 이러한 예들을 발견하기 위해서는 보다 엄밀하고 철저한 연구 분석이 뒤따라야 한다.

이 방면의 연구성과는 한국어연구에 있어서뿐 아니라 중국어음운학의 현안 문제들을 해결하는 증거로서도 제시될 수 있다. 중국어음운학적 측면에서 보면 "ᄇᆞᄅᆞᆷ風" "ᄆᆞ술里" "거리街" "길路" "실絲" "가시氏" "밀來" "벼로筆" "거우로鑑" "그믈罔"등은 전부 複聲母를 가진 단음절어이지만 한국어에서는 이음절화하거나 또는 두 어두자음 사이에 모음이 삽입되었다. 한국어음으로 중국上古音이 複聲母라는 사실이 확인 내지는 발견된 예이다. "설歲" "탈祟" "맛味"등은 聲符와 諧聲字의 관계로 추정된 上古音으로, 上古音 특유의 음절형태(上古音에서는 中古音의 韻尾가 모음인 陰聲韻을 포함한 모든 韻尾가 자음이다)의 확증자료로도 이용될 수 있으며 諧聲현상을 확인하는데도 도움이 된다. 이 고대중국어와 한국어의 비교연구에서 얻은 성과는 중국언어학자들이 현재 중국어음운학 분야에서 가장 논란이 많으며 앞으로 해결해야 할 가장 중요한 미래 과제로 등장한 上古音複聲母 문제를 漢藏語族(Sino-Tibetan language family) 언어들의 비교연구로서만 진전될 수 있다고 보는 시각에 수정을 요하게 한다. 다시 말해서 漢藏語族에 속하지 않는 고대한국어와의 비교연구 역시 이 문제해결에 열쇠가 될 수 있다는 것이다.

이 논문에서 든 예가 적지만 "ᄆᆞ술" "거리" "가시" "가지" "밀" "실"등 대부분의 차용형태로 볼 때 上古音에서 유성자음(voiced consonant)韻尾의 탈락시기가 複聲母의 소실보다 먼저 일어난 변화로 추경된다. 한반도에 전래된 시기가 바로 유성자음운미는 탈락되고 複聲母는 아직 그대로 존재하고 있던 시기가 아닌가 생각된다. 혹시 이 유성자음운미가 반영되지 않은 한국어의 예들을 보고 상고음에서의 유성자음운미의 존재를 부정할 수 있을지도 모른다. 그러나 "맛" "설" "탈"등과 같이 유성자음운미를 그대로 반영하는 예도 많이 나타나므로 그 존재 자체를 부정하는 것보다는 전래 시기를 탈락 이후로 해석하는 편이 보다 합리적이다.

서론에서도 언급한대로 古代音韻學에서 중국어와 한국어의 비교연구는 한국어의 어원을 밝히는데 중요한 역할을 할 뿐 아니라 역으로 중국고대음운학연구에도 많은 귀중한 자료를 제시해주고 있다. 이 논문은 끝맺으면서 내용중에는 무리한 분석도 있을 것 같은 우려도 없진 않지만, 새로운 분야에 대한 시도라는 의미에서 감히 도전을 해본 것이다. 마지막으로 다시 한번 더 한국어 어원연구에 있어서 뿐만 아니라 고대한국어 연구분야 전반에 걸쳐 중국고대음운학과의 비교연구가 필수적이라는 점을 우리 국어학계에 강조하고 싶다.

▨ 참고문헌 ▨

丁邦新, 「論上古音中帶 l的 複聲母」, 『屈萬里先生七秩榮慶論文集』, 臺北: 聯經, 1979, pp. 601~617.

李方桂, 「上古音研究」, 『淸華學報』 新九卷 第一二期合刊, 臺北: 清華學報社 1971, pp. 1~61.

董同龢, 『漢語音韻學』, 臺北: 學生, 1968.

董同龢, 『上古音韻表稿』, 臺北: 中央研究院史語所, 1948.

王 力, 『漢語語音史』, 北京: 中國社科院, 1985.

李思敬, 『音韻』, 北京: 商務, 1985.

陳復華, 何九盈, 『古韻通曉』, 北京: 中國社科院, 1987.

張琨著, 張賢豹譯, 『漢語音韻史論文集』, 臺北: 聯經, 1987.

何大安, 『聲韻學中的觀念和方法』, 臺北: 大安, 1987.

余迺永, 『上古音系研究』, 홍콩: 中文大學, 1985.

尙玉河, 「"風曰孛纜"和上古漢語復輔音聲母的存在」, 『語言學論叢』 第八輯, 北京: 商務, 1981, pp. 67~84.

鄭仁甲, 「朝鮮語固有詞中的 "漢源詞"試探」, 『語言學論叢』 第十輯, 北京: 商務, 1983, pp. 197~222.

笪遠毅, 「古漢語復輔音聲母 ml-考」, 『語言研究集刊』 I, 上海: 復旦大學, 1987, pp. 50~63.

橋本萬太郎著, 余志鴻譯, 『語言地理類型學』, 北京: 北京大, 1985.

張洪明, 「江河考」, 『語言研究集刊』 I, 上海: 復旦大學, 1987, pp. 64~85.

裘錫圭, 「戰國璽印文字考釋三篇」, 『古文字研究』 第十輯, 北京: 中華, 1983, pp. 78~100.

Bernhard Karlgren, 『Analytic Dictionary of Chinese and Sino-Japanese』, Paris: 1923 臺北: 成文, 1975.

김방한, 『한국어의 계통』, 서울: 민음사, 1983.

김영황, 『조선민족어발전력사연구』, 서울: 탑출판사, 1989.

리득춘, 『조선어어휘사』, 연길: 연변대학출판사, 1987.

金容沃, 『나는 불교를 이렇게 본다』, 서울: 통나무, 1989.

金容沃, 『老子哲學 이것이다』, 서울: 통나무, 1989.

金完鎭, 「이른時期에 있어서의 韓中言語接觸의 一班에 對하여」, 『語學研究』 Ⅵ卷 1號 서울: 서울대어학연구소, 1970, pp. 1~16.

색 인

人 名

重要用語

도올논문집

1991년 11월 30일 초판발행
2001년 2월 20일 1판 8쇄

지은이 김 용 옥
펴낸이 남 호 섭
펴낸곳 통 나 무

서울 종로구 동숭동 199-27
전화 : (02) 744 - 7992
팩스 : (02) 762 - 8520
출판등록 1989. 11. 3. 제1-970호

값 8,500원

ISBN 89-8264-043-6 03100